21世纪本科应用型经管规划教材

广告理论与实训

(第4版)

印富贵 ● 主　编
顾黎萍　唐　纯　刘成娟 ● 副主编

电子工业出版社
Publishing House of Electronics Industry
北京·BEIJING

未经许可，不得以任何方式复制或抄袭本书之部分或全部内容。
版权所有，侵权必究。

图书在版编目（CIP）数据

广告理论与实训 / 印富贵主编. —4版. —北京：电子工业出版社，2019.2
21世纪本科应用型经管规划教材
ISBN 978-7-121-35659-9

Ⅰ. ①广… Ⅱ. ①印… Ⅲ. ①广告学－高等学校－教材 Ⅳ. ①F713.80

中国版本图书馆CIP数据核字(2018)第267336号

策划编辑：刘露明
责任编辑：刘淑敏
印　　刷：北京季蜂印刷有限公司
装　　订：北京季蜂印刷有限公司
出版发行：电子工业出版社
　　　　　北京市海淀区万寿路173信箱　邮编100036
开　　本：787×1092　1/16　印张：18.5　字数：456千字
版　　次：2006年3月第1版
　　　　　2019年2月第4版
印　　次：2019年2月第1次印刷
定　　价：49.00元

凡所购买电子工业出版社图书有缺损问题，请向购买书店调换。若书店售缺，请与本社发行部联系，联系及邮购电话：(010) 88254888，88258888。
质量投诉请发邮件至zlts@phei.com.cn，盗版侵权举报请发邮件至dbqq@phei.com.cn。
本书咨询联系方式：(010) 88254199，sjb@phei.com.cn。

出版说明

21 世纪既是一个竞争日益激烈的世纪,也是一个充满机遇的世纪。《中共中央国务院关于深化教育改革全面推进素质教育的决定》指出:"当今世界,科学技术突飞猛进,知识经济已见端倪,国力竞争日趋激烈。教育在综合国力的形成中处于基础地位,国力的强弱越来越取决于劳动者的素质,取决于各类人才的质量和数量,这对于培养和造就中国 21 世纪的一代新人提出了更加迫切的要求。"为了密切配合国务院及教育部对中国教育改革的部署,更好地满足社会经济发展的需求,适应大跨度的生产技术及不同地区发展区域经济对多种类型的人才需求,解决传统人才培养层次单一化与社会需求多样化的矛盾,中国高等教育的人才培养与教学模式正在发生着巨大的变化,有相当数量的高等院校正在由传统的学术研究型"精英教育"向实践应用型"大众教育"转变,以培养面向生产、建设、管理、服务第一线的高素质应用型人才为主要目标,积极主动为地方经济建设、区域社会和行业发展服务,以本科教学和学生基本素质与工程技术与管理应用能力培养为主导,强调学用结合、学做结合、学创结合、产学研合作教育,培养多元化的实用型人才。

教材既是教学的主要依据,也是教学改革的重要组成部分。教学改革的种种设想和试验,大多要通过教材建设来具体体现;教材建设反过来又推动和促进教学改革。面对高等教育对象的扩展、教学模式的变革、教材组织形式的变化和教学服务方式的转变,为了更好地适应当前中国高等教育这种大跨度发展的需要,满足中国高校从精英教育向大众化教育的重大转移阶段中社会对高校应用型人才培养的各类要求,电子工业出版社组织了全国近 100 所以培养应用型人才为主的高等院校进行深入的研讨,确立了一系列应用型本科教材出版规划,21 世纪本科应用型经管规划教材就是其中之一。其指导思想和目标是新教材要体现教育思想和教育观念的转变,依据教学内容、教学方法和教学手段的现状和趋势精心策划,建设一批符合新型人才培养目标、适应新型人才培养模式的应用型系列精品教材。其具体特点是:

1. 强调教材为人才培养目标服务,与教学方法匹配。
2. 有明确的具有高等教育水平的技术能力及反映这些技术能力内涵的理论知识的目标系统。
3. 有完成理论教学、具有应用型教育特色的教学方法和达到一定运用能力的训练方法。
4. 在保证理论知识达到本科教育水平的基础上,注意使读者掌握基本概念和结论的实际意义,掌握基本方法,把重点放在概念、方法和结论的实际应用上。
5. 技术能力的掌握必须通过专门的实践训练,要有配合这类训练的案例或实训材料。
6. 教材内容紧随技术、经济发展变化或区域经济的需求而调整。
7. 教材内容具有一定的弹性,内容应尽量采用模块化组织。

8. 以问题引出概念与知识，多用具有实际应用价值的示例、案例，促进对概念方法的理解。

9. 文、图、表有机结合，使教材具有很强的可读性，同时便于学生理解与记忆。

10. 充分利用现代信息网络技术平台，以教材为中心，提供一个全方位的教学服务体系。配备分别面向教师教学与学生学习的支持性资源，为老师选书及购书提供便捷周到的服务（可在电子工业出版社华信教学资源网 www.hxedu.com.cn 查询下载和提出需求）。

编写高质量的教材是一项任重而道远的长期工作，我们希望全国高等院校的师生在教学实践中积极提出意见和建议，以便我们对已出版的教材不断修订，同时也欢迎工作在教学第一线的老师积极给我们投稿，使我们不断完善整个教材体系，为社会奉献更新、更多、更好的高质量教材。

21 世纪本科应用型经管规划教材出版编委会

E-mail: lmliu@phei.com.cn

前言

随着互联网技术的深度发展，新媒体不断涌现和广泛应用，在很大程度上改变了传统的消费行为和购物方式，也不断推动企业营销模式和广告传播模式的创新。为了更好地适应这个飞速发展和变革的时代，本书编著者对第3版进行了修订。除继续沿用第3版的基本框架和体例外，本书汇集了近年来新的理论成果和经典案例，对相关章节和内容进行优化与更新。

具体修订内容如下：

第一，更新了各章的引导案例、大部分广告作品、相关链接资料和数据、章后专论及章后案例分析，力求采用近年来的新鲜案例和文献资料。

第二，对相关章节内容增删和调整如下：

第2章广告演进中关于世界广告发展部分增加了一小节"当代国际广告发展状况"；

第3章广告理论部分细化了"整合营销传播理论"；

第4章广告策划增加了"广告策划的程序"，细化了"确定广告目标的方法"，增加了"广告预算的影响因素"；

第6章广告媒体对部分小节内容进行了调整合并；

第7章广告文案将原来"广播电视广告文案的写作技巧"调整为"不同媒体广告文案的写作要求"，增加了"报纸广告文案""招贴广告文案""DM广告文案"等内容；

第8章广告受众心理增加了"广告受众心理概述"，分析了"一个成功广告的心理学标准"及"广告对消费决策的影响"，增加了"广告受众的社会心理"；

第9章广告效果将"广告传播效果"调整为"广告心理效果"，增加了心理效果的测定指标和心理效果的测定方法；

第10章将原"广告组织与经营"更改为"广告产业"，将内容从广告公司范畴扩大到整个广告产业，增加了广告产业链的各环节介绍和广告产业的特点分析；

第11章广告管理增加了"国外广告管理"，并根据修订后的《广告法》调整了"广告法规管理"部分的相关内容；

第12章重新编写了新媒体广告传播的内容。

全书由印富贵负责框架设计和统稿工作、PPT课件制作，以及习题库的设计工作，各章修订分工如下：印富贵负责第1~3、10章，唐纯负责第4、8章，顾黎萍负责第5~7章，刘成娟负责第9、11~12章。

在本书修订过程中，我们吸收和借鉴了国内外大量优秀教材、研究报告、学术论文、广告作品和广告案例，在此表示衷心感谢。由于编者团队的水平有限，请广大读者批评和指正。

编　者

目 录

第1章 广告概述 1
引导案例 1
本章学习目标 1
关键术语 1
1.1 广告的含义和特性 1
1.2 广告的分类 5
1.3 广告的影响和作用 10
1.4 广告学与其他学科的关系 12
本章小结 14
专论 1 15
问题理解 17
案例分析 18
调查研究 18

第2章 广告演进 20
引导案例 20
本章学习目标 20
关键术语 20
2.1 广告的起源与演进 20
2.2 中国广告的发展 28
本章小结 34
专论 2 34
问题理解 41
案例分析 41
调查研究 44

第3章 广告理论 45
引导案例 45
本章学习目标 45
关键术语 45
3.1 广告理论概述 46
3.2 广告定位理论 46
3.3 广告传播理论 51
3.4 营销传播理论 53
本章小结 56
专论 3 57
问题理解 62
案例分析 62
调查研究 64

第4章 广告策划 65
引导案例 65
本章学习目标 65
关键术语 66
4.1 广告策划的含义及基本原则 66
4.2 广告策划的程序 67
4.3 广告策划的内容 69
4.4 广告策划书的撰写 80
本章小结 83
专论 4 84
问题理解 86
案例分析 87
技能训练 89

第5章 广告创意与表现 91
引导案例 91
本章学习目标 91
关键术语 91
5.1 广告创意的概念及特性 92
5.2 广告创意流程 94
5.3 广告创意的基本要求 95
5.4 广告创意方法 97
5.5 广告创意应注意的问题 100
5.6 广告创意表现 102

5.7　广告创意表现例析 103
　　本章小结 105
　　专论 5 105
　　问题理解 107
　　案例分析 107
　　技能训练 109

第 6 章　广告媒体 111
　　引导案例 111
　　本章学习目标 111
　　关键术语 111
　　6.1　广告媒体的类型与特点 112
　　6.2　广告媒体的商业价值评估 123
　　6.3　广告媒体的计划与执行 125
　　本章小结 126
　　专论 6 127
　　问题理解 130
　　案例分析 131
　　技能训练 133

第 7 章　广告文案 135
　　引导案例 135
　　本章学习目标 135
　　关键术语 136
　　7.1　广告文案概述 136
　　7.2　广告文案的写作要点 137
　　7.3　不同媒体广告文案的写作要求 ... 145
　　7.4　软性宣传文案写作 150
　　本章小结 157
　　专论 7 158
　　问题理解 161
　　案例分析 162
　　技能训练 162

第 8 章　广告受众心理 163
　　引导案例 163
　　本章学习目标 163
　　关键术语 163
　　8.1　广告受众心理概述 164

　　8.2　广告受众的一般心理 165
　　8.3　广告受众的社会心理 171
　　8.4　广告受众的心理诉求 177
　　8.5　广告受众的心理策略 182
　　本章小结 188
　　专论 8 188
　　问题理解 191
　　案例分析 192
　　技能训练 193

第 9 章　广告效果 194
　　引导案例 194
　　本章学习目标 194
　　关键术语 194
　　9.1　广告效果概述 194
　　9.2　广告经济效果 200
　　9.3　广告心理效果 202
　　9.4　广告社会效果 207
　　本章小结 209
　　专论 9 210
　　问题理解 212
　　案例分析 212
　　技能训练 213

第 10 章　广告产业 214
　　引导案例 214
　　本章学习目标 214
　　关键术语 214
　　10.1　广告产业概述 215
　　10.2　广告公司组织与经营 219
　　10.3　广告代理制 222
　　本章小结 227
　　专论 10 228
　　问题理解 232
　　案例分析 233
　　调查研究 233

第 11 章　广告管理 234
　　引导案例 234

本章学习目标 234	第 12 章　新媒体广告传播 256
关键术语 234	引导案例 256
11.1　广告管理概述 235	本章学习目标 256
11.2　广告法规管理 237	关键术语 256
11.3　广告行业自律管理 240	12.1　新媒体广告传播概述 256
11.4　广告社会监督管理 243	12.2　新媒体广告传播模式 260
11.5　广告伦理 245	12.3　新媒体广告的形式与特点 266
11.6　国外广告管理 248	12.4　新媒体广告传播的管理 272
本章小结 252	本章小结 278
专论 11 253	专论 12 279
问题理解 254	问题理解 283
案例分析 255	案例分析 284
调查研究 255	调查研究 284

参考文献 285

第1章 广告概述

引导案例

新世相《你的味道》

随着移动互联网时代的到来，媒介的形态和类型均发生了翻天覆地的变化，无线技术、智能终端等新技术大量涌现，使得自媒体与网友生活进一步融合。2017年2月7日，"新世相"正式推出《你的味道》这部关于深夜美食网剧的广告片。然后向网友发出第一次美食故事征集，奖品为免费往返机票。故地重游，和回忆中的味道见面，并且有机会成为这部网剧的主角。这也是"新世相"第一次处女秀朋友圈广告。因为广告投放可以选择投放 iOS 用户，他们在晚8点到深夜2点进行投放。这个时间段比较精准地到达这部网剧的目标观众和网剧赞助方想投放的那一拨人。据相关资料显示，这条朋友圈广告中的视频播放数达到430.5万次，投放费用30万元，投放的量级并不算太大，但效果还是比较好的。

◯ 辩证性思考：自媒体时代的广告创新。

本章学习目标

☑ 掌握广告的含义和特性；
☑ 掌握广告的分类；
☑ 认识现代广告的影响和作用；
☑ 了解广告学的学科体系和研究重点；
☑ 清楚广告学与其他学科的关系。

关键术语

广告　公益广告　政治广告　广告主　广告媒体　广告受众

1.1 广告的含义和特性

1.1.1 广告的含义

1. "广告"一词的来源

"广告"一词最早源于拉丁文"Adverture"，意思是引起注意并进行诱导。中古时代英语演变为"Advertise",其含义为"某人注意到某事",后演变为引起别人注意,通知别人某件事。在17世纪,由于英国工业革命的兴起和发展,"Advertise"开始被广泛使用。随着历史的推进和人们对广告认识的加深,原来带有静止意义的词汇"Advertise"被人们赋予了现代意义,转化为具有活动色彩的词汇"Advertising"。广告也不再单指某一个广告,更多的是指一系列的广告活动。

在我国,最初多把"Advertising"译成"告白"或"告贴"等,大约在20世纪前后开始使用和流行"广告"一词。据考证,在日本发行的中文报纸《清议报》,在1899年4月30日的一则招揽告白中,最早使用了"广告"一词。在国内发行的《申报》1901年10月18日刊出的广告出现了"广告"字样。1907年刊发的《政治官报章程》中,"广告"一词的运用就比较正式了。

2. 广告的定义

随着社会的发展和科学技术的进步,新的媒体不断出现,广告的形式日趋多样化,广告的运作越来越复杂。由于历史条件限制和理解角度的差异,不同的历史时期和不同的学者对广告含义的理解各不相同,下面列举几种比较有代表性的释义:

- 被称为现代广告之父的拉斯克(Lasker Albert D)——广告是"印在纸上的推销术"。
- 美国市场营销协会(AMA)——广告是由明确的广告主在付费的基础上,采用非人际传播的形式,对观念、商品或劳务进行介绍、宣传的活动。
- 美国广告协会——广告是付费的大众传播,其最终目的是传递信息,改变人们对广告商品的态度,诱发其行动而使广告主获得利益。
- 日本广告行业协会(JAAA)——广告是明确表示出的信息发送方,作为一种信息活动,针对想要呼吁(诉求)的对象,所进行的有偿信息交流。
- 哈佛《企业管理百科全书》——广告是一项销售信息,指向一群视听大众,为了付费广告主的利益,去寻求经由说服来销售商品、服务或观念。

上述释义都有一定的差别,如拉斯克认为广告是"印在纸上的推销术",原因是拉斯克时代还没有电子媒体,当时的主流媒体是印刷媒体。美国市场营销协会的释义则更符合现代广告的含义。

根据现代广告发展的现状,我们可以把广告定义为:

广告是广告主在付费的基础上,将企业、商品、劳务或观念等信息,通过传播媒介向特定的对象进行传播,有效影响目标公众心理和行为,促成整体营销计划的活动。

▶▶ 1.1.2 广告的特性

1. 广告有明确的广告主

《广告法》对广告主有明确的界定,即为了推销商品或者提供服务,自行或者委托他人设计、制作、发布广告的自然人、法人、其他组织。广告之所以要明确广告主,主要有两个方面的原因:一方面,自我宣传,通过广告展现企业风采,介绍产品和服务,提高企业和产品的知名度,提高产品销量;另一方面,明确责任,广告是一种责任承诺性的宣传活动,明确了广告主,一旦有了虚假的、误导的广告信息,就能分清责任,有利于追究和纠正。

2. 广告是付费传播

广告活动的整个过程，包括策划、制作、媒体传播、效果调查等各个环节，都需要付出一定的费用，这不同于新闻报道。由于是付费传播，广告主也就购买了广告信息传播的控制权，在法律和道德许可的情况下，有权决定广告传播的内容、表现方式、信息发布的时间和空间等。当然，随着互联网技术的不断发展，企业已普遍使用新媒体开展营销传播活动，如企业网站、App、微博、微信等，这些媒体往往由企业自建，所以无须支付广告刊播费用，因此得到广泛运用。

3. 广告是非人际传播

传播方式主要有人际传播、组织传播和大众传播等。人们获取商业信息主要通过两种方式：一是人际传播，即个人与个人之间的信息交流，如消费者之间相互转告消费信息等；二是非人际传播，即通过一定的媒体得到有关的信息。广告主要通过报纸、电视、广播、杂志、网络等大众传媒和其他媒体，向消费者进行传播，是一种非人际传播。

4. 广告具有特定的信息内容

广告信息不同于新闻信息，现代商业广告传播的信息，不仅包括商品、劳务方面的信息，而且涉及形象、观念方面的内容。由于是付费传播信息，广告媒体的版面或时段受到限制，广告主可以根据自身的广告目标，确定广告所要宣传的内容。同时，广告诉求的内容还要符合社会规范和道德规范，要受到一定的管理和约束。

5. 广告采用说服方式

广告的最终目的是促使目标消费者接受广告传播的信息，并影响他们的购买行为，促进销售。随着买方市场的形成，产品同质化日益显著，消费者购买过程中挑选余地非常大，因此需要用广告来进行说服。广告要能在与消费者进行沟通的过程中，使消费者在一种愉悦的状态下，接受广告信息，产生心理变化，采取相应的购买行动。这就要求广告要有较高的创意和表现技巧，根据不同传播对象的需求和特点，迎合消费者的兴趣和欲望。如图1-1所示，2017年支付宝联合16家基金公司联合推出主题为《年纪越大，越没有人会原谅你的穷——让理财给生活多一次机会》的系列广告，被网友称为"扎心广告"。如南方基金"你每天都很困，只因为你被生活所困"。万家基金"每天都在用六位数的密码保护着两位数的存款"。光大保德信基金"没有逃离北上广并不是凑够了首付，而是每天的外卖可以一起凑满减"。这些广告准确抓住了目标受众的痛点，直击人心。

6. 广告传播对象具有选择性

广告活动不是以所有的消费者为传播对象，而是向特定的目标市场进行信息传播的。目标市场应根据企业营销的重点来确定，目标市场的消费者即广告传播的对象。企业首先要确定自己的目标市场，广告创作和媒体策略围绕目标市场展开，这样针对性更强，更有利于减少成本，增加广告的效益。

图 1-1 《年纪越大，越没有人会原谅你的穷》

▶▶ 1.1.3 广告的要素

广告作为一个整体系统，包括广告主体、广告中介、广告内容和广告客体四个构成要素，缺一不可。

1. 广告主体

广告主体是广告活动的基础。广告主体包括广告主、广告经营者和广告发布者。根据《中华人民共和国广告法》的解释，广告主特指"为推销商品或者提供服务，自行或者委托他人设计、制作和发布广告的自然人、法人、其他组织"；广告经营者特指"受委托提供广告设计、制作、代理服务的自然人、法人、其他组织"；广告发布者特指"为广告主或者广告主委托的广告经营者发布广告的自然人、法人或者其他组织"。

2. 广告中介

广告中介是广告主体传递信息、影响公众的纽带，包括传播媒介和宣传活动两个方面。传播媒介是广告信息的物质载体，它在广告主与公众之间起着沟通双方信息的作用。宣传活动是企业向公众传递信息、施加影响的形式载体，由于其具有较强的感性色彩和娱乐功能，能够把信息融入活动之中传递给公众，使公众在不知不觉中接受影响，因而成为现代广告的重要中介。

3. 广告内容

广告内容是广告宣传的基本信息。在广告宣传中，需要向公众传递的信息很多，但是，在受制于时间和版面的具体广告中，我们不可能也没有必要进行面面俱到的宣传，因此需要根据目标公众的特性加以选择。所以说，在具体的广告宣传活动中，其涉及的内容是十分有限的。那些经过策划者精心挑选的内容，往往意图明确、特点鲜明、材料集中，具有较强的说服力和感染力，能够有效地冲击公众的感觉系统和心理世界，进而产生出较好的市场效应。图 1-2 是晨光文具在高考期间推出的系列形象广告，通过高考这个主题，让经历过高考的人回忆过去，让大家明白高考虽是离别，更是迈向未来的成长过程。

图 1-2　晨光文具平面广告

4．广告客体

广告客体就是广告宣传需要影响的公众，包括显在的消费者和潜在的消费者。在广告宣传中，应该以公众需求为导向，以公众心理为依据，策划出符合公众接受要求的宣传作品、宣传活动，从根本上提高广告活动的市场影响力。

广告的 4 个构成要素相互关联、彼此制约，是一个有机的整体，同时受到市场环境的影响。广告要素与运作框架如图 1-3 所示，广告主委托代理商策划和制作广告，通过广告媒体将其所要宣传的信息传递给广告受众，同时在广告运作过程中，还要受到政府及广告环境的影响和制约。

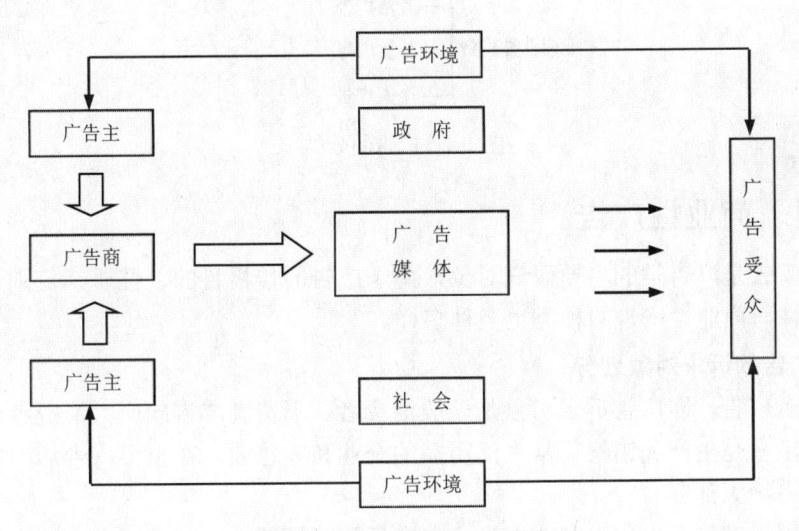

图 1-3　广告要素与运作框架

1.2　广告的分类

广告的类型很多，而且随着技术的发展，新的广告形式不断出现。因此对广告进行分类，有利于进一步认识和把握广告的特征，加深对广告研究对象具体内容的了解。从总体上来说，广告可以分为两类：商业性广告和非商业性广告。商业性广告是以营利为目的开展的广告活动，根据其诉求对象、诉求地区、诉求目的、诉求方式及传播媒体等不同，又可以进一步细分；非商业性广告不以经济利益为直接目的，而是为实现某种宣传目标所发布的广告，不存在盈利问题，如图1-4所示。

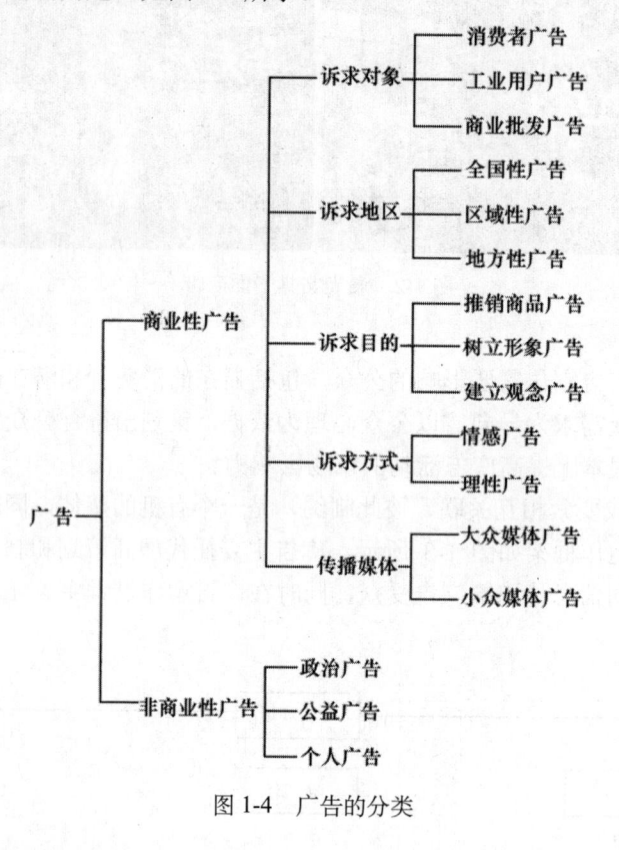

```
广告 ─┬─ 商业性广告 ─┬─ 诉求对象 ─┬─ 消费者广告
      │              │           ├─ 工业用户广告
      │              │           └─ 商业批发广告
      │              │
      │              ├─ 诉求地区 ─┬─ 全国性广告
      │              │           ├─ 区域性广告
      │              │           └─ 地方性广告
      │              │
      │              ├─ 诉求目的 ─┬─ 推销商品广告
      │              │           ├─ 树立形象广告
      │              │           └─ 建立观念广告
      │              │
      │              ├─ 诉求方式 ─┬─ 情感广告
      │              │           └─ 理性广告
      │              │
      │              └─ 传播媒体 ─┬─ 大众媒体广告
      │                          └─ 小众媒体广告
      │
      └─ 非商业性广告 ─┬─ 政治广告
                      ├─ 公益广告
                      └─ 个人广告
```

图1-4 广告的分类

1.2.1 商业性广告

商业性广告是广告学的主要研究对象，由于广告的传播目的、性质、范围、内容、方式等的多样性，商业性广告的种类也多种多样。

1. 按广告的诉求对象划分

- 消费者广告，即广告诉求对象是一般消费者。消费者广告向广大消费者进行诉求，广告主多是生产和销售日常生活用品的企业和零售业。在整个广告活动中，这类广告要占绝大部分。
- 工业用户广告，也称为产业广告。在商品流通领域中，同时还存在着生产资料的交换活动，企业需要把大量的原材料、机器设备及零配件、办公用品及相应的服务提供给市场。这类广告由生产与经营原材料、机器设备及零配件、办公用品等的生产部门和批发部门发布，向使用、消费这些产品的企业、机关、团体等进行诉求。
- 商业批发广告。这类广告主要以中间商为诉求对象，主要针对流通行业。商品流通过程中，销售渠道是重要环节，这类广告也是经常出现的。一般由生产企业向批发业、零售业、或在批发业之间、或由批发业向零售业发布。广告诉求的对象多与这些行业机构的采购进货决策人员有关。

2. 按广告的诉求地区划分
- 全国性广告。广告传播面向全国范围。这类广告适用于销售和服务遍及全国的企业，产品使用范围广、区域分散，如通过央视或其他全国性媒体发布的广告。随着传播技术水平的提高，各省市电视均已采用卫星频道，一些地方报刊也极力延伸自身的传播区域，全国性广告的媒体选择余地大大增加。
- 区域性广告。以特定地区为传播目标的广告。这类广告的诉求对象限定在某个地区，所选择的媒体一般是在某一地区发行或播放的地区性媒体。
- 地方性广告。针对当地或地方商业圈发布的广告。多数以商业零售业、地方企业或服务行业作为广告主，如超级市场、零售店、电影院等。广告往往选用覆盖地、市、县级以下地区的各类媒体。

此外，随着经济发展、全球化的进一步加深、媒体传递信息范围进一步扩大，面对国际地域的广告也日益增多。这种国际性广告，广告主多为跨国企业，传播范围则针对某国家或地区。广告战略要从各国、各地区社会人文状况的特殊性出发，选择的媒体要与所采取的广告策略相一致。

3. 按广告的诉求目的划分
- 推销商品广告。广告的诉求着重于突出商品的特征和魅力，其目的是让广告商品给消费者留下深刻的印象，进而吸引消费者购买该商品。这类广告又可细分为报道式广告、说服式广告和提醒式广告。报道式广告是通过向消费者介绍商品的性质、用途、价格等，诱导消费者对该商品产生初步的印象和需求，在新产品投放市场初期一般采用这种广告。说服式广告强调商品的特殊性与同类商品的差别，加深消费者对某一品牌商品的印象。提醒式广告的主要目的是提醒消费者不要忘记该商品，从而刺激重复购买，提高指名购买率。
- 树立形象广告。这类广告主要以树立商品及企业的形象和信誉为诉求目的，也可称为形象广告。20世纪60年代，美国广告大师D.奥格威提出"品牌形象"理论，逐步为企业所接受，形象广告从此成为一种重要的广告类型。70年代后则着重宣传企业的社会存在价值以及商品的公共性，以提高企业的声誉，增强消费者对企业的信任感，寻求社会和公众的理解和支持，从而促进商品销售的间接目的。美国哈佛大学鲍丁教授将树立形象广告又细分为惠顾企业广告、公共关系广告和公共服务广告。惠顾企业广告是宣传企业的优势以吸引顾客。公共关系广告是通过广告宣传为企业树立良好的内外部形象，沟通企业与社会公众的关系。公共服务广告着重宣传企业对社会所做出的贡献，以此提高企业的社会声誉。图1-5是New Balance形象广告《致未来的我》（papi酱）："生活就是寻找自己的过程，你就该一直奔跑着，在不知道要去哪里，不知还有多远时，只管跑就是了，未来是什么样，给未来的自己回答。"传达了New Balance不惧困难、勇往直前的精神。
- 建立观念广告。这类广告通过广告信息传播，帮助消费者建立或改变对一个企业、一种产品的认识或印象，建立或改变一种消费观念，加强对消费者的教育培训等。如倡导家电节能、装潢建材的环保等观念，这类广告近年来不断增多。

图1-5　New Balance《致未来的我》（papi 酱）

4. 按广告的诉求方式划分

- 情感广告。这类广告采用情感诉求方式，向消费者传之以情，强调以情感人、以情动人，打动消费者的内心，使消费者对广告商品产生良好的态度和感情，进而采取购买行动。一般日常生活用品多采用这类广告。图1-6所示为红星二锅头《没有酒说不好故事》。"待在北京的不开心也许只是一阵子，离开北京的不甘心，却是一辈子。"一语道出了绝大多数北漂族的心声。

图1-6　红星二锅头《没有酒说不好故事》

- 理性广告。这类广告采取理性的说服方式，通过向消费者说明购买广告商品的优点和好处，让消费者用理智权衡利弊，做出判断，听从劝告并采取购买行动。工业品、技术含量高的商品、结构复杂的商品、高档耐用商品往往采用这类广告。另外，针对文化层次较高的目标消费者，理性广告往往更有效。

5. 按广告的传播媒体划分

- 大众媒体广告。大众媒体广告又可分为视听广告和印刷广告。视听广告有网络广告、电视广告和广播广告等，也可称为电子媒体广告。印刷广告主要是报纸广告和杂志广告。

- 小众媒体广告。传统小众媒体广告主要有 3 类：户外广告、直邮广告、销售点广告。随着技术的发展和广泛应用，新的小众媒体也不断地被开发和利用，小众媒体也越来越受到更多企业的青睐，如图 1-7 所示的创意户外广告。

图 1-7　创意户外广告

▶▶ 1.2.2　非商业性广告

- 政治广告。为政治活动服务而发布的广告，例如通过广告形式公布、宣传政府的政策、法令；传播各级政府部门的各类公告；运用广告进行竞选等。政治广告在广告业比较发达的国家较多。随着改革开放的深化，政治广告在我国也逐渐发展起来。
- 公益广告。公益广告是指为维护社会公德，帮助改善和解决社会公共问题而组织开展的广告活动。这类广告所传播的信息内容主要与道德、教育、环境、健康、交通、公共服务等有关，涉及人们当前关心的社会问题，与社会公众利益密切相关。公益广告的主要特征，一是不以营利为目的，二是为社会共同利益服务，而不是为某些团体或组织服务，有别于企业广告或公共关系广告，着重体现自然人、法人或社会组织等所应承担的社会责任。图 1-8 是 119 消防安全宣传公益广告。

图 1-8　119 消防安全宣传公益广告

- 个人广告。为满足个体的各种利益和目的，运用媒体发布的广告，如个人启事、声明、征婚、择业、寻人等广告。

1.3 广告的影响和作用

1.3.1 广告对企业的影响和作用

1. 广告能沟通产销信息，促进商品销售

随着经济的发展和竞争的加剧，信息资源也像资本一样，成为一种战略资源。广告通过信息传播，沟通生产与生产、生产与流通、生产与消费、流通与消费之间的联系，作用显得更加重要。广告活动是伴随着商品经济的繁荣而逐步兴起的，企业需要把开发、生产的产品和劳务，尽快地投放到市场，满足消费者的需求。

2. 广告能激发竞争活力，推动企业发展

当今市场供求矛盾突出，产品同质化普遍，"酒香不怕巷子深"的观念已不能适应市场的要求。企业必须从过去的生产观念、产品观念转变到市场营销观念，一切以市场需求为中心，生产和销售市场所需的产品。同时，充分运用广告进行有效的宣传，企业把商品和劳务等信息通过广告及时有效地传达、渗透给目标消费者，减轻供求信息的不对等，促进销售。在市场经济环境下，广告是非常重要而有效的沟通交流手段（见图1-9）。

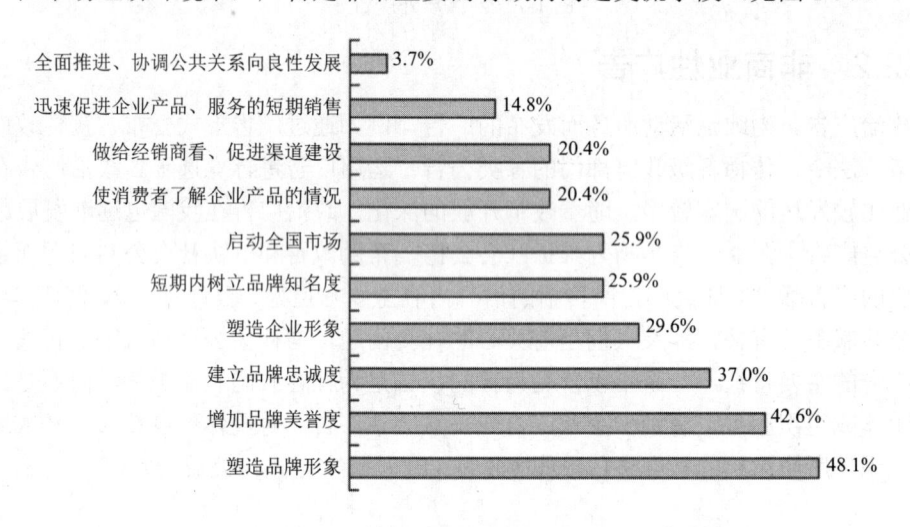

项目	百分比
全面推进、协调公共关系向良性发展	3.7%
迅速促进企业产品、服务的短期销售	14.8%
做给经销商看、促进渠道建设	20.4%
使消费者了解企业产品的情况	20.4%
启动全国市场	25.9%
短期内树立品牌知名度	25.9%
塑造企业形象	29.6%
建立品牌忠诚度	37.0%
增加品牌美誉度	42.6%
塑造品牌形象	48.1%

图1-9　广告主在央视投放广告所希望实现的营销目标

（资料来源：中国传媒大学广告学院广告主研究所研究报告）

1.3.2 广告对消费者的影响和作用

现代广告无时不在、无处不在，广告将有关信息与广告消费者沟通，对广大消费者的消费心理和购买行为产生巨大的影响与作用。

1. 广告能提供商品信息

海飞丝的"去屑"、潘婷的"滋养头发"，消费者通过广告知道了自己应该用哪种洗发水。广告通过传播媒体，把有关商品的性能、用途、使用方法、价格及销售地点、时间、方式等信息发送出去，使消费者能够获取并得到有关的知识。新产品上市、新品牌出现、新服务提供等信息，人们往往先从广告这一渠道获取。特别是现代社会，人们的生活节奏较快，而通过广告可获取购买上的便利，扩大商品选择的范围，节省时间，减少决策失误。

2. 广告能刺激和引导消费

当前，我国正处于重要的社会发展转型期。自改革开放以来，人们的购买力大大增强，消费层次不断提升，消费习惯和消费观念不断改变。这些变化与广告的反复宣传鼓动、说服诱导是分不开的。随着人们生活更加富裕，新的需求将不断出现，广告的引导作用还会得到更多的体现。

1.3.3 广告对社会文化的影响和作用

1. 广告促进了大众传播媒体发展

由于大众传播媒体经营主要依靠广告收入，为了在有限的广告市场中争取到理想的份额，大众传媒必须注重信息质量的改进，以得到企业、广告商和目标受众的青睐。因此，无论是在传播内容还是表现形式上，大众传媒都力求变化和创新，贴近生活，贴近受众。大众传媒发展到今天这种程度和水平，应该说，与广告的发展和支撑是分不开的。

2. 广告丰富了社会文化生活

伴随着经济的高度发展，现代广告已成为社会文化的组成部分，和人们的生活紧密联系在一起。首先，广告作为传递信息的一种手段，需要具有说服沟通的艺术，需要运用各种表现手法来反映和传送广告信息内容。广告创作使广告的艺术水平提高，设计新颖、构思奇巧的广告作品实际上也是一件件艺术品，具有一定的欣赏价值和文化品位，也给人们带来美的享受。其次，广告要用较强的艺术感染力吸引和打动目标消费者，需要广告创作人员不断创新。广告作为一种文化和社会现象，已被人们广泛接受，如一些优秀的广告语，已成为日常生活中的流行语。"科技以人为本""国货当自强"等经常被引用。广告已成为一种重要的社会文化现象，并推动着社会文化的发展。

3. 广告推动了社会文明进步

通过广告弘扬社会文明、倡导社会良好风气、树立高尚的道德情操、促进公益事业的发展、处理公众关注的社会问题等，往往起到其他宣传教育形式起不到的作用。特别是公益广告，可谓是照亮社会文明建设道路上的一盏明灯。在我国，广告已逐步成为建设社会文明、加强社会公德教育等的一种有效工具。

应当指出的是，广告是一把双刃剑，要看企业如何去运用。目前，我国部分企业对广告作用的认识还比较模糊，一些企业过分依赖广告宣传，忽视企业在市场营销中的其他环节，从而导致经营的失败。央视广告"标王"纷纷落马，让越来越多的企业认识到这一点（请阅读专论1《细数央视广告历届"标王"》）。因此，广告主在制定广告战略和设计广告策略时，应该从其经营目标、营销目标和广告目标等角度全方位研究，理性决策，充分发挥广告的信息传播功能，避免因广告决策失误而带来严重后果。

1.4 广告学与其他学科的关系

广告学是综合了经济学、管理学、传播学、心理学、社会文化教育、艺术、法律等多种学科的知识后形成的独立学科,广告学与这些学科相互影响、相互渗透、互相联系和包容,彼此之间建立了密切的联系。因此,有必要探讨广告学与其他学科之间的关系。这里,主要探讨广告学与市场营销学、公共关系学、传播学、心理学、社会学等学科之间的关系。

1.4.1 广告学与市场营销学

市场营销学是在 19 世纪末 20 世纪初资本主义经济迅速发展的时期创建的,广告学亦在这一时期兴起。从一开始,这两门学科就紧密地结合在一起,相互影响,密不可分。研究广告学,需要从市场营销的角度去审视;研究市场营销学,又必须考虑广告的原理和运作方式。

从研究内容上看,它们同属经济范畴。市场营销是个人和群体通过创造并同他人交换产品和价值以满足需要和欲望的一种社会和管理过程,涉及需求、产品、效用、交换、市场、市场营销等诸多概念。这些概念对于广告活动的理论和实务也是至关重要的。广告是一种信息传播活动,但它的起点和落点都在经济领域,传递什么样的信息内容以及如何进行传播,需要研究市场,了解营销环境,研究消费者,从满足消费者的需要和欲望出发;也需要研究产品,以适应不同的市场环境,制定相应的广告策略,争取较好的传播效果。研究广告学,离不开对市场营销的探讨。

广告和市场营销是企业经营管理的重要组成部分。由于市场竞争的加剧,企业要有更多的发展机会,必须以消费者为中心,重视市场,重视销售。特别是整合营销传播,要求各种促销策略互相整合,信息充分交流,广告活动则是其中的重要手段和方式。对于企业生产来说,市场营销的中心任务是完成产品销售,广告是为实现市场营销目标而开展的活动,通过信息传播,在目标市场内沟通企业与消费者之间的联系、改善企业形象、促进产品销售。广告策略要服从于市场营销策略,作为营销活动的先导,在市场营销总体目标下发挥作用,这实际上体现了一种局部与整体的关系。

从广告活动和市场营销活动的最终目的来看,二者也是一致的。市场营销可以理解为与市场有关的人类活动。广告也可以看成针对消费者的需要和欲望,刺激消费热情,调动潜在消费意识,最终促成购买行动的传播活动。因此,市场营销的有关原理,对于把握广告的基本理论和运用方式是很有帮助的。

1.4.2 广告学与公共关系学

公共关系传播活动是企业或者组织调整企业内部及外部的关系,沟通与社会大众的联系,树立良好的形象,改善经营和管理的有效手段。广告与公共关系有着密切的联系,特别是现代企业管理需要进行综合的信息交流,加强整合传播,公共关系和广告就好像帮助企业腾飞的两翼,相互配合,相互补充,促进企业稳定、长远地向前发展。

广告活动需要公共关系的推动。如果在开展广告活动的同时,也组织一些公共关系活动,就能为广告传播营造良好的气氛和环境,增强其说服力和传播效果,使诉求内容更易于被目标消费者所接受和认同。特别是企业为推出新产品、新品牌而开展的广告活动，由于公关活动促进了企业与社会公众之间的交流，加深了消费者对企业的印象，在心目中树立了一个良好的形象，就可能引起目标受众对广告和新产品的注意，容易产生好感，调动起消费热情和购买欲望。

公共关系活动需要广告活动的配合。公共关系是长远的、稳定的、具有战略性的信息传播活动，要善于抓住各种契机。广告则可以随时随地发挥作用。企业在整合营销传播活动中，就需要这种战略与战术的配合。有些类型的广告，如企业形象广告、公共关系广告等，可以把公共关系和广告的功能融为一体，获得更好的传播效果。

虽然广告和公共关系有着紧密的联系，但也存在不少差别，主要包括以下几方面。

- 传播目标不同。公共关系着眼于宏观和长远，为企业或组织树立形象，增进社会公众的了解，协调内部关系。广告侧重于微观经济领域，往往争取短期内在最大市场范围达到销售目标，更重视短期效益。
- 传播方式不同。公共关系多以新闻报道、新闻纪录片、记者招待会、新闻发布会等活动形式传播信息。公共关系强调"说真话"，信息要做到准确、客观、实在；通过大量真实可信的信息，与社会公众进行双向交流，达到传播沟通的目的。广告则首先要能引人注目，产生吸引力，从而激发目标对象的消费兴趣和购买欲望，因此可以采取浪漫主义创作手法，以加深广告受众的印象，增强感染力。这些与公共关系的表现手法是有较明显差别的。
- 传播周期和范围不同。公共关系活动面对社会公众，信息传播具有长久性、综合性、战略性等特点，需要长期规划，有计划、分阶段、按步骤进行宣传。广告传播是在一定时期内集中传播某些信息，内容相对比较单一，影响力随广告活动的增减而变化，传播对象主要是目标消费者。
- 传播的地位和效果不同。企业或组织能够创造大众媒体予以宣传报道的机会和条件，但大众传媒是否报道，则要根据媒体自身的需要来决定，因此信息传播往往缺乏控制。广告传播是"有偿"服务，广告主通过付费决定广告的表现方式，以及发布的时间、空间、刊播形式等，信息传播可以有效控制。此外，受众对这两种传播方式所发布的信息认识程度是不一样的，所产生的效果也不同。公共关系是涉及企业或组织形象方面的大事，其影响具有深度和广度，所以公共关系的决策更要慎重，一旦失误，挽回工作更为艰巨。广告效果直接可测，具有战术性，即使没有达到理想的传播效果，也就是一次广告活动的损失，补救工作相对比较容易。

1.4.3 广告学与传播学

传播学是研究人类如何运用符号进行社会信息交流的学科，其研究对象是社会信息系统本身，主要是研究社会信息系统及其运行规律。广告学与传播学有着密切的联系，因为广告本身具有传播信息的基本职能，传播学所阐明的关于传播过程五要素理论，关于"双向传播"理论，关于传播学研究方法的基本特征等，都为广告学研究提供了科学的依据。

广告学与传播学的区别可以从以下四个方面分析：第一，传播学偏重理论研究，广告学则偏重实践研究；第二，广告学以广告活动为自身研究的出发点，传播学以信息传播为自身研究的出发点；第三，广告追求广告效果，注重投入产出效应，而传播追求的是信息到位；第四，广告注重突出重点信息、强化形象，传播则注重信息的完整性和准确性。

1.4.4 广告学与心理学

广告作为说服社会公众的一种方式，与心理学有着密切的关系。心理学提供了人的心理构成机理和心理活动的特点及性质，广告借助心理学的理论和规律才能达到说服的目的。广告是否能够成功，不仅取决于美术、文字、摄影等技术技巧问题，更取决于它是否符合广告受众的心理。一则广告从确立主题、构思内容到选择媒介，无不体现了广告学与心理学的结合，广告的版面设计、投放的媒介等都充分运用心理学理论。广告心理是广告学研究的一个重要分支，其主要探索心理学理论如何应用于广告传播的具体实践中。广告心理研究涉及广告心理的功能、广告受众对广告的接受心理和记忆模式、广告说服的心理机制等方面。其主要研究任务在于实践应用，不断将心理学理论和原理运用于实践，并从实践中发现广告活动本身特有的心理现象和心理规律，用于指导广告的实践活动。

1.4.5 广告学与社会学

社会学是从社会整体出发，通过社会关系和社会行为来研究社会的结构、功能、发生、发展规律的综合性学科。在社会学中，人们不是作为个体，而是作为一个社会组织、群体或机构的成员存在。广告活动所传播的信息具有综合性，其信息内容不仅包括了商品本身的信息，还涉及政治、经济、社会、文化等多方面的信息。因此，从广义上来看，广告具有传播社会信息的功能，以广告活动作为研究对象的广告学就必然与社会学有着紧密的联系。从狭义上来看，广告信息是以社会为传播背景，因此广告内容的设计和信息的传播必须考虑特定的社会制度、民族文化和风俗习惯等。广告涉及人们社会生活中的方方面面，它与各种社会现象必然有着相互作用的关系，所以我们在研究广告理论和实践活动时，必须以社会学的基本原理、准则和规律为依据，以社会整体为出发点来研究广告活动，以便找到广告活动的内在特征。

本章小结

- 广告是市场竞争的产物。随着经济日益繁荣、科学技术不断进步，广告活动发展到现代，已深入社会、经济、文化等诸多方面，成为人们日常生活中的重要组成部分。广告学作为一门独立学科，也越来越受到人们的重视。
- 广告的含义随着时代的发展而不断变化，根据现代广告的发展和我国的实际情况，广告可以定义为：广告是广告主在付费的基础上，将企业、商品、劳务或观念等信息，通过传播媒介向特定的对象进行传播，有效影响目标公众心理和行为，促成整体营销计划的活动。
- 根据广告的定义可以将广告基本特征归纳为六个方面，即广告有明确的广告主；广告是付费传播的；广告是一种非人际传播；广告具有特定的信息内容；广告采用说服的方式；广告传播对象具有选择性。
- 广告可以分为商业性广告和非商业性广告，商业性广告根据诉求地区、传播媒体、诉求对象、诉求目的和方式等不同，还可以进一步细分。
- 现代广告的影响和作用主要从三个方面来分析，即广告对企业的影响和作用；广告对消费者的影响和作用；广告对社会文化的影响和作用。
- 广告是一门成熟的交叉学科。它与其他学科有着不同程度的联系。广告学和市场营销学、公共关系学、传播学、心理学、社会学等学科关系密切，但又有一定的区别。

专论1

细数央视广告历届"标王"

1995—2017年，在央视的广告招标大战中已经有23届"标王"称雄。它们所折射的行业变迁、传递的经济信号，以及自身发展的戏剧性演变，使得"标王"的称呼在诸多的关注与争议声中，被赋予了超过其经济行为本身的内容。

1995年 孔府宴酒：命途多舛

1994年11月2日，在首届中央电视台广告竞标中，后起之秀孔府宴酒一举击败自家兄弟孔府家酒，以3 079万元夺得1995年"标王"桂冠。几乎是在一夜之间，"喝孔府宴酒，做天下文章"的央视广告，让这家名不见经传的企业家喻户晓。夺标当年，"孔府宴"就实现销售收入9.18亿元，利税3.8亿元，主要经济指标跨入全国白酒行业三甲，成为国内知名品牌。但"孔府宴"并没有做好自己的文章。决策失误、结构调整不力和盲目扩张使得企业很快陷入困境，2002年6月"孔府宴"品牌最终以零价格转让给山东联大集团。

1996—1997年 秦池：黄粱一梦

1995年11月8日，"孔府宴"与"孔府家"之争在第二届标王竞标会上达到高潮，当时两者的出价都超出了6 000万元，却不料黑马杀出，秦池酒以6 666万元抢摘"王冠"。原为山东临朐县一县属小型国有企业的秦池"称王"后，1996年收入高达9亿多元。1996年11月8日，秦池又以3.212 118亿元天价卫冕"标王"成功。但秦池老板"每天开进央视一辆桑塔纳，开出一辆豪华奥迪"的梦想并没有随之变成现实。由于没有及时将经济效益转化为发展后劲，"勾兑事件"在1997年年初遭媒体曝光后，对危机攻关的乏力使得秦池销售一落千丈。此后，关于秦池被"拍卖"的消息被媒体炒作得沸沸扬扬。事实上，秦池酒厂至今仍然在维持生产，只不过当年的辉煌已是过眼云烟。

1998年 爱多VCD：来去匆匆

1997年8月，央视第四届标王竞标会上，当时的VCD盟主爱多以2.1亿元戴上"标王"桂冠。28岁的胡志标当时得意忘形："2.1亿，太便宜了！"但这位口出狂言的爱多老总不会想到自己会成为"标王"中结局最悲惨的一个。以80万元起家的爱多VCD，在夺标当年销售额高达十几亿元，迅速成为生产VCD规模最大的企业。爱多的风光，昙花一现。随着VCD市场的萎缩，掌门人胡志标盲目实施多元化战略，铤而走险，开始造假诈骗。2000

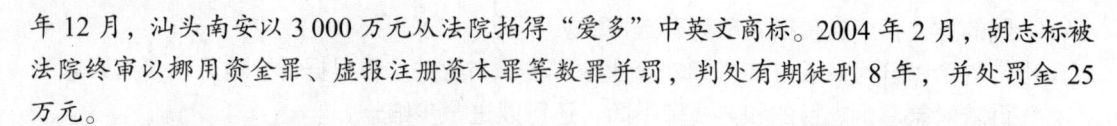

年12月,汕头南安以3 000万元从法院拍得"爱多"中英文商标。2004年2月,胡志标被法院终审以挪用资金罪、虚报注册资本罪等数罪并罚,判处有期徒刑8年,并处罚金25万元。

1999—2000年 步步高VCD:终结浮躁

1998年后,社会上对"标王"议论纷纷,央视开始淡化"标王"的概念。当年,事实上的"标王"为广东步步高电子有限公司,它在央视投下的广告总额为1.59亿元,并在2000年以1.26亿元蝉联冠军。步步高董事长段永平也有一段"名言":投放央视招标段广告的数额取决于企业自身的合理评估,而非是否成为"标王"。比起前几任"标王"的豪言壮语,段永平的这段话也许意味着标王"盲目时代"的终结。步步高后来的发展也印证了这种稳健:2000年,步步高品牌被广东省工商行政管理局认定为"著名商标"。2002年2月获得国家工商行政管理总局批准的"驰名商标"称号。近年来,步步高的广告策略改变为"能够不投尽量不投",在近两年的央视招标中,其标额均未进入前十名。

2001—2002年 娃哈哈:多元发展

1987年,宗庆后借款14万元,带着两名退休教师创办杭州娃哈哈营养食品厂。到2000年,娃哈哈的饮料总产量已达224万吨,是排在它后面的中国饮料业十强第二至第五大企业之和。2001年和2002年,娃哈哈分别以2 211万元和2 015万元获得"标王"。从"喝了娃哈哈,吃饭就是香"到"天堂水,龙井茶",娃哈哈已成为中国最有价值的品牌之一。2004年娃哈哈销售收入达到114亿元。近年来,企业产业链越来越长,娃哈哈品牌几乎涵盖了从儿童到成人产品的所有延伸,与此相应,"品牌价值被摊薄""品牌联想模糊"等风险,也使得娃哈哈的扩张之路显得并不轻松。

2003年 熊猫手机:深陷囹圄

2002年年底,马志平以1.088 9亿元让市场表现平平的熊猫手机成为2003年度广告的"标王",熊猫手机虽然借此一举扬名,并带动了销售的提升,但在竞争激烈的手机市场中未能胜出。由于缺乏核心技术,熊猫手机在巨额广告与薄利销售的矛盾中,掉进了债务的无底洞。2005年3月14日,熊猫移动的控股方南京熊猫一纸公告斩断了与它的关系。7月28日,熊猫手机前掌门人马志平因涉嫌"虚报注册资本"罪被批捕。

2004年 蒙牛:牛气冲天

蒙牛集团自1999年成立,年销售额从4 000多万元增加到2003年的50亿元,从当初的1 116位成功跻身乳业前三名,成为中国超速成长百强第一名,被誉为"蒙牛狂奔"。这一切使得蒙牛在2004年度央视招标会上"牛气十足",以3.1亿元夺魁。2004年,成功在香港上市的蒙牛实现销售收入72.138亿元、净利润3.194亿元。2005年上半年,蒙牛乳业的营业额为47.5亿元,净利润2.465亿元,盈利增幅远远高于其他乳业巨头。尽管乳业仍不失为一个高增长的行业,但经过几年高速扩张已经进入了恶性竞争阶段,由此引发的种种问题,无疑会影响蒙牛的"奔跑"速度。

2005—2007年 宝洁:"教父"转型

2004年11月18日,宝洁以3.85亿元的中标额成为央视广告招标以来的首个"洋标王"。这笔投给央视的巨资不过是宝洁在中国整体营销策略的一部分。2003—2004财政年度,宝

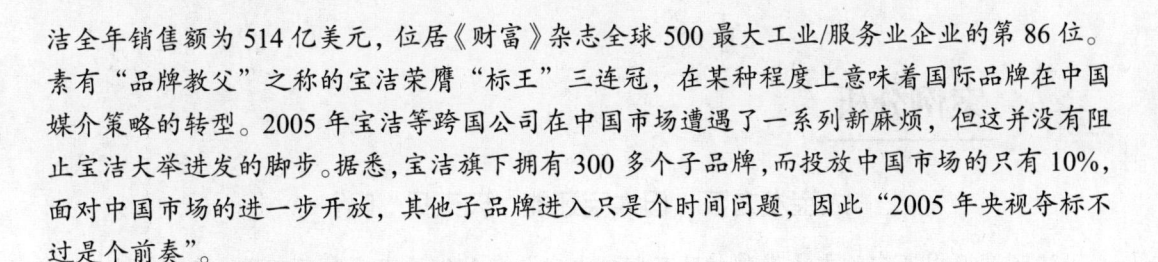

洁全年销售额为514亿美元,位居《财富》杂志全球500最大工业/服务业企业的第86位。素有"品牌教父"之称的宝洁荣膺"标王"三连冠,在某种程度上意味着国际品牌在中国媒介策略的转型。2005年宝洁等跨国公司在中国市场遭遇了一系列新麻烦,但这并没有阻止宝洁大举进发的脚步。据悉,宝洁旗下拥有300多个子品牌,而投放中国市场的只有10%,面对中国市场的进一步开放,其他子品牌进入只是个时间问题,因此"2005年央视夺标不过是个前奏"。

2008年 伊利:3.78亿元新科标王

2008奥运年,央视广告招标也打响了"奥运大战",连续12小时的招标后,伊利以3.78亿元成为央视奥运年的最大赢家。

2009年 纳爱斯:本土品牌大战洋品牌

金融危机使得合资品牌在广告投入上显得更加谨慎,而国内品牌信心十足,央视2009年度广告招标大会上,纳爱斯战胜宝洁成为新"标王",以总价3.05亿元的天价,一举拿下2009年央视上、下半年电视剧特约剧场的广告标段。

2010—2011年 蒙牛:乳业走出低谷

纳爱斯、蒙牛这对央视招标的老冤家,再次纠缠于2010年电视剧特约剧场上、下半年广告资源的争夺。最后,蒙牛以2.039亿元的高价竞得上半年特约剧场,夺得央视最贵单项,一洗前两年在该项竞争上的败北之恨。三聚氰胺事件后,蒙牛声誉受损严重,因为市场萎缩、产品回收导致现金流紧张。蒙牛两夺"标王",也意味着乳业已经走出低谷。

2012年 茅台:"限酒令"醉了央视

央视要求在2012年广告招标中,黄金时间的酒类广告原则上不超过两条,全天酒类广告不超过12条,"限酒令"提高了白酒类企业做广告的门槛,但这并未阻挡该行业中龙头企业的疯狂——根据现场媒体报道,茅台与洋河、剑南春组成的"三杯酒"以合计6.56亿元的价格为《新闻联播》准点报时。茅台一家就在这一环节掷金4.43亿元,不失其"老大"风范。

2013年 剑南春:6亿元夺得央视广告标王

2013年中央电视台黄金资源广告招标公布结果:招标总额158.8134亿元,创19年新高,比2012年的142.57亿元高出16.2377亿元。剑南春以6亿元夺得央视广告标王。

(资料来源:新华网)

问题理解

1. 什么是广告?广告有哪些基本特性?
2. 广告可以分为哪些类别?
3. 简述广告与市场营销等学科的关系。
4. 结合实际谈谈广告对企业的影响和作用。
5. 阅读专论1,谈谈央视"标王"兴衰的思考与启示。

案例分析

大宝发力了！但大宝还能"天天见"吗？

2016年9月下旬，本土老牌护肤品牌"大宝"在天猫旗舰店发布新品，宣布推出7款男士护肤单品，针对85后、90后的年轻群体，更是请来了林更新、张一山等当红"小鲜肉"为新品站台。有报道说："这也是自2008年被强生收购以来，大宝推出新品最多的一次，意欲摆脱传统单品SOD蜜的'桎梏'，打开年轻消费者市场。"这些新品有男士保湿霜、活肤霜、醒肤水、控油啫喱等7款，但品牌名都还是"大宝"。

提起大宝，大家就联想起大宝SOD蜜。作为中国最亲民、最受欢迎、销量量大、最代表国产护肤品的大宝SOD蜜，曾经伴随一代人成长并成为美好的回忆，有深厚的认知基础，这是大宝的优势；优势对面就是劣势，且优势越大，劣势就越大。品牌的消费者认知程度越高，品牌再延伸产品线的难度就越大、成功率就越低，是谓"消费者认知不易改变"。

大宝在消费者心智中的认知是什么呢？一种还挺好的、朴素甚至土气的、便宜的、中老年人使用的、已经有很多年的护肤品，伴随着它深厚的市场基础及历史销量的是品牌烙印已深深印在消费者的脑海中。

大宝此次推出了针对年轻人的7款新产品，品牌还是"大宝"，且不说价格，这些85后、90后会轻易选择吗？他们会不会觉得：这是我爷爷奶奶、爸爸妈妈用的品牌啊，我用？同学、同事、朋友、小伙伴看见了会不会觉得我老土啊？还是不冒这个险。就算白送也不用，差点上当！

当然，大宝可能说：我们是想利用"大宝"这么多年的品牌知名度的品牌资源。那你得好好想清楚，"大宝"品牌资源到底代表的是什么？里斯和特劳特的定位理论告诉我们：市场营销竞争的终极战场在消费者的心智，一切以消费者的心智认知为出发点和落脚点。"大宝"在中老年人的心智中可能是一个不错的正能量的品牌认知，但如果面对年轻人，"大宝"清楚在90后消费者心目中是什么形象吗？

思考题：
1. 评价"大宝"针对85后、90后采用老品牌策略的合理性。
2. 针对新的目标市场设计"大宝"品牌的营销策略和广告策略。

调查研究

1. 实训内容：考察当代广告的形式。
2. 实训要求：通过实地和案头调研方式，对当代广告的各种形式进行考察，并将相关资料整理成PPT。
3. 实训组织方法及步骤：

（1）将班级学生分组；
（2）各组用一周时间进行资料收集，并整理成PPT；
（3）各小组委派代表在班级进行交流；
（4）教师进行点评，对本次实训进行总结。

第 2 章 广告演进

引导案例

为广告做广告

在世界广告发展史上,广告基本上都是为企业或产品而做的,鲜有为广告做广告的。20 世纪 90 年代,针对商业界有些人士不相信广告的价值与作用所提出的种种论点,美国广告代理商协会(4A)发起了一场关于广告价值与作用的宣传运动。这场广告宣传运动最有力的方面,就是让那些杰出的公司的领导人亲自讲述广告对本公司经营成功的作用。这次广告运动有可口可乐、苹果、麦当劳等著名公司参与。其中一则广告由李奥·贝纳广告公司策划制作,麦当劳公司参与。广告标题用的是麦当劳总裁麦克·昆兰所说的一句话:"如果没有广告,人们都认为罗纳德(Ronald,麦当劳叔叔)只不过是个美国前总统的名字而已。"当提到商业界有些人士不相信广告的价值与作用时,麦克·昆兰用事实反驳了他们的论点:"对此我想列举两个事实:第一,麦当劳是世界上最乐于做广告的公司;第二,麦当劳是标准普尔指数 500 中唯一自 1965 年以来营业额、收入和盈利都连续 100 多个季度保持增长的公司。"这场广告运动震动了美国新闻界,这一系列广告还获得了《新闻周刊》《福布斯》《广告时代》《纽约时报》等美国著名媒体的免费刊登权,有效地扭转了那些反对广告的舆论。

➲ 辩证性思考:关于"广告的广告"案例带给我们哪些思考?

本章学习目标

☑ 了解和把握世界广告发展历史脉络;
☑ 了解和把握中国广告发展历史脉络。

关键术语

口头广告　招幌广告　印刷广告　广告代理业

2.1 广告的起源与演进

广告的发展受经济发展、科学技术进步、社会制度及社会水平等因素影响。广告的历史阶段划分,一般依据各个历史时期广告技术发展水平及广告的传播方式。据此,西方广告的发展可以划分为四个阶段:从广告的产生到 1450 年德国人古登堡发明现代印刷技术,

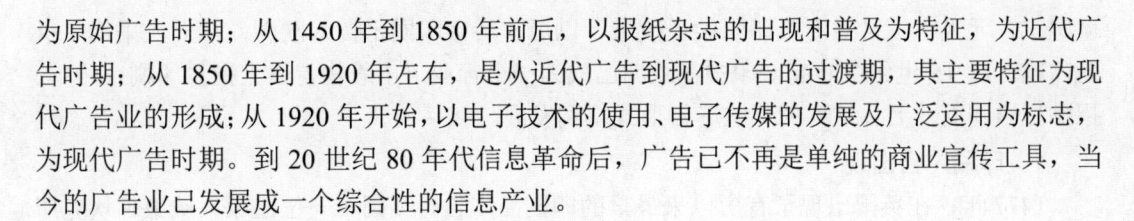

为原始广告时期;从 1450 年到 1850 年前后,以报纸杂志的出现和普及为特征,为近代广告时期;从 1850 年到 1920 年左右,是从近代广告到现代广告的过渡期,其主要特征为现代广告业的形成;从 1920 年开始,以电子技术的使用、电子传媒的发展及广泛运用为标志,为现代广告时期。到 20 世纪 80 年代信息革命后,广告已不再是单纯的商业宣传工具,当今的广告业已发展成一个综合性的信息产业。

2.1.1 原始广告时期(—1450 年)

自从有了商业买卖,就有了广告。根据历史研究证明,世界上最早的文字广告是现存于英国博物馆、写在羊皮纸上的广告,它是从埃及尼罗河畔的古城底比斯发掘出土的文物。这则广告是公元前 1550—公元前 1080 年古埃及奴隶社会时期,一名奴隶主悬赏缉拿逃奴的广告,内容如下:

奴隶谢姆从织布店主人哈布处逃走,坦诚善良的市民们,请协助按布告所说将其带回。他身高 5 英尺 2 英寸(约 1.57 米),面红目褐。有告知其下落者,奉送金环一只;将其带回店者,愿奉送金环一副。

——能按您的愿望织出最好布料的织布师　哈布

在古代雅典,曾流行类似四行诗形式的广告,例如,有这样一则推销化妆品的广告:

为了两眸晶莹,

为了面颊绯红,

为了人老珠不黄,

也为了合理的价钱,

每个在行的女人都会——购买埃斯克里普托制造的化妆品。

公元前 79 年的一天上午,古罗马庞贝城被火山埋于地下,2 500 多名居民葬身其中。从文物挖掘中发现,当时广告在庞贝城墙上随处可见(有 1 600 多处)。

诞生于恺撒大帝统治时期的世界上最早的官报《罗马公报》,除记载重要的社会和政治事件外,也刊载有广告形式的内容。更晚些时候,大约在 900 年,欧洲各国就盛行由传报员沿街传报新闻。同时,这些传报员也被商人雇用,在市集上传告商品的优越性和价格,招徕顾客。1141 年,法国的贝星州出现了一个由 12 人组成的口头广告组织,并得到国王路易七世的特许,与商店签订合同,收取报酬,进行广告宣传活动。后来小商贩把这种广告的吆喝配上曲调广为流传,1258 年国王发布《叫卖人法则》加以规范。

2.1.2 近代广告时期(1450—1850 年)

1450 年前后,德国工匠古登堡(1400—1468 年)创造了铅活字印刷术,他还制成了木质的、靠螺旋在印版上压力的印刷机,传替传统手工操作,提高了印刷质量和效率。古登堡印刷技术的发明和应用,是人类传播史上重要的里程碑。这也成为原始广告时期与近代广告时期的分水岭,标志着人类广告史从原始古代的口头、招牌、实物广告传播时代进入印刷广告的新时代。这一时期,报纸媒体及报纸广告大行其道,杂志广告日渐出现,广告业发展初具规模。

我国对印刷技术贡献甚大。早在公元 11 世纪中期,北宋毕昇就发明了活字印刷。13

世纪末，元人王祯又对活版印刷做了改进。以后，活字印刷术传入欧洲，欧洲人采用了机器印刷。从 15 世纪中叶起，印刷在欧洲已成为一个行业，出版物得以大批量印刷，传单、招贴标语和商业名片这样的一些广告形式得到发展。

1．印刷广告出现

1477 年，在英国出现了有史以来最早的印刷品广告。英国第一位出版人威廉·坎克斯顿创办印刷所，印出第一本英文书及其推销广告，开创印刷品广告的先河。他将这幅广告沿伦敦大街在教堂门口张贴，广告长 17.5 厘米、宽 12.5 厘米，内容如下：

倘任何人，不论教内或教外人士，愿意取得适用于桑斯伯莱大教堂仪式的书籍，而其所用字体又与本广告所使用的相同，请移驾至西敏斯特附近购买，价格低廉。出售处有盾形标记，自上至下有一条红线纵贯，以为辨识。

2．报纸媒体与报纸广告的发展

机器印刷技术促使报纸和杂志等印刷媒体得到发展。早些时候，在欧洲不少国家出现了官办或私人办的、商业性的手抄报纸，这些手抄报纸被称为新闻信札报，卖给需要当时新闻的贵族或有身份地位的人士。有了印刷机后，起初不定期地进行印制，后来则能以期刊形式定期出版。到 17 世纪初，一些经常出版的报纸创办起来了，报纸版面大小往往以便于携带为准，故当时又称作"新闻丛书"。后来，单页报纸逐渐取代了书的形式。

1625 年，用英文出版的《英国信使报》第一次在背面版上刊登了一则推销图书的广告，这被认为世界上最早出现的报纸广告。

到 1830 年，美国已有报纸 1 200 余种，其中 65 种为日报（图 2-1 为美国早期的广告）；英国在 1837 年有 400 种报纸，日刊出广告 8 万余条。这一时期报纸发行量有限，虽售价较低（1830—1860 年为"便士报"时代），但广告影响较小。

图 2-1　美国早期的广告

3．杂志及其他媒体广告的出现

1645 年 1 月 15 日，一本名为 The Weekly Account 的杂志第一次使用了"广告栏"，专门刊登广告。在此之前，广告是按"预告"的意思使用"通知"（Advices）一词。到了这个时候，逐渐形成"广告"这一特有词语。

1706 年，德国人阿洛依斯·望菲尔德发明了石印技术，开创了印制五彩缤纷的招贴广告的历史。

4. 广告代理业的形成与管理

1488 年，法国散文家蒙太尼提出一则倡议："任何人想出售珍珠，想找个仆人或伴侣去巴黎旅游，可以把他的想法及要求向一位负责这项事务的官员提出。"这一倡议，对于建立为客户办理广告及服务业务的专门机构，即后来的广告公司来说，很有启示意义。

1610 年，英王詹姆斯一世让两个骑士建立第一家广告代理店。1612 年，法国创立"高格德尔"广告代理店。1729 年富兰克林在美国创办《宾夕法尼亚新闻报》，既做出版商和编辑，又是广告作家和广告经纪人。

为了对广告业加以管制，英国议会于 1712 年通过了关于报纸广告纳税的法案，开始征收广告特税。法案规定：报纸广告无论版面大小，见报便征收 2 先令 6 便士。

在报纸广告日渐普及的情况下，英国一个名叫约瑟夫·艾迪生的人在 1710 年发表了关于广告问题的议论，这可以看作最早的"广告理论"。他认为，在新闻来源不足的情况下，人们习惯阅读报纸后面的广告栏以自娱，"这些来自小世界的新闻同来自大世界的新闻是一样的"。同时，他还就广告的表现方法提出了忠告：

撰写广告文案的最大艺术在于找到能抓住读者的方法。如果找不到这种方法，那么，再好的内容也不会被人们认识，必然在奸商获取手续费后而消失。文中标上重点符号和指示箭头以突出中心意思是非常好的方法。最近很盛行注明 N.B.（请注意）的方法，以使读者注意。德莱塞发明了小插图，因为这样可以满足人们的好奇心，使他们常觉得看到了什么秘密似的。

18 世纪英国文坛上的权威诗人和评论家约翰逊在他 1759 年所著的《懒惰者》一书中，就当时广告业的职业道德问题发表评论：

普通的东西容易被人们轻视，在当今广告量增加而且看完后就被扔掉的时候，广告必须发挥它应有的水平，有时是很崇高的，有时是很感人的，以此来吸引人们的注意。同时广告要遵守规定章程，这是广告的灵魂。

现在，广告的买卖方式已经确定，要想改变是件不容易的事情。但是，广告也和其他技术一样应该服从公众利益。在此，我对那些负责做广告的人不能不问一下有关道德的问题：你们是否有玩弄人们感情的行为……

▶▶ 2.1.3 从近代广告到现代广告的过渡期（1850—1920 年）

1850—1911 年，有影响的报纸先后创刊。这个时期广告传媒加速大众化，广告业迅速发展。

1. 现代广告公司的形成

1841 年，伏而尼·帕尔默（Volney B. Palmey）在美国费城开办世界上最早的广告公司，以 25% 的资金为客户购买报纸广告版面，大受企业客户欢迎，同时使报业效率和收入大大提高。所以，1845 年以后，帕尔默又在波士顿、纽约开办了分公司。至 1860 年已有 30 多家广告公司为 4 000 种美国出版物出售版面。

1865 年，乔治·路威尔通过出版《路威尔美国报纸目录》，成立了大规模专门出售广告版面、作为报刊独家广告经纪人的广告公司，使独家广告代理业开始兴起。

1869 年，美国"艾尔父子广告有限公司"在费城成立，这是第一家具有现代意义的广告公司，其经营重点从单纯推销广告版面，转到为客户策划、设计、制作广告等全面的服务业务。1875年，公司正式采用公开合同制，加强同企业的联系。据统计，这一时期美国广告公司约1 200家，其中纽约385家，芝加哥54家。

2．新技术与广告新媒体的拓展

1853年，纽约《每日论坛报》第一次用照片为一家帽子店做广告，摄影术成为广告设计和制作中的重要技术。

1882年，英国伦敦安装了世界上第一个灯光广告。

1891年，可口可乐公司在投产5年后摄制了世界上最早的挂历广告，现在收藏价值达5 000美元。

1910年，法国最早在巴黎举办的国际汽车展览会上使用了霓虹灯广告。1年以后，巴黎一家时装店安装了第一个用霓虹灯制作的招牌。此后霓虹灯广告就成为当时最流行的户外广告。

3．广告理论研究

19世纪末，西方已有人开始进行广告理论研究。1898年，美国人路易斯提出了著名的AIDA法则，该法则提出：在广告程序中必须达到引起注意（Attention）、产生兴趣（Interest）、培养欲望（Desire）、促成行为（Action）这样的目的。后人在此基础上补充了可信（Conviction）、记忆（Memory）、满意（Satisfaction）原则，使该理论成为广告学重要的基础理论之一。

1903年美国心理学家W.D.斯科特编著了《广告理论》一书，第一次把广告作为一项学术科目看待，并对广告理论进行了探讨。随后，美国经济学家席克斯编著了《广告学大纲》，对广告活动进行了较为系统的探讨。这两本著作被视为世界上最早的广告学著作。当然，由于受到经济发展和广告实践的限制，广告学的研究还处于初级阶段，研究的范围仅局限在广告心理学、销售学、新闻学等方面的简单功能，还没有形成系统、严密的理论体系。

▶▶ 2.1.4　现代广告时期（1920—　）

1920年以后，人类进入现代广告业蓬勃发展的历史时期。其重要的标志是电子媒体及电子广告问世，广告媒体日趋多样化，各企业广告竞争日趋激烈，各种广告行业组织纷纷成立，广告业已成为现代信息产业群体中的中坚力量。

1．电子媒体的出现和发展

1920年，威斯汀豪斯公司在匹兹堡开办KDKA广播电台，成为美国第一家领取营业执照的电台。1921年，法国邮电部建立第一座广播电台。1922年，苏联莫斯科"共产国际广播电台"成立，是当时世界上功率最强的电台。

1922年，美国创建首家商业广播电台WAAF，开始向广告商出售时段，成为最早开播广告业务的电台。1926年建立的"全国广播电台"（NBC）是美国最早的广播网，至1928年美国通过无线电广播的广告费用已达1 050万美元，1930年美国已有一半家庭收听广播广告。

从20世纪初到第二次世界大战前，广播成为继印刷媒体之后的第二大媒体。

1936年11月2日，从英国伦敦市郊的亚历山大宫播出了世界上最早的电视节目，标志着电视广告时代的开始。

美国于1920年就开始试验电视，但到1941年才开播商业电视，1946年拥有电视的家庭已有8 000多户。20世纪50年代彩电发明后，电视一跃成为最大的广告媒体。

2. 新的广告媒介和形式不断出现

除报纸、杂志、广播和电视四大媒体以外，随着科技发展，新的广告媒介层出不穷，广告表现形式更趋多样化。

1932—1934年，芝加哥百家进步博览会将霓虹灯广告推向高潮，仅芝加哥霓虹灯厂就安装了4万只灯管，并对路牌广告实行了标准化、规格化管理。

此外，购物点广告（POP）普遍流行，其显著的直销效果深受广告主青睐；邮递广告由于针对性强，在一些西方国家得到广泛运用并取得很好的效果；空中广告借助先进技术，引人注目。20世纪90年代，随着网络技术的商业化，网络成为当今最重要的媒体之一，网络广告方兴未艾。随着移动互联网的发展，以互动、移动为特征的新媒体广告形式更是不断推陈出新。

3. 广告经营走向现代化

随着市场竞争日趋激烈，一些企业在广告活动中开始注意广告策略的运用，委托广告公司全面代理广告策划和制作业务也非常普遍。

随着市场经济活动和广告业的发展，各种行业性组织纷纷成立，国际广告界的各种行业性组织也相继成立。1938年国际广告协会（IAA）成立，会员来自70多个国家和地区。1978年亚洲广告协会联盟成立。此外，世界广告行销公司（WAM）也是颇具影响力的世界性行业组织。

现代广告公司已发展成集多种代理职能于一体的综合性信息服务机构，如为广告收集市场信息、分析消费趋势、提出产品开发意见并将其产品推向市场，为企业提供从形象设计、新产品开发到售后信息分析的整体策略服务。广告业已发展成能创造巨大价值的信息化产业。

2.1.5 当代国际广告发展状况

1. 发展现状

根据实力传播发布的《2014年Q1全球广告市场预测报告》，2014年全球广告支出总额达到5 370亿美元，同比增长5.5%，并预计未来几年广告业将保持强劲的发展势头，全球经济回暖、程序化购买和移动广告的迅速发展推动着全球广告支出的增长。

2005年全球广告市场营业额排前10名的国家是美国、中国、日本、英国、德国、墨西哥、巴西、法国、意大利、加拿大。2008年之后受国内经济形势等影响，中国在全球广告市场的地位被日本超越，2014年中国成为全球第二大广告市场。表2-1显示了2005年、2008年和2013年全球十大广告市场的排名情况。表2-2显示了全球各地区广告支出的增长情况。数据显示，拉丁美洲是目前全球广告支出增长最快的地区。

表 2-1　全球十大广告市场费用投入　　　　　　单位：亿美元

2005年全球十大广告市场广告费用投入			2008年全球十大广告市场广告费用投入			2013年全球十大广告市场广告费用投入		
排名	国家	数额	排名	国家	数额	排名	国家	数额
1	美国	155.2	1	美国	158.5	1	美国	167.3
2	中国	38.5	2	中国	57.1	2	日本	53.0
3	日本	35.9	3	日本	41.9	3	中国	41.0
4	英国	25.2	4	德国	28.6	4	德国	23.2
5	德国	20.7	5	英国	26.8	5	英国	20.4
6	墨西哥	14.3	6	巴西	21.0	6	巴西	16.4
7	巴西	14.2	7	法国	17.1	7	澳大利亚	13.1
8	法国	12.8	8	意大利	13.5	8	法国	12.8
9	意大利	10.8	9	加拿大	11.8	9	加拿大	11.6
10	加拿大	8.9	10	澳大利亚	11.3	10	韩国	10.6

（资料来源：根据 World Advertising Trends, www.warc.com 整理）

表 2-2　全球广告支出增长率　　　　　　单位：%

地区	2011年	2012年	2013年	2014年
拉丁美洲	13.9	11.0	10.0	12.0
亚太地区	2.9	8.5	7.9	7.2
东欧	5.3	8.3	8.0	7.5
中东和非洲	10.7	7.5	6.9	6.9
北美地区	3.1	4.9	3.5	3.9
西欧	1.6	0.4	2.4	2.6
总体	3.6	5.4	5.2	5.5

（资料来源：根据 www.eMarketer.com 整理）

2．发展趋势

（1）广告形式不断创新。随着技术的发展，广告传播媒介呈现多样化的特点，为广告形式的创新提供了条件。近年来，互联网广告增长迅速，逐渐成为主要的广告媒介。2014年美国网络广告市场的收入为494.50亿美元，年增长15.6%。在互联网广告中，移动互联网广告的增长最引人注目。移动互联网广告是指所有通过智能手机和平板电脑投放的网络广告，包括展示广告、分类广告、搜索及应用程序（App）广告等。2014年，移动广告支出占全球广告支出的7.6%，2016年的移动互联网广告支出近500亿美元，超过广播、杂志、户外，成为电视、桌面互联网和报纸之后的第四大广告媒体。

（2）广告服务范围扩大。广告服务已从传统的单一服务转向为广告主提供市场调查、产品设计、生产和销售以及售后服务等方面的全方位咨询服务。20世纪70年代后，国外相继出现了大型调查公司，这些公司采用科学的调查方法和调查技术，对广告前后的市场情况进行调查，为更加有效地开展广告活动提供科学的依据。

（3）广告管理日趋严格。各国政府通过立法或通过行业协会的自律行为对广告加强管理，以达到规范广告行业，促进广告行业健康发展的目的。美国广播事业协会1975年制定了《美国电视广告规范》，此外，还成立了美国广告检查委员会。英国先后制定了《广告法》《商标法》《医药治疗广告标准法典》和《销售促进法典》等法律。

（4）广告活动的国际化。一方面，国际广告界为了协调各国广告业的发展，相继成立了各种行业性协会组织。如1938年国际广告协会成立，目前该协会拥有会员2 600多名，遍布世界75个国家和地区。另一方面，随着经济全球化的进一步发展，广告活动全球化已呈常态化。同时，互联网技术的发展与广泛应用，也为广告活动全球化提供了经济、高效的媒介平台。

（5）广告理论研究进一步深入。一方面，广告理论的分支越来越多，如广告心理、广告动机、广告主题、广告策划、广告媒体、广告环境、广告文案等，都成了专门的研究对象。另一方面，对广告学的研究越来越综合化，广告学成了一门综合性学科。其范围涉及新闻学、心理学、管理学、美学、伦理学、经济学、社会学等学科。

相关链接

可口可乐百年广告史

可口可乐诞生后的百年广告史是现代广告发展的一个缩影。毋庸置疑，可口可乐的成功与其重视广告策略有着密切的关联。

可口可乐公司一向舍得为广告投入，从来不节约广告开支。1886年可口可乐刚试产时，一年只有50美元的销售额，却拿出46美元做广告。到1892年公司正式成立时，年销售额只有5万美元，而广告费就达1.14万美元。

可口可乐一直坚持在广告中不对产品做任何夸张的说明，只表现使人愉快的场景。早期的可口可乐大多以年轻漂亮的女孩子做模特，主要媒体是月历、托盘及杂志。广告语："没有什么比健康、美丽、富有魅力和充满温柔的女性形象更能使人联想起可口可乐了。"

自从电视广告出现后，可口可乐广告似乎成了青少年的王国，广告中总以一群年轻漂亮、体格健美的青少年在尽情玩耍为特征，广告口号是"这就是可口可乐"，把人们带到一个欢乐美好的生活境界。

可口可乐公司百年广告经营哲学：广告必须是高级的，必须由社会大众看起来感到快乐、爽快，广告必须表现出公司内外都被人看好的态度。

（资料来源：陈培爱. 中外广告史[M]. 北京：中国物价出版社，2001.）

随着经济的发展和广告业的自身变迁，广告学的研究不仅在广度上有了很大的扩展，而且在深度上有了极大的提高，这使得广告学不仅成为一门独立的学科，而且逐渐形成了融合社会科学与自然科学的综合性学科。

2.2 中国广告的发展

2.2.1 中国古代广告时期（—1840年）

广告在中国的历史非常久远，成书于战国时代的《周易·系辞》有云："日中为市，致天下之民，聚天下之货，交易而退，各得其所。"可见，早在奴隶社会之前，中国社会即有集市贸易，吆喝、叫卖广告已经产生，继后广告形式日趋多样。图2-2为《清明上河图》局部，从图中我们可以看出，北宋时期的商业相当繁荣，口头叫卖、旗帜、招幌等广告形式非常普遍。

图2-2 《清明上河图》局部

1. 口头广告

这是最早的广告形式，孟元老《东京梦华录》多有对当时开封生活的记录。例如"……市人卖玉梅、夜蛾、蜂儿、雪柳、菩提叶、科头圆子、拍头焦锤，惟焦锤以竹架子出青伞上，装缀梅红缕金小灯笼子，架子前后亦设灯笼，敲鼓应拍，团团转走，谓之'打旋罗'，街巷处处有之。"南宋的吴自牧《梦粱录》中有"卖花者以马头竹篮盛之，歌叫于市，买者纷然"。此种形式，至今可见。

2. 旗帜

酒店使用酒旗，后来又称"酒帘"。它高悬门市，惹人心动。《韩非子》有云"宋人有沽酒者，悬帜甚高著"，杜牧诗曰"水村山郭酒旗风"，欧阳修记载"西风酒旗市，细雨菊花天"。

3. 招幌

招幌又称幌子，招幌广告源于古代最原始的实物广告和标记广告，是现在广告的雏形。幌子形式多样，但均能广告信息，诱人注意。《东京梦华录》有云："以艾与百草缚成天师，悬于门额上，或悬虎头白泽。"《梦粱录》说道："……又有挂草葫芦、银弓杓、银大碗，亦有挂银裹直卖牌……"宋代话本《志诚张主管》更写道："开起胭脂绒线铺，门前挂着花栲栲儿。"图2-3是中国古代的招幌。图2-4中左图是上海城隍庙老街，右图是北京鲜鱼口小吃一条街，两图中有大量的招幌，说明招幌仍然是重要的广告形式。

第2章 广告演进

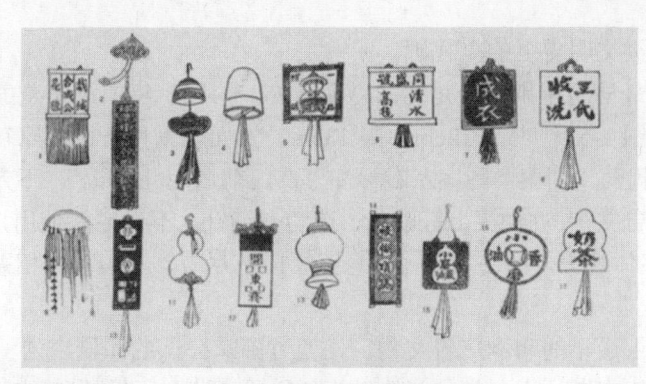

图2-3 中国古代的招幌

图2-4 招幌在现代广告中的运用

4．招牌

招牌主要用以表示店铺的名称和记号，又称"店标"，其中有横招、竖招、墙招、坐招等，把字号题写在门、柱、屋檐、墙壁或柜台上。招牌形式比较固定，但文辞各有千秋。如北京"全聚德""六必居""同仁堂"等。老字号招牌，实际上已成为经营者的品牌标志，流传至今。自从唐代把招牌作为一种行市管理手段之后，招牌一直是横跨唐、宋、元、明、清五代上千年的广告形式之一。《清明上河图》上可以看到各种招牌的形象。宋代话本《京本通俗小说·碾玉观音》中有这样的描写："不则一日，到了潭州，却是走得远了。就在潭州市里，讨间房屋，出面招牌，写着'行在崔待诏碾玉生活'。"元代李有在《古杭杂记》中，引用张任国的《柳梢青》词"挂起招牌，一声喝彩，旧店新开"来描写旧店复业情景。初始之时，招牌往往简单，到了后来日趋讲究，出现请名人书写的做法。除外面的招牌外，在店堂内也有比较小的牌子，称为青龙板，如酒店的"太白遗风"、米店的"民以食为天"、药店的"颐养天和"等。

5．彩楼欢门

在采用招牌的同时，商家也重视店铺的店面装饰和店堂布置。孟元老《东京梦华录》"酒楼"描述："凡京师酒店，门首皆缚彩楼欢门⋯⋯""九桥门街市酒店，彩楼相对，绣旗相招，掩翳天日。"至于店堂内，《梦粱录》记载："汴京热食店张挂名画，所以勾引观者，流连食客。今杭城茶肆亦如之，插四时花，挂名人画，装点门面⋯⋯今之茶肆，列花架，安顿奇松异桧等物于其上，装饰店面，敲打响盏歌卖⋯⋯"

6．印刷广告

中国是印刷术之乡，东汉蔡伦发明造纸术，隋时出现雕版印刷，至于宋代毕昇发明活

29

字印刷术，更是人类文明史上的里程碑。

中国目前发现最早的印刷广告是北宋时期（960—1127年）济南刘家功夫针铺所用的广告铜版雕刻（见图2-5）。它宽12cm、高13cm，上面雕刻"济南刘家功夫针铺"八字标题，中间为"白兔捣药"图案，图案左右标注"认门前白兔儿为记"，下方刻有说明商品质地和销售方法的广告文字："收买上等钢条，造功夫细针，不误宅院使用，转卖兴贩，别有加饶，请记白。"整体观来，图文并茂，信息元素应有尽有，不但可做招贴，亦可做成包装纸。

此乃目前世界上最早的印刷广告文物，比西方国家公认的印刷广告——1473年英国第一个出版商威廉·坎克斯顿为《索尔兹伯里礼拜仪式通览》所做的印刷广告尚早300～400年。

图2-5 北宋济南刘家功夫针铺广告

▶▶ 2.2.2 中国近代广告时期（1840—1949年）

中国的近代广告始于1815年以后，这一年8月5日创刊于马六甲的《察世俗每月统计传》是中国第一份近代中文报刊。它的"告示"已经显示出广告的威力。1853年，由英国人在香港创办的《遐迩贯珍》，首先利用刊物兼办广告业务，该刊在1854年曾刊出一则广告，寻求广告刊户："若行商租船者等，得借此书以表白事款，较之遍贴街衢，传闻更远，获益至多。"两年后（1855年）最先开设广告专栏。1858年，外商首先在香港创办了《孑孓剌报》，在1861年后成为专登船期物价的广告报。在这期间，外国人除创办一些综合性报纸外，还创办了一些专业广告报刊，如《东方广告报》《福州广告报》《中国广告报》等。当时的广告业务，主要以船期、商品价格为主，这同五口通商之后国外商船往来频繁、货物进出类多量大不无关系。1872年3月23日，《申报》创刊，这是我国历史最久、最有名望的中文报纸。其宗旨是牟利，因而非常重视广告业务。除较早地对广告（时称"告白"）做理论解释外，更大的举措有：广告价格固定；广告量占整体版面的1/2；重视文化娱乐信息；曾以社论形式为西人洋行做宣传，如1884年5月23日发布的《论汇丰银行零存银洋之益》。因为是初始之作，故而对形式毫不讲究，刊户送来的底稿，编者只加标题便可登报。其文字更千篇一律，标题往往是"卖洋××"，正文开头总是"启者：本号发卖……一应俱全，开设上洋××路第×号便是，如蒙赐顾者，请至小号面议，其价格内外公道，童叟无欺。"末了加上一句"谨此布闻"，再添上"×月×日××号启"。

1882年创刊于上海的《字林沪报》、1893年创刊于上海的《新闻报》更是推波助澜，使广告意识普及中国。

19世纪70年代，国人自办报刊出现。这些报刊登载的广告五花八门，诸如"航船日期""银行市面""各货行情""各行告白"。然其形式十分拘谨，方法幼稚，难成佳境。1895—1898年，全国创办了32种华文报纸，由于竞争激烈，广告版面剧增，例如，1899年创办的《通俗报》共有6个版面，广告已占4个半版。值得一提的是，这些报刊所发广告多为国货信息，使广告成为同帝国主义做斗争的手段之一。

报刊广告的发展促使广告主与广告经营者逐渐分离。在中国，广告代理商最早以报馆广告代理人和版面买卖人的形式出现，后来逐渐演化为各种广告社、广告公司。1872年《申报》创刊号上即已声明，外地广告由卖报人代理："苏杭等处有欲刊告白者，即向该卖报店司人说明……并须作速寄来该价，另加一半为卖报人饭资。"显然有代理人与代理费的表示。初始之时，广告代理人只是跑跑腿，为报刊招揽生意，从中取其佣金。后来，随着业务扩大，报馆纷纷设立广告部，代理人逐渐演变为报馆广告部的雇员。以后，又出现了专营广告制作业务的广告社和广告公司。

在这种背景下运作的清王朝官报，一改前态，也做起有限度的广告业务。1907年创刊的最高级的《政治官报》，不仅刊登广告，而且第一次使"广告"一词逐渐替代"告白"，实现了概念上的革命。这份特别的媒体规定："如官办银行、钱局、工艺陈列各所，铁路矿物各公司及农工商部注册各实业，均准进馆代登广告，酌照东西各国官报广告办法办理。"到了1921年，更有了见诸报端的广告章程。

辛亥革命前后，广告业发展迅速，内容包括订货、纸烟、电影、医药、银行、书籍及个人通告等。版面上不仅有文字，更有彩色画面进行图解。史量才接办《申报》后，《申报》设立了广告科，科内设广告外勤组负责招揽广告，广告设计组按广告分类，为广告主设计图案与文字说明，然后征求其意见，直到满意为止。

不仅如此，广告效果意识也开始出现。英美烟草公司来华设厂后，引入了国外广告宣传方法。1902年的某一天，上海几乎所有人力车夫都穿上了绣有"烤"字的背心，效果奇佳。从此以后，别出心裁之作多见于广告世界。图2-6为20世纪30年代上海的广告作品。

1911年，世界广告学会在英国成立。万国函授学堂上海办事处与中国广告界联合发起的"中国广告公会"，算是中国广告史上最先与国际广告界联系的桥梁。

20世纪30年代，广告公司的兴起是我国广告发展史上的又一个里程碑。在这一时期，广告媒介开始变得多样化，出现了多种多样的广告形式。抗战前充斥上海的外商外企为了推销其所生产的洋货，许多大型企业中都设有广告部。如英美烟草公司的广告部和图画间，就从中外各方邀请画家绘制广告。在激烈的商战中，民族工业也开始向广告事业投资，在企业内设置广告部门。同时，由于市场竞争的需要，广告业务不断增加，专业广告公司由此应运而生。在30年代初，上海已有大小广告公司一二十家，广告公司的业务以报纸广告为主，其他形式的广告，如路牌、橱窗、霓虹灯、电影、幻灯片等，大体都各有专营公司。

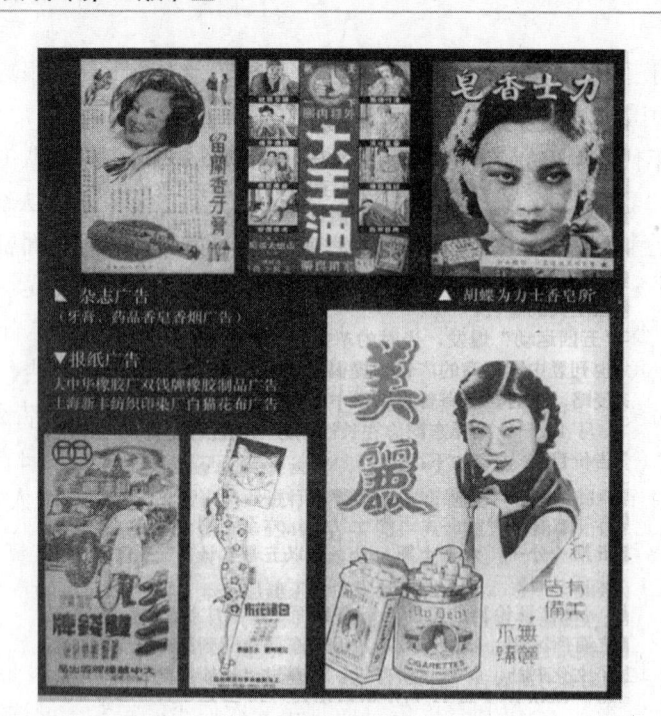

图 2-6　20 世纪 30 年代上海的广告作品

2.2.3　我国现代广告事业的发展（1949—）

1949 年以后，逐步对旧的广告业进行了彻底改造，并在社会主义计划经济的基础上开始建设新的广告事业，并取得了一定的成就。随着国家对私营企业进行利用、限制和改造的进程，私营广告业逐渐萎缩直至消亡，越来越多的国营广告公司被组建起来。不少报纸、广播电台等媒体都刊播商业广告，橱窗、路牌及一些传统的广告形式也比较活跃，一定程度地服务于企业经济发展，方便了人民群众。但是，20 世纪 50 年代末 60 年代初，由于社会对广告的认识出现偏差，认为广告是资本主义的产物，甚至视为政治运动的工具，加上政策失误造成商品供应短缺，广告已逐步失去存在的意义。至"文化大革命"结束前，商业广告活动几乎陷入停顿的状态。党的十一届三中全会以后，随着改革开放的不断深化，我国当代广告事业才进入新的历史发展时期。

当代广告业的恢复和发展始于 1979 年。这一年 1 月 14 日，《文汇报》发表署名丁允朋的文章《为广告正名》，文中澄清了对于广告的种种歪曲和误解。这篇文章曾引起国内外的广泛关注，丁允朋也被业界称为"中国现代广告的开拓者和打开中国广告大门的人"。1979 年 11 月 8 日，中共中央宣传部发出《关于报刊、广播、电视台刊播外国商品广告的通知》。1 月 4 日，《天津日报》在全国率先恢复报纸商业广告，刊发了一条天津牙膏广告（见图 2-7）。1 月 28 日（农历正月初一），上海电视台首次播出人参桂酒的广告，中央电视台于 3 月 15 日播出西铁城手表的广告为首例外商广告，3 月 18 日上海电视台播出瑞士雷达表的广告，标志着我国（大陆）电视广告的发轫。3 月 15 日上海人民广播电台播出春蕾药性发乳的广告；12 月，中央人民广播电台开始播发广告并于 1980 年 1 月开办广告节目，我国的广播广告得到恢复。1980 年 1 月 28 日，《解放日报》恢复商业广告刊登业务；3 月 23 日，《解放日报》和《文汇报》同时首次分别用整版刊登美能达和精工表的广告；4 月 17 日，《人民日报》开始登载汽车、地质仪器的广告。报纸广告重新登堂入室。此后,我国广告业驶入持续发展的快车道。到20世纪末的前后20年又可分为两个阶段,前10年是恢复调整阶段,后10年为高速发展时期。1993年7月,国家工商行政管理局和国家计划委员会共同制定了《关于加快广告业发展的规划纲要》,明确广告业是知识密集、技术密集、人才密集的高新技术产业,提出我国广告业的发展战略和重点目标,进一步推动了我国广告业的发展进程。

图 2-7 天津牙膏广告

改革开放近广告产业保持高速增长的态势。2001—2016年,我国广告市场规模由794.89亿元增长到6 489.13亿元,远高于同期GDP增长速度,广告市场规模排名全球第二。广告经营单位和从业人员数量快速增加,广告经营单位数量从2001年的7.83万家增加至2016年的87.51万家,从业人员数也由2001年的70.91万人增加至2016年的390.03万人。

但是,广告产业发展目前面临的危机也不容忽视:广告产业高度分散与高度弱小的状况仍然没有改观,中国广告公司面临跨国广告集团新一轮强势扩张的冲击,媒体和企业双重挤压下专业广告公司利润空间大幅缩水,新媒体、新技术的发展给广告产业带来挑战等。

当前,广告产业已成为现代服务业的重要组成部分,具有知识密集、技术密集和人才密集的特点,是创意经济中的重要产业,在服务生产、引导消费、推动经济增长和社会文化发展等方面,发挥着重要的作用,是一个国家或地区经济和文化发展的晴雨表和风向标,其发展水平直接反映一个国家或地区经济发达程度、科技进步水平、综合经济实力、社会文化质量和自主创新能力。国务院公布的《产业结构调整指导目录(2011年本)》已把"广告创意、广告策划、广告设计、广告制作"列为鼓励类,这是广告产业第一次享受国家鼓励类政策,为广告业发展提供了强有力的政策支持依据和空间。当前,中国广告产业应该关注以下几个方面的问题:促进广告产业进行结构调整和资源整合;加快培育大型专业广告企业、广告媒体集团;实施品牌引领工程,提升我国广告产业核心竞争力;广告媒介数字化促进传播方式创新发展;完善公益广告运行机制;大力培养广告行业专业人才;完善广告监管法规,规范广告经营行为;强化广告协会职能,倡导行业自律。

本章小结

- 广告的历史非常悠久。从世界广告发展历史来看，大致可以分为四个阶段：从远古广告产生到1450年古登堡发明铅活字印刷术，是以口头、招牌、文字广告为主要形式的原始广告时期；1450—1850年，是以印刷广告为主体形式的近代广告时期；1850—1920年，是近现代广告向现代广告的过渡时期，广告传媒大众化，广告活动规模化；1920年以后，进入现代广告发展时期。
- 中国广告发展历史可以分为三大阶段：1840年前可归为古代广告时期，这个时期基本处于封建小商品经济时代，广告的主要形式为口头、招牌及零散的印刷标语等；1840—1949年为近代广告时期，这个时期最主要的变化是报刊广告的出现，规模化的报刊业使中国近代广告活动逐渐实现大众化，广告业初具规模；1949年至20世纪70年代末，由于长期的计划经济体制，广告的发展处于停滞状态；自改革开放以来，传统广告在中国迅速得以恢复，现代广告业运作模式被引进和效仿，中国广告业得以迅速发展。当前中国广告业需要关注以下几个战略问题：产业结构调整与资源整合；广告公司的集团化；品牌引领工程；数字化时代的传播创新；公益广告的运行机制；广告专业人才的培养；广告法律法规的健全；广告行业管理等。

专论2

中国广告30年猛进史（1979—2013）

1979年

中央宣传部发出《关于报刊、广播、电视台刊播外国商品广告的通知》。《文汇报》首先发表文章"为广告正名"。北京市委同意恢复户外广告。市委宣传部同意恢复首都广告业务。北京广告公司正式成立。广东省广告公司、广州市广告公司、天津市广告公司相继成立。上海美术公司改称上海市广告装潢公司，恢复广告业务，当年收入81.5万元。北京广告公司与日本株式会社电通、大广签订广告代理协议书。李奥·贝纳（中国）广告公司成立，并开始发展中国业务。博报堂设置了中国部门，开始探讨日本企业利用中国媒介进行广告宣传的可能性。《天津日报》在全国率先恢复报纸的商业广告。《人民日报》开始刊登商品广告——地质仪器、汽车等。《文汇报》和《解放日报》分别刊登第一条外商广告：精工表和美能达相机。中央电视台首次播出外商广告——西铁城手表。正月初一，上海电视台打出"上海电视台即日起受理广告业务"的字幕，随即播出中国电视史上的首条商业广告——参桂补酒。上海电视台播出中国电视史上第一条外商广告——瑞士雷达表。电视广告营业额325万元，广告专业公司10家。

1980 年

根据国务院批示，由国家经贸委牵头，国家工商行政管理总局参加，开始起草《广告管理暂行条例》。《人民日报》发表"必须研究广告学"的文章。全国第二次广告管理工作会议召开。会议制定的若干政策刺激了广告业的发展，规定了媒体和广告公司的业务范围，报纸广告不得超过 1/8 版面，电视广告每晚不得超过 10 分钟。《中国广告》杂志创刊。中央人民广播电台广告部成立。中央人民广播电台播出第一条商业广告。

1981 年

"中国对外经济贸易广告协会"成立（简称外广协）。辽宁省广告协会成立，它是我国第一个省级广告协会。中国广告联合总公司成立，它是我国第一家集团性广告公司，其二十几家成员广告公司均属独立核算单位。北京的《市场报》刊登征婚广告。广告营业总额 1.18 亿元，占国民生产总值 0.024%，人均广告费 0.117 元。广告经营单位 1 160 家，从业人员 16 160 人，人均营业额 7 302 元。

1982 年

国务院颁布《广告管理暂行条例》。《人民日报》发表评论员文章"办好社会主义广告事业"。国家工商行政管理局下设广告司。国家工商行政管理局颁布《广告管理暂行条例实施细则》。中国广告学会成立。第一届全国广告学术研讨会在太原举行。举办第一届"全国广告评展"。北京地铁出现广告。《文汇报》在《新闻战线》《人民日报》《中国青年报》和各省市报纸上刊登广告，提出可免费试阅一周。广告营业总额 1.5 亿元，占国民生产总值 0.028%，人均广告费 0.147 元。广告经营单位 1 623 家，从业人员 18 000 人，人均营业额 8 333 元。

1983 年

财政部、国家工商行政管理局联合发出《关于企业广告费用开支问题的若干规定》。中国广告协会成立（简称中广协）。厦门市广告协会成立，这是我国最早建立的市级广告协会。厦门大学新闻传播系开办广告学专业，正式向全国招生，这是我国高等院校开办的第一个广告学专业。燕舞公司第一次进北京展销，在《人民日报》《北京日报》和北京电视台投放广告，收录机被一抢而空，引起轰动。我国 29 个省、自治区、直辖市广播电台举办"全国优质名牌产品节目"广告大联播。广告营业总额 2.34 亿元，占国民生产总值 0.039%，人均广告费 0.227 元。广告经营单位 2 340 家，从业人员 34 853 人，人均营业额 6 916 元。广告进入高速发展期。

1984 年

国家工商行政管理局下达文件，禁止利用广播、电视、报纸、书刊、路牌、灯箱、霓虹灯、招贴等媒介做卷烟广告。中广协、新华社发展公司、《工人日报》社联合创办《中国广告报》。中广协主持编写了第一套广告教材。中国广告代表团应邀参加在日本召开的第 29 届世界广告会议。广告营业总额 3.65 亿元，占国民生产总值 0.051%，人均广告费 0.35 元。广告经营单位 4 077 家，从业人员 47 259 人，人均广告营业额 7 729 元。

1985 年

国务院办公厅发布《关于加强广告宣传管理的通知》。国家工商行政管理局发布《关于报纸、电台、电视台经营、刊播广告有关问题的通知》。《关于加强对各种奖券广告管理的通知》发布。《中国广告协会报纸委员会工作条例》和《报纸广告工作人员守则》公布。外广协会刊《国际广告》杂志在上海创办。第一家公共关系公司——中国环球公共关系公司成立。奥美（中国）广告公司在香港成立，向中国客户提供全面服务。中广协广播委员会举办"首届广播广告优秀作品评选活动"。

中国代表团应邀参加在曼谷举行的第十五届亚洲广告协会联盟大会。广告营业总额6.05亿元，占国民生产总值0.067%，人均广告费0.571元。广告经营单位6 052家，从业人员63 819人，人均营业额9 483元。

1986年

广东省广告协会编辑的《市场媒介》正式出版，这是我国第一份英文广告媒介小报。首届电视广告交易会在深圳举行。首届上海广告艺术节在上海展览中心开幕。

中央电视台播出由贵阳电视台摄制的最早的公益广告《节约用水》。《广而告之》的收视率在该台列第三位。第一家合资广告公司电扬广告公司成立。中国广告代表团参加了在芝加哥召开的第三十届世界广告会议。北京电视台与联邦德国菲伯嘉苏伯爵电视广告有限公司广告合作协议签订。协议规定，我方在3年内每天播出德方15分钟广告片，25分钟电视教育片；德方在两年内分期向我方提供电视设备购置费和现金。广告营业额8.45亿元，占国民生产总值0.083%，人均广告费0.786元。广告经营单位6 944家，从业人员81 130人，人均营业额10 412元。电视广告营业额猛增30多倍，全国电视广告总收入突破亿元大关。

1987年

国务院发布《广告管理条例》。国家工商行政管理局、卫生局联合发出《食品广告管理办法》。《关于进一步加强药品广告宣传管理的通知》发布。国家工商行政管理局强调"不准利用新闻形式搞新闻广告"。外广协举办的第三世界广告大会在北京召开。第一部广告设计专著《现代广告设计》（丁允朋，著）出版。国际广告协会中国分会在京成立。中广协学术委员会成立，中国广告学会撤销。全国电视覆盖率已达73%。广告营业额11.12亿元，占国民生产总值0.093%，人均广告费1.017元。广告经营单位8 225家，从业人员92 279人，人均营业额12 050元。

1988年

国家工商行政管理局发布《广告管理条例细则》。由中广协、中国环球广告公司和新华社联合编辑的《中国广告年鉴》正式出版发行。潘虹为霞飞"中国一号"拍了广告，成为中国第一位拍广告的电影明星。广告营业总额14.93亿元，占国民生产总值0.100%，人均广告费1.345元。广告经营单位10 677家，从业人员112 139人，人均营业额13 313元。

1989年

国家工商行政管理局发出《关于核发广告经营许可证的通知》。《关于严禁刊播有关性生活产品广告的规定》发布。中国首届国际广告媒介展示会在广州举行。李默然拍"三九胃泰"广告，捐酬金20万元。新闻出版署、国家工商行政管理局发布《关于报社、期刊社、出版社开展有偿服务和经营活动的暂行办法》。广告营业总额19.99亿元，占国民生产总值

0.118%，人均广告费 1.774 元。广告经营单位 11 142 家，从业人员 128 203 人，人均营业额 15 592 元。

1990 年

《关于在全国范围内实行"广告业专用发票"制度的通知》发布。《关于实行"广告业务员证"制度的规定》发布。由中广协与厦门大学新闻传播系广告学专业联合举办的首届广告教学研讨会在厦门召开。福建广告公司在台湾《自立晚报》第一版刊登福建省闽东电机集团的产品广告，这是两岸分隔 40 年后，大陆广告第一次出现在台湾的报纸上。健力宝以 600 万元购买了第十一届亚运会专用运动饮料专利权，并赞助亚运会 1 600 万元。太阳神保健饮料问世，聘请广告新境界设计群进行 CIS 策划，创出名牌效应。1949 年后第一部《报纸法规暂行规定》出台。中国在 SRT 首次登记顶级域名 CN，并在国外建立 CN 域名服务器。广告营业额 25.02 亿元，占国民生产总值 0.135%，人均广告费 2.019 元。广告经营单位 11 123 家，从业人员 131 970 人，人均营业额 18 957 元。

1991 年

奥美广告公司与上海广告公司合作成立上海奥美广告公司。美国 BBDO 广告公司与中国广告联合总公司共同合资组建天联广告公司。中国出现第一个 BBS 站点（电子公告板）。广告用语征集热、名人促销热。活力 28 运用 USP 理论宣传"一比四"获得成功。首批"中国驰名商标"产生，有茅台酒、凤凰自行车、青岛啤酒等 124 个商标。中国广告代表团参加第十七届亚洲广告大会。《报纸管理暂行规定》出台。《广州日报》自办发行，广告收入 3 000 多万元。中国首家交通台——上海交通电台诞生。广告营业总额 35.09 亿元，占国民生产总值 0.162%，人均广告费 3.03 元。广告经营单位 11 769 家，从业人员 134 506 人，人均营业额 26 088 元。

1992 年

国家采取措施，允许个体经营广告。全国广告管理工作会议召开，起草《广告法》，探讨广告管理中有关政策性问题。英国萨奇兄弟公司与航天部长城公司合作成立盛世长城广告公司。首例头版刊登整版广告"今年夏天最冷的热门新闻——西泠冷气机全面启动"在《文汇报》刊出。北京公交车身广告开始出现。我国首列广告列车——琴岛海尔号标志着我国铁路向广告市场开放。中国首届企业形象战略研讨会在京召开。北京四通集团正式宣布引入 CIS（企业形象识别系统）。电脑动画开始进入电视广告制作。湖北电视塔上展现的 1 800 平方米"DENT"广告震惊全国。

美国微软进入中国。澳星发射首次招揽广告，五粮液、万家乐、海尔、小霸王等 14 家企业参与发布广告。《广州日报》全国优秀广告作品奖设立。广告营业总额 67.87 亿元，占国民生产总值 0.255%，人均广告费 5.792 元。广告经营单位 16 683 家，从业人员 185 428 人，人均营业额 36 600 元。

1993 年

国家计委与国家工商行政管理局联合发文，规定广告业是"知识密集、人才密集、技术密集的高新技术产业"。《中华人民共和国消费者权益保护法》出台。"软广告"引发讨论。珠海举办首届广告人节。以"太阳神"为代表，广东出现企业识别热。《解放日报》《台

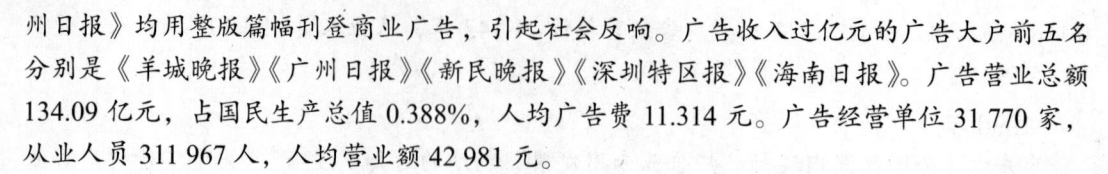

州日报》均用整版篇幅刊登商业广告，引起社会反响。广告收入过亿元的广告大户前五名分别是《羊城晚报》《广州日报》《新民晚报》《深圳特区报》《海南日报》。广告营业总额134.09亿元，占国民生产总值0.388%，人均广告费11.314元。广告经营单位31 770家，从业人员311 967人，人均营业额42 981元。

1994年

《中华人民共和国广告法》正式颁布。日本电通广告公司与中国国际广告公司、北京大城广告有限公司合资建立北京电通广告有限公司。北京广播学院成立我国第一个广告学系。厦门大学新闻传播系获准正式招收首批广告硕士研究生。恒源祥的重复广告"羊羊羊"出现，引起重复广告的泛滥。中央电视台1995年黄金时段广告现场招标会上，孔府宴酒以超底价一倍的3 009万元夺得标王。1994年被称为中国CI年。截至1994年全国广告公司18 339家，比上年增加7 321家，增长66%。"无店铺售卖"概念登陆中国。中央电视台在曲阜召开全国首届电视公益广告研讨会。广告营业总额200.26亿元，占国民生产总值0.429%，人均广告费16.709元。广告经营单位43 046家，从业人员410 094人，人均营业额48 833元。

1995年

《中华人民共和国广告法》正式实施。秦池以66 666 668.88元夺得中央电视台招标标王，中央电视台总成交10.6亿元广告费。国务院办公厅发出《关于停止发展多层次传销企业的通知》。小天鹅与广州宝洁公司建立销售联盟，双方绑在一起共同扩大品牌影响。广告营业总额273.27亿元，占国民生产总值0.475%，人均广告费22.562元。广告经营单位48 082家，从业人员477 371人，人均营业额57 245元。

1996年

中国报协广告委员会三届一次会议通过《中国报纸广告行业自律公约》。"中华好风尚"主题公益广告月活动展开。广州地区综合性广告代理公司委员会及广州4A成立，首批会员公司有18家，这是中国内地最早出现的4A组织。秦池酒厂以3.2亿元的巨额广告费获得中央电视台1997年黄金时段的标王。全国首家广告资料馆在武汉建成。中国最有价值品牌揭晓，红塔山以332亿元人民币高居榜首。"荣事达"虚假广告发到"3.15"主会场。广告营业总额366.64亿元，占国民生产总值0.548%，人均广告费29.957元。广告经营单位52 871家，从业人员512 087人，人均营业额71 597元。

1997年

《广告经营资格检查办法》《广告活动道德规范》颁布。中宣部、国家工商行政管理局等四个部门联合发出通知，规定了电视媒介在19:00—20:00时间段每套节目发布公益广告时间应不少于商业广告时间的3%。国家工商行政管理局发出通知，在全国开展"自强创辉煌"主题公益广告月活动。广东爱多电器公司以2.1亿元获中央电视台发的标王证书。这是中央电视台黄金时段广告招标最后一个标王。北京全面实行张贴广告代理制。《中国经营报》在北京全面实行广告公司代理制。广告经营总额461.96亿元，占国民生产总值0.632%，人均广告费37.368元。广告经营单位57 024家，从业人员545 788人，人均营业额84 642亿元。人均营业额仅8万多元，距世界高水平甚远。

1998年

中广协"中国广告商情"网站建立。娃哈哈在世界杯期间向中央电视台黄金时段投放广告"非常可乐,中国人自己的可乐,非常可乐,非常选择",欲与可口可乐、百事可乐一争高低。国务院批准新闻出版署成立中国出版集团。广告营业总额537.84亿元,占国民生产总值0.699%,人均广告费43.093元。广告经营单位61 730家,从业人员578 876人,人均营业额92 911元。

1999年

北京华信艺元广告有限公司在因特网上创办了一个广告网站——中国广告黄页。中央电视台2000年黄金时段广告招标以19.2亿元的总额报收,与前一年比有明显下降。本次招标会首次有外资品牌参与角逐,宝洁、高露洁取得竞标位置。广告营业总额622.05亿元,比上年增长15.7%;广告从业人员587 414人,比上年增长1.5%;广告经营单位64 882家,比上年增长5.1%。

2000年

国家税务总局发布国税发〔2000〕号文件《企业所得税税前扣除办法》,规定从2000年起企业每年的广告费支出不得超过销售(营业)收入的2%,超过部分不能记入成本;可无限期向以后纳税年度分摊结转;对非媒体的广告性支出和业务宣传费,规定不得超过销售额的5%。由北京联合大学、《人民日报》、北京诺贝广告公司合创的北京联合大学广告学院宣布成立,这是中国第一所广告学院。在第29届美国莫比广告奖中,上海达彼斯广告公司平面广告《老虎篇》荣获金奖,这是中国首次获得莫比金奖。昆明市旅游局形象广告在中央台播放,开城市形象广告、旅游广告先河。农夫山泉"天然水"比较广告引发口水战、诉讼官司,包装水市场重新洗牌。广告营业额712.66亿元,比上年增长14.57%;广告从业人员641 116人,比上年增长9.13%;广告经营单位70 747户,比上年增长9.04%。

2001年

中广协开展"中国广告信誉年,真实承诺我先行"活动。中广协从美国市场营销协会引进艾菲实效广告奖,在中国广告节上举行颁奖活动。第三十届美国莫比广告节颁奖、"广州移动·牵手篇"(广州九易)获电信类影视广告金奖。由盛世长城·广州创意制作的海飞丝广告获戛纳广告节平面广告铜奖。诺基亚8250手机的《蓝色魅力特辑》,成为中国大陆唯一入围第四十八届戛纳媒体金狮奖决赛的作品。北京中奥招贴"2008"在芬兰获得拉赫蒂最佳体育招贴画奖。北京广播学院成立动画学院;新闻传播学院广告学系获准向全国招收广告学研究方向的博士研究生。是年,开设公共关系专业。全国广告营业额794.89亿元,比2000年增长11.54%,占国内生产总值0.82%,人均广告费61.15元。全国广告经营单位78 339户,从业人员709 076人,分别比2000年增长10.73%和10.6%,人均营业额11.21万元。

2002年

中国加入WTO后的首届广告节——第九届中国广告节在大连召开。由平安保险与麦肯·光明广告公司共同选送的"中国平安·平安中国"品牌运动案例获得首届中国艾菲奖金奖。中广协首次评出"中国优势广告企业"。10月,经过多半年的筹备、征集、评选,"AD

盛典"——首届CCTV国际电视广告大赛以三场颁奖晚会的形式落下帷幕。中央电视台举办观众喜爱的电视广告评选。由盛世长城（广州）创作的瑞士军刀平面广告和达美高（上海）创作的光明乳业影视广告分别获2002年克里奥广告银奖和铜奖。

广东省广告集团股份有限公司改制为广东省广告有限公司（股份制）。

全球最大的传播企业之一，美国WPP集团注资上海广告有限公司。日本株式会社博报堂入股上广。广东白马广告有限公司成为全国广告行业第一个企业博士后科研工作站点。国内最大的公益广告牌"亮相"京城，该公益广告牌已申报吉尼斯世界纪录。全国广告营业额达到903.15亿元，比上年增长13.62%，占国内生产总值0.86%，人均广告费69.47元。全国广告经营单位89 552户，增长14.31%；从业人员756 414人，增长6.68%；人均营业额11.94万元。

2003年

根据《内地与香港关于建立更紧密经贸关系的安排》，自2004年起，香港公司可在内地设立独资广告公司。由中广协主办，中华广告网承办，各大网站协办的"2003首届中国网络广告大赛"取得圆满成功。《现代广告》主办的"首届中国广告年度人物评选"揭榜。首届"中国大学生广告辩论赛"在南京举办。

《广播电视广告播放管理暂行办法》第一次以广播电视总局令的形式对广播电视广告的内容、播放总量、广告插播、播放监管等进行全面规范。该办法于2004年起正式实施。全国广播广告营业额达到18.28亿元，比2002年增长20.23%，超过报纸、电视等媒体的广告增幅。全国广告营业额1 078.68亿元，比上年增长19.44%，占国内生产总值0.92%，人均广告费82.98元。全国广告经营单位10.18万户，比上年增长13.66%；从业人员为87.14万人，比上年增长15.2%；人均营业额12.38万元。

2004年

中广协第一批等级广告企业认定，51家广告公司首获"中国一级"称号。立邦漆广告"盘龙滑落"的意象遭到非议；耐克篮球鞋广告《恐惧斗室篇》，因"妨害民族感情"被国家广播电视总局紧急叫停。3月，联想成为全球奥运会合作伙伴，中国企业首次获得这一资格。12月，联想与IBM正式签约，以12.5亿美元并购IBM全球PC业务。世界品牌实验室推出"中国500最具价值品牌"排行榜，海尔、CCTV、宝钢、联想、中华分列前五名，引发业界争论。9月，中央电视台启动CCTV-1最大的一次改版，引发招标段广告标的、价格的变动。11月中央电视台黄金段位广告招标创历史新高，中标总额达到52.48亿元。国际品牌的表现明显较往年突出，宝洁以累计3.851 5亿元夺得标王，为11年来首个外资标王。2004年，央视广告经营突破80亿元。卫视定位年——2004年，各大卫视纷纷改版，重庆卫视"麻辣行天下"，打造"公信特色"；广东卫视着力打造"财富"概念；江苏卫视以"情感"为诉求；安徽卫视继续强化其在电视剧方面的特色与领先优势；湖南卫视启动"快乐中国行"，并首赴港推广之先河。全国广告业营额1 264.6亿元，比上年增长17.2%，占国内生产总值0.93%，人均广告费97.28元。全国广告经营单位113 508户，比上年增长11.5%；从业人员913 832人，比上年增长4.9%；人均营业额13.84万元。

2005—2013年

2005年广告营业额1 416.35亿元，比上年增长12.00%；广告从业人员940 415人，比上年增长2.91%；广告经营单位125 394户，比上年增长10.47%。2006年广告营业额1 573.00亿元，比上年增长11.1%；广告从业人员1 040 099人，比上年增长10.60%；广告经营单位143 129户，比上年增长14.1%。2007年广告营业额1 740.96亿元，比上年增长10.68%；广告从业人员1 112 528人，比上年增长6.96%；广告经营单位172 615户,比上年增长20.60%。2008年广告营业额1 899.56亿元，比上年增长9.11%；广告从业人员1 266 393人，比上年增长13.83%；广告经营单位185 765户，比上年增长7.62%。2009年广告营业额2 041.03亿元，比上年增长7.45%；广告从业人员1 333 100人，比上年增长5.27%；广告经营单位204 982户，比上年增长10.34%。2010年广告营业额2 340.507 8亿元，比上年增长14.67%；广告从业人员1 480 525人，比上年增长10.91%；广告经营单位243 445户，比上年增长18.76%。2011年广告营业额3 125.552 9亿元，比上年增长33.54%；广告从业人员1 673 444人，比上年增长13.03%；广告经营单位296 507户，比上年增长21.8%。2012年广告营业额4 698.279 1亿元，比上年增长50.32%，在GDP中占比0.9%。广告从业人员2 177 840人，比上年增长30.14%。广告经营单位达到377 778户，比上年增长27.41%。2013年广告经营额突破5 000亿元大关，达到5 019.75亿元，比上年增长6.84%；广告从业人员262.2万人，比上年增长20.4%；广告经营单位44.5万户，比上年增长17.89%。

（资料来源：陈培爱《广告学原理》）

问题理解

1．简述世界广告发展历史进程。
2．简述中国广告发展历史进程。
3．我国古代广告主要有哪几种形式？
4．当前中国广告业需要关注哪些战略问题？
5．阅读专论2，了解改革开放以来中国广告业的发展历程。

案例分析

恒大冰泉的跨界之旅

2013年年底，地产界巨头恒大吹响了多元化号角，推出了首个跨界快消领域产品——恒大冰泉，计划2014年销售100亿元，2016年达到300亿元，一时间吸引了媒体和众多人的关注！但是这个出身豪门的产品，并没有取得预想中的辉煌，2014年目标100亿元，实际销售10亿元（9.68亿元），而2013年、2014年、2015年1—5月累计亏损达40亿元。一场具备了足够资金火力、产品力和传播火力的大手笔产品运作，最终却交出了一年亏损23.7亿元、累积亏损40亿元的巨亏成绩单，为什么？

1. 恒大冰泉的优势

（1）**资金优势**。这一点，做快消的没有几个企业可以和恒大比财力，位列中国富豪榜前15位，2013年销售1 003.97亿元、净利润137亿元；2014年销售1 315亿元，净利润180亿元；2015年销售2 050亿元、净利润173亿元，3年累计营收超过4 300亿元、净利润超过490亿元，在中国商界都属于绝对的超级实力企业！作为地产富豪的许家印进军快消行业，投入也是大手笔，一出手都是10亿元级的，资金实力雄厚（这是多少企业梦寐以求、却没有的），截至2014年年底，恒大冰泉累计投入超过55亿元！

（2）**产品优势**。客观地说，恒大冰泉还是有一定产品优势的，长白山天然矿泉水的诉求还是颇具优势的！做水饮品，产地资源尤为可贵，一般企业都会占据自然优势的区域，如雪山、天池、自然湖水等，在人们的心里，优质的好地产好水，产地好就意味着溢价，如依云占据了阿尔卑斯雪山、国内的农夫山泉占据千岛湖、昆仑山占据了昆仑雪山的概念。恒大所打出的长白山这一天然优质资源，还是有很大亮点的，而恒大的名字"冰泉"也非常不错，这个诉求甚至让国内的水饮品巨头农夫山泉感受到了压力，原本以千岛湖为主打宣传的国内饮料巨头农夫山泉，把自己的传播主力诉求变成了长白山，然后对水源、工艺、设计等进行全方位的传播，说明恒大冰泉这个产品占位不错，如果被恒大冰泉抓在手里、抢在手里，从产品的诉求上，绝对具备对垒的实力，结果就会很危险，于是我们看到农夫山泉下了很大的功夫，而现在农夫山泉基本把长白山这个优势概念抢到手里了，恒大很可惜！

（3）**传播推广优势**。产品的营销推广，传播推广是其中的重头戏，传播推广力度越大，意味着知名度越高，传播知道的人就会越多，引来大量消费者关注、感兴趣，就会存在消费的可能，当然能否说服是另一方面，不过有了流量，就意味着有可能，如果再说服力上再做好工作，加上产品有特点，打开市场就是必然的事情。在恒大冰泉推广上，恒大集团先后投入了大量的推广资源，先是2013年11月9日晚上恒大首次夺得亚冠（也是国内第一个俱乐部夺得亚冠），恒大冰泉的胸前广告出现了在了万众瞩目之下，一夜成名，紧接着2013年11月10日，恒大召开了恒大冰泉的发布会，而后，又开始了媒体的大面积传播推广（无论是网络媒体，还是电视等媒体投入的资源都非常多），从传播推广角度而言，投入绝对大手笔，可以说是超级雄厚的。

2. 恒大冰泉的问题

（1）**定价问题——定价太高**。国内以前的饮料类产品的价格在3元以内，甚至以往是2.5元以内，可口可乐和百事可乐曾经的2.5元都被认为价格不低，经过这么多年饮料价格才过了3元、4元，超过5元就会卖得一般，甚至很差，直到2016年，大家才开始在5元价格线上做文章，在恒大冰泉上市那个时期，国内饮料主要集中在3元以内！在大众心理上，水的价值和饮料相比差多了！在价格线上远低于饮料！远低于3元！这也是为什么水饮品的价格和饮料价格相差甚远的原因。市场上走量最大的两个水饮品，一个是康师傅矿物质水1元左右一瓶（对比康师傅的饮料都是3元及以上，水远低于饮料的定价），另一个算是售价相对较高的农夫山泉终端售价1.5元一瓶，恒大冰泉却定在3.8元一瓶（甚至4元以上），几乎是同类的两倍以上。

营销上有"定价定天下"的说法，价格定的不到位，可能就会把企业放到一个尴尬的境地。在大众心里,水和饮料是两种完全不同价值的饮品,3.8元在饮料里已经算较高的了,在水里面就更高了。客观地说,恒大在几次摸索之后,在产品卖点上已经找到了不错的诉求方向,"恒大冰泉——3000万年长白山原始森林深层火山矿泉,世界三大黄金水源之一",充分体现了水源的独特卖点和价值,诉求还是很吸引人的,如果价格合适,对市场会很有冲击力,绝对能在市场上形成巨大冲击。

(2)**传播诉求问题——变换太快**。传播的诉求要解决一个"消费者为什么要买"的理由,要能说服、吸引消费者,在传播的过程中最好坚持一段时间,把这个购买理由很强地嵌入消费者的心智中,形成产品的独特个性。

史玉柱曾经说"广告最怕变来变去",它其实是一个投资,是对消费者大脑做的一项投资。如果你广告语老变的话,一年两年就变个广告语,那前面的积累就全丢掉了,前面的投资就等于全浪费了。所以广告语能不变尽量不要变。我们在恒大冰泉投放的广告中看到,恒大的诉求一直变来变去,如果说早期空喊恒大冰泉,对消费者吸引力有限、需要变化情有可原,当恒大逐渐找到"长白山深层火山矿泉、世界三大黄金水源之一"的诉求,这个点如果持久点,在消费者心中构建起独特的"世界三大黄金水源之一"的价值,并抢先将长白山卖点与产品相连,在消费者心智占位,能有效构建出强大竞争力(从农夫山泉将诉求内容也转到长白山找水、建厂,足见对这一卖点的重视和价值)!

但是很可惜,我们看到恒大冰泉的诉求,越来越乱花渐欲迷人眼,从"长白山深层火山矿泉、世界三大黄金水源之一"变成"做饭的必用品",再到"一处水源、供应全球",现在又是"一瓶一码",诉求点频繁变换,离那个有吸引力的诉求越来越远。

究其原因,其中一个重要因素是恒大冰泉太希望拉动销量上升,但是主要引发消费者购买障碍的是价格,成了致命门槛,而恒大认为广告效果不好,于是不断变来变去,这种频繁的变,不仅没达到上量的效果,反而引发了消费者的品牌认识模糊!

相较而言,农夫山泉当年的两个诉求,"农夫山泉有点甜""我们不生产水,只做大自然的搬运工"都坚持了很多年,也彻底在消费者心中构建了"农夫山泉=好品质水"的品牌形象,最终构成了它的销量。在这点上,恒大冰泉有些可惜!

(3)**渠道大跃进——"快"与"质"不能兼得**。在快消领域,渠道极为重要,甚至是生命线!更为重要的是渠道终端是一个需要慢工出细活的领域,是一个下苦力、费功夫的工作!恒大冰泉对于渠道的投入很大,成立了多个分公司运作,凭借雄厚资金实力,迅速组建了庞大的团队,投入大量资源运作。但是,恒大冰泉一开始就在渠道上采取了大跃进式运作,在初期,恒大冰泉曾表示一月销货20万个终端,如上所说,渠道终端是个需要下"笨"功夫的工作,需要精细地下苦功夫,一个月20万个终端,可想而知,虽然有数量,但是质量能做到什么程度?并非渠道快速运作不好,为了上市快速铺货无可厚非,但是渠道终端要想做好,不是铺完货就完事了,是一个需要精耕、细养的工作——客情关系、终端陈列、终端宣传物料等有很多精细工作要做,一个月铺货20万个终端背后,虽然量上的数字很大,但是"质"能否保证就要打问号了!

(4)**操作节奏问题——太过操切**。在恒大冰泉广告诉求频繁变换,以及渠道扩张大跃进的背后,所反映的都是操作团队操之过急!也许是当时夸下的"2014年销售100亿元,2016年销售300亿元"的目标压力,导致团队非常想快速上量,特别是广告变来变去,非常想有一个快速拉动销量的效果。

但是任何一个品牌都有一个成长的过程，而且恒大的品牌要在消费者的心中实现从地产到水饮品的跨越，需要较长时间的接受过程，一旦能跨越过去，后面增速就会加快。很可惜，恐怕恒大是所有快消产品中，广告内容和诉求更换频率最高的饮品，结果让大家对恒大到底是什么，以及为什么购买的意识越来越模糊。

（5）团队问题——对行业的摸索成本变大。行业之间差别很大，要想在某一行业取得成功，懂行团队尤为重要，在这点上，我们看到恒大存在很大不足。在恒大开始操作恒大冰泉的时候，主力团队都来自恒大地产，地产业和快消品在操作上有相似的地方，恒大过去的利器，媒体推广依旧可以发挥作用，但是两个行业还是有些区别的，不同的渠道资源、操作细节等。在后面恒大意识到这个问题，开始吸收一些快消行业的人加入进来，原地产团队逐渐减少。

思考题： 分析恒大冰泉市场失误的原因与启示。

调查研究

1．实训内容：阅读相关资料，了解美国、日本、中国台湾等地的广告发展情况。
2．实训要求：阅读文献资料，并撰写调查报告。
3．实训组织方法及步骤：
（1）教师将学生分为若干组，也可以每位学生单独完成任务；
（2）通过对当地城市广告的调查、归纳和分析，撰写调查报告；
（3）由教师组织在班级进行交流；
（4）教师进行点评，对本次实训进行总结。

第 3 章 广告理论

引导案例

红星美凯龙的"家"文化

迈入 12 月,寒风渐紧,冬天也终于让人有了实感。这个冬天,红星美凯龙给大家真诚地带来这部爱家物语"爱下去,才是家"。这部故事由 3 组家庭组成,带你看 3 件不一样的家具,3 个不一样的"家"。第一个故事,5 年,双人床。从初识到热恋,成为彼此的一切,最后却以分手告终。恋情已经结束,那张两个人睡过的床还在,男生还是下定决心,和陪伴 5 年的床告别,也是同自己的那段感情告别。能继续去爱,才是真正放下吧。第二个故事,10 年,一个橱柜。它见证了两个人从恋爱到初婚。丈夫是飞行员,十天半个月见不着一回,她常年一人在家,想让他回到家,就能吃到热乎的饭菜。正是在橱柜相伴的 10 年中,她完成了从料理小白到料理达人的进阶,也迎来了新的家庭成员。毕竟,以后惦记他的,可不止她了。第三个故事,30 年,一把躺椅。那把 30 年的躺椅,承载了女儿与父亲无数的点滴:不小心洒在上面的墨水,两人都会哼唱的那首歌……岁月无情,父亲过世后的第 10 年,终于,在听到那首熟悉的《红蜻蜓》时,她才决定和这张椅子告别,也让自己释然。平铺直叙的手法,并没有太多戏剧冲突,一切都是娓娓道来,时不时,戳你心一下。红星美凯龙所要表达的不只是陪伴,更多的是关于爱与自我的告解,吾心安处是吾乡。即便有一天,家具不再是那件家具,甚至家人不在我们身边,只要有爱的能力,我们就有家。

➲ **辩证性思考**:红星美凯龙的品牌文化传播带给我们哪些启示?

本章学习目标

☑ 了解广告理论的发展;
☑ 理解并掌握广告定位理论;
☑ 理解并掌握 USP 理论;
☑ 理解并掌握品牌形象理论;
☑ 理解并掌握广告传播理论;
☑ 理解并掌握营销传播理论。

关键术语

广告定位理论　USP 理论　品牌形象理论　CI 理论　5W 模式理论　AIDMA 理论

文化同一性　共鸣论　STP 理论　IMC 理论

3.1　广告理论概述

　　广告理论的产生和发展是建立在市场营销学、传播学、心理学、社会学等学科理论基础上的。1879 年，德国的冯特教授在莱比锡大学创立第一家心理学实验室，并从实证的角度开展心理机制和心理活动的研究，从而使心理学成为一门独立的学科。1900 年，美国心理学家哈洛·盖尔出版了《广告心理学》一书，他强调商品广告的内容应该使消费者容易了解，并应适当运用心理学原理以引起消费者的注意和兴趣。1903 年，美国社会心理学家瓦尔特·狄尔·斯科特出版了《广告论》一书，为广告学的建立奠定了基础。此后，美国经济学家席克斯编著了《广告学大纲》，对广告活动进行了较为系统的探讨。这两本书被视为最早的广告学著作。1908 年，美国社会学家罗斯撰写了《社会心理学》一书，分析并研究群体与个体在社会生活中的心理和行为表现，其中大量涉及与消费心理有关的直接和间接因素，对广告学说的建立起到了理论背景的支持作用。20 世纪以来，随着商品经济的高速发展，广告学科在不断总结广告实践经验的基础上，借助传播学、营销学、心理学等相关理论，并加以综合、抽象和分离，从而构建和进一步完善广告学科的理论体系。

　　广告理论是关于广告传播规律和广告运作机制的理论性概括。广告理论非常繁杂，进行清晰的梳理原本是一件很困难的事情。美国广告咨询专家 Clyde Bedell 曾经提出过一个广告函数式，他认为，影响广告效果的因素有很多，但主要取决于三个方面，即广告的主题定位、广告本身的传播效果及广告之外的营销因素。首先，广告所宣传的产品和服务的品质好坏、价格定得是否合理，以及产品和公司名称是否有社会美誉，这是一则广告获得理想效果的基础性决定因素。针对特定情况是否做好准确定位，从根本上决定着广告是否成功。其次，一则广告符合传播学规律，往往会取得好的传播效果。最后，广告传播需要营销策略的配合，才能达到更好的传播效果。Clyde Bedell 的函数式基本上涉及广告的三大核心理论方向，即广告定位理论、广告传播理论及营销传播理论。因此，本章将根据这个逻辑进行广告理论的梳理和分析。

3.2　广告定位理论

3.2.1　广告定位理论的基本观点

　　广告主题定位理论的发展主要有三个阶段。第一阶段是 20 世纪 50 年代基于产品定位形成的 USP 理论，第二阶段是 60 年代中后期基于形象至上的品牌理论，第三阶段是 70 年代以后基于市场定位的现代定位理论。定位概念的明确提出源于 70 年代早期，美国的杰克·特劳特和艾·里斯在《广告时代》杂志上发表了题为"定位时代"的系列文章，提出了定位思想。1996 年，杰克·特劳特与他人合作出版了《新定位》一书，使定位理论成为完整的思想体系。定位理论的产生源于信息爆炸时代对商业运作的影响结果。消费者每天要面对大量的广告信息，同质产品的广告经常让消费者无所适从。杰克·特劳特的观点认为，定位就是将产品在未来的潜在顾客的脑海里确定一个合理的位置。定位并没有改变产品的名称、价格等基本属性，只是让产品的特有属性在潜在顾客心里占据有利地位。

> **相关链接**
>
> **宝洁公司产品的定位**
>
> 佳洁士：没有蛀牙
> 海飞丝：头屑去无踪，秀发更出众
> 潘婷：补充养分，使头发健康、亮泽
> 舒肤佳：健康，杀菌，护肤
> 玉兰油：抵抗七重岁月痕迹
> 帮宝适：给宝宝整晚金质睡眠
> 汰渍：有汰渍，没污渍
> 护舒宝：月月轻松

广告定位理论的基本观点包括以下 5 点。

1）广告的目标是使一个产品、品牌或企业在消费者心中获得一席之地。

2）广告应将传播的效力集中在一个狭窄的目标上，在消费者的心智上下功夫，力求在消费者心中创造出一个位置。

3）充分运用广告创造出独有的位置，特别是"第一""最好""最早"等，在消费者心中产生令人难以忘怀的优势效果。

4）广告创意表现出的差异性应显示和实现品牌之间类的区别。

5）定位一旦建立，无论何时何地，只要消费者产生了相关需求，就会自动联想到广告宣传的这种品牌、企业或产品，达到"先入为主"的效果。

▶▶ 3.2.2 USP 理论

"USP"是"Unique Selling Proposition"的英文简称，意为"独特的销售主张"。该理论由美国著名的广告公司达彼斯前总裁罗瑟·瑞夫斯在其著作《实效的广告》中提出。USP 的意思是，广告应找出产品的独特之处，并清晰告知和劝导消费者购买该商品，就可以得到"特殊的利益"，这个特殊的利益，是适合消费者需求的利益点，也是商品的"卖点"。

USP 理论主要包含以下 4 方面的内容。

1）必须向消费者说明一个明确的主张，购买该产品将得到的具体好处。

2）该主张必须是独特的、与众不同的。

3）该主张必须具有足够的吸引力，能吸引顾客购买和使用该产品。

4）该主张必须得到目标消费群中大多数人的认同和响应，否则很难形成有效传播。

USP 理论最初提出是基于产品的定位，到了 20 世纪 90 年代，USP 理论的基点已从过去针对产品而上升到品牌高度，强调创意源于"品牌精髓"的挖掘。判断一则广告是否是真正的 USP 广告，可以从以下几个方面加以检查：创意是否简明？创意是否是独有的？是否来源于有关品牌的事实？是否包含一个独特的利益点或利益类别？如果除去技术成分，创意还存在吗？是否是同类产品中最出色、最有推销力的广告？

> **相关链接**
>
> **罗瑟·瑞夫斯简介**
>
> 罗瑟·瑞夫斯于20世纪初生于美国，大学毕业后，最初担任报社记者，1934年到纽约任广告公司文案人员，1940年进入达彼斯广告公司，1955年成为该公司董事长。他创立的广告哲学和原则，使这家公司从小型公司跃升为世界最大的广告公司之一，其最重要的著作是《实效的广告》。他还是诗人、短篇小说家；他的棋艺高超，曾率领美国代表团首次赴莫斯科对弈；他还是现代艺术收藏家、优秀游艇手和飞行员。使他名声大噪的一件事是他成功地帮助艾森豪威尔竞选总统成功。他是获得"杰出广告文案家"荣誉的五位广告人之一，被近代广告界公认为广告大师。

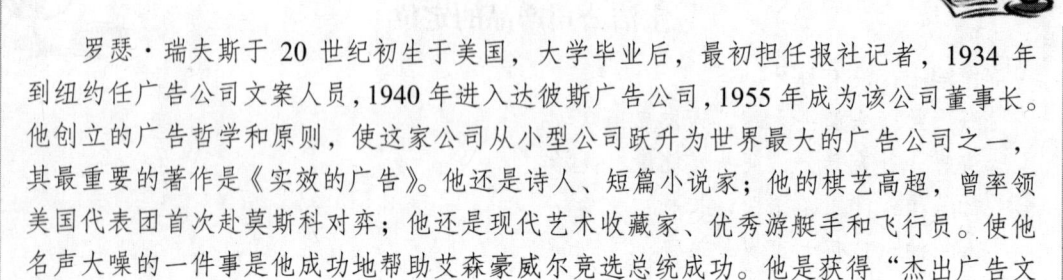

▶▶ 3.2.3 品牌形象理论

20世纪60年代，随着新产品越来越多，产品同质化越来越严重，大量模仿产品的出现使"独特的销售主张"越来越困难。因此，在广告宣传中，企业作为社会组织在人们心中的声誉和形象显得越来越重要。在这种市场背景下，美国奥美广告公司创始人大卫·奥格威提出了品牌形象理论，他主张"每则广告都是对品牌形象的长期投资"，通过广告树立特别的品牌形象以达到企业的营销目标。

品牌形象理论的基本观点包括以下5方面。

1）为塑造品牌服务是广告最主要的目标。
2）任何一个广告都是对品牌的长期投资。
3）品牌个性塑造，让公众获得认同和识别。
4）品牌形象形成是一种战略，需多种因素共同作用。
5）最终决定市场地位的是品牌总体特性。

> **相关链接**
>
> **大卫·奥格威简介**
>
> 大卫·奥格威1911年生于英国，毕业于牛津大学。1948年与安德森创办休伊特-奥格威-本森-马瑟广告公司。1947年在美国创办了奥美（O&M）广告公司，创作出大量成功的广告，该公司已成为全球著名的跨国广告公司，为其在国际广告界赢得了盛誉和只有极少数人才能达到的地位。1963年出版《一个广告人的自白》。他被列为20世纪60年代美国广告"创意革命"的三大旗手之一，"最伟大的广告撰稿人"。他主张的"品牌形象"影响很大，使"树立品牌形象"成为广告界的一种时尚和策略流派。

3.2.4 CI 理论

CI 是英文 Corporate Identity 的缩写。CI 理论起源于美国，最初主要强调视觉识别系统，日本学者将 CI 理论进一步发展和完善，使之形成一个系统，所以又称 CIS（Corporate Identity System）。所谓 CI，是对企业形象的有关要素（包括理念、行为、视觉）进行全面系统的策划、规范，并通过全方位、多媒体的统一传播，塑造出独特的、一贯的优良形象，以谋求社会大众认同的企业形象战略。

CI 的构成要素主要由理念识别（Mind Identity，MI）、行为识别（Behavior Identity，BI）和视觉识别（Visual Identity，VI）三部分组成。

- 理念识别是企业的思想和灵魂，是企业经营管理过程中形成的，并为员工所认同和接受的企业经营理念、发展战略、企业哲学、行为道德准则、企业精神、企业文化、经营方针和策略等，属于企业的最高决策层次，是整个 CI 的核心。
- 企业的行为识别是在理念指导下的企业一切经营管理行为。一般分为对内和对外两个方面，对内包括保证正常生产运作的内部管理规范、先进技术的研究开发、提高员工素质和工作能力的教育及培训，以及改善工作环境和条件等；对外包括市场调研、市场营销、公共关系活动、广告宣传，以及公益性社会活动等。
- 企业的视觉识别是企业理念的具体化、视觉化，又称为企业的脸面。由基本要素和应用要素两部分组成，基本要素是视觉系统基本构成要素，又可分为主要的和辅助的，主要的包括企业标志、企业标准字、企业标准色；辅助的包括象征物、专业图案和版面编排统一设计等。应用要素是基本要素的应用媒体，包括办公和事务性用品、招牌、标识牌、旗帜、员工制服、交通工具、建筑和环境、商品和包装、广告用品和展示陈列等。

理念识别、行为识别和视觉识别是一个统一的不可分割的整体，它们有各自的特点和体系，形成完整的企业识别系统。

CI 主要有美国模式和日本模式两种。美国式的 CI 主要是通过对企业视觉识别的标准化、系统化设计规范，通过独特的视觉信息符号系统来表现企业的经营理念和特色，统一企业形象传播。日本式 CI 不仅强调视觉识别的标准化和系统化设计规范，而且重视理念识别、行为识别和视觉识别的整体性作用，追求完整地传达企业的独特的经营理念和特色，并上升到企业经营管理和企业文化建设的高度，最终达到使社会大众认知、识别，建立良好企业形象的目的。

> **相关链接**
>
> **中国石油 CIS**
>
> **1．理念识别 (Mind Identity)**
> （1）企业宗旨：奉献能源 创造和谐
> （2）企业价值观：诚信 创新 安全 卓越
> （3）企业精神：爱国 创业 求实 奉献

（4）企业愿景：建设综合性国际能源公司，打造绿色、国际、可持续的中国石油。

（5）企业战略：资源战略、市场战略、国际化战略。

（6）质量、健康、安全、环境理念与目标：环保优先、安全第一、质量至上、以人为本；零缺陷、零伤害、零污染。

（7）国际合作理念：互利共赢，合作发展。

2．行为识别（Behavior Identity）

（1）质量、健康、安全和环境。

（2）资产保护。

（3）信息管理：信息保密、信息发布、信息技术使用和安全。

（4）员工关系：平等就业和公平待遇、禁止使用童工与强迫劳动、工作环境、员工隐私权、禁止滥用药品与酗酒。

（5）政府关系与社区关系。

（6）公平竞争与国际贸易。

（7）商业道德：反商业贿赂、礼品与招待、利益冲突与内幕交易、反洗钱。

（8）文明风尚。

3．视觉识别（Visual Identity）

中国石油的 Logo 是红黄两色构成的十等分花瓣形图案"宝石花"新标识（见图3-1）。其设计理念为：

（1）它的色泽为红色和黄色两种，取中国国旗基本色并体现石油和天然气的行业特点。

（2）标识整体呈圆形，寓意中国石油国际化的发展战略。十等分的花瓣图形，象征中国石油主营业务的集合。

（3）红色基底凸显方形一角，不仅表现中国石油的雄厚基础，而且孕育着中国石油无限的凝聚力和创造力。

（4）外观呈花朵状体现了中国石油创造能源与环境和谐的社会责任。

（5）标识中心太阳初升，光芒四射，象征中国石油蓬勃发展，前程似锦。

图3-1　中国石油的Logo

3.3 广告传播理论

人类的传播方式可分为三种类型，即人际传播、组织传播和大众传播。多数广告传播属于大众传播类型。在西方学界，传播学理论的研究非常深入，这些研究成果可以为广告传播的研究提供基础和启发。

3.3.1 5W 模式理论

5W 模式理论是美国的政治学者 H.拉斯维尔于 1948 年在其发表的论文《传播在社会中的结构与功能》中提出的。他提出构成传播过程的五种基本要素，即 Who（谁）、Says What（说什么）、In Which（通过什么渠道）、To Whom（向谁说）和 With What Effect（有什么效果），并按照一定的结构顺序将它们排列起来，这就是著名的"拉斯维尔模式"。广告学借鉴了 5W 模式，对广告传播的五个要素（广告主、广告信息、广告媒体、广告受众、广告效果）进行了系统的研究，并形成了广告学学科架构的核心内容。

- 广告传播的主体"谁"——广告主。广告传播必须明确广告主，这是由广告传播的目的和责任所决定的。
- 广告传播的客体"说什么"——信息。指广告所诉求的信息，广告主只有把诉求的信息传播给受众，才能实现广告传播的目的。
- 广告传播的中介"渠道"——媒体。广告需要依托一定的媒体才能实现传播，不同的媒体传播信息的符号形式不同，影响范围不同，其传播效果也不同。
- 广告传播的对象"向谁说"——受众。广告传播必须针对一定的对象进行，没有对象的传播是毫无意义的。广告主要开始发出广告信息时，总是以预想的受众为目标对象的。
- 广告传播的反馈"效果"——广告评价。广告活动不仅包括广告主向受众发出信息的过程，还包括信息的接受及由受众对广告效果进行评价的过程。因此，广告传播活动不是一个单向的直线性传播，而是一个不断循环、发展和深化的过程。

3.3.2 AIDMA 理论

AIDMA 理论最初由美国广告学家 E.S.路易斯于 1893 年提出。他认为，消费者在接受广告信息时的心理活动遵循如下顺序：注意（Attention）、兴趣（Interest）、欲求（Desire）、行动（Action）。后人又加入记忆（Memory），形成了所谓的 AIDMA 模型。广告信息传播过程中，受众的数量呈倒金字塔形式，有一个逐次"散漏"的过程。广告信息被目标受众中部分人注意到，在注意到信息的人群中，只有部分人会产生兴趣，产生兴趣的人群中也仅有少部分人会产生欲求，最后产生购买的人仅仅是产生欲求人群中的少部分人。因此，广告信息最终能真正引发购买行为是非常有限的。

3.3.3 诱导性原理

广告信息作为外界刺激，作用于受众引起预期的观念改变和购买行为，这是一个可能通过多种手段诱导实现的心理渗透过程。图 3-2 是一则食品平面广告，画面逼真，易让人产生食欲。诱导性原理主要有以下特征：

- 从信息接收者的角度提出问题。广告从受众角度去提出问题和解决问题，才更易得到受众的认同。
- 感情引导与理性引导。根据不同产品或广告主题，采用情感引导或理性引导来提高广告的说服力。情感引导注重以情感人，以情动人。理性引导强调以事实说话，以理服人。
- 一面提示与两面提示。一面提示是仅展示产品的好的方面，对缺点和不足避而不谈，从而给受众留下完美的印象。两面提示则在展示产品好的方面的同时，也策略性地提出产品的不足。当然这种不足往往是为了更好地衬托产品的核心优点。
- 正面诱导与反向诱导。正面诱导是向受众展示或说明使用产品带来的好处，反向诱导往往是展示受众不使用该产品带来的坏处。如一些药品、保健品广告往往会采用反向诱导。

图 3-2　精美的食品广告易让人产生食欲

3.3.4　文化同一性原理

广告信息在传播过程中能否被接受或接受程度如何，取决于传受双方"共同经验区域"的大小。广告传播客观上要求传播者与接受者有共同的文化基础。要实现有效传播，广告信息的制作者、传播者与其接受者应具有共同的价值观、类似的行为模式，以及其他文化方面的共同性，这种共同性越多，广告传播信息越容易被受众所接受，传播效果便越佳。要提高广告传播的效果，一方面要注意根据文化背景共同性的大小确定广告传播的方式，另一方面广告中文化水准应与受众的文化水准相适应。图 3-3 为共同经验区域示意图。

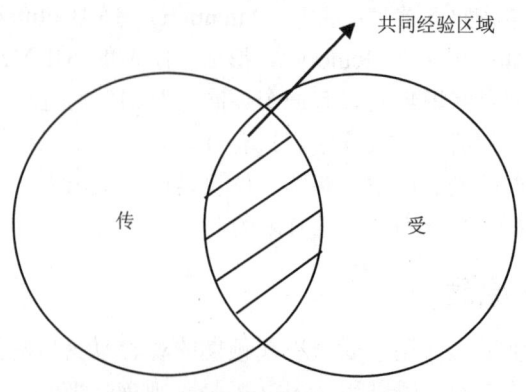

图 3-3　共同经验区域示意图

3.3.5 共鸣论

该理论主张在广告中述说目标对象珍贵的、难以忘怀的生活经历、人生体验和感受，以唤起并激发其内心深处的回忆，同时赋予品牌特定的内涵和象征意义，建立目标对象的移情联想，通过广告与生活经历的共鸣作用而产生效果和震撼。图 3-4 是一则戒烟公益广告，画面上每支香烟成为一个个高耸入云的烟囱，并排放出股股浓烟，让人产生恐惧感，易引起人们的共鸣。

图 3-4 戒烟公益广告

该策略最适合大众化的产品或服务，第一，在拟定广告主题内容前，必须深入理解和掌握目标消费者；第二，要常选择目标对象所盛行的生活方式加以模仿；第三，要构造一种能与目标对象所珍藏的经历相匹配的氛围或环境，使之能与目标对象真实的或想象的经历联结起来；第四，侧重的主题内容可以是爱情、童年回忆、亲情、社会热点问题等。

3.3.6 CS 理论

CS（Communication Spectra）意为扩散传播。该理论认为，一个新产品进入市场后，广告目标是分阶段循序渐进的。首先是认知阶段，要让消费者知道广告主和商品名称；其次是理解阶段，给消费者更多关于商品功能、用途的信息；再次是确信和刺激欲求阶段；最后是购买行动阶段。CS 理论关注的不是受众的接受反应，而是传播者的目标管理。根据此理论，广告传播者应分阶段设定广告目标，对广告活动进行目标管理。每个商品在市场上都有其生命周期，广告目标应根据商品所处的生命周期不同阶段，设定合适的广告目标。如新产品上市，广告的主要目标往往是提高知名度和初次消费体验，而在成长期需要侧重于品牌和形象塑造，在成熟期更多的是应付竞争。分阶段进行广告目标管理，有利于广告主的决策更明确和科学。

3.4 营销传播理论

3.4.1 STP 理论

STP 是指市场细分（Segmenting）、目标市场选择（Targeting）和市场定位（Positioning）。STP 理论是市场营销学科中的核心理论，STP 战略也是开展广告活动的前提和指导。

1．市场细分

企业按照消费者的一定特性，把复杂的市场分成若干子市场。不同的子市场，消费者的需求差别比较明显；在同一个子市场内部，消费者的需求则有相同性。市场细分使企业容易发现市场机会，从而使企业设计品牌个性、塑造品牌形象有了客观依据。

2．目标市场选择

企业依据市场细分的结果，根据自身状况和产品特点，结合营销目标，选择对企业和产品最具优势和吸引力的细分市场，即目标市场。企业的一切品牌经营活动都必须始终围绕目标市场开展。品牌定位更要针对目标市场，与目标市场的特征与消费需求保持一致，最终使品牌获得目标市场的理解和认同。

3．市场定位

企业一旦选下了目标市场，就要根据目标市场确定品牌可能的位置、形象，并据此来设计自己的产品和品牌，以争取目标消费者的认同。由于品牌形象通过消费者的反应来实现，因此，还要将品牌形象符号化。

3.4.2　整合营销传播理论

整合营销传播（Integrated Marketing Communication, IMC）理论最早由美国西北大学的D.舒尔茨等人在1993年提出，并在理论界得到广泛认同和流传。美国广告代理商协会曾经给整合营销传播下过一个复杂的定义：一种作为营销传播计划的概念。确认一份完整透彻的传播计划有其附加价值存在，这份计划应评估各种不同的传播技能在策略思考中所扮演的角色，如一段广告、直效回应、销售促进及公共关系一并将之组合，通过天衣无缝的整合，提供清晰、一致的信息，并发挥最大的传播效果。定义读起来比较晦涩，但是较好地表达了该理论的思想，即以统一的传播目标来运用和协调各种不同的传播手段，使不同的传播工具在每个阶段发挥出更佳的、统一的、集中的作用。其基本要求是，企业在传播信息时，要"用一个声音去说话"（Speak with One Voice）。

在营销活动中，企业信息通过传播并在消费者的脑海中不断储存、回忆和加工处理。这样，信息的"一致性"就成为广告信息传播有效性的重要因素。这就对广告传播提出如下要求：广告主的产品或服务信息必须清晰、一致且易于理解；无论信息来自何方，消费者都以同样方式进行判断，因此各种媒体信息应有机结合地加以传播；广告传递的信息必须简明、有说服力，把所有形式的营销传播活动整合起来形成强大的冲击力；双向传播是建立和维持营销关系不可缺少的因素。

1．整合营销传播的发展层次

（1）认知的整合。这是实现整合营销传播的第一个层次。该层次只要求营销人员认识或明了整合营销传播的需要。例如，某个媒体策划人员在替某企业购买媒体和投放广告的时候，要考虑媒体类别和相同媒体的不同表达方式，以反映此企业的一致形象。

（2）形象的整合。该层次涉及信息和媒体一致性的决策。信息和媒体一致性一方面是指广告的文字与其他视觉要素之间要达到一致性，另一方面是指在不同媒体上投放广告也要保持信息和形象的一致性。也就是说，图像要强化和补充文字的信息，并且必须与其他媒体上投放的广告保持一致。

（3）功能的整合。该层次与营销功能有关。功能整合是把不同的营销传播方案编制出来，作为服务于营销目标（如销售额与市场份额）的直接功能。也就是说，每个营销传播要素的优势和劣势都经过详尽的分析，并与特定营销目标紧密结合起来。

（4）协调的整合。该层次是人员推销功能与其他营销传播要素（如广告、公关、销售促进、直接营销等）直接整合在一起。这意味着，各种手段都用来确保人际营销传播与非人际形式的营销传播的高度一致。

（5）基于消费者的整合。该层次要求营销策略必须在了解消费者的需要和诉求的基础上锁定目标消费者，在给产品以明确的定位之后，才能开始营销与广告的策划。也就是说，营销战略的整合就是使战略定位的信息直接到达目标消费者的心中。

（6）基于风险共担者的整合。营销人员应认识到目标消费者不是本机构应该传播的唯一群体，其他共担风险的经营者也应该包含在总体的整合营销传播战术之内，如本机构的员工、供应商、经销商及股东等。

（7）关系管理的整合。该层次被认为是整合营销的最高阶段，即关系管理的整合，就是要向不同的风险共担者做出有效传播。这些战略不只是营销战略，还有制造战略、工程战略、财务战略、会议战略、人力资源战略等。也就是说，为了加强与组织风险共担者的关系，本机构必须在每个功能环节内（如制造、工程、营销、财务、会计、人力资源等）发展出管理战略以达成不同职能部门的协调。

2．整合营销传播的一般方法

（1）同一外观法。让营销人员认识和明了整合营销传播的"同一外观"概念，如在营销传播的所有形式中采用同样的颜色、图案及识别符号，企业必须把用于传达信息的载体保持统一的"外观"。

（2）主题线法。使用非广告的传播形式提示消费者进行广告回忆，以提高消费者对广告信息的记忆质量。如重要的视觉设计或响亮的广告口号，可以设计在产品包装上或放在销售点展示，这些提示能够帮助消费者记住广告信息。另外，如果让消费者从收音机中也能听到与电视广告同样的广告内容，那么他们会把电视广告的内容记忆得更好。

（3）供应面的策划方法。提供一套营销传播的系统，如某家广告代理公司可能承包了当地有线电视台、广播电台，以及地方报纸的广告业务，它能提供"配套广告服务"，允许当地的广告主可以在有线电视、电台及地方报纸上同时投放广告，价格非常诱人。这家广告代理公司给预期的企业推销这个"配套广告"所强调的优点就是整合营销传播。广告代理公司会给广告主创造统一外观、统一主题、同时投放到不同媒体的广告。

（4）特设会议的方法。许多营销人员尝试整合其营销传播方案的不同要素，办法就是把有关各部门召集起来开一个"特设会议"。如让代表不同利益的人出席会议，并取得共识。这特设的会议包括广告公司来的客户主管、公关代表、销售促进机构的销售人员及营销调研人员等。这个会议由营销总监组织和领导，不同供应商的代表表达他们对营销传播的理念，然后讨论尽量统一脉络的传播方式。

（5）基于消费者的方法。按照整合营销理论提出者美国营销专家舒尔茨的观点，基于消费者的方法应该是目前最好的一个方法，它是一个有效的整合营销传播的思考基础。该方法的起点是建立消费者和潜在消费者的数据库，内容包括人口统计资料、心理统计、态度信息及以往购买记录等。在此基础上,要用好数据库,尽可能地使用消费者及潜在消费者的数据资料作为市场分析和营销传播决策的依据。其次要做好接触管理,所谓接触管理就是企业可以在某一时间、某一地点或在某一场合,与消费者进行沟通,即决定在何时、何地,以及如何与消费者进行接触。再次要制定发展传播沟通策略,明确在什么样的接触管理下传达什么样的信息,以及为整合营销传播计划制定明确的营销目标。例如,对一个擅长竞争的品牌来说,营销目标就可以是"激发消费者试用本品牌的产品"、"消费者试用过后,积极鼓励其继续使用并增加用量"、"促使其他品牌的忠诚者转换品牌并建立起对本品牌的忠诚度"。最后选择传播手段。传播手段除广告、公关、事件营销、直销等外,产品包装、商品展示、店面促销活动等,只要能协助达成营销及传播目标的方法,都是整合传播中的有力手段。

本章小结

- 广告理论是关于广告传播规律和广告运作机制的理论性概括。广告理论的产生和发展建立在市场营销学、传播学、心理学、社会学等学科理论基础上。
- 美国广告咨询专家 Clyde Bedell 提出的广告函数式认为,影响广告效果的因素有很多,但主要取决于三个方面因素,即广告的主题定位、广告本身的传播效果及广告之外的营销因素。Clyde Bedell 的函数式基本上涉及广告的三大核心理论方向,即广告定位理论、广告传播理论及营销传播理论。
- 广告主题定位理论的发展主要有三个阶段。第一阶段是 20 世纪 50 年代基于产品定位形成的 USP 理论,第二阶段是 60 年代中后期基于形象至上的品牌理论,第三阶段是 70 年代以后基于市场定位的现代定位理论。
- "USP"是"Unique Selling Proposition"的英文简称,意为"独特的销售主张"。USP 理论主要包含以下四方面的内容:必须向消费者说明一个明确的主张,购买该产品将得到的具体好处;该主张必须是独特的、与众不同的;该主张必须具有足够的吸引力,能吸引顾客购买和使用该产品;该主张必须得到目标消费群中大多数人的认同和响应,否则很难形成有效传播。
- 美国奥美广告公司创始人大卫·奥格威提出了品牌形象理论,他主张"每则广告都是对品牌形象的长期投资",通过广告树立特别的品牌形象以达到企业的营销目标。
- CI 是对企业形象的有关要素(包括理念、行为、视觉)进行全面系统的策划、规范,并通过全方位、多媒体的统一传播,塑造出独特的、一贯的优良形象,以谋求社会大众认同的企业形象战略。CI 的构成要素主要由理念识别(Mind Identity,MI)、行为识别(Behavior Identity,BI)和视觉识别(Visual Identity,VI)三部分组成。
- 5W 模式理论由美国的政治学者 H.拉斯维尔提出。他提出构成传播过程的五种基本要素,即 Who(谁)、Says What(说什么)、In Which(通过什么渠道)、To Whom(向谁说)和 With What Effect(有什么效果)。
- AIDMA 理论最初由美国广告学家 E.S.路易斯于 1893 年提出。他认为,消费者在接受广告信息时的心理活动遵循如下顺序：注意（Attention）、兴趣（Interest）、欲求（Desire）、行动（Action）。后人又加入记忆（Memory），形成了所谓的 AIDMA 模型。
- 诱导性原理认为，广告信息作为外界刺激，作用于受众引起预期的观念改变和购买行为，这是一个可能通过多种手段诱导实现的心理渗透过程。
- 文化同一性原理认为，广告信息在传播过程中能否被接受或接受程度如何，决定于双方共同的经验区域的大小。广告传播客观上要求传播者与接受者有共同的文化基础。要实现有效传播，广告信息的制作者、传播者与其接受者应具有共同的价值观念、类似的行为模式，以及其他文化方面的共同性。
- 共鸣论主张在广告中述说目标对象珍贵的、难以忘怀的生活经历、人生体验和感受，以唤起并激发其内心深处的回忆，同时赋予品牌特定的内涵和象征意义，建立目标对象的移情联想。
- CS（Communication Spectra），意为扩散传播。该理论认为，一个新产品进入市场后，广告目标是分阶段循序渐进的。首先是认知阶段，要让消费者知道广告主和商品名称；其次是理解阶段，给消费更多关于商品功能、用途的信息；再次是确信和刺激欲求阶段；最后是购买行动阶段。CS 理论关注的不是受众的接受反应，而是传播者的目标管理。
- STP 是指市场细分（Segmenting）、目标市场选择（Targeting）和市场定位（Positioning）。STP 理论是市场营销学科中的核心理论，STP 战略也是开展广告活动的前提和指导。
- 所谓整合营销传播，是指以统一的传播目标来运用和协调各种不同的传播手段，使不同的传播工具在每个阶段发挥出更佳的、统一的、集中的作用。其基本要求是，企业在传播信息时要"用一个声音去说话"。
- 整合营销的发展主要包括七个层次，即认知的整合、形象的整合、功能的整合、协调的整合、基于消费者的整合、基于风险共担者的整合及关系管理的整合。
- 整合营销传播的方法主要包括：同一外观法、主题线法、供应面的策划方法、特设会议的方法及基于消费者的方法。

专论 3

广告理论百年回眸

19 世纪末 20 世纪初，广告作为一个理论学科正式出现。在 100 年时间里，广告学科经历了三个发展阶段，产生了一系列广告理论版块，形成了完整的广告学科理论体系。

1. 广告学科的产生

（1）历史背景。

19 世纪末，欧美主要的市场化国家经济已经高度发达，在客观上推动了广告学科的建立。在这一时期，专业广告公司已经出现，进而推动着商品经济的发展；商品经济发展的高度化又给广告业提出了更高的要求,即急需在广告理论上将广告实践中的经验加以总结和提高,以便进一步完善广告业本身。商品经济在19世纪末20世纪初的大发展,形成了广告理论化研究的客观基础。

心理学理论的发展奠定了广告学科的理论基础。在19世纪末20世纪初,心理学学科的成熟与发展,为广告学科的产生及后续理论的形成奠定了理论基础。例如,心理分析学派对于人的潜意识的研究成果,成了广告对于消费受众心理、行为的影响及对于消费者决策过程影响的理论基础;人本主义心理学为解释消费者消费需求的产生和递进提供了理论依据;行为主义心理学研究影响人的行为刺激条件,对商品销售方式、商品包装装潢及商品广告的演进起到了重要的推动作用。学科独立大潮推动广告学科形成。19世纪末20世纪初,是社会科学学科独立分化的集中时期。广告学科正是适应了这一学科大综合和大分化的客观形势,把原属新闻、传播、营销和心理活动中的概念、范畴加以综合、抽象和分离,进行了新的结构组合和逻辑构造,构建出了独立的广告学科理论体系。综合来看,市场化经济的高度繁荣、心理学科的发展和学科分化的大潮的合力作用导致,广告学科的产生和发展。

(2)产生。

19世纪末至20世纪30年代为广告学科的创立阶段。1900年美国心理学家哈洛·盖尔(Harlow Gale)在多年广泛调查研究的基础上写成《广告心理学》一书,强调商品广告的内容应该使消费者容易了解,并应适当运用心理学原理以引起消费者的注意和兴趣。

1901年美国西北大学校长、社会心理学家瓦尔特·狄尔·斯科特(Walter Dill Scott)在西北大学做报告时,系统提出心理学如何应用于广告宣传诸要点。随后,他连续发表有关论文12篇,并整理成册出版《广告论》(又译为《广告原理》)一书。《广告论》被视为世界上最早的广告学科著作。

1902—1905年,美国的宾夕法尼亚大学、加州大学、密歇根大学和西北大学都开始讲授广告学科方面的课程。19世纪末至20世纪30年代,研究广告的理论已经出现,并有了一定程度的发展。这个时期广告理论研究的特点是提出问题,简单论证,理论比较零散,未形成完整的学科体系。但是,广告学科已经出现。

2. 广告学科成熟阶段主要流派

20世纪30年代到60年代,为广告学科成熟发展时期。此时期出现了一大批广告专家和学者,推动了广告学科的进一步发展。比较著名的广告理论流派主要有以下几种。

(1)情理广告学派。

20世纪初期美国最有影响的文案撰稿人约翰·肯尼迪(John Kennedy)创立了情理广告学派。他为广告定下了"纸上推销员"的著名定义。克劳德·霍普金斯(Claude Hopkins)发展了约翰·肯尼迪的情理广告理论,成为情理派的代表人物。他认为,"广告之于商品,犹如戏剧之于人生,它既是商品,又高于商品"。他1923年出版的著作《科学的广告》一书是美国修习广告学生的必读书。

(2)芝加哥广告学派。

这是源自美国芝加哥大学的广告理论流派,创始人是李奥·贝纳(Leo Burnett)。在广告表现上主张"我们力求更为坦诚而不武断,我们力求热情而不感情用事"。他通过热情、激情和经验,使所做的文案浸满了"内在戏剧效果"。他为万宝路推出的广告宣传战,成为以广告的力量创建全球品牌的传奇范例,并最终对烟草营销领域严厉的法规限制产生了影响。

(3) USP 理论。

20 世纪 30 年代,罗瑟·瑞夫斯(Rosser Reeves)在"广告必须一定有助于销售"的流行观点的基础上,提出了广告是"独具特点的销售说辞"(Unique Selling Proposition)的理论。1952 年,他帮助艾森豪威尔竞选总统的电视广告宣传计划被采纳,从而改变了美国政治广告的宣传模式。其代表著作《实效的广告》于 1961 年出版后,迅即风靡全球。

(4) 美术指导—文案协作理论。

威廉·伯恩巴克(Willian Bernbach)提出广告写作一定要有创造力,在广告上最重要的东西就是要有独创性(Original)与新奇性(Fresh)。他认为美术指导与文案创作必须协调,二者通力合作,才有助于促进广告创意工作。1982 年 10 月威廉·伯恩巴克去世以后,美国权威杂志《哈珀斯》给予了极高的评价:伯恩巴克"可能比任何一个在《哈珀斯》133 年历史上出现过的杰出艺术家和作家,对美国的文化更具有冲击力"。

(5) 广告古典主义。

大卫·奥格威(David Ogilvy)创立了"形象设计理论",被誉为"形象设计时代的建筑大师",但他本人称自己为"广告古典主义者"。他注重以事实为依据的长文案,发展了阿尔波特·拉斯克(Albert Lasker)的"平面推销术"的理论。他的《一个广告人的自白》一书,自 1962 年出版至今已经被译为 20 余种文字,被誉为研修广告者的"圣经"。

3. 广告学科创新时期主要理论

20 世纪 60 年代以后,随着新技术革命席卷全球,广告的现代化手段及表现技巧有了大幅度的革新,广告理论出现了许多创新的概念和解释,广告理论开始超越传统的既定的广告理论模式和范围。此时期,广告调查、广告目标、广告人素质、广告定位等理论成为广告学科的主要理论构成。

(1) 广告调查策略。

现代广告调查研究始于第一次世界大战以后,发展于第二次世界大战之后,繁荣于 20 世纪六七十年代。主要理论有"消费者动机和行为研究""细分市场和确定目标市场调查""产品调研和产品定位调查"等。

- 消费者动机和行为研究。20 世纪 60 年代以后广告主和广告公司已经意识到,要想有效地劝导人们购买,必须先深入了解消费者的购买动机和行为。美籍奥地利裔学者厄尼斯特·迪希特(Ernest Dichter)被认为是动机研究的权威。他的动机研究包括两个方面:一是找出人们行为的原因;二是探讨可借以促动消费者做某事的方法。他在《欲望之策》一书中,解释自己的工作目标是"还人类行为之本来面目"。许多广告公司经常用"深度面谈"或"核心小组讨论"等方式开展定性调研,了解消费者对产品、服务及有关事物的看法,从而形成有关消费者动机和行为思想。
- 细分市场和确定目标市场调查。细分市场是指企业把有关消费者分成各种类型,然后选择其中最合适的一两个或几个作为自己的目标市场。在英国,社会心理状态分类中最为人们熟悉的是按社会阶级分类。在美国,20 世纪 80 年代的营销界和广告界更为流行的社会心理状态分类方法是"价值观和生活方式分类体系",简称VALS。
- 产品调研和产品定位调查。产品调研旨在了解消费者对特定产品或服务的看法,对产品、服务特点的理解程度,从而帮助企业建立一个产品概念或产品形象。这样做的结果,一方面有利于改进产品,另一方面也能了解产品在消费者心目中的地位,以争取一个相对竞争者有利的地位。

(2)广告目标理论。
- AIDA公式。20世纪20年代,E.S.路易斯(E.S.Luis)提出了AIDA公式。其内容是有效的人员推销应该吸引消费者的注意力,引起兴趣,激发欲望,最终促成行动,即Attention→Interest→Desire→Action。每次广告活动都应该有自己特定的广告目标,才能使广告达到有效化。
- DAGMAR法。20世纪60年代初,R.H.科利(Russell H.Colly)在为美国全国广告主协会所做的研究并出版的《制定广告目标以测定广告效果》一书提出了制定广告目标的理论方法。此方法又称"目标与任务法"(Objective-and-Task)。科利认为:"广告目标是记载对营销工作有关传播方面的简明陈述。""广告目标是用简洁、可测定的词与笔之于书,其基准点的决定依据其所完成的事项能够测量而制定。"
- L&S模式。R.莱维奇(R.Lavidge)和J.斯坦纳(J.Steiner)于1961年在美国期刊《市场杂志》上,提出的一种不同于DAGMAR理论的"从知名到行动的进展"层级模型。
- 采用过程模式。1971年E.罗伯逊(E.Roberson)提出了消费者最终采用其产品或服务前经过的六个阶段理论,被称为"采用过程模式",又被称为"采用分级模式"。他认为广告是一种必须把人们推上一系列阶段的力量。
- 广告预算的"临限"理论。肯尼斯·朗门(Kenneth Longman)根据企业利润分析,提出了一个广告投资模式。他提出,任何品牌的商品或服务做广告,其广告效果只能是在临界(Threshold,不做广告时的销售额)和最大销售额之间的某数值。

(3)广告人素质理论。

美国学者詹姆斯·韦伯·扬(James Web Young)20世纪60年代创立的广告人素质理论在广告人的培养上最为权威,其具体思想集中于《怎样成为广告人》一书中。扬提出了系统的广告人应该掌握的知识:① 陈述主张的知识。② 市场的知识。③ 信息的知识。④ 信息运送工具的知识。⑤ 交易渠道的知识。⑥ 怎样知道广告发生功效的知识。在这里,扬提出了预测广告发生功效的五种基本法则:其一,以之建立熟悉感(By Familiarizing),熟悉感是许多购买习惯的基础,"当广告为某一产品或某人建立起这种熟悉感时,广告就使你对其增加了心理上的价值";其二,以之作为提醒作用(Breminding),即以提醒来激发消费者产生购买需要感;其三,以之传播新闻(By Spreeding News),目的是让消费者知道生产者在做什么,有什么新产品或服务;其四,以之克服抱残守缺的人类惯性(Bovercoming Inertias),以广告作为一种外力去克服人们的消费静止状态,改变人们的消费行为、消费习惯,促成购买行为;其五,以之增加产品所未具有的附加值(By Adding a Value not in the Product),使用广告,使得产品在有形价值之上,增加主观价值。⑦ 特定情况的知识,这主要是指广告策略的知识。扬强调应该培养广告人的两大能力,即观察能力与直觉能力。

为了论述"观察力"及"直觉力"的重要性,扬在自己的著作中大量引用了哈佛大学心理学家布鲁诺(Jerome S.Bruner)所著《教育的过程》中有关观察与直觉力价值的解释。

(4)广告定位理论。

在竞争日益激烈的20世纪70年代,美国营销和广告界的学者掀起了定位风潮。广告定位理论的领袖人物是艾·里斯(Al Rise)和杰克·特劳特(J.Trout)。早在1969年,艾·里斯和杰克·特劳特在美国《产业营销杂志》写了一篇名为"定位是人们在今日模仿主义市场所玩的竞赛"的文章,首次使用"定位"(Positioning)一词。一般认为,自从两人于1972年在美国专业期刊《广告时代》上发表一系列"定位时代"的文章起,广告定位理论开始出现。到1981年他们出版了《广告攻心战略——品牌定位》一书,广告定位思想已经成型。1986年和1989年两人又继续合作,出版了《营销战争》和《自下而上搞营销》两本书,为广告定位理论的成熟化奠定了基础。1996年杰克·特劳特出版了《新定位》,总结了25年来定位理论的发展,提出了许多新的理论和思想。

艾·里斯和杰克·特劳特认为,广告已进入一个以定位策略为主的时代,"想在我们传播过多的社会中成功,一个公司必须在其潜在顾客的心智中创造一个位置。在定位的时代,去发明或发现了不起的事物并不够,甚至还不需要。然而,你一定要把进入潜在顾客的心智,作为首要之图"。他们认为,进行广告定位首先要做心理分析。

1)研究潜在顾客心理是广告定位的出发点。"定位的基本方法,不是去创作出某种新奇或与众不同的事项,而是去操纵已经存在于心中的东西,去重新结合已经存在的联结关系。"他们提出了许多重要的命题,诸如"人们只看他们所期望看到的事物""在人们的心理上不仅排斥与自己以前知识或经验不相符合的信息,而且人们实际上也没有很多的知识或经验来应用""人们心理上存在着等级和阶梯"等。

2)有悖于消费者心理的具体定位失误分析。艾·里斯和杰克·特劳特对于定位失败的案例进行了详尽分析,提出了一些著名的论断,如"挑战一个在同类产品中雄踞第一的品牌意味着失败""高品质的产品并不一定能够击败对手""品牌推广并非都能够成功""高技术并非会真正带来极大成功""不适当名称选择导致失败""不要努力去向任何人诉求"等。

3)具体定位建议。基于德国动物心理学家K.劳伦斯(K.Lorenz)的"印遗现象"说,他们发现"最先进入人脑的品牌,平均而言,比第二品牌在长久的市场占有率方面要多一倍。第二的品牌比第三的又会多一倍。而此种关联是不易改变的"。因此,主张企业或产品要学会"建立领导地位",以抢先进入消费者心里。一旦市场上已有雄踞第一位的品牌,企业一定要选择"跟进者的定位"或"比附的定位",即可以采用"空隙大小定位""高价位或低价位定位""性别空隙定位""年龄空隙定位""时段空隙定位""区域和群体的空隙定位""量的比附""质的比附",甚至为竞争对手进行定位。

4)学会简单化思维。杰克·特劳特在1996年出版的《新定位》中,从思维角度进一步丰富了定位思想。他认为"过度的信息交流已经改变了人们整个交流的规则,以及在不断地影响着人们生活""我们一般认为烦琐来源于缺少刺激,即一种信息的缺乏。但是通常的状况是烦琐、厌倦来源于过多的刺激和信息,并由此带来的副作用",然而在广告定位中减少复杂和混乱的最佳方法就是使你的信息更加简洁明白,越简单的越容易被人记忆,"最具冲击力的计划就是那些只关注几个简单词的计划"。正如一句格言所说:简单最伟大。

（资料来源：西北大学学报，作者：黄孟芳，有删减）

问题理解

1. 广告定位思想的内容是什么？
2. USP 理论的主要内容是什么？
3. 品牌形象论的基本要点是什么？
4. 简述 CI 系统及其子系统。
5. 简述 5W 模式。
6. 简述 AIDMA 的原理。
7. 简述 CS 理论的原理。
8. 简述 STP 理论的原理。
9. 简述 IMC 理论的要义。
10. 阅读专论 3，针对文中所涉及的相关理论进行探究性学习。

案例分析

李宁体育曾在相当长一个时期内，几乎以一己之力推动和引领了中国体育服装和体育用品产业的发展。作为一个成立 27 年的品牌，它已然经历了一轮兴衰。从 2004 年上市以来，李宁体育发展态势一直十分稳健，2008 年李宁公司开始构建 B2C 模式电子商务平台，让公司业务发展到达顶峰。如同在世界瞩目下漫步于鸟巢上空点燃北京奥运主火炬的体操王子一样，李宁体育的发展也越发引人注目。2009 年，其在全国销售首次超越阿迪达斯，仅次于耐克，并在 2010 年发展到巅峰——营业额 94.78 亿元，净利润 11.08 亿元，在全国拥有 8 000 多家店面。然而，一场试图更新品牌形象、提高价格的转型让李宁体育遭遇滑铁卢。2008 年奥运会结束后，由于体育行业错估了奥运市场带来的增长，盲目扩张导致 2011 年大量体育品牌出现库存积压。随着体育产业规模的快速发展，外延扩张与内涵发展的矛盾日趋明显。

李宁公司到底错在哪儿？观点 1：锁定错误的目标人群。为了摆脱"中国耐克"的跟随者形象，2010 年，李宁公司重新锁定目标消费者——90 后，倾力打造"90 后李宁"。并将广告语由"一切皆有可能"改为 Make the change。李宁创造的体操神话对于新生代 90 后来说，并没有留下深刻印象，1988 年退役的李宁更多的是 60 后、70 后与 80 后的记忆与情怀，可是怀有情怀的那拨人被抛弃得十分彻底。仅仅依靠口号和轰炸式的推广，根本打动不了 90 后的心。结果是新用户不买账，老用户不买单。当 90 后的"李宁"对上 90 后的消费者时，没有预期中的一拍即合，得到的是 90 后群体的不屑一顾。观点 2：高端路线定位失败。北京奥运会之后，李宁公司放弃了走高性价比道路的安全策略，试图树立高端品牌形象，大幅度提高产品价格。结果在价格堪比国外品牌的情况下，让年龄稍大且看重性价比的老顾客大面积流失，从而转向其他低价国产品牌。李宁虽然是国内数一数二的知名品牌，但是定价在300~400元，显然是高估了国人的消费能力。与此同时，国内其他运动品牌主打的低价、平民则吸引了更多忠诚的品牌拥护者。

2017年中业绩报告显示，2017上半年，李宁公司营业收入达39.96亿元，同比上升11%，毛利率升至47.7%，净利润达到1.89亿元，同比上升67%。从营运状况看，以吊牌价计算，特许经销商与订货会的李宁品牌产品订单连续14个季度取得按年增长。2016年度业绩报告显示，李宁集团全年营收80.15亿元，净利润达6.43亿元，在2015年度扭亏为盈（净利润为1400万元）后，净利润翻了近44倍。2012—2014年，李宁公司的业绩一直处于亏损状态，三年的亏损金额分别为19.8亿元、3.9亿元和7.8亿元，累计超31亿元。一个显而易见的信号是：创始人李宁正带领公司走出阴霾，运动品牌李宁开始复苏。

李宁拯救"李宁"靠的是什么？① 重振多品牌计划。李宁体育是国内最早开展多品牌战略的运动品牌，2005年与法国Aigle合作成立艾高（中国），2008年收购意大利乐途在中国的20年独家制造及代理特许权。但与安踏多品牌战略卓有成效不同，主品牌"李宁"依然占据了集团总收入的99.2%，振兴多品牌计划刻不容缓。2016年10月18日，李宁公司宣布获得Danskin在中国大陆和澳门地区的独家经营权。20世纪80年代，Danskin整整十年稳居全美国女性紧身衣消费排行榜之首。李宁的这步棋无疑是想开拓女性运动市场，这也是各大品牌都在积极布局的潜力市场。增长迅猛的童装市场是李宁公司押注的另一个对象。2017年李宁体育宣布收回李宁KIDS授权，推出自营品牌李宁YOUNG。2017年上半年，李宁YOUNG在全国14个省份开设约20个销售点，并集中于北方区域，下半年还计划新增70家店铺。此外，定位于休闲运动的快时尚品牌"弹簧标"也在扩展线下渠道，目前有8个销售点。同时，李宁在科技和互联网方面不遗余力地进行研发和推进。例如，李宁公司与小米生态链企业、小米手环缔造者华米科技的战略合作，双方将共同打造新一代智能跑鞋，并探索大数据健康领域，这一举措标志着李宁公司从传统体育鞋服品牌转向智能运动领域。② 产品线运营踩准市场需求。"产品体验"是李宁回归以来最重视的事。这也让李宁公司更加体贴和精准地踩准了产品线的点并得到业绩回报。上半年，李宁公司顺应跑步和健身潮流，推出了李宁超轻十四代跑鞋、李宁韦德之道5等明星产品，进而带动了核心品类的业务增长。此外，李宁公司还通过体育赛事，不断加深品牌与消费者的互动联系和情感。2017年6月，成为火箭队官方合作伙伴后，启动李宁篮球学院，完成与火箭队合作的青少年篮球培训项目的完整大布局。与此同时，公司持续为14~28岁主要篮球消费群体奉献优质产品，争夺这个持续增长的市场。③ 电商PK实体渠道。在电商和实体渠道上，李宁的动作也都颇有成效。上半年，李宁体育的电商业务收入上涨58%，电商收入在总收入中的贡献从去年的13%增长到如今的19%。2017年上半年，李宁公司主动调整门店，销售点数量减少了111个，开高效的大店，同时关闭亏损的小店，成为未来李宁在门店上的核心策略。

思考题：
1. 分析和评价李宁品牌曾经市场衰退的原因。
2. 分析和评价李宁品牌重振市场的策略。
3. 试述本案对国内其他体育品牌的借鉴。

调查研究

1. 调查内容：STP 战略、CIS 战略及 IMC 战略。
2. 操作方式：将班级分成若干组，每组选择一个企业或品牌，分析其 STP 战略、CIS 战略及 IMC 战略。
3. 训练成果：每组撰写一篇分析报告，并制作 PPT 在班级进行交流。

第4章　广告策划

📎 引导案例

李施德林的"24小时吐槽不打烊列车"

现代人在伤心、难过、压抑时会用一场疯狂的购物释放自己。"双11"俨然成了生活重压之下"白领一族"定期释放自己的狂欢节，漱口水品牌"李施德林"正是洞察到"吐槽"与"购物"都有"释放自己"这一共性，在"双11"期间策划了"24小时吐槽不打烊列车"活动。这也刚好将"生活压力"与"购物"释放、"吐槽"释放紧密地衔接起来。那么，又该如何将"释放"的概念通过当代青年人普遍接受的方式传递出去呢？"地铁"是最合适的。10月31日，24小时里9号线地铁全线车厢身着"24小时吐槽不打烊列车"话题，搭载着抗争生活的年轻人穿梭在城市中，为什么此事件会选择地铁呢？第一，人们会花很长时间在地铁中；第二，上班、下班的白领们就像被"困"在地铁当中，不是在站台上等着就是在车厢中挤成沙丁鱼，这些时间中，人们总是会找点什么看看，来避免和旁人的目光接触。试想一下，上早班的白领大多什么状态：前一天晚上12点"双11"网上购物，今天早上起得太早没睡够，但为了生活只能硬撑着去上班。早高峰拥挤的地铁里，心情不爽时正好看"24小时吐槽不打烊列车"话题，一肚子的不满疯狂地"吐槽"出来吧！再试想一下，拖着疲惫身心挤地铁的"白领们"，人在疲惫的情况下心灵防线是最脆弱的，这时候正好看到"24小时吐槽不打烊列车"话题，立马会打开手机和闺密好友"吐槽"起来。"双11"李施德林和天猫强强联手，在漱口水品类销售中排名第一，业绩同比增长83%。除了销量上的增长，在品牌方面抓住当代中国白领关于"吐槽、宣泄"的痛点，将自己的品牌理念及品牌态度通过娱乐化的手段传递给广大用户。一个传统的品牌能有这样的互联网思维，这样的转变，仔细想一想并不意外。李施德林之所以能屹立百年凭的就是"与时俱进"。

➲ **辩证性思考**：洞察人性奥秘对于广告策划有什么重要性？

📍 本章学习目标

☑ 掌握广告策划的含义和基本原则；
☑ 掌握广告策划的程序和内容；
☑ 掌握确定广告目标的方法；
☑ 掌握广告预算的方法；
☑ 掌握广告策划书的撰写。

> **关键术语**
>
> 广告策划　广告目标　广告主题　广告预算　销售额比例法　目标达成法

广告策划是广告活动的灵魂，它的成败牵系广告活动的成败。《孙子兵法》有云："夫未战而庙算胜者，得算多也；未战而庙算不胜者，得算少也。多算胜，少算不胜，而况乎无算乎？"1955年，一部名为《策划同意》的著作出版，在书中，爱德华·伯纳斯提出了"策划"这一挑战性概念。20世纪60年代伦敦BMB广告公司创始人斯坦利·波利特在广告领域倡导广告策划，算是标准的介入，美国奇阿特·戴公司的推广则使之蔚然风行。

4.1　广告策划的含义及基本原则

4.1.1　广告策划的含义

策划一般是指对某一活动的运筹和规划，是动态的计划。港台经常用企划（画）一词，实际上是从日语"企画"沿用而来的，与英语"Plan"意思相近。美国哈佛企业管理丛书编纂委员会认为："策划是一种程序，在本质上是一种运用脑力的理性行为。基本上所有的策划都是关于未来的事物，也就是说，策划是针对未来要发生的事物做当前的决策。"

所谓广告策划，是指在充分考虑广告主、市场等若干问题的基础上，有针对性地按照一定程序对未来广告活动进行系统筹划和谋略性安排。简言之，广告策划就是对广告运作的全过程作预先的考虑与设想，是对企业广告的整体战略与策略的运筹与规划。

正确理解广告策划的概念，有以下几个关键点。

- 广告策划的目的是追求广告进程的合理化与广告效果的最大化。
- 企业的营销策略是广告策划的根本依据，广告策划不能脱离企业营销策略的指导。
- 广告策划有其特定的程序，这种程序应该是科学、规范的，而不是盲目地凭空设想与随心所欲。
- 广告策划应该是广告运动的整体策划，停留在具体操作层面的"广告计划"并不是广告策划。
- 广告策划必须以市场调查为依据，良好的市场调查为广告策划提供了市场环境、消费心理、竞争对手等方面的重要信息。
- 广告的心理策略、定位策略、规划策略、创意策略、媒介策略及测试评估是广告策划的核心内容。
- 广告策划书（文本）是广告策划结果的一种可见的形式，它为广告运动提供了运行的蓝图与规范。
- 广告效果的测定方法与标准应该在广告策划中预先设定。

4.1.2　广告策划的基本原则

1. 系统性原则

广告策划是广告活动的灵魂，因而广告策划务必使广告活动中的广告调查、广告创意与表现、广告制作与发布、广告效果测定等各个环节协同作用，融为有机整体。同时，每次广告策划活动并不是孤立的过程，对于企业的发展战略而言，每次广告策划都需要尽量体现广告主题、广告表现和广告发布途径的系统性。此外，广告策划是企业营销策划系统中的一个重要组成部分，广告策划必须服从企业营销策划，与企业营销策划中的各项策略协同，形成一个协调统一的大系统，共同发挥作用。所以广告策划的过程中必须把握系统性原则。

2．目的性原则

目的性原则主要是指在广告策划的过程中，要明确所要进行的广告活动的中心，以目标为线索，将广告活动的不同环节连接起来，以实现有条不紊的活动安排。对于一个企业而言，其经营过程中，可能针对各种具体情况同时制定出若干种目标，不过，对于每次既定的广告活动而言，其能够实现的目标数量有限，为了实现更好的广告效果，每次广告活动最好只瞄准一到两个目标。

3．创新性原则

创新性原则主要指对整个广告活动及各环节的策划要大胆创新，求新求异，在广告战略和策划方面有独到之处。通常我们认为，广告创意是最需要求新求异的，而广告策划更需要科学性和规范性。其实，一个广告要想吸引并打动消费者在广告策划阶段就应该创新，不能平庸。

4．可操作性原则

广告策划不只是做出策略性决策，它同时也是一系列计划的实施，因此必须有很强的可操作性。广告策划的每个具体步骤和方法都必须可以实际操作，而不是纸上谈兵。坚持可操作性需要注意三点：第一，广告策划必须符合市场环境和现实条件的许可；第二，广告策划必须结合企业实际，在企业现实条件下，广告策划的目标和手段具有可行性；第三，广告策划所谋划的每个环节都必须能够实际操作，在广告策划方案中，广告创意方案、广告媒体策略方案、广告效果测定方案、广告预算方案等，都应当具有很强的实用性和可执行性。

5．效益统一原则

效益统一原则不仅仅指经济效益，还应包括社会效益，需要经济效益与社会效益的统一。广告活动本质上是一种经济活动，作为企业的一种投资行为，要求广告投入取得合理的收益回报是其本质所在。但是，广告策划中还要考虑到广告活动所带来的社会影响。广告是一种特殊的传播行为，其影响力在大众传播媒介的推动下是不可小视的。所以广告策划在追求经济效益的同时，还必须遵守我国相关的法律法规，遵循社会主流的道德标准。

4.2 广告策划的程序

广告策划的程序是指广告策划工作应遵循的方法和步骤，是为使广告策划顺利进行和保证广告策划的成功而对广告策划工作自身提出的方法和原则要求。广告策划可以依次分为 4 个阶段，即调查分析阶段、决策计划阶段、执行实施阶段和评价总结阶段，每个阶段又可细分为不同的步骤（见图4-1）。

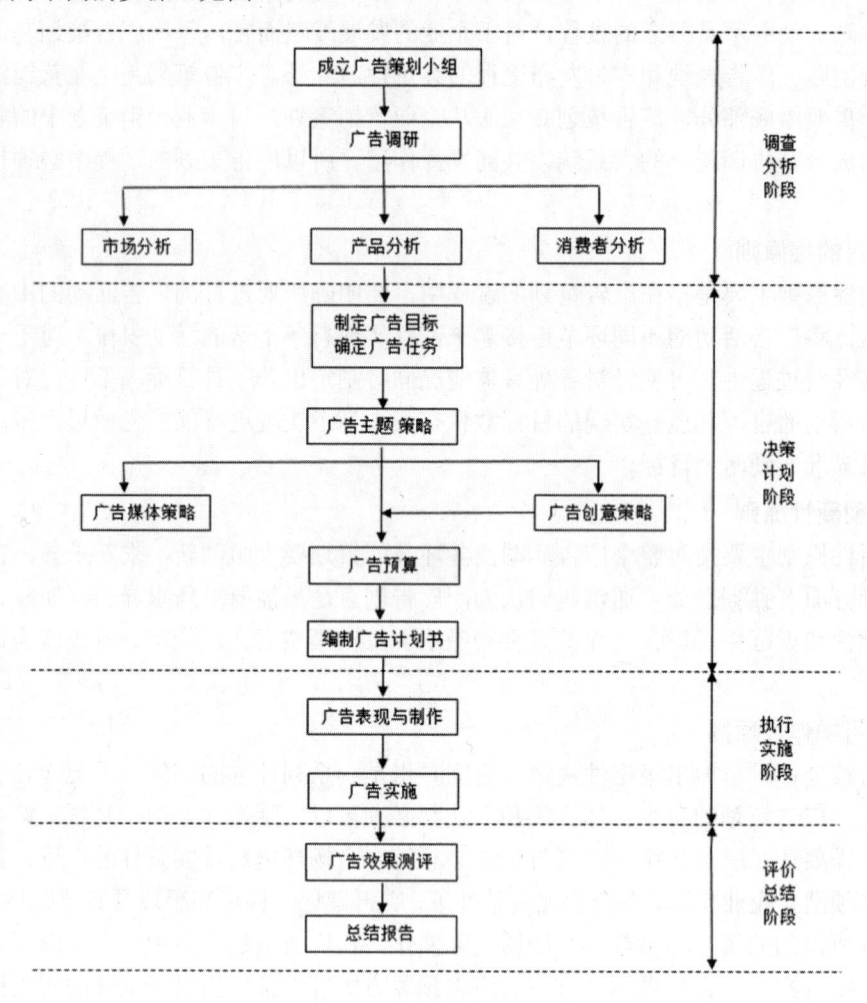

图4-1 广告策划的程序

1. 调查分析阶段

这一阶段主要是进行市场调查和相应的分析研究，收集有关信息和资料，在此基础上才能有针对性地制定出广告战略和广告活动策略。①成立广告策划小组。广告策划工作需要集合各方面的人士进行集体决策，因此首先要成立一个广告策划小组，具体负责广告策划工作。小组成员一般包括业务主管、策划人员、文案创作员、美术设计指导、美术设计员、摄影员、市场研究分析员、市场调查人员、媒体联络员、公共关系人员、心理学研究员等。其中业务主管、策划人员和美术设计人员是中坚力量。②进行商品研究。由专案策划小组，将广告主所委托的商品，就其生产过程品质成分、包装、售价、分销渠道、消费对象、市场占有率等详加研究。③进行市场研究。由专案策划小组针对市场中各类品牌的同类商品，分别就其生产过程、品质成分、包装、价格、分销渠道、消费对象、市场占有率、广告费用、广告策略等，详加调查研究，并和广告主所委托的商品详加比较。④进行消费者调查分析。收集市场上与广告产品有关的消费者的行为特点，如人们喜欢哪种产品、在什么时候购买、人们如何使用产品、购买的频率等，在心理学研究人员帮助下，分析消费者购买动机和心理。⑤写出市场调研报告。在以上调查结束后，必须对所得资料进行统计与分析，并写出市场调研报告，为后续的广告决策提供依据。

2．决策计划阶段

这一阶段主要是对广告活动的整体过程和具体环节进行战略和策略的决策及计划。①进行广告战略决策。战略决策是广告策划工作的主体，前期所有工作是战略决策的准备，后期各项工作是对战略决策的细化和应用，着重解决广告目标、广告目标受众、产品竞争对象和销售地区的确定 4 个方面的问题。②制定实现广告战略的具体广告策略，包括广告主题策划、广告创意策略、广告媒体策略。③编制广告预算。根据上述安排，详细编制一切广告费用。费用编排时，应力求精细，并要求做到表格化。同时广告费用总额需做到与广告主规定的预算总额大致相符，原则上以达到后者的 95%为宜，余下 5%的预算可列为临时所需调度之用。④编写广告计划书。专案策划小组的案头研究工作至此已告完成。应将研讨的一切结论，由负责的策划人员，编拟成完整的广告计划书。

3．执行实施阶段

这一阶段主要执行并实施广告决策与计划。广告计划经批准后，即可进行广告的设计制作，制成广告作品，并对广告作品进行事前测定与评价，然后定稿并按计划发布。①决定广告表现。在这一步骤里，要进行广告文案、广告构图、广告色彩的设计和表现。②进行广告制作。广告制作是整个广告创作的后期工程，广告制作的结束也就是广告作品的完成。制作水平的高低直接影响广告效果。不同的媒体对广告制作的要求是不一样的。③正式推出广告。根据广告目标，明确广告发布的地区、时间、媒体组合等，将广告正式文本提交媒体单位，正式推出广告。

4．评价总结阶段

这一阶段主要是对广告发布后的传播效果和促销效果进行评估。①征集广告信息反馈，测定广告效果。②总结广告活动经验，写出总结报告。

4.3 广告策划的内容

4.3.1 市场调查与分析

市场调查与分析是广告策划运作的开端，也是后续决策过程的基础。因此，在进行市场调查与分析时应该准确地把握要点，使用正确的方法。

广告市场调查与分析的内容主要包括以下几个方面。

1．企业营销环境调查

营销环境调查主要从三个方面展开：第一方面是企业面对的宏观环境，包括宏观经济形势、市场的政治和法律背景、文化背景等因素；第二方面是企业营销环境中的微观制约因素，包括企业自身目标和资源、企业的供应商与企业关系、产品的营销中间商与企业的关系、顾客对企业和产品的态度及其实际的购买行为、竞争者的情况等；第三方面是市场概况，包括市场的规模、市场的构成、市场构成的特性等。

2. 消费者情况调查

对消费者进行分析，目的在于确定哪些消费者是本产品的目标消费者，哪些消费者还有争取的机会。对消费者的调查主要从以下一些环节展开：消费者的总体消费态势、现有消费者的构成与态度、潜在消费者的特性等。

3. 产品调查

对产品进行调查分析的主要目的在于明确产品的特性、产品与竞争品牌相比的优势与劣势。通过调查为后续的决策提供依据。产品调查分析主要从以下几个方面展开：产品的性能、产品的质量、产品的价格、产品的材质、生产工艺、外观和包装、产品生命周期、产品的品牌形象、产品定位以及与同类产品的比较等。

4. 竞争状况调查

根据企业在目标市场上的市场占有率、对整个市场的影响力、对同类企业的影响程度的不同，企业在市场中的角色可以被分为以下几种：市场领导者、市场挑战者、市场追随者、市场补缺者。通过竞争状况调查，明确企业在市场竞争中的地位、角色以及竞争对手的情况，总结出企业面临的机会与威胁、企业与竞争对手相比的优势与劣势。

5. 企业与竞争对手的广告调查

广告是企业间开展竞争的重要手段，因此在进行广告策划中的市场分析时，企业自身、企业竞争对手的广告策略和广告活动是不可缺少的内容，具体要点包括：广告活动的概况、广告的目标市场策略、产品定位策略、广告诉求策略、广告表现策略、广告媒介策略以及广告效果等。

▶▶ 4.3.2 确定广告目标

1. 确定广告目标的重要性

广告目标是指广告活动要达到的目的。广告策划的首要任务，就是明确广告传播活动将要实现的目标。广告目标规定着广告活动的方向，其他广告活动如媒体的选择、表现方式的确定、广告应突出的信息内容，都要围绕广告目标来考虑。广告目标也是衡量广告传播效果的一个重要依据。

2. 确定广告目标的方法

（1）广告金字塔。广告金字塔是最为传统的广告目标与策略设定方法。广告的任务首先是要告知、说服、维护消费者在一个尽可能长的时间内对公司、产品或服务的良好态度和行为，并进而间接影响消费者的购买决策。通过广告和促销活动进行传播的方式类似于建造一座金字塔，其底层实现低层次的目标，如使消费者认知、了解或理解。接下来的任务是将已经对产品或者服务产生认知或者了解的消费者继续向上一层次移动，这便是所谓的"金字塔反应层次模型"（见图4-2）。最初的阶段，即金字塔的基座，与高层如尝试购买、重复购买相比，更容易实现。因此，层次越高，潜在消费者的比例就越小。传播金字塔也可以被运用到为已有品牌确定促销目标。促销计划的制订者应该在考虑金字塔中逐级上升的阻力的前提下明确目标受众在哪里。如果消费者对产品功能和属性的了解和认知水平还很低，那么传播的目标应该加强这些水平；如果这些障碍已经被克服，但消费者喜欢和偏爱的水平还很低，则有必要适当改变目标市场中的品牌形象，并推动更多的消费者产生购买行动。

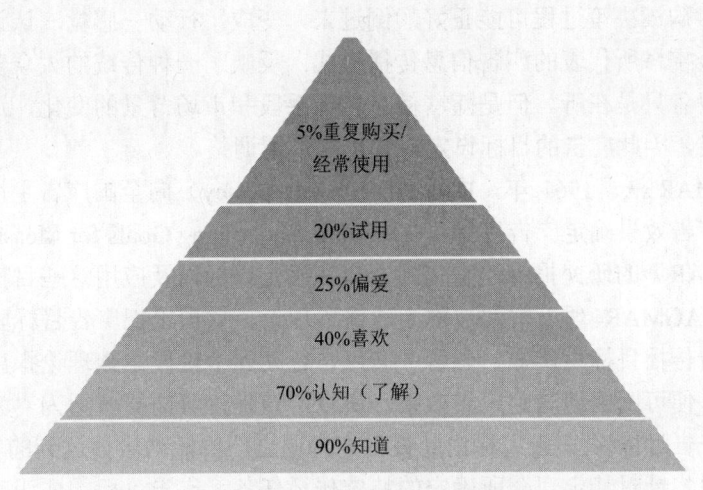

```
        5%重复购买/
         经常使用
         20%试用
         25%偏爱
         40%喜欢
       70%认知（了解）
         90%知道
```

图 4-2　金字塔反应层次模型

在这个"反应层次模型"中，通过广告和促销活动进行传播的方式好像建造金字塔，其底层实现低层次的目标，如使消费者认知、了解或理解。接下来的任务是将已产生认知或者了解的消费者继续向尝试购买、重复购买方向推动。然而层次越高，潜在消费者的比例就越小。

下面以一个公司向 18~34 岁女性市场推销 Backstage 洗发香波为例，说明广告策划如何运用传播的反应层次模型来确定品牌的具体促销目标。

> **相关链接**
>
> ## Backstage 洗发香波利用反应层次模型设定具体目标
>
> **时限**：6 个月
> **目标 1**：使目标受众中 90%的人知道。在报刊、电视、广播等媒体上做广告，反复宣传简单的信息。
> **目标 2**：使目标受众中 70%的人感兴趣。在广告中宣传产品的特点和优点——不含肥皂成分，改善发质。用更多的广告来传递这一信息。
> **目标 3**：使 40%的目标受众喜欢，25%的受众偏好这个品牌。通过样品试用、促销活动等方式使受众深入了解产品并产生认同感。引导消费者通过网站了解如美容小知识等更多的信息。
> **目标 4**：使目标受众中 20%的人试用。采用样品试用、优惠券等促销手段。通过网络发放优惠券。
> **目标 5**：拓展并保有 5%的目标受众成为 Backstage 香波的忠实消费者。采用具有震撼力的重复性广告，辅之以优惠券等促销方式。增进与专业人士的沟通努力。

作为一种传统的广告目标设定方式，广告金字塔代表了广告效应的认识—感觉—行动模式，它假定人们能够理智地考虑购买行为。但是对于一些参与程度比较低的商品，则未必如此。比如，在一种商品受到众多消费者抢购时，很多人往往会不假思索地加入抢购。

在这种情况下,购买决策过程可能正好颠倒过来,变成了行动—感觉—认识。从营销沟通角度看,广告金字塔所代表的广告信息传播模式,反映了一种传统的大众营销模式,即由广告主讲,消费者只是在听。但是随着信息传播手段和市场背景的变化,这种模式也暴露出了自己的不足,因此广告的目标设定方式也在不断调整。

(2) DAGMAR 法。1961 年,R.科利(Russell Colley)向全国广告主协会提交了一份题为"为衡量广告效果确定广告目标"(Defining Advertising Goals for Measured Advertising results,DAGMAR)的研究报告。它包括选择和确定目标以及应用这些目标衡量广告效果的精确方法。DAGMAR 理论常常被称为达格玛理论,该理论把广告目标限定在传播的范围内,设定广告传播目标为认知、理解、态度、行动四个阶段。该理论指出,事先设定每个阶段的目标,便可明确地测定广告效果。所以,该理论可简要概括为"为测评广告效果而确定明确的广告目标"。广告目标由此被界定为通过广告活动应该达到的具体目标,是在一个给定时期内,针对特定观众所确定的特定传播任务。广告目标需要明确地规定实现的时间以及应该达到的具体水平。该理论强调要注意广告目标与营销目标的不同,广告目标是特定的,包含有明确的任务、确定的受众、确定的时间期限。

科利提出了制定广告目标的六项原则,简称 6M 法则,来界定所要达成的广告目标,即商品(Merchandise)、市场(Markets)、动机(Motives)、信息(Messages)、媒介(Media)和测定(Measurements)。

科利认为广告的传播任务应建立在等级模型基础之上,一般按照以下 4 个步骤进行:

- 认知。使消费者知晓公司或品牌的存在。
- 理解。使消费者进一步了解产品的性能。
- 信服。使消费者对产品产生心理上的亲切感和购买欲。
- 行动。使消费者付诸购买行动。

相关链接

Subaru Outback 的广告目标制定

目标市场:35~55 岁的已婚男性,家庭年收入在 55 000 元以上,拥有积极的生活方式。

市场定位:融合轿车和 SUV 的质感。

市场目标:说服 SUV 的购买者在考虑之后选择傲虎而不是 SUV;实现高认知度和大量的展厅参观人次,避免降价,增加销量;从福特、雪佛兰和吉普的潜在消费者中获得不少于 50%的销售额。

预算:1 700 万元。

媒体广告方面综合利用了电视、平面媒体等资源。

电视:黄金时段的节目、地方新闻和体育节目、有线电视频道、国家地理频道、探索频道。

出版物:*Back Packer, Outside, National Geographic, Smithsonian*

支持性媒体:户外媒体和 POP。

> **公共关系**：新闻发布会和公关活动。
> **直接营销**：潜在消费者，经销商。
> **结果**：消费者回想率在促销活动的前60天实现了33%~38%的增长；至活动结束时增长率达到50%。交易量增长了15%~20%。创下了9年来的销售额新高——55%来自非斯巴鲁的拥有者，抵购的三种主要车型为：吉普大切诺基（Grand Cherokee）、福特探索者和雪佛兰开拓者。

表4-1是一个广告策划中的广告目标示例。

表4-1 广告策划中的广告目标示例

	全国性活动（%）	重点市场（%）
知名	30	75
认知正确形象	20	60
喜爱	15	50
试用	10	40
再购率	50	50

注：① 知名——当问及全部想到的品牌名称时，目标市场的30%会正确地说出某品牌的名称，重点市场的75%会正确地说出某品牌的名称。② 认知正确形象——20%的目标市场从某品牌的广告信息中认知某产品的正确形象，重点市场要达到60%。形象认知以检核表、语意差异测定。③ 喜爱——15%的目标市场在某产品类别各品牌中偏好某品牌，重点市场要达到50%。以偏好等级次序法或以得分率法测定喜爱度。④ 试用——10%的目标市场在第一年中购买一件某品牌产品一次，重点市场要达到40%。试用可以零售店稽核，也可以折价券承兑来测定。⑤ 再购率——那些在第一年中试用某产品的消费者将有50%再购买某产品，可以日志法或追踪研究测定。

▶▶ 4.3.3 明确广告对象

广告对象是指广告信息的传播对象，即广告信息的接收者。明确广告的传播对象是广告策划的重要内容。

作为一种付费传播活动，广告应该有的放矢，向广告商品的购买者或可能的购买者，即现实的和潜在的购买者传递有关信息。这些现实的和潜在的购买者，就是广告目标市场。

需要注意的问题是，确定广告目标市场，应与企业目标市场保持相对的一致性。广告目标市场应有一定的市场潜力，不仅有利于保持现实消费者，而且能够开发潜在的消费对象；借助广告媒体可以到达，能够发挥其特点和优势，使目标消费者能最大限度地接触广告信息。图4-3是一则女性化妆品广告，图4-4是一则男士洁面乳广告，形象代言人以及广告整体风格都与目标受众的审美标准相一致。

在确定广告目标市场之后，还要进一步了解目标市场消费者的基本情况、消费心理、物质需求、消费行为等，为确定广告传播的内容、采取相应策略提供依据。

例如，2013年的夏天，可口可乐在中国推出可口可乐昵称瓶一举拿下中国艾菲奖。昵称瓶在每瓶可口可乐瓶子上都写着"分享这瓶可口可乐，与你的_____"。这些昵称有白富美、天然呆、高富帅、邻家女孩、纯爷们、有为青年、文艺青年、小萝莉等。这种昵称瓶迎合了中国的网络文化，使广大年轻网民喜闻乐见，于是几乎所有喜欢可口可乐的人都开始去寻找专属于自己的可乐（见图4-5）。

图4-3　女性化妆品广告　　　　　　图4-4　男士洁面乳广告

图4-5　可口可乐昵称瓶

▶▶ 4.3.4　提炼广告主题

1. 广告主题的含义

广告主题是指广告所要宣传和明确表达的中心思想，也就是广告为达到某个目的所要说明和传播的基本观念。广告主题就是广告的中心思想，是广告的灵魂，它统率广告作品的创意、文案、形象、背景等要素。广告是一种信息传播活动，广告信息是广告所要传达的具体内容，是广告的内涵要素，广告能否达到说服的目的，关键在于广告信息。广告信息涉及由文字、企业、商品名称、商标识别、包装及外观识别、语言、表情等通用符号所传达的直接信息和由构图、色彩、广告附加价值、情节等所形成的感觉信息即间接信息，因此必然要有一个构造中心将其凝聚起来构成整体，这些信息要素都是围绕着这个中心而配置的，这个构造中心就是广告主题。广告主题使组成广告的各种要素有机地组合成一则完整的广告作品。

广告主题是广告所要说明或表现的基本观念。企业和产品之所以要做广告，是想达到某种特定的目的，而广告能实现这个目的，是因为广告传播时将某种基本观念传达给视听众并使他们接受。广告主题的确定，就是要确定一个明确的能被视听众所接受的基本观念，并以这个基本观念为核心去组织广告传播的内容。

2. 广告主题的地位和重要性

广告主题的策划是广告策划的重要内容，在广告活动中处于中心地位，也是广告是否成功的关键之一。广告主题一旦确定，便成为所要传播的广告信息的核心，成为广告的灵魂。

（1）广告主题像一条红线，贯穿整个广告活动之中，使广告各要素组合为一个完整的广告作品。广告创意要以广告主题为依据，所有的广告创意、构思都必须以能表现广告主题为原则，广告策划也是为了寻求表现广告主题的最佳方式，广告媒介计划及组合同样也要为表现广告主题服务，广告作品的设计、制作都是为了表现广告主题。广告效果的产生是由广告主题对视听众的影响和刺激而引起的，所以说在广告效果测定中也有广告主题贯穿其中。

（2）广告主题在广告作品中具有统率作用。这主要体现在广告作品的所有构成要素都必须服从于广告主题，凡是与广告主题相抵触的或者与广告主题关系不密切的因素，都不为广告作品所容纳。同时，广告作品中的各个要素并不是凌乱堆砌的，而由广告主题把它们联系起来，构成一个完整的广告作品，它们都从不同的角度以不同的方式为广告主题服务，都依赖广告主题才能在广告作品中得到其存在的一席之地。可见广告主题是促成各种广告作品要素有机结合为整体的关键。

（3）广告主题使消费者产生心理共鸣。这是广告效果产生的关键，也是广告成功的关键。一则广告的生命力全在于其主题是否正确恰当，消费者的注意焦点也集中于广告主题。广告主题越好，越鲜明突出，便越容易引起消费者注意并产生心理共鸣，广告效果也就越好，广告的生命力也就越强。

（4）广告主题还决定广告诉求力量的强弱。任何广告都追求强大的诉求力量。广告的诉求力量来源于两个方面：一个是诉求焦点是否正确，另一个是诉求方式是否高明。广告诉求焦点的选择必须与广告主题相吻合，只有符合广告主题的诉求焦点才是正确的。因此，广告主题对广告诉求焦点的确定有强制的力量，并保证了广告的诉求力量。广告诉求方式与广告主题在根本性质和存在意义上是一致的。对诉求方式的选择，是广告主题的内在要求和本质体现。只有按照广告主题的表现要求去选择诉求方式，才能更好地表现广告主题，有力地传达诉求焦点，也就发挥了广告诉求方式的强大诉求力量。所以，广告诉求力量的强弱，归根结底是由广告主题来决定的。因此，广告主题在广告活动中处于统帅和主导的地位。广告主题是创意的基础，是相继而来的广告表现、广告效果测定等活动的总体指导。

3. 确定广告主题的要求

（1）广告主题必须独树一帜。广告主题要有自己的独特之处，便于记忆，才能给人留下深刻的印象。

（2）广告主题必须简洁有力。商品本身的功能特点可能很多，商品能给消费者带来的利益与满足也可能是多方面的，但在广告宣传中必须分清主次，突出消费者最关心的诉求点。

（3）广告主题必须新颖刺激。要以不断创新的手法，引起消费者的兴趣，刺激消费者的购买动机。

（4）广告主题必须醒目统一。注意选择那些能够引人注目的主题，以吸引目标受众的注意。还可以与企业或商标名称、标志等不变的东西结合起来，这样便于形成易识易记的概念，有助于在更大范围内树立起企业或产品的形象。

（5）广告主题应保持连贯性。一旦确定了一个广告主题，经过市场检测较为理想，除非遇到市场困境或形势发生变化，最好不要轻易改变。

4.3.5 制定广告表现策略

广告表现策略要通过广告创作来实现。广告创作主要包括广告主题的确定、表现形式的采用、文稿的撰写、图像的绘制、画面的摄制等多方面的内容，大体上可分为四个过程。

- 资料收集整理阶段。收集和整理通过广告调查和其他方式获取的信息资料，并进行分析研究。
- 设计决策阶段。在这一阶段主要是设想确定广告表现目标、广告诉求重点和广告主题。

以上两个阶段为广告创作的准备阶段。

- 构思创作阶段。依据广告主题的要求，提出广告设计方案并制成样本送交广告主审核修改。
- 实际制作阶段。根据已经确定的设计方案，进行实际制作，最后送达广告传播媒体机构。

制定正确的广告表现策略，对于保证广告作品能够符合广告策划的总体要求有着重要的意义。在广告策划时，企业决策部门和广告部门也应该对广告创作提出原则性的要求和建议。图4-6是雀巢咖啡广告，广告表现幽默，让人在会心一笑中产生消费欲望。

图4-6 雀巢咖啡广告

4.3.6 制定广告媒体策略

制定正确的广告媒体策略，目的是在有限的广告预算内，得到最大的广告效益。广告媒体战略和策略不对，即使已有优秀的广告作品，也发挥不了应有的沟通作用。

广告媒体策略主要包括选择媒体、确定广告发布日程和方式两项内容。

- 选择媒体。媒体选择实际上是在尽可能有效地接触目标受众和广告费用许可这两个条件的约束下进行的。需要考虑各种广告媒体的传播特点、广告商品的特性、消费者接触媒体的方式和习惯、广告目标的要求、市场竞争的状况、广告费用的支出等各种因素。在此基础上，按一定步骤对媒体进行选择：先提出媒体选择的目标，然后确定媒体类型；在选定的媒体类型中，再选定具体的媒体；接着确定在媒体上发布广告的方式以及进行媒体组合；最后提请广告主审定媒体选择方案。

- 确定广告发布日程和方式。主要包括广告在什么时间发布，持续多长时间，在不同媒体上的发布方式、时段选择、空间布局等。

如何实施广告表现策略和媒体策略，后面有关章节将进行详细的讨论。

4.3.7 编制广告预算

广告预算是根据广告计划对开展广告活动所需费用的计划和匡算，是广告主进行广告宣传活动投入资金的使用计划及投入广告活动的费用计划。它规定了计划期内从事广告活动所需要的经费总额、开支范围及具体使用方法。

广告预算是企业财务活动的主要内容之一。广告预算支撑着广告计划，关系着广告计划能否落实和广告活动效果的大小。广告预算不同于企业的其他财务预算。一般财务预算包括收入和支出两部分内容，而广告预算只是广告费支出的匡算，广告投入的收益因广告目标的不同而有不同的衡量标准。有许多广告主错误地认为，广告投入越大，所取得的效果也就越大。通过对大量广告活动效果的实证分析，得出结论：当广告投入达到一定规模时，其边际收益呈递减趋势。

制定广告预算，主要是为了更有计划地使用广告经费、减少浪费，使广告更有效率。正确编制广告预算，是广告策划的重要内容之一，是企业广告得以顺利开展的保证。

1. 广告预算的内容

广告预算的内容主要是对广告活动费用的匡算。广告费用主要包括以下几种。

（1）广告调研费。广告调研费主要包括市场调查、消费者调查、产品调查、调查策划、广告效果检测、购买统计部门和调研机构的资料所支付的费用。这一部分经费的重要性应引起广告主的高度重视。广告调查费约占广告费总额的5%。

（2）广告设计制作费。根据不同媒体的需要，其设计制作费的标准也有所不同，电视广告的制作费就远远高于广播广告和印刷广告，而同一媒体的广告制作费也往往差异较大。广告设计和制作费，占广告费总额的5%~15%。

（3）广告媒体费用。它是指购买媒体的时间和空间的费用。这是广告费用的主要组成部分，占总费用的80%~85%。这部分费用是影响广告主决定是否做广告的关键因素。

（4）广告人员的行政经费。它包括广告人员的工资、办公、出差、管理等经费，约占总费用的10%。

（5）广告活动的机动经费。它是指用于应付临时事件和意外变故的费用。机动广告费不参加广告经费预算，由广告部门的负责人或企业的营销工作负责人掌握，一般约占广告费用的5%。

以上5项是一般意义上的广告费用构成。其中广告媒体费和广告设计与制作费是两项最基本的费用，任何企业的广告预算都少不了这两项。另外，还有一些难以确定预算范围的费用，如产品样品费用、产品展销会开支、推销人员的报酬等，可以列入广告费用，也可以列入促销费用，这要根据广告项目的业务范围和广告企业的具体情况而定。

相关链接

广告费用分类表

目前国际上广泛公认的广告费用分类表是美国最权威的广告刊物之一《印刷者》（*Printer，S-Ink*）杂志于1960年刊出的。该刊物在全美广告主协会广告管理委员的协助下，对几百家广告主做了调查，根据调查结果，将广告费分为白、灰、黑三色单子，白色单是可支出的广告费用，灰色单是考虑是否支出的广告费用，黑色单是不能列入广告支出的费用（见表4-2）。

表4-2　广告费用分类表

分类	列支类型	主要费用项目		
白色单	可作为广告费列支的费用	广告媒体	报纸、杂志、电视、电台、户外、宣传品、幻灯、招贴、展示、POP等	
		管理费	广告部门薪金、广告部门事务费、顾问费、推销员费、房租费、广告部门工作人员的工作旅费	
		制作费	美术、印刷、制版、纸型、电气版、照相、广播、电视等方面的制作费，包装设计（只涉及广告部分）	
		杂费	广告材料的运送费（包括邮费及其他投递费），陈列窗的装修服务费，涉及白色单的各项杂费	
灰色单	考虑作为广告费列支的费用	样本费、示范费、客户访问费、宣传卡用纸费、赠品、办公室报刊费、研究调查费		
黑色单	不能作为广告费列支的费用	社会慈善费、旅游费、赠品费、包装费、广告部门以外消耗品费、潜在客户招待费、从业人员福利费		

2. 广告预算的影响因素

广告费用预算与企业营销活动、广告活动和市场环境密切相关。广告预算的大小直接受下列几项因素的影响。

（1）产品生命周期。产品在其生命周期中的位置，直接影响广告费用预算。图4-7显示了广告费用与产品生命周期的关系，从中可以看出，处于投入期的新产品，与处于成长期、成熟期的既存产品，因为销售量的不同而导致广告费用的巨大差额。

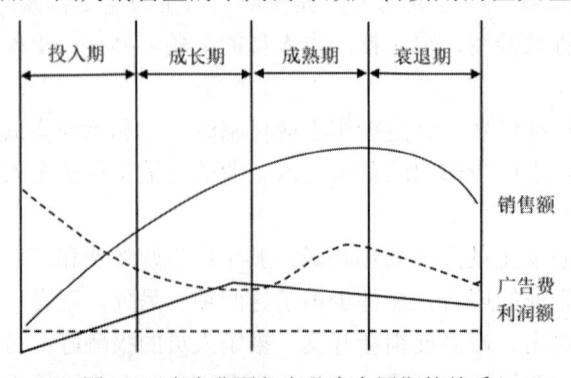

图4-7　广告费用与产品生命周期的关系

（2）市场竞争状况。广告是企业参与市场竞争的一个最有效、最直接的重要手段。一个竞争激烈的市场，往往是一个耗费大量广告费用的竞技场。因此，在编制广告费用预算时，必须要考虑竞争对手的因素，根据对方的市场占有率、品牌知名度、广告费用等因素来确定企业广告费用预算，尤其是在产品的成长期和成熟期，更离不开与竞争对手的比照。

（3）销售目标。企业的销售目标主要包括销售数量、销售额和销售利润等，这些目标直接影响着广告费用预算。总之，增加广告费用是企业追求预定销售目标的一个重要手段。

（4）市场范围。产品的市场范围，主要是指产品在市场上的覆盖面，一般市场范围大的日用生活品、消费用品，投入的广告费用较多；市场范围小的专业用品、技术用品，广告费用投入则很少。

（5）广告媒体。广告媒体对编制广告预算的影响非常大，由于广告媒体费用占广告费的80%以上，广告主在编制预算时对媒体费用格外关注。不同的媒体，因覆盖率、接收率、接收效果的不同及广告制作过程的不同，广告的发布价格也不同。因此，媒体选择不同，广告费用预算也大不相同。

（6）企业财力。广告是一项付费的宣传活动。如果企业实力雄厚，广告费用自然可观；如果企业资金匮乏，入不敷出，广告费自然难如人愿。一般而言，企业在编制预算时，要遵循"量入为出"的原则。

影响广告费用预算的因素是多方面的，除以上所述外，消费者、社会环境、经济发展状况都直接或间接地影响着广告费用预算。因此，为了使广告预算减少盲目性、主观性，具有更大的灵活性和适应性，必须要充分考虑各种影响因素，以确保广告活动的顺利开展。

3．确定广告预算总额的方法

确定广告预算总额的方法有很多种，每种方法都有各自的长处和短处，没有一种方法被公认是最科学的。因此，有些企业在编制广告预算时，往往采取两种以上的方法。企业常用的确定广告预算总额的方法主要有以下几种。

（1）销售额比例法。销售额比例法是以销售额的百分之几作为广告预算总额。采用这种方法，主要考虑两个因素：一是销售额的高低，通常是根据上年度销售额的多少来确定广告预算总额的多少，有时根据下一年度预计的产品销售额来确定；二是广告预算总额占销售额比例的多少，究竟将销售额的百分之几作为广告费，应视具体情况而定，不同的产品、不同的市场环境、不同的营销战略，都会导致这一比例的变化。

这种方法简单可靠，因此被企业广泛采用。但其最大的缺点是比较死板，不能适应市场环境和竞争状况的变化，不能适应开拓新市场的需要。不过，在竞争环境比较稳定、能够较为准确地预测未来市场动向和销售额的情况下，采用这种方法是比较适宜的。

（2）销售单位法。销售单位指商品销售数量的基本单位，如一个、一箱、一台、一辆、一瓶等。销售单位法是规定每个销售单位上有一定数目的广告费，然后根据商品的预计销售量来计算出广告费的总额。这种方法实际上是销售额比例法的一种变形。采用这种方法的主要是以下两种类型的商品：一种是价格较高的耐用消费品，如机械设备、汽车、冰箱、电视机等；另一种是水果、酒类、化妆品等销售单位明确的商品。

这种方法的优点与缺点同销售额比例法一样。

（3）利润比例法。利润比例法是将利润额的一定比例作为广告预算总额。这种方法的缺点也是不能适应环境条件的变化。比如，一个新产品问世，要开拓市场，就需要投入较多的广告费，采用利润额比例法，显然不能适应这种需要。而且，同销售额比例法相比，利润额与广告费之间的关系更为间接，因而采用这种方法的企业要比采用销售额比例法的少。

（4）目标达成法。目标达成法首先是根据企业的营销目标确定广告的目标，然后再考虑为了实现广告目标应该采取的广告活动计划，如广告媒体的选择、广告表现内容的确定、广告的发布时间、频率的安排等，最后逐项计算实施广告计划所需的费用，累加起来就是广告预算总额。从理论上说，这种方法是比较科学的，但在具体实施中也有很多问题。广告目标通常分为知名、了解、确信、行动4个阶段。越到后面的阶段，广告目标实现起来越困难，特别是广告在影响消费者的购买行为方面，二者关系比较复杂。通常，企业在宣传新产品时往往采用目标达成法，因为这时的广告目标主要是提高产品知名度，而这种广告目标与广告发布的时间与数量的关系比较明确，因而很容易推算出广告预算的总额。

（5）任意法。任意法是以前一时期的广告费为基础，综合考虑市场动向、竞争情况等因素，根据经验将广告预算总额适当增加或减少。这种方法虽不够科学，但计算简单，因而仍为一些企业采用。采用任意法时，要求企业负责人具有丰富的经验和正确的判断力。

（6）支出可能额法。支出可能额法是一种适应企业财政支出状况的方法。要按照企业财政上可能支付的金额，来设定广告费的预算。当然，企业投入广告费越多，广告活动越容易开展，而且在推销新产品时采用这种方法效果往往比较明显。

（7）竞争对抗法。竞争对抗法是根据竞争企业的广告费来确定本企业能与之对抗的广告预算总额，即整个行业广告费数额越大，本企业的广告费也越大；反之，则越小。这种方法是把广告作为商业竞争的武器，因而需要企业有雄厚的实力做后盾。

4.4 广告策划书的撰写

撰写广告策划书，实际上是把广告调查分析结论、广告目标决策、定位策略、媒介策略、诉求策略、创意成果、宣传文案、表现策略、预算方案等方面的内容，以文书的形式表现出来，为展开广告宣传活动提供工作指南。

4.4.1 广告策划书的基本内容

广告策划书格式因撰写者和个案而异，并无固定要求。但一则完整的广告计划一般应由内容摘要、市场分析、广告策略、广告计划、广告效果预测等方面构成。

1．内容摘要

广告策划的内容摘要是广告策划书的第一部分，简明地罗列了广告策划的要点，如本次广告活动的费用预算、广告创意的概况、针对的媒体受众（或目标市场）、使用的媒体种类等。

内容摘要是广告策划的要点概述，因此一定要简洁，使决策者在最短的时间内对本次广告策划的内容有一个大概的了解。在摘要中，要强调本次广告策划活动的独到之处或最吸引人的促销措施，以激发决策者的兴趣。

2. 市场分析

市场分析主要是把广告调查、分析结论表述出来，具体内容包括以下4个方面。

- 市场环境分析。包括国家经济形势与经济策略分析、市场文化分析（如法规文化、社会习俗、消费文化、文明程度等）、市场消费状况分析（如整体市场与分割市场的构成、有效需求的规模、公众消费的变化趋势等）、市场商品格局状况、竞争对手的广告策略及市场战略分析等内容。
- 公众分析。包括消费者的构成分析（如人口构成、收入水平等）、消费能力分析、消费行为分析（如消费心理、购买动机、频率等）、消费时尚分析、消费态势走向分析、公众需求与商品之间的一致性分析等。
- 产品分析。包括产品个性特征分析（如性能、质量、价格、原料、工艺、包装、外观）、商品定位分析、服务项目分析、产品生命周期分析、品牌形象分析等。
- 分析结论。立足广告策划需要，表述分析、研究的结论，尤其是企业的经营情况，企业与产品形象分析结论，市场环境与市场要求分析结论，公众消费意识、经济条件与需求分析结论，企业在开发设计、生产管理、市场营销等方面存在的问题，公众市场为广告宣传活动所提供的机会点，企业优势为广告宣传活动所提供的支持点等。

在写作过程中，这部分应该条理化、写实化，注重运用调查数据、资料阐述分析结论。

3. 广告策略

这是广告策划书的重点部分，主要介绍广告决策、策划的基本结论，具体内容有以下7个方面。

- 目标策略。广告目标设想、战略性方法、阶段广告工作任务。
- 定位策略。企业形象和品牌形象定位、市场定位、品质定位、观念定位等。
- 媒介策略。广告媒介的分配规划（包括媒体分配、地理分配、时间分配、内容分配4方面的规划内容）、组合方式以及媒介选择、选用理由、选用方式、选用次数、日期、持续时间、媒介启用时的注意事项等。
- 诉求策略。本次广告宣传的诉求对象、诉求符号、诉求信息和诉求方式等。
- 创意说明。广告宣传的意境设想、意境表述、意境风格和创意的独特之处。
- 宣传文案。系列化广告宣传的主题、标题创作思路、意图。
- 表现策略。广告的主题表述、文案表述（包括平面广告作品文案、电视广告分镜头脚本）、各种广告媒介的表现、媒介规格以及制作要求等。

在写作中，这一部分应该力求翔实具体、清晰明确，以写实化的手法描述广告宣传作品的式样，给人以实体感。

4. 广告计划

广告计划是执行广告宣传方案的计划，具体内容有以下4个部分。

- 广告工作计划。进行广告调查、创意、策划、设计、制作和实施的时间安排。
- 广告发布计划。广告媒介作品在各种媒介上推出的时机及其文化、心理上的象征意义，广告宣传的持续时间和终止时间等。
- 其他活动计划。配合广告宣传所策划的市场经营活动的时间安排，如公共关系活动、商务促销活动等。
- 经费预算与分配。编制《广告宣传项目预算表》。

5．广告效果预测

广告效果预测主要展望广告宣传活动的理想化效果。在写作中，应该实事求是，简明扼要。

4.4.2 广告策划书的评估论证

广告策划书编写好后，应组织有关力量（如广告创意人员、策划人员、执行人员、企业广告负责人、文学工作者、财会人员等）对策划书进行评估和论证。评估可采用量表法，根据得分多少判断出优、良、中、差的组别，并据此做出修改。

对广告策划书进行评估，表面上看是评价策划书，而实际上涉及整个广告。评估的内容比较全面，具体评估指标如表4-3所示。

表4-3　广告策划书评估量表

项　目	项目总分（分）	评估指标	指标分值（分）	实际得分（分）
文书结构	3	结构完整性	1	
		用词准确性	1	
		表达清晰性	1	
广告调查	4	方案科学性	2	
		结论可靠性	2	
目标决策	6	切合企业	2	
		切合产品	2	
		切合公众	2	
定位策略	9	符合商品形象	3	
		突出品牌优势	3	
		富有特色	3	
媒介策略	12	有效性（或展示商品形象）	3	
		具有整合性	3	
		符合公众媒介习惯	3	
		可行性	3	
诉求策略	8	诉求对象明确	2	
		诉求符号有冲击力	2	
		诉求信息有感染力	2	
		诉求方式有心理依据	2	
主题创意	12	鲜明	3	
		准确（符号定位创意要求）	3	
		有吸引力	3	
		新颖	3	
广告文案创作	12	标题吸引性	3	
		标语鼓动性	3	
		正文有效性	3	
		表述具有冲击力	3	

续表

项　　目	项目总分（分）	评估指标	指标分值（分）	实际得分（分）
广告表现策略	18	广告图画美观性	3	
		广告图画有用性	3	
		广告音乐有效性	3	
		广告设计科学性	3	
		布局（编排）合理性	3	
		作品具有文化性	3	
广告计划	3	系列性	1	
		连贯性	1	
		可行性	1	
经费预算	6	合理性	6	
想象量级	7	冲击力	4	
		说服力	3	

根据广告策划书评估量表，可以对广告策划书逐项评分，根据实际总得分，判断广告策划内容的优劣，并提出相应的评估意见和修改建议。

广告策划书的撰写，既要强调文字的简洁性，又要注意内容的翔实性、结构的条理性，是科学与艺术的有机结合。

本章小结

- 广告策划是广告运作的灵魂。广告策划就是广告策划者在充分考虑广告主、市场等若干问题的基础上，有针对性地按照一定程序对未来广告活动进行系统筹划和谋略性安排。
- 广告策划必须符合系统性原则、目的性原则、创新性原则、可操作性原则以及效益统一性原则。
- 广告策划的内容包括市场调查与分析、确定广告目标、明确广告对象、提炼广告主题、制定广告表现策略、制定广告媒体策略、编制广告预算等。
- 撰写广告策划书，实际上是把广告调查分析结论、广告目标决策、定位策略、媒介策略、诉求策略、创意成果、宣传文案、表现策略、预算方案等方面的内容，以文书的形式表现出来，为展开广告宣传活动提供工作指南。广告策划书的内容主要包括内容摘要、市场分析、广告策略、广告计划及广告效果预测。

专论4

媒介融合背景下广告策划的创新性发展

随着信息技术和多媒体技术的发展,各类新兴媒介层出不穷,并迅速与网络技术、信息技术融合,通过媒体技术与媒体内容的优化整合,形成了新的媒体形态,媒介融合由此产生。在此背景下,媒体的传播形式趋向多元化和碎片化,消费者接触的媒介内容和形式更为广泛化,这对广告行业而言,既是创新的机遇,又是一项挑战。媒介的融合,推动了自媒体、众媒体平台的发展,广告的投放平台、投放方式随之增多,必然对广告策划提出更高的要求。

1. 基于媒介融合的广告策划环境

广告推送和投放的目的是扩大品牌知名度、提升产品影响力和进行产品宣传,进而影响消费者的消费心理,提高企业的盈利水平,而广告投放受到各方面因素的影响,一系列的影响因素构成了广告环境,在广告策划过程中,需要综合考虑各环境因素,提高广告策划的系统性、灵活性,以应对日新月异的环境变化。在传媒形态丰富化的今天,除了传统的政治环境、经济状况、文化氛围等影响因素,广告传播的形式、策划内容、市场定位的作用更为突出,影响也更为深刻。在互联网普及的今天,网络媒介与媒体技术的结合,为网页广告开辟了广阔的市场空间,人人都是广告的接收者和潜在的传播者,无论是广告的传播媒介、推送形式还是受众对象都不同以往,整个环境系统有了全新的变化。媒介融合打破了广告传播的单一化模式,在各环境因子的相互作用下,广告策划环境呈现了新特点,能否结合消费者心理,准确定位目标市场、推送与观众密切相关的黏性广告,成为广告行业保持生机活力的制胜点。

2. 媒介融合环境下的广告策划创新要点

媒介的深入融合使广告市场环境更为复杂化,网络媒体平台如雨后春笋般涌现,为消费者带来了多样化的媒介选择,势必影响广告传播的方式和效果,唯有顺应媒介融合的风向,创新广告策划的内容,才能提升广告传播的效益。当前的广告策划已经突破了传统模式的束缚,不仅包括产品宣传,多元化的市场要求其涵盖企业文化、生活方式、品质追求、品牌建设和组织关系等内容,体现广告的创新性、适众性、引导性和价值性,形成整合的、系统的广告内容,增强观赏性和共鸣性。广告策划本身是一项紧密联系市场、观众和企业的整体性工程,广告策划涵盖了市场分析、广告定位、广告创意等方面的内容,以下就此进行具体分析。

(1) **市场调研创新**。在互联网的影响下,网络用户数量迅速增长,吸引了大批广告主将重点转移至网络广告投放渠道,形成了新旧媒介之间、传统媒体之间、新兴媒体之间三足鼎立的竞争局面,市场环境随之发生变化。在此背景下,传统的市场调研方式已经不能满足市场变化的需要,无法准确及时地获取市场信息,难以判断和分析市场需求的方向,这就要求广告商转变传统思路,创新市场调查、研究方式,在第一时间捕获市场信息,为广告策划采集市场资料，设计出符合大众心理的广告。在通信技术、统计技术飞速发展的同时，为市场调查分析提供了更先进的支持，使精确的市场调研成为可能，但也增加了市场调研的难度和复杂程度，广告主需要根据实际情况，结合产品的生命周期、受众对象，同时考虑广告手段的效益性和经济性，选择最优调研方式，针对不同的受众群体，制定差异化的调查方式。例如，在发布年轻群体的产品广告之前，首先要充分调查年轻群体的生活习惯和消费方式，年轻受众是手机和网络的主要用户，对于这部分群体的广告投放应当把重心放在网络互动和手机网页广告之中，以增加广告的曝光率、接收率和浏览率。除此以外，还可以利用网络平台，采用电子邮件问卷、网络问卷、抽奖竞答等方式来调查用户的消费倾向，通过数据统计分析的结果，研究消费者的当前需求和潜在需求，先人一步占领市场。

（2）**广告定位的创新**。广告定位对企业的整体价值有着重要的影响，因而明确地进行广告定位和创新可以提升广告策划的真实有效性，从而不断地强化广告的功效。一般来说，定位成功与否直接影响着广告策划的成败，进一步影响整个企业的市场拓展行为。通常来说，传统的广告定位讲究的是单一的线路模式，从广告来源、素材、产品、市场、消费者到策划与活动执行，都分工明确，每个方面都需要进行精准的把握和关系的界定，在比较严格的情况下进行单一区别定位之后才形成一个统一的广告策划定位。创新型的广告策划讲究的更多的是一种综合性定位模式，其对产品进行综合的把控，一般来说，企业会对其产品价值本身、市场分析、消费客户、广告价值等进行整体的评估，在这样的评估方式之下，广告的媒介作用就不再仅仅限于单独的一些部分，而是着眼于从整体出发，不断创新思路和方式，明确更富有创意的想法，这样的定位模式要求企业的产品、市场、品牌等之间进行相互联系，在联系之中把握整体的可能性，从而进一步分析相关的广告价值，从整体上把握一个公司、一个企业的价值所在，从市场和客户的角度与需求出发，把握整体的广告定位，做到客户需要什么，广告定位就是什么。可以说，统一性的广告定位策略使得不同影响因素之间看起来十分模糊，界限严格，但是其实际上是相互配合的，可以让企业更加直观地向市场传递信息，也可以让消费者更加容易地感受到企业的广告方向和思想。

（3）**创意表现的创新**。广告信息策划是十分复杂的事情，必须进行综合考虑，创意的来源往往是实践、是生活，因而在进行具体的行为的同时，应该考虑广告创新创意所传递的特定人群，通过分析其受到的文化、地域、环境等方面的影响，从而采取有针对性的政策进行差异化的广告信息传递，而这需要创意的介入，时刻分析把握新媒体背景下互联网媒介与广告传递的特点，在统一的利益下把握媒体信息空间优化和个性的特点，如进行网络广告传递的时候，最好根据用户的需求和个性去传递其对应的广告，这样也根据广告媒介的差异化和受众人群的偏好差异把握广告的真实价值，避免资源浪费。随着互联网等新技术的发展和创新，广告内容、广告传播模式、广告媒介也在逐步发生变化，这些都在不同程度上影响着大家的广告接受程度，对我们有着重要的传播影响，特别是小媒体的产生让创意广告更加具有选择性和信息的分散性。

3. 广告策划的模式创新

（1）**整合型模式**。随着经济的发展，广告模式也在发生翻天覆地的变化，这给了我们不同的广告市场需求。面对市场需求，需要对整体意义上的广告传播进行有价值的处理，主要是把握广告策划的市场针对性和群体针对性，在此基础上不断进行广告创新，特别是需要把广告设计和广告策划进行有效的整合，并在其基础上对策划方案与营销执行进行有效的对接，让资源得到更好的统一的分配和流动。以此形成整体的广告品牌效应，提升市场投放的作用和功能。一般来说，客户或者消费者所接触的广告往往可以影响企业的生产行为和市场销售，因为广告策划的任何一个环节或者元素都可以让消费者对此进行把握和理解，其理解的不仅仅是这个广告本身，而是通过这个广告的表面对公司或者产品进行一次深度的解读，这样一来，广告活动往往不再是单一的活动策划与执行，而是整体性的市场营销手段和公关手段，是需要力求迎合消费者需要，解决消费者实际关心的问题的。

（2）**媒体投放的创新**。媒体策划往往是为了媒体广告的执行和媒介广告资源的投放，这就说明，在进行投放的时候需要更加注重创新，主要是有个性、有差异的投放，同时在这个基础上进行整体的投放。具体来说，需要把握以下几个方面的原则：一是通过对核心消费人群的把握，重点将信息和资源投放到最有可能接受和购买产品的用户身上。二是把握信息传递和接受效果，这就要求在投放广告的时候分析其被投放的媒介本身的功能性和价值性。三是需要把握控制成本，力求用最小的成本达到最好的媒体投放效果，突出新媒体互联互通的个性。通过多种组合，形成整体传播效应，让企业价值得到进一步诠释。

媒介融合是大众媒体时代的必然产物，而在此背景下，市场对广告策划提出了更高的要求，传统的广告传播模式无法适应当前市场环境，有效利用多媒体技术、网络技术，迎合消费者心理，实现广告创新，才能发挥广告的影响力和宣传力，提升广告传播的效益性。就目前而言，广告策划尚未从根本上做到创新化，还存在不完善之处，但创新性发展仍是其前进的主流方向。

（资料来源：韩玉晓. 媒介融合背景下广告策划的创新性发展[J]. 新闻传播，2017(19): 24-25.）

问题理解

1. 简述广告策划的含义。
2. 广告策划的程序是什么？
3. 广告策划的基本原则是什么？
4. 广告策划的内容主要有哪些？
5. 确定广告目标的方法有哪些？
6. 广告预算的方法主要有哪些？
7. 阅读专论4，了解媒体融合下的传播特点并思考在广告策划中如何实现创新？

案例分析

"我的可乐跟我姓"——非常可乐广告策划案

1．市场分析

（1）市场环境分析。可口可乐和百事可乐在一线城市占绝对优势，同时可口可乐和百事可乐也开始进军农村，抢夺非常可乐的农村市场。但是娃哈哈已是国内市场的龙头，有着雄厚的实力，强势的营销网络，以及消费者对品牌的美誉度。非常可乐的市场主要在农村及二三级城市，在一级城市中品牌的影响力很小。

（2）消费者分析。非常可乐现有的消费者主要分布在农村和二三级城市，多是农民和市民及学生，年龄一般在15～30岁。非常可乐的潜在消费者多为15～30岁的年轻人。

2．产品分析

非常可乐是根据中国人的口感研制的，含气量高，口感好，不添加任何防腐剂。产品的附加性能不足，不能给消费者带来文化上的认同感。非常可乐平均价格每瓶比可口可乐和百事可乐低0.5元。在农村市场上消费者认同并购买，而在一线城市消费者普遍认同和购买的是可口可乐和百事可乐。

3．广告目标

产品的市场占有率提高到35%以上，产品的知名度达到100%，消费者以非常可乐为第一品牌率达到20%以上，消费者以非常可乐为第二品牌率达到30%以上。

4．创意设计提案

活动名称：我的可乐跟我姓，非常可乐个姓上罐活动

目的：强化非常可乐民族品牌特色，加强产品文化内涵，吸引年轻群体，促进产品在大城市的销售。

具体策略：重新设计包装，设计宣传海报，加入中国书法、中国画元素，提升民族品牌高度。非常可乐罐形状小人插画表达大家都踊跃加入自己姓氏军队，个姓上罐活动人人参与。在售卖点参与活动提交作品的选手将获赠"个姓"徽章或钥匙扣。在赠品背面会有更多活动的详细介绍。在校内网、校园BBS网、腾讯QQ等网络媒体上发布广告，吸引网络年轻人的关注。与腾讯QQ合作，推出免费赠送"个姓"QQ头像活动，吸引大家在线参与活动。在设计官方网站上大家可以上传设计作品，为已提交的作品投票，发表个人评论，浏览娃哈哈产品等。在各大高校、各大广场进行路演活动，活动现场将设置街舞表演、小轮车表演、姓氏问答互动、现场书法、创意场景自拍、现场设计、现场提交作品等活动。通过官方网站投票、现场投票，评选出各高校人气最高的10件作品登上非常可乐的包装。按照人气比率进行不同包装的生产，投放市场。

5．媒介投放提案

以电视、报纸、广播、网络、户外、交通、POP、DM、水媒体、自媒体等组合，形成立体化传播。

6. 其他活动计划

（1）营销配合。

1）在校园里的小卖部、市内各大小型超市、便利店设销售点大量发货，搞一些促销活动，在保留原有市场的基础上争取销售点覆盖城市和各校园。

2）与经销商商讨合作办法：给予经销商一定的好处，如利润方面和产品质量保证、销售奖励等，以刺激他们的销售积极性和对促销活动的配合度。

3）在货架的摆放上争取让其摆放在醒目的位置，销售点店内的POP广告也让其在消费者的视线内。

（2）促销活动计划。

1）以售点促销和媒介促销广告相结合。在利用各媒介发布广告和征集个性签名的同时，在各售点开展促销活动。

2）售点促销活动的内容。

赠品促销：向购买产品和参与活动的消费者赠送关于"我的可乐跟我姓"个姓上罐活动的报名表和印有非常可乐标志的精美小书签、"个姓"徽章或钥匙扣等精美小礼品。

赠券兑换促销：在一些产品包装中加入幸运有奖兑换券，消费者凭兑奖券可以在销售点兑换相应的奖品。

（3）公共关系活动计划。

1）在各高校开展公开路演，请一些竞技自行车手和一些街舞演员到各高校公开表演，吸引同学们到场观看，现场给同学们免费品尝非常可乐，同时宣传非常可乐和"我的可乐跟我姓"个姓上罐活动。

2）在胜出的选手中组织一次自行车团队比赛，在紧接着的端午节进行"陆上赛龙舟"。

3）在本次活动期间对高校的一些活动进行一定的赞助，力争在一些有一定影响力的活动中表现出非常可乐的影响力和加深消费者的印象，建立品牌形象。

4）在高校举办讲座，请非常可乐的一些相关人员给同学举办关于品牌和营销的专题讲座，以非常可乐的成功营销渠道为例讲述关于品牌和营销方面的知识，从而在无形中加深同学们的印象和建立品牌形象。

（4）其他活动计划。

由在"我的可乐跟我姓"个姓上罐活动胜出的选手组队参加自行车比赛，然后在最后胜出的选手里选出本省非常可乐的校园代言人，并给各个比赛环节中的优胜者举行一次颁奖活动。

7. 广告费用预算

媒　　介	费　　用	所占比例
网络	50万元	5%
电视	806万元	79%
广播	18万元	2%
报纸	34万元	3%
交通媒体	36万元	3%
户外	40万元	4%

续表

媒　介	费　用	所占比例
水媒体	10万元	1%
POP/DM	15万元	2%
公关活动	10万元	1%

总费用：1 019万元

8．广告效果测定（略）

思考题：非常可乐的广告策划案用到了哪些具体的营销策略？

技能训练

1．实训背景资料

国货美妆品牌百雀羚，其品牌升级迭代大致分为四个阶段。①创立（1931—1990）：以上海顾氏家族创立百雀羚为始，直至品牌专利出售给香港商人，品牌形象为蓝色铁盒香脂膏，核心价值为甘油防裂。②重启（2000—2007）：全资民营公司成立后百雀羚品牌重启，形象仍以蓝色铁盒为基础延展，但市场反馈不佳，百雀羚开始思考转型。③升级（2008—2016）：品牌焕新，确立"草本护肤"为核心价值，形象以绿色清新为设计主基调，对老字号联想元素使用较为克制。传播层面签约莫文蔚、周杰伦、李冰冰，四次独家特约赞助《中国好声音》，2016年财报显示零售额同比上涨27.8%，达到138亿元。欧睿咨询数据显示市场份额从2010年的0.2%攀升至2015年的3.2%，位居护肤品行业第四、国产品牌第一。④探索（2017—）：延续"草本护肤"核心价值，形象更多地融入老字号联想元素，传播层面削减传统媒体投入，着重加强手机新媒体端的广告传播。

根据天猫官方旗舰店显示，百雀羚的产品系列可分为：①主打保湿功效的水嫩精纯/水能量/水嫩倍现/水光弹润。②主打美白功效的至臻皙白。③主打抗衰功效的肌初赋活。④以文艺插画/二次元IP打情感牌的三生花/小雀幸/洛天依。⑤其他：彩妆/男士。其中三生花/洛天依走的是小而美路线，聚焦文艺/二次元小众用户，根据他们的审美喜好策划产品设计，并以精准的方式做定向推广。其他几个系列则走大众化路线，产品并不做个性化设计，仅在新媒体针对年轻用户做了一些创意尝试，如水光弹润系列。据百雀羚公开资料显示，2016年"双11"百雀羚70%的销售由25岁以下用户贡献，同时屈臣氏渠道的消费者也是该年龄群体。

百雀羚用得比较多的一个传播策略是从本土文化中挖掘内容，并采用"故事新编"的模式去呈现，试图一方面强化86年品牌历史联想，另一方面传递出潮流不守旧的态度。从2016年10月推出一则名为《四美不开心》的无厘头视频，在同质化的美妆广告中显得独树一帜且收效不错后，就朝这个方向做了各种创意发散。比如，"包大人别哭"（至臻皙白）、"一九三一"（肌初赋活）都可以算作"故事新编"的范畴。2017年，在品牌印象输出环节，百雀羚有两次传播，都延续了东方美学的基调，一次是"东方之美看我的"品牌传播战役，另一次是持续在微博上借二十四节气这个点，来输出百雀羚的品牌印象。

2. 实训组织

（1）实训内容：广告策划。

（2）实训要求：根据实训背景资料，针对百雀羚品牌策划一份可行性较强的广告方案，并撰写广告策划书。

（3）实训组织方法与步骤：

1）教师将学生分为若干组，安排任务。

2）各小组选定组长负责本小组方案设计，小组成员进行分工。

3）各小组通过调研、分析、策划，撰写广告策划书。

4）由教师组织，各小组委派代表在班级进行交流。

5）教师进行点评，对本次实训进行总结。

第 5 章 广告创意与表现

引导案例

西班牙彩票：分享是最大的奖赏

在西班牙，每年圣诞节前买彩票已经成为一种国民习俗。西班牙人认为彩票能给人们带来希望和快乐，他们更愿意和家人朋友分享这种快乐。2015 年，李奥·贝纳公司制作的孤单守夜老人《JUSTINO》获得戛纳创意大奖。

Justino 是一位在人体模型工厂值夜班的保安老爷爷。每天都是寂寞的，除了他自己，只有一排排的人体模特。寂寞能催生无数灵感，Justino 开始每天用模特做一点小小的摆设，当白天上班的人们到达工厂时，看到这些摆设会忍不住惊喜和欢笑。人群后的 Justino，此时会像个孩子一样露出开心的笑容。就这样日子默默过去。发行圣诞彩票是西班牙自 1812 年兴起的一个传统，标志着圣诞假期的正式开始。每年的彩票发行总是万众瞩目，然而公告板上的西班牙圣诞彩票信息似乎与 Justino 毫无关联——直到有一天，同事们为他送上彩票——原来大家也默默地为他准备了惊喜而暖心的一刻。

该广告首先展示的是日复一日枯燥的工作及生活，然后摆设的小惊喜、圣诞节、彩票等超现实的元素就像卖火柴的小女孩擦亮的火柴棒一样，给平凡的生活带来美好的念想。广告很好地诠释了西班牙彩票：分享是最大的奖赏。

➲ **辩证性思考**：从本案例中体会广告创意的魅力并思考广告创意的价值。

本章学习目标

☑ 理解广告创意的概念及特性；
☑ 了解广告创意流程；
☑ 熟悉广告创意方法；
☑ 了解广告创意表现方式。

关键术语

广告创意　集体思考法　联想法　组合法

5.1 广告创意的概念及特性

5.1.1 广告创意的概念

什么是创意，不同的学者基于不同的实践，提出了许多不同的看法。最早研究广告创意的是美国著名广告大师詹姆斯·韦伯·扬，他指出："广告上的创意，是把所有广告的商品对消费者特殊的知识，以及人生与世界各种事物的一般知识，重新组合而产生的。"

广告创意，其实质是根据产品情况、市场情况、目标消费者的情况、竞争对手的情况等制定广告策略，寻找一个"说服"目标消费者的"理由"，并根据这个理由通过视、听表现来影响目标消费者的情感与行为，使目标消费者从广告中认知该产品的优势，从而促成购买行为。其核心在于提出"理由"，继而进行"说服"。

广告创意是以企业的营销策略、广告策略、市场竞争、产品定位等为依据，绝不是创作者凭空想象的。目标消费者通过广告清楚地认知广告告诉他们的是什么，是否符合他们的需要。该产品能给他们带来什么利益，通过广告促使他们决定是否付诸行动。由此可见，广告创意是具有强烈的"策略性"的主张。

相关链接

广告创意科学性的主要表现

（1）广告主题是否标新立异、引人入胜、震撼人心、简洁有力。
（2）表现方式是否独特新颖、贴近生活、艺术唯美并贴合受众心理。
（3）广告诉求是否单纯、明确、清晰。
（4）广告形象是否确定、妥当并区别于主要竞争对手。
（5）情感沟通或理性诉求是否自然、动人、震撼人心。
（6）传达的信息是否与产品、品牌、业态紧密关联，并能准确、清晰地传播品牌或产品的主张、卖点及服务。

5.1.2 广告创意的特性

广告创意有的时候表现为"灵感""顿悟"过程，但"灵感""顿悟"并不是广告创意的全部。广告创意的特性表现为以下4个方面。

1. 广告创意的前提：科学的调查与分析

广告创意当然需要"顿悟"，但并不仅仅是"灵感"的产物。不熟悉市场情况、社会文化、品牌形象特性、公众心理需求的人，是不可能真正创造性地设计出有市场影响的宣传意境的。即便能创意，在这种无凭无据的创意指导下，策划出来的广告也容易背离市场、文化、商品特点和企业的品牌特性。对于创意人员而言，应该掌握各方面的信息，如市场信息、营销信息、竞争信息、商品信息、公众需求信息、公众文化信息、公众经济信息、顾客消费模式、企业内部生产和管理信息、政策法律信息、涉外商务信息、社会变迁信息等。

2．广告创意的关键：符合公众心理

广告的宣传过程与接受过程，实质上就是广告主施加心理影响和顾客接受心理影响的过程，只有具有心理震撼力和感染力的广告宣传活动，才能触动公众心理。如果广告创意平淡无奇，或者脱离公众心理需求，广告作品和宣传活动缺乏心理震撼力，那是不可能有强劲的宣传功效的。如图 5-1 所示，这是 2016 IAI 国际广告节铜奖作品——《同仁堂凉茶——极致篇》。两张图片分别以冰和海浪来强化同仁堂凉茶的滋润和清火功能，极具视觉冲击力。

图 5-1　同仁堂凉茶

3．广告创意的表现形式：创新与优化

创新不是创意的全部，却是创意的本质特性。缺乏创造性的广告是没有生命力的。呆板守旧、抄袭旧程式不是广告创意的本色。广告创意的活力和魅力在于创新，强调的是以新颖的主题、新颖的形式、新颖的手法形成广告作品和宣传活动别具一格的风采，争取公众的注意和理解，形成市场影响力。

广告创意一方面表现为创新，另一方面还表现为优化选择。在广告创意过程中，在依靠广告主创人员的基础上，还要充分调动其他所有广告人员甚至公众的创造性，借助头脑风暴法等方法，引导大家围绕宣传商品和宣传内容畅所欲言，相互启发，随意发表自己的看法，形成多种创意方案，然后从中找出最佳组合方案。只有这种经过优化选择的创意方案，才能真正具有生命力。

4．广告创意的成果：形成富有吸引力的美好意境

广告创意的成果与文学创意的成果有一定的相似性，即以构筑意境为目标。不同的是，文学创意强调通过意境表达某种思想、观念，广告创意则通过意境来展示商品信息和品牌特性。只有通过创意，设计出具体、形象、生动、美好的意境，公众才更容易接受，并按照意境的暗示，产生美好的体验，进而对宣传的商品产生好感。

现代公众在接受广告宣传的过程中，不仅希望从广告宣传作品中获得充足的商品信息，还希望从中得到美的艺术享受。因此，广告创意在构思过程中，不仅要准确、清晰地表现商品的特性，满足顾客在商品信息方面的需要，而且要营造美好的意境，满足顾客的欣赏需要，如图 5-2 所示，以中国红为背景，用一根面缠绕出来的具有中国特色的桥、塔、庙、华表图案，简洁明了地表现了"金龙鱼麦芯面有麦香"的中国味道。

图 5-2　金龙鱼麦芯面

5.2　广告创意流程

广告创意是一种创造性思维。关于具体的创意流程，不同的广告专家有不同的概括。美国广告界泰斗詹姆斯·韦伯·扬认为广告创意流程是"收集信息→品味资料→综合孵化→灵光突现→付诸实用"，如图 5-3 所示。

收集信息 → 品味资料 → 综合孵化 → 灵光突现 → 付诸实用

图 5-3　詹姆斯·韦伯·扬广告创意流程模式

1．收集资料，进行创意准备

资料是创意的食粮。广告创意建立在广泛占有资料、充分把握相关信息的基础上。收集资料，不仅要收集与创意密切相关的特定产品或服务、消费者及竞争者的资料，而且需要特别注意日常生活素材、一般性知识和信息的积累。

广告人应是一个生活中的有心人，随时随地观察和体验生活，并把观察、体验到的东西随时记录下来，才能在创意中"厚积薄发"。广告大师李奥·贝纳在谈到其天才创意时说，创意秘诀在哪里？就在他的文件夹和资料剪贴簿内——文件夹是他随时随地记录下来的使其感动的"片言只语"或构想，而资料剪贴簿是他每星期从报纸、杂志上剪贴下来的各种广告。广告创意实际上是一个综合调动广告人一生知识、经验及记忆印象，并将此按特定意图加以重新组合的过程。

2．分析归纳，进行创意酝酿

对收集来的资料进行归纳分析，依据广告目标，列出广告商品与竞争商品的共性、优势或局限，通过比较分析，从而找出广告商品的竞争优势及其给消费者带来的利益点，以寻求广告创意的突破口。

这样的过程按照詹姆斯·韦伯·扬的说法，是"信息的咀嚼"，是创意者"用心智的触角到处加以触试"，从产品特质与人性需求的关联性去寻求诉求点。在"问题"引导下积极思考，把积累的形象、言语、片段等在脑海中进行各种排列组合，绞尽脑汁、苦思冥想，这时创意者往往处于焦躁、激动不安和煎熬之中。

3．灵光闪现，顿悟产生创意

经过长期思考酝酿之后，一旦得到外在的触发或刺激，脑中已形成的尚不清晰的思维模式就会如同电路接通那样灵光闪现。在百思不得其解的状态下,如果创意者暂时离开他所思考的问题,松弛一下紧绷的神经,去做一些轻松愉快的事情,如睡觉、听音乐、沐浴、散步等,这时往往会发生灵光乍现,收到"踏破铁鞋无觅处,得来全不费工夫"的效果。

4. 实践验证,发展完善创意

创意形成后,需要对闪露智慧光芒的创意构思进行进一步完善。应联系广告实践,进行认真检验和验证,仔细推敲,征求他人意见,使之不断成熟和完善。

大卫·奥格威为劳斯莱斯汽车创作的经典广告语"这辆新型的劳斯莱斯在时速达60英里时,最大噪声来自电钟",就是由6位广告同人从26个不同文案中评审出来的。将创意构想交于专家、同事、公众进行批评修正,集思广益、反复验证,是广告创意发展完善的重要途径。

相关链接

詹姆斯·韦伯·扬及其"魔岛浮现理论"

詹姆斯·韦伯·扬于1886年生于美国肯塔基州卡温顿,26岁开始在广告公司做文案人员,1917年任智威汤逊广告公司纽约总公司副总经理。1928年后在芝加哥大学商学院任教5年,是该学院"广告"和"商业史"课程的唯一教授,直到1973年逝世,他一直兼任智威汤逊广告公司的董事及高级顾问。1974年,即他逝世一年后获"广告荣誉大奖"这一广告界最高荣誉。其主要著作有《广告创意的技巧》《产生创意的技巧》《怎样成为广告人》《一位广告人的日记》。

韦伯·扬认为创意具有某种神秘的特质,它就像在海上漫游的水手突然发现童话般的岛屿一样。根据古代水手所讲,发现岛屿的地方在航海图上标示的是深蓝大海。在他们航行途中,会突然看到一个美丽的环状珊瑚岛浮出海面,岛的四周笼罩着一层神秘的光。以创意而言,它们也是突然间浮出脑海的,而且在它们的四周同样笼罩着一层魔幻般的、无法解释的神秘之光。同时,韦伯·扬也强调,创意并非一刹那的灵光乍现,而是如同魔岛的形成,要靠广告人脑中的各种知识和阅历累积而成,是通过眼睛看不见的一连串自我心理过程制造出来的。魔岛看似突然出现,创意似乎偶然跳出,却都并非从天而降,一日之功。

5.3 广告创意的基本要求

优秀的广告创意应该具备4个方面的基本要求。

1. 新颖独特

广告创意要有原创性才能吸引受众的注意力,使受众产生深刻印象。因此,广告创意要力求不落俗套,不去模仿他人的创意,不去抄袭别人的手法,认真研究广告诉求的内容和受众心理特征,使主题新颖独特。

2. 立足于真实

真实是广告的生命。广告创意应建立在真实的基础上，以事实为依据，尤其是广告诉求的内容。当然，在广告表现策略上可以运用艺术加工和适度夸张，但这种夸张不能脱离事实本身。

3. 切中受众关注点

受众关注点是指受众基于某种具体需要而针对相关商品、企业、活动所形成的关注焦点。只有准确抓住受众的关注点，广告宣传才能获得良好的传播效果。受众关注点的形态有很多，如消费性关注点、兴趣性关注点、情景性关注点、新奇性关注点、情感性关注点、利害性关注点、文化性关注点、职业性关注点、性别性关注点、人际性关注点等。这些关注点可以成为广告创意的思维源头。

4. 要有真情实感

广告创意构思时要能从内心深处流露出真情实感，要善于从日常生活中撷取与消费者能产生共鸣的场景和片段，充分运用各种表现手法来加强情调的感染作用，以生动的情节和场面来再现和传递广告内容。

对于广告创意的基本要求，著名的广告大师威廉·伯恩巴克曾提出 ROI 理论。ROI 包括三个方面，即原创性、关联性和冲击力。他认为，广告如果没有原创性，就会缺乏生命力和吸引力；广告如果与商品没有关联，广告也就失去了意义；广告如果没有冲击力，就不会给消费者留下深刻的印象。

相关链接

威廉·伯恩巴克

威廉·伯恩巴克毕业于纽约大学英国文学系，曾专为社会名流起草讲演稿，其优美的文笔颇获好评，后进入广告公司，曾在格雷广告公司任创意总监。1949 年他与道尔及戴恩创办 DDB 广告公司，任总经理，1967 年，接任董事长，后又任执行主席。DDB 广告公司是著名的世界十大广告公司之一，威廉被誉为 60 年代美国广告"创意革命时期"的三位代表人物和旗手之一。

威廉·伯恩巴克经典案例——德国大众汽车"甲壳虫"

标题：想想小的好处

文案：我们的小车不再是个新奇事物了。不会再有一大群人试图挤进里边。不会再有加油工问汽油往哪里加。不会再有人感到其形状古怪了。事实上，很多驾驶我们的"廉价小汽车"的人已经认识到它的许多优点并非笑话，如 1 加仑汽油可跑 32 英里，可以节省一半汽油；用不着防冻装置；一副轮胎可以跑 4 万英里。也许一旦你习惯了金龟车的节省，就不再认为小是缺点了。尤其当你挤进狭小的停车场时，当你支付那笔少量的保险金时，当你支付修理账单时，或者当你用旧大众换新大众时，请想想小的好处。

5.4 广告创意方法

1. 集体思考法（Brain Storming）

集体思考法也叫综合思考法或头脑风暴法，就是通过集思广益进行创意，是1938年由美国BBDO广告公司创始人奥斯本提出来的。它通常采用会议方法，针对某一议题集体进行广泛讨论，深入挖掘，直至产生优秀的广告创意。

这是一种"动脑会议"，一般在召开会议前的一两天发出通知，说明开会的时间、地点、议题等。参加人员包括广告营业人员和创作人员等，人数在5~10人。设会议主持者一位，秘书1~2人。会议开始后，会议主持者详尽介绍需要议论的话题和问题要点，以及所有相关的背景材料后，任由与会的每个人开动脑筋。会议秘书及时地将大家的创意记录下来，让在场人员通过大屏幕随时可以看到，以便激发思想火花，开阔思路，互相启迪和补充。

这种思考方法的特点是：

- 集体性创作。新创意的产生往往是思考连锁反应的结果，凝聚着众人的智慧。
- 禁止批评。对每个成员提出的创意不能进行批评，不可反驳，有意见只能在会后提。
- 鼓励"随心所欲"。构想越奇越好，有时看起来荒唐的想法却是打开创意大门的钥匙。
- 创意的量越多越好。数量越多，可选用设想出现的概率越大。
- 对创意的质量不加限制。因为"动脑会议"并不是最终决定创意，即使不可能实施的创意也可以提出。鼓励在别人构想的基础上联想、发挥、修饰，从而产生新的创意。
- 力求组合和改进，利用他人想法在其基础上提出更新更奇的设想。
- 会议不允许成员私下交谈，以免干扰别人思考，每个人的意见必须让与会者都知道。

> **相关链接**
>
> 可口可乐为了争夺百事可乐新一代的市场，决定推出与百事可乐相似的富有刺激性的新配方。没想到竟然伤害了"老可乐"的感情，老顾客认为可口可乐的做法让他们抛弃了从小的朋友。于是他们到可口可乐公司门口游行示威，在美国掀起了一场轩然大波。百事可乐抓住这一良机，投入600万美元广告费，委托BBDO广告公司制作了一系列的反击广告。下面是BBDO广告公司动脑小组会议记录：
>
> 会议讨论方向——从可口可乐的顾客角度来反映对可口可乐的失望。
>
> "选一个男孩做主角。"
>
> "选一个女孩。一个男孩对一种可乐感到失望是表示他无能。"
>
> "倘若一个姑娘为一种可乐背弃的话，她就像在舞会上无人理睬一样。"
>
> "应使这个遭冷遇者显得更可怜一些。"
>
> "她应该与在场的所有人讲，那些人可能回答她的问题，因为她很可悲，她甚至遭到了拒绝。"
>
> "他们何以如此对待她？"
>
> "她正对着摄像机说话。"
>
> "一个坏女人的儿子真令人心碎。"

"带给可口可乐的口信。"

"与其他可口可乐顾客的对话。"

……

最后的脚本是：一位女孩站在可口可乐的罐子上，显得很难过。"有谁能告诉我，他们为什么这么做吗？""他们说过他们生产的是真正的可乐，他们说过他们的产品都是真货色。但后来他们突然变化了。"如今她找到了百事可乐，当她喝一口后，显现出非常惊奇的神情，并感到极为满意。她对着镜头说："现在我可明白了。"

百事可乐这种咄咄逼人的广告攻势，获得了巨大的成功，把更多的顾客吸引到自己的产品上来。

2．垂直思考法（Vertical Thinking）

垂直思考法是按照一定的思维路线或思维逻辑进行思考的方法。一般是在一个固定的范围内，向上向下垂直思考。垂直思考主要是逻辑的思考和分析的思考，以思维的逻辑性、严密性和深刻性见长。

这种思考方法由于是从已知求未知，因而往往囿于旧知识和旧经验的束缚，多是旧观念的重复和再现，至多是更高一个层次和水平的再现。由这种创意产生的广告作品一般都似曾相识，雷同的东西比较多，缺少新意，尤其是顺向垂直思考，这些缺点更为突出和明显。图5-4为海尔快乐王子007的垂直型思考创意广告：新鲜是什么？（是天然，是原汁原味）天然和原汁原味会想到什么？（鲜活力）鲜活力想到什么？（活蹦乱跳）活蹦乱跳想到什么？（有弹性）有弹性想到什么？（最有标志性：弹簧）。

图5-4　海尔冰箱广告

3．水平思考法（Lateral Thinking）

水平思考法由英国心理学家爱德华·戴勃诺博士提出。水平思考法强调思维的多向性，善于从多方面来观察事物，从不同角度来思考问题。思维途径由一维到多维，属于发散思维，因而，在思考问题时能摆脱旧知识、旧经验的约束，打破常规，创造出新的意念。在社会发展和科技发明过程中，常常会得到巨大的收获和成果。在进行广告创意时，水平思考法可以弥补垂直思考法的不足。

第5章 广告创意与表现

4. 检核表法

为了有效把握创意目标和方向,奥斯本于 1964 年又提出广告创意的检核表法,即用一张清单对所需要的问题一条一条地进行核计,从各个角度诱发多种创造性设想。

检核表通用性强、简便易行,一般包括转化、适应、改变、放大、缩小、代替、重组、颠倒、组合 9 个方面的检核。后来,有学者将奥斯本的检核表进一步通俗化,提出 12 个"一"的检核表,如表 5-1 所示。

表 5-1 广告创意检核表

方 法	内 容
加一加	加高、加厚、加多、组合等
减一减	减轻、减少、省略等
扩一扩	放大、扩大、提高功效等
变一变	改变形状、颜色、气味、音响、次序等
缩一缩	压缩、缩小、微型化
联一联	把因果、相关因素联系起来
改一改	改缺点,改不便、不足之处
学一学	模仿形状、结构、方法,学习先进
代一代	用别的材料代替,用别的方法代替
搬一搬	移作他用
反一反	能否颠倒一下
定一定	定个界限、标准,以提高效率

5. 联想法

联想法是借助想象,把相似的、相关的或在某一点有相似之处的事物加以联结,以产生新构想,有接近联想、类似联想、对比联想、因果联想等各种联想创意方法。接近联想是由时空上的接近而形成的联想,如由母鸡踩破鸡蛋联想到"鲜蛋",由过节联想到"礼品"等,都属于接近联想的创意方法。类似联想是由性质、形状或内容上相似而引发的联想,如由冰冷特性把雪糕与"北冰洋"联系起来,由抽烟把地毯与肺的健康联想起来,由平面把田野与镜子联想在一起等,都属于此种创意方法。图 5-5 是膳魔师保温杯的平面广告,从该作品中我们可以发现,保温杯里倒出来的水浇到的地方,米已经变成了饭,让人联想到膳魔师保温杯良好的保温效果。

6. 组合法

组合法又称拼图游戏法或万花筒法,是按照一定的技术原理或功能目的,将现有事物的原理、方法或物品做适当的重组或配置,从而产生新技术、新方法、新产品的创新技法。具体组合的方法有附加组合、异类组合、同类组合、重新组合和综合法等。附加组合实质上是在原有的创意或技术思想中,补充新的内容,在原有的物质产品上增加新的附件。异类组合是将两种或两种以上不同创意进行组合。同类组合是将若干相同事物进行组合,组合对象是两个或两个以上的同类事物。重新组合是在事物的不同层次上分解原来的组合,再以新的创意或构思重新组合。综合法是把对象的各个部分或因素结合成一个统一体加以创新的一种组合技法。图 5-6 为某房地产广告,作品中将能体现"尊贵"的符号进行组合,并与文案相呼应。

图 5-5　膳魔师保温杯的平面广告　　　　图 5-6　某房地产广告

广告创意还有其他方法，这里不逐一说明。创意可能是瞬间灵感思维的体现，但这种"顿悟"却是大脑长期思考、紧张运转的产物。要获得瞬间的灵感，就要注意平时的积累。要肯于动脑，让思维始终保持活跃状态。还要勤于动笔，可以借助图示和笔记等方法，随时把观察到的事物勾勒出来，把脑海里瞬间闪现的思想火花记录下来，这样有助于打开思路，积聚构想，使思维更开阔、更活跃、更易产生好的创意。

5.5　广告创意应注意的问题

1．不同的广告目的采取不同的创意策略

广告策划活动要想达到预期目的，必须有明确的广告目标。广告目标很多，如在消费者中树立企业和产品的形象，促使消费者产生直接的购买行动等。广告目标不同，其内涵的差异度是很大的。为了实现预定的广告目的，就要采取与之相应的创意策略，根据具体的广告目标进行创意，确定与广告目标一致的广告主题与创意表现，才可能获得良好的宣传效果。

2．不同的产品生命周期突出不同的诉求点

任何商品进入市场并占有一定的市场份额，都要经过几个不同的阶段。这一过程就是产品的生命周期，它包括进入期、成长期、成熟期和衰退期四个阶段。产品生命周期长短变化受到技术革新、市场变化、流行时尚和同类产品之间竞争的影响，每个时期都会面临不同的问题。因此，广告创意表达的重点也应随之不同，应按照"推出—竞争—维持—新推出—新竞争"的市场竞争的各个阶段，采取不同的创意对策，以帮助商品开拓市场、扩大市场、站稳市场。

3．不同的宣传对象采取不同的表现方式

现代广告创意都是针对特定的消费层次的。要取得良好的效果，必须根据目标消费者的年龄、性别、职业、文化教育、地位等不同特点，采取不同的表现方式和语言，才能达

到预期的目的。

女性化妆品的宣传对象是女性,就要根据年轻女性爱美、求美的心理特点,采用美女式的诉求方式,运用浪漫抒情的情趣和优雅清新的画面来诱发女性消费者的需求。例如,力士香皂的电视广告就采用世界著名影星为广告诉求模特,极力渲染产品给人带来的舒适和增添的魅力,不仅提高了产品的地位,同时诱发女性消费者产生很强的认同心理,刺激其产生需求的欲望。

4. 不同的广告主题采取不同的表现形式和手段

不同的广告主题要采取不同的表现形式和手段,使表现形式与商品品质相一致。有些主题可着重于感情诉求,造成一时冲动性的购买;有些主题则需要着重于理性诉求,说服消费者进行购买。

如食品、饮料等多采取甜美欢快的生活片段作为题材,表达爱情、社交的场景,抒发一种悠然自得的享受气氛和情调。药品和日常家庭用品则要采取展示使用效果的方法,来证明和强调产品的优点和性能,引导消费者进行购买。儿童用品的广告主题要采取以儿童为主角或以漫画卡通的形式进行表现,才能取得好的宣传效果。

5. 不同的商品类别有不同的广告创意侧重点

将商品按人们的传统观念来进行分类,大致可以分为下列五大类:软性商品、硬性商品、包装商品、服务、生产用品。以上五类商品由于其商品特性各异,在创意策略上应有所侧重:

- 软性商品属于流行的、时尚的、装饰的商品,其创意是商品价值的中心,因此在广告创意上要极力突出商品的心理价值和企业印象,多做感性的诉求,加强其感染力。
- 硬性商品属于理性诉求的、金额较大、非消耗性商品,具有贵重的特征,应以服务来进行销售,需要详细的说明和企业的信誉。
- 包装商品是广告的商品,它本身采用心理的销售手段,是无声的推销员。由于竞争对手众多,冲动性购买较高,消费者自我选择购买较多,在广告创意上应着重提高商品的知名度、记忆度,引导消费者进行购买。
- 服务属于第三产业,本质上是非制品的商品,是无形的抽象商品。消费者购买服务来获取自己能力以外的劳力或智力,因此服务要具备专门知识和技能,广告创意也应根据这些特征进行。
- 生产用品是投资性产品,一般不依靠广告等大众传播手段开展销售,而主要采用人员推销、示范操作等,即使做广告也需详细介绍产品的特点和性能,使用户彻底了解,取得绝对信任,方可促使用户进行购买。

6. 运用心理策略突出产品领先地位

广告宣传产品要能长期受到消费者的欢迎和信赖,与其在市场上所占据的地位有很重要的关系。在广告创意中运用心理策略突出产品品牌的市场领先地位,建立独特的市场形象,就能使广告产品从众多同类产品中脱颖而出,便于消费者识别和选择,久而久之会产生一定的消费行为模式,从而确保市场的销售地位。

7. 注重感情因素，加强心理攻势

在广告创意中对于某些软性商品和包装商品，宜采用感性诉求的策略，加强其心理攻击力，尤其是针对消费者的广告，更要注意创意中的感情因素。女性的心理特点是感情细腻，有较强的自我意识和自尊心，她们对于商品的外形十分敏感，完全以感情来决定其购买行为，感情容易受到气氛的左右。在广告创意中与其强调商品本身的特色，不如转为强调使用该商品能使她们更为出色，这样更能刺激她们的消费需求。在广告中创造令人羡慕的消费者形象，容易吸引她们的视线，使她们产生时代感，就能把她们从心理上推向商品，为了认同该形象而不断朝憧憬的方向消费，达到预期的广告目的。

8. 不同的媒体发挥不同的特点

广告媒体为进行广告活动而使用的物质技术手段，是沟通广告者与消费者的信息桥梁。不同的广告媒体有不同的适应性和心理效果。广告选择媒体的目的，在于获取更大更好的效益实现广告的预期目的。为此，在创意时要充分重视各种媒体的不同特点，并根据其特点进行创意，充分发挥其不同优势，避免不足之处。

5.6 广告创意表现

5.6.1 概述

广告创意表现就是将创意构想以适当形式传达出来，构想是创意的内容，表现则是创意形式，二者是一体两面的关系。好的创意要通过恰当的形式表现才能实际形成并发挥作用。

5.6.2 广告创意表现策略

1. 从广告目标实现角度，可以将广告表现策略分为三类：强化认知表现策略、引导态度表现策略和影响行为表现策略

（1）强化认知表现策略。强化认知表现策略是指以影响消费者品牌认知为目标的表现策略。具体包括引起注意、激发兴趣、加强理解、提高记忆及品牌定位等表现策略。

（2）引导态度表现策略。引导态度表现策略是指以影响消费者品牌偏好态度为目标的表现策略。常见的有美感诉求、幽默谐趣、树立品牌形象、改变品牌态度等表现策略。

（3）影响行为表现策略。影响行为表现策略是指以影响消费者行为为目标的表现策略。主要有以影响促销为目标，采用恐怖诉求，引发焦虑，刺激消费者直接反应等表现策略。

2. 从消费心理角度，可以将广告表现策略分为感性诉求策略、理性诉求策略和情感诉求策略

（1）感性诉求策略。感性诉求策略是指主要诉求于人们的感觉或知觉反应来进行广告表现的策略。一般包括视觉冲击型、前卫性、超现实主义、幻想型、气氛或印象型表现型策略等。

（2）理性诉求策略。理性诉求策略是指主要诉求于人们的理性判断来进行广告表现的策略。一般包括直白写实型、比较独特型、权威代言型、实物示范型、夸张说明型、科学

证明型和类比比喻型等表现策略。

（3）情感诉求策略。情感诉求策略是指主要诉求于人们的社会文化的情感来进行广告表现的策略。一般包括民族文化型、性爱情侣型、文艺娱乐型、警示恐怖型、幽默谐趣型、人生片段型、故事讲述型、生活情景型等表现策略。

3．从广告表现方式，可以将广告表现策略分为美化、实证、引证、正向劝说、反向劝说等表现策略

（1）美化。美化表现策略就是对商品的优点加以突出和赞扬，使消费者产生良好的印象，这种手法在广告传播中经常使用。这种方法既有客观的尺度，也有主观的判断。

（2）实证。实证表现策略又叫典型示范或现身说法，就是借助特定的人直接陈述或演示商品的功能、特点等，直观地表达有关的广告信息。很多商品都可采用这种方法，如显示衣物上的污垢被洗涤用品洗得干干净净；展示某人使用某种化妆品后更加鲜亮光彩；演示汽车跋山涉水、不怕路途艰险的情景，证明汽车性能好、跑得快等。

（3）引证。引证是通过引用正面的或反面的、正确的和错误的事实，来突出商品的优点。例如，权威机构和权威人士的评价、鉴定、各种获奖证书、消费者来信等，都可以作为引证的依据。

（4）正向劝说。正向劝说的方法是一种鼓励的形式，告诉消费者购买或使用某一商品将可以得到的种种好处，赞许消费者的选择是正确的。

（5）反向劝说。反向劝说的方法是一种警告，告诉消费者若不购买或不使用某一商品，将可能遇到的不便甚至不愉快。但如果劝说得当，所得到的刺激往往更强。例如，皇冠牌香烟广告："禁止抽烟，皇冠牌也不例外。"反而引起烟民的好奇和对皇冠牌香烟的注意。一般来说，正向劝说是消费者愿意接受的，采用反向劝说的方式应该慎重把握。因此，往往也采用反面劝说和正面劝说结合的方式。

5.7 广告创意表现例析

1．感性诉求创意表现

感性诉求是利用受众的感知觉来进行广告表现。图 5-7 是彩虹糖平面广告，作品直接用彩虹、海滩、长颈鹿等元素表达，作品意图明确，画面直观，令人神往，非常适合针对儿童群体传播。

图 5-7　彩虹糖平面广告

2. 情感诉求创意表现

一般情感诉求往往以爱情、友情、亲情为主题。图 5-8 是"邦迪"的平面广告。作品利用韩朝峰会的政治事件，提出了"邦迪坚信没有愈合不了的伤口"，一语双关，既强调了产品的卖点"愈合伤口"，也暗指韩朝两国的融合。

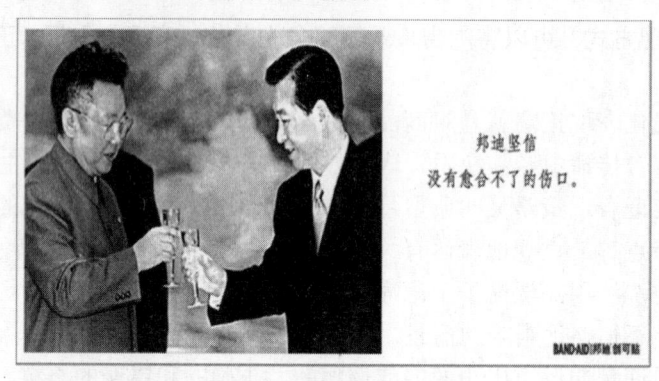

图 5-8 "邦迪"的平面广告

3. 诙谐幽默创意表现

该创意表现运用理性倒错的表现手法，在欢快愉悦中认知广告意向。图 5-9 是奥美广告公司为 KIWI 鞋油定制的平面广告，奥美公司从世界知名画作出发，将原本只有上半身的世界名画绘制出了下半身脚下的那双皮鞋。并且还煞有介事地办了名画的画展，颠覆了大家的固有印象。

图 5-9 KIWI 鞋油的平面广告

4. 夸张创意表现

夸张是指为了启发受众的想象力和强化信息的力量，用夸大的词语或情节表现事物。夸张在广告中运用很普遍。图 5-10 是获 2017 年戛纳广告大奖的汉堡王平面广告。"我的店就是容易着火，因为我是用明火烤牛肉的。"汉堡王自 1954 年开始就坚持使用炭火烧烤汉堡中的肉制品，所以汉堡王店铺的失火概率远大于其他快餐厅。这篇汉堡王的广告直接呈现了汉堡王的救火现场，也是在传递着"我们拼命也要你们吃得健康啊"的理念！

图 5-10　汉堡王平面广告

本章小结

- 广告创意就是广告人员根据市场调查结论、品牌形象特性和公众心理需求,运用联想、直觉、移植等创造性思维方法,提出新颖的主题设想,设计广告宣传意境和表现情节的构思过程。
- 广告创意的前提是科学的调查与分析;广告创意的关键是要符合公众的心理;广告创意的表现形式是创新与优化;广告创意的成果表现为形成富有吸引力的美好意境。
- 对于广告创意流程,詹姆斯·韦伯·扬认为是"收集信息→品味资料→综合孵化→灵光突现→付诸实用"的过程。
- 广告创意方法主要有集体思考法、垂直思考法、水平思考法、检核表法、联想法、组合法等。广告创意没有固定模式,需根据不同的产品、不同的广告目标、不同的媒体特点等灵活运用。
- 广告创意表现策略可以从多个角度分类,如广告目标实现角度、消费心理角度、表现方式角度。

专论 5

中美电视广告创意理念对比

1. 创意理念与市场发展程度的关系

广告繁荣程度和经济发展密切相关,广告也被称作一个国家或地区的经济"晴雨表"。从根本上讲,广告市场的经济发展程度决定着中美广告创意理念的差异。

近年来,改革开放成果喜人,消费者的生活水平与生活质量普遍提升,中国特色社会主义市场经济建设取得了举世瞩目的成就。尽管如此，仍有很多电视广告在围绕产品的使用价值做功能诉求。美国的市场发展已经完全成熟，经济相当发达，公众的消费观念不再停留于产品的实际物质利益层面，而是更多地关注商品的精神价值和心理满足。

再者，中美两国电视广告的发展历史有所差异。中国电视广告方兴未艾，在历经了三十多年的初创、探索与自我发展之后取得了长足的进步，专业操作经验有所积累，广告行业竞争渐显规范。但是，总体来讲，中国广告业发展尚未完全成熟，距离国际电视广告的高品位、高标准还有很长的路要走，特别是对广告理念的研究工作还停留在探索阶段，仍在引入和借鉴西方先进的理论成果。美国的市场经济发展成熟规范，多个领域的研究成果为其现代广告创意理念的建构提供了丰富的资源。同时，电视广告制作不断引入数字技术，使得视听艺术效果最大化成为可能，电视广告作品的水准日渐提升。

2. 创意理念与媒介技术变革的关系

事实上，媒介始终在通过其独具特点的符号系统作用甚至改变人类的认知能力及思维模式，并在较深层面影响人类的文化构成和文化特点，而这种影响是以某种内隐的方式进行的。加拿大著名传播学者麦克卢汉曾提出"媒介即讯息"的理论观点，如果以此为研究起点，便可洞察广告创意理念的发展与媒介技术变革的同步关系，也就是说，广告创意理念的形成与广告媒介技术的发展息息相关。

电视广告是一种有着高度媒介依赖且注重实用效果的艺术传播形式，并通过寻求消费者与媒介的理想化契合，来分析、判断并诱导消费欲望。换句话说，电视广告创意理念及创意表现，均是以媒介技术为基础的。中国电视广告起步比较晚，加之相对欠缺的理论研究，广告创意理念不够系统。就电视广告作品而言，存在刻意模仿和创新不足等具体问题，视听艺术表现层面仍局限于既定的审美观念，还有就是媒介技术变革的作用体现略有滞后。美国市场环境优越，加之新兴技术支持，其电视广告行业发展比较成熟，广告创意理念相对丰富，电视广告作品与时俱进，经典之作不断涌现。

借助计算机、互联网、卫星通信等尖端技术，尤其是新媒体时代的媒介多元化发展，广告已经成为融合多种技术手段与学科门类的艺术形式。

3. 创意理念与中美文化艺术的关系

中美两国在文化艺术方面的差异，除了存在于两者的电视广告作品表现，更深层次的是体现在两者的广告创意理念上。

中国电视广告创意理念借助直觉思维更多地强调"家"的归属与和谐，符合中国受众的文化习惯，也符合其传统文化的思维方式，注重亲情与爱情主题，在创意表现上追求画面唯美、情景动人，在传情达意的过程中力求获得良好的广告传播效果。美国电视广告强调的是其个体的独立，侧重个性的张扬，突出对自由的追求和表达。

另外，美国广告创意理念借用现代艺术表现手段，故意淡化商业色彩，以求得与消费者的近距离接触，达成情感沟通及信息传达，因此呈现出相当丰富多元化的风格特征。其成因在于：20世纪，美国在其历史上经历了诸多重要的历史时期，一方面为大众艺术的发展奠定了坚实的经济基础，另一方面也为电视广告多元化的设计风格形成营造了良好的文化氛围。毫不夸张地讲，美国电视广告是其民众物质生活和精神生活的折射，并紧随时代变化促进经济的发展与商业的繁荣。最重要的是，美国之所以成为20世纪商业大国，电视广告功不可没。在20世纪，美国电视广告作品中就已经显著体现了装饰、现代、国际和"纽约平面设计派"四种主流的艺术风格。

中美电视广告创意理念差异的形成和存在，究其原因，除上述外，还有很多方面，而创意理念的不同体现在具体层面又有不同：中国电视广告主要采用直陈方式，创意表达欠佳，墨守成规者居多。一般情况下，电视广告作品往往通过反复强调产品的功能特性，大肆叫卖，更有甚者强迫消费者"洗脑"并被动记忆生硬的广告口号。相较而言，美国电视广告作品或形象诙谐、风趣幽默、富有想象力，或创意独特、定位准确且结构紧凑，或制造悬念、引人入胜、极具情节性，其原因主要在于对生活素材的深度挖掘，对原创性、关联性与故事性的极其注重。

（资料来源：中美电视广告创意理念及视听艺术的对比研究，林凡，2016）

问题理解

1. 广告创意的特性有哪些？
2. 韦伯·扬的广告创意流程是什么？
3. 广告创意应注意的问题有哪些？
4. 广告创意的表现策略有哪些？
5. 阅读专论5，并结合实际理解中美广告创意理念。

案例分析

更懂年轻人的视频广告应该怎么做

短视频的风口不仅点燃了资本市场，也不断搅动互联网平台的产品布局，如Google近日就表示，将在2018年取消旗下YouTube的30秒前贴片不可跳过广告，YouTube也专门针对移动端发布一个新的广告形式，每条只有6秒。此前，微信朋友圈也上线了6秒或15秒短视频。

视频时间越来越短，这与年轻人越来越碎片化的阅听习惯分不开，如何通过十几秒甚至几秒的画面内容抓住用户的眼球，对创意人的要求也在提高。但这是否意味着，讲故事的长视频因此失去了年轻人的欢心？

答案是否定的，对于品牌想完整讲述品牌故事，提升品牌调性抑或传递品牌理念的传播需求，长视频或微电影仍是不可或缺的承载。那么问题就被抛至：品牌应该如何通过较长视频故事实现与目标受众有效沟通？

对于想要"勾搭"年轻人的品牌，90后、95后最活跃的社交聚集地QQ空间大概是不容忽视的平台之一，根据2015年百度发布的"95后"手机使用调查报告显示，95后的信息获取渠道，QQ空间占比51%。QQ空间也前后推出多图轮播、品牌页卡、沉浸式视频流等多形式的Feeds流广告，满足品牌的多元传播需求。

出现在好友动态中的视频故事广告,就是 QQ 空间为满足品牌深传播、广互动的需求而推出的长视频广告,打破了15秒短视频时长限制,将品牌微电影融入好友动态 Feeds 流中,让年轻人在主动获取信息、探索好玩的世界中,加深用户对品牌的认知和共鸣。

1. 这些故事为什么能够在这里引起共鸣

从 2005 年出现,伴随一代代年轻人成长起来的 QQ 空间,通过不断覆盖音乐、游戏、动漫、文学等领域的年轻化举措,丰富的社交元素将年轻人牢牢地吸引在其平台上。年轻人喜欢什么样的故事或内容?QQ 空间颇有心得:与用户的兴趣点契合,能够引发情感共鸣,自然也能得到年轻人的喜爱。

绿箭(Doublemint)的微电影《糖纸恋人》视频故事讲述了一对恋人从校园相识到最后决定相伴一生,每个重要的瞬间都有绿箭的糖纸作为见证,以此向观众传递绿箭的品牌理念——"Meaningful Connection",让彼此的心相互依偎。

2 分钟的一则微电影,糖纸既记录了校园恋爱时的青涩与甜蜜,也承载了走向婚姻殿堂、步入社会后两人的爱与愁,这也勾起了不少从青葱校园走向成家立业的年轻人的独家记忆。有用户留言感叹:"人生中最美好的时光""不管我们经历了多大风雨,都不要忘了我们的初衷"。

视频在 QQ 空间播出 12 天,视频播放总次数达到 666 万次,暖心故事内容引起了年轻人的情感共鸣,引发用户参与点赞转评互动达到 19.17 万次,广告点击率也超过 5.4%。

2. QQ 空间适合什么样的品牌

QQ 空间此前借助腾讯 DMP 人群画像数据发现,90 后对于明星和音乐的兴趣远高于非 90 后。QQ 大数据发布的《95 后迷之审美观大揭秘》也显示,近五成的 95 后为明星花过钱。"5"无糖口香糖在去年 12 月邀请代言人李治廷在 QQ 空间上进行直播,通过腾讯 DMP 寻找到 4 000 万名热爱音乐、直播,又喜欢李治廷的目标人群,其中李治廷的死忠粉就有 1 200 万人,通过品牌页卡广告一对一邀请粉丝参与直播。直播当日,李治廷在 QQ 空间收到了超过 52 万份"5"无糖口香糖定制礼物。

乘胜追击的"5"无糖口香糖在今年 1 月初与 QQ 空间旅游相册合作,播放了李治廷勇敢出发,在沙漠中探索的视频,通过腾讯 DMP 多标签选取精准人群,不仅是李治廷的粉丝,对户外探险、旅行感兴趣的用户也被纳入此次广告投放的定制人群包之中,并通过落地页定制的旅游相册 H5,让用户自己生成个性化的旅游记忆。

在年轻人的聚集地,但并非以年轻人为主要目标受众的品牌才能对味。如果你们对日化品牌汰渍的广告印象还停留在明星街头采访的电视广告,那你可能要改观了。汰渍此次在 QQ 空间的故事视频广告,完全突破了传统创意,邀请年轻人喜爱的明星张艺兴出演,剧情设定是张艺兴饰演古董店传人,用汰渍洗衣液破解师傅生前留下的古画之谜,颇具电影感的画面和情节,引人入胜。投放期间,视频播放率达到 82%,视频跳转到购买广告点击率达 3.51%。

3. 除了讲故事,品牌在这里还能收获什么

当下,不论是视频网站、电商平台,还是社交平台等,都在通过视频内容撬动更多注意力经济。但品牌的一个痛点在于,用户注意力的分散和短暂让品牌并不满足于简单的曝光,如何实现品牌资产从 Paid-Earned-Owned 的沉淀积累,社交一直是不少平台想要补足

的短板，但作为社交平台的QQ空间有先天的优势。

在细节上，品牌的一条视频广告也是一条信息流，视频的播放量、页面浏览次数均会实时显示，用户可以转发、点赞，甚至打赏，也可以关注其品牌公众空间主页，这些难得的数字资产，为品牌长期做粉丝营销做了铺垫。

比如，腾讯公益这则颇为感人的故事《耳朵山》，故事从新来的山区支教女教师的视角展开，让以大学生居多的QQ空间更有代入感，女教师在适应支教生活的过程，了解到留守儿童渴望与远方父母沟通的心声，并帮助其完成心愿，既扣题"为爱充值"，也吸引更多年轻人关注到这一群体，并参与到为爱充值的公益中来。五天的播放时间，腾讯公益品牌公众空间粉丝数增长近2万人。

4. SocialBeta 小结

如果仔细看完前面提到的几支品牌微电影，不难发现，品牌或商品信息在视频要么弱化自己，要么化为故事道具与内容巧妙结合，而不是生硬地植入，这正是社交场景下对于品牌内容提出的新要求，品牌也不约而同地做出的转变，为了给用户带来更好的观影体验，而不是为了突出品牌，让故事情节变得牵强而得不偿失。

年轻人喜欢在QQ空间中获取信息、自我表达、与好友分享互动，品牌只有更了解年轻人，才能融入他们的话语圈或为他们创造更好的内容体验。这是社交+视频时代，品牌"勾搭"年轻人的正确姿势。

最后，话题再回到QQ空间，这个一直有着坚挺生命力的社交网络从2005年上线至今，竞争对手从博客、人人网、开心网换了一个又一个，QQ空间仍然是中国最有活力的社交网络。如今拥有6.38亿个月活跃账户数的QQ空间，移动端占比超9成，在移动为王的格局下，从2014年就开始试水信息流广告的QQ空间也在不断丰富广告产品形态，从单一图文信息流到多图轮播、品牌页卡等形式，从短视频信息流到体验更佳的视频故事广告，以更适应移动端的阅读体验、H5、电商购买链接的丰富也满足品牌对于多渠道传播和效果传播的需求。在社交场景中实现了从品牌曝光，到口碑发酵，最后实现销售转化的传播闭环。如果要说QQ空间的优势，那大概就是它更懂年轻人。

思考题：
1. 简述年轻消费者的心理和行为特征。
2. 针对年轻消费者的特征，广告在创意和表现策略上应考虑哪些因素？
3. 选择一则QQ空间中播放的广告，对广告的创意和表现策略进行评析。
4. 结合案例资料谈谈视频广告的广告创意。

技能训练

1. 实训内容：广告创意练习。
2. 实训要求：运用集体思考法，针对"环境保护"的主题进行公益广告创意练习。
3. 实训组织方法及步骤

（1）教师将学生分为若干组，安排任务；
（2）学生按小组进行讨论；
（3）根据分析讨论的结果，确定广告创意方案并撰写文案；
（4）由教师组织，各小组委派代表在班级进行交流；
（5）教师进行点评，对本次实训进行总结。

第 6 章 广告媒体

📎 引导案例

宝马的微信朋友圈广告传播

新款 BMW M2 双门轿跑车选择人气超模 Gigi Hadid 代言，Gigi Hadid 是《体育画报》、*Vogue*、*VMAN*、*Elle*、*Grazia* 等知名杂志的封面常客，非常符合宝马对该车型的定位与诉求。

视频开始并排停放着 5 辆蓝色的 M2，Gigi 会登上其中的一辆。汽车随即在赛道上展开疯狂竞速。全新 BMW M2 如同跳舞一般左右漂移，轮胎的摩擦声、引擎的咆哮声，演绎出动人心魄的协奏曲。观众要做的就是当 5 辆 M2 再度一字并排停下后找到 Gigi 所在的那辆车！

宝马将这则朋友圈视频广告与 H5 落地页组合，以悬念引发好奇，三步策略层层推进：首先，朋友圈 15 秒视频广告"超模 Gigi 到底上了谁的车"产生悬念，引发好奇；接着，视频广告内嵌自定义 H5，观众点击"查看详情"链接，观看视频并参加竞猜环节，互动形式进一步激发观众的参与欲望；最终，引导观众填写资料，预约线下体验试驾，达成潜移默化的效果转化。

从整个投放效果来看，广告上线后收获亿级曝光量，总社交互动次数 223 万次，竞猜参与人数 87 万人次。宝马中国微信公众号粉丝增长 5 万人，尤其试驾注册申请量达到近万条，实现品牌曝光与效果转化的双赢回报，社交能量的释放对宝马 M2 及整体品牌形象提升作用显著。

▷ **辩证性思考**：微信朋友圈的广告传播价值。

🎯 本章学习目标

☑ 掌握各类媒体的基本特点及其广告特点；
☑ 掌握对广告媒体的分析评价与选择；
☑ 掌握媒体策略。

🔑 关键术语

广告媒体　报纸　杂志　电视　广播　网络媒体　户外媒体　POP　直邮广告　媒体策略　广告计划　视听率　发行量　毛评点　视听众暴露度　到达率　千人成本

广告媒体是随着商品经济和科学技术的发展与进步而发展的。从广告发展史中可以知道，最早、最原始的广告是叫卖广告，它是销售现场广告发展的基础。因此，我们可以把声音、店前的实物悬挂看作广告媒体的鼻祖。非现场销售广告是商品经济比较充分发展之后，特别是现代大工业生产的产物，印刷业的发展则产生了非销售现场广告的最早物质手段。随着市场和科学技术的进一步发展，越来越多的物质与工具被开发和利用，成为广告的传播媒体。随着通信和电子信息技术的发展，新媒体不断出现，极大地丰富了广告媒体类型，也给广告主提供了更多选择。

6.1 广告媒体的类型与特点

6.1.1 广告媒体的类型

根据媒体的传播形态差异，广告媒体可以划分为三种基本类型：平面媒体、电子媒体和数字媒体。平面媒体以文字为元素，以印刷为基本手段，最常见的是报纸和杂志，还包括海报、招贴、直邮、企业印刷物、购物指南、商品包装、日历等。电子媒体以声像为元素，以电波为基本手段，最常见的是电视和广播。随着技术的发展，电子媒体的种类也在不断丰富。数字媒体以互联网媒体为代表。除此之外，以手机为代表的无线终端也已成为重要的数字媒体。了解不同媒体的特点，把握各种媒体的特性，将直接关系到整个广告活动的成败。

6.1.2 广告媒体的特点

报纸、杂志、广播、电视和网络这五种大众媒体，由于在广告传播中所占的比例及所起的作用都是其他媒体所无法比拟的，因此被称为五大媒体。各种媒体都有着自身的不同特点。

1. 报纸广告媒体

在传统的四大媒体中，报纸是历史悠久、普及性广和影响力大的媒体之一。报纸广告几乎是伴随着报纸的创刊而诞生的。随着时代的发展，报纸的品种越来越多，内容越来越丰富，版式更灵活，印刷更精美，报纸广告的内容与形式也越来越多样化，所以报纸与读者的距离也更接近了，成为人们了解时事、接收信息的主要媒体。图 6-1 所示的是《金陵晚报》刊登的广告。

（1）报纸广告媒体的主要优点。

1）报纸是一种依靠平面视觉、倾向于理性的广告媒体。报纸以文字传播为主，通过版面载体的平面形式向读者传递信息。由于文字可以给读者增加思考的层次和深度，相对视频类媒体来讲，它更偏向于理性色彩。另外，阅读能力限制了部分文字阅读能力较差的人，一定程度上制约了受众面的普及，如在广大的农村地区，报纸的覆盖率就很低。

2）报纸是一种具有主动选择性的广告媒体。所谓主动选择性，是指读者在选择广告信息时，具有收受的主动性，即读者在阅读内容、阅读时间、阅读地点、阅读速度等方面具有较强的主动选择性，这是电波媒体无法相比的一大优势。报纸的读者可以根据自己的阅读习惯、需要、兴趣来选择不同的报纸、版面和内容，根据自己的知识能力对报纸的信息进行解读。当然，由于报纸广告的独特魅力，大部分读者还是会关注报纸广告的。一旦读者对广告信息产生兴趣并主动阅读，他们对广告信息的接受也就较为深入、较为完整深刻。

图 6-1　《金陵晚报》刊登的广告

3）报纸是一种相对廉价、灵活的广告媒体。从报纸的制作成本来看，主要包括采编、纸张、印刷、发行等费用，这些费用与电视媒体的节目制作成本相比要低得多。报纸是一种散页装订的纸质媒体，可以随时因情况的变化而增减版数，灵活处理各类新闻及广告内容。此外，报纸分类广告因其低廉的价格也引来了不少小公司和小企业的关注，使小规模企业也能通过影响力较大的报纸媒体进行宣传。

4）报纸是一种权威性、可信度较高的广告媒体。在大众媒体中，报纸发展历史最为悠久，其权威性和可信性在人们的心目中留下了深刻的印象。不少读者通过长期订阅报纸而形成了对报纸的潜在可信性，也因此使得读者对该报纸的广告产生较大的信任感。

（2）报纸广告媒体的不足。报纸媒体作为一种纸质媒体与电波媒体相比，还是存在着一些不足之处。

1）受材质与技术的影响，报纸的印刷品质不如专业杂志、直邮广告、招贴海报等媒体的效果好。报纸仍以文字为主要传达元素，表现形式相对于电视的立体、其他印刷媒体色彩的斑斓丰富，显然要单调得多，报纸仍是印刷成本最低的媒体。

2）报纸的时效性较短，往往只有一天甚至更短的时间，因而广告内容被反复阅读的可能性较小。

3）注意度不高。报纸刊登内容较多，广告分布其中，读者的注意力较易分散，传播效果不稳定。

此外，随着网络媒体的广泛运用，报纸的订阅量和阅读人数受到极大影响，报纸的电子化已成为传统报纸媒体的创新方式。

2. 杂志广告媒体

杂志也是一种印刷平面广告媒体，尽管与报纸广告相比，它明显缺乏时效性，而且覆盖面有限，但由于它精美的印刷，具有光彩夺目的视觉效果，故深受特定受众的喜爱。由于杂志种类繁多，雅俗均有，影响颇大，因此，它成为现代广告五大媒体之一。图 6-2 为精工手表的杂志广告，作品的画面精美、文字丰富，两者结合很好地表现出了精工手表的高贵品质。

图 6-2　精工手表的杂志广告

杂志广告媒体的主要优点有：

1）对象明确，认同集中。从总体上说，杂志的受众不如广播、电视、报纸那么广泛，但杂志有比较固定的受众，可以根据受众的消费需求，有针对性地刊登相关广告。杂志受众集中、明确，广告主可以按商品的顾客群选择合适的杂志刊登广告，使杂志广告信息的传播更有针对性。

2）阅读周期长，接触次数多。期刊具有反复阅读的优势，而且传阅率高。一般杂志的篇幅多，读者大部分要分几次才能读完，这样一来，接触杂志上的广告次数增多了，对杂志中的广告印象也就比较深刻。加之杂志装订成册，便于存放和查阅，杂志上的广告也就享有较长保存期和阅读期，深化了广告传播效果。

3）突出醒目，干扰很少。杂志广告大多独占一页，醒目、突出，读者在阅读时受干扰很少，注意力集中。由于连续出版，可以取得反复宣传的声势。成功地调度期刊的连锁创意，集中宣传声势，可以取得其他媒体难以达到的广告力度与广度。

4）印刷精美，富有吸引力。杂志广告通常都采用高级纸张和彩色印刷，加之广告本身在设计上、图片上、字体上都非常讲究，力求完美，具有视觉快感，常常成为读者喜欢欣赏的部分原因。随着印刷技术的进步，高仿真印刷、特种印刷等手段的运用，给杂志带来了在表现上几乎无所不能的优势。商品广告要求惟妙惟肖、出奇制胜，杂志正是能够体现这些效果的媒体。

当然，杂志除了上述优点，还存在一些局限性，如杂志的时效性不如广播、电视和报纸等，专业性强，发行量少，读者层面较狭窄，市场覆盖率低，广告刊登选择面小等。

3. 广播

广播媒体的发展是 20 世纪初的事。在其后的多种广告媒介的竞争中，无线电广播凭着独特的功能而保有其竞争力，在广告市场中占有相当高的地位，发挥着较为重要的作用。尤其是近年来中国汽车市场的大发展，车载广播的收听率得到极大提高，广播媒体呈现出新的发展态势。广播的主要特点有：

1）广播广告媒体的交流感与意境性。从传播的方式上看，报纸的交流感是机械的，电视的意境是局限的，而广播的交流感是跃动的，意境是深邃的，而且两者是统一的。有人说，看电视评书连播不如听广播小说连播，原因是广播可以使人对感知的一切事物和事理出现反跳，并依此再造一个"世界"。电视的图像是一种成型的和定格式的表现手段，观众的想象空间有限。

2）广播广告媒体的流动感与兼顾性。一方面收听广播的工具携带方便，另一方面广播是传送声音的媒体，除耳朵外，不需要眼睛和人体其他器官来接收信息，所以人们可以在各种状态下接收广播信息。随着人们生活节奏加快，在动态中获取信息是广播的优势，这也为广播媒体的生存和进一步发展提供了空间。

3）广播广告媒体覆盖的无限性与广播广告受众的全面性。广播的覆盖面可以说是无限的。随着广播技术的飞速发展，广播信号可以顺利地直接传送到环绕地球的通信卫星上，在一些发达国家还开发和研制出一种可以直接接收卫星信号的收音机。所以，即使在最偏僻的地方发生的有价值的新闻或信息，通过广播也可以在最短的时间里迅速传播到地球上的任何一个地方。另外，虽然广播行业根据听众市场的变化提出了广播要窄办，但广播的受众不是完全对象化的，如司机既可以听交通台，也可以听健康台或其他台，所以广播广告受众不局限于哪一类或几类消费群体。

4）广播广告的低投入与高回报。在同等级别的媒体中，无论是报纸还是电视的广告收费远比广播广告的收费高得多，原因是广播广告的成本远远低于报纸和电视广告的成本。由于广播广告需要高密集度投放，才能产生较好的效果，因此一些广告主误认为广播收费低是因为广播广告的效果差，这是一个认识上的误区。

5）信息保持性差，稍纵即逝。广播只诉诸听觉功能，听众接收信息时的注意力不能保证，收听效果难以准确把握和测定，除非有特殊的音响效果和语言感染力，否则很难达到应有的传播效果。

相关链接

公益广告

（背景音乐：大提琴曲——《缠绵往事》渐起）

（关闭铁门的声音：由刺耳到没有）

男声（带有沉闷悔恨的语气）：我叫司徒永波，18 岁，因故意杀人被判死刑。

女声（缓慢欲哭的声音）：我叫余雪，今年 19 岁，因吸毒抢劫被判有期徒刑 3 年。

男声（悔悟的语气）：我叫李明，今年 18 岁，因强奸被判有期徒刑 8 年。

（背景音乐8秒）

（女声旁白）对年青一代，多一份爱，多一点关心，社会就会少一份罪恶，多一点安定。

（背景音乐渐渐变小直至没有）

近年来，中国广告界加大了对公益广告的投入，不管是电视上、广播上还是杂志上都可以看见公益广告的身影，却很少有针对未成年人犯罪的广告。这则公益广播广告主要通过犯罪分子本人的口述，让听者产生对这些未成年人的同情之心，号召大家积极关注未成年人犯罪。

4. 电视

在所有的广告媒介中电视是具有很强发展势头和发展潜力的一种。由于其发展势头强盛，在广告市场上具有很强的竞争力。图 6-3 为中国移动的广告，广告通过展现多个在不同地理位置使用移动和 4G 的消费者利用便捷且覆盖极广的移动网络突破地理限制的障碍，轻松与世界相连，从而把"和 4G 心互联"的理念传递给人们。表明在移动互联时代，人们可以轻松突破时间、空间的限制，随心、随时、随地移动互联。

图 6-3　中国移动无限覆盖广告

电视媒介具有极强的传播力，其主要特点有：

1）同时诉诸视觉与听觉，表现力丰富，感染力强。电视媒体集声音、图像、文字及动画为一体，巧妙地在广告信息中融入感人的形象和情节，具有较强的吸引力和艺术感染力，容易被记忆并留下深刻的印象。

2）传播面广，渗透力强。电视广告是除广播广告外，覆盖率最高、传播面最广的媒体，由电视台发出的信号可以将各种信息不受任何影响地发送到电波覆盖区域内的各个角落。

3）娱乐性强，被注意率高。电视节目娱乐性强，在人们日常生活和业余闲暇中占据重要位置。在所有广告媒体中电视是最强势的大众传播媒体，尤其是与特定节目如体育节目、重大事件直播等联动，其广告更具有其他媒体不可比拟的瞩目度和积累性效果。

4）信息生命周期短，具有稍纵即逝性和不可重复性。电视广告在时间上受限制，时间一到，节目即告终止，难以一次性地在观众中留下清晰而深刻的印象。同时，在播送内容

5)费用昂贵。一是指电视广告片本身的制作成本高,周期长;二是指播放费用高。

6)不利于深入理解广告信息。由于电视广告收费较高,电视广告时间长度多在5~30秒。要在很短的时间内,连续播出各种画面,闪动很快,不能做过多解说,影响人们对广告商品的深入理解。因此,电视广告不宜播放需要详尽介绍的商品,如生产设备之类的商品。一些高档耐用消费品在电视播放广告时,还要运用其他补充广告形式做详细介绍。

7)电视广告的实际收视率较难统计,特别是在多台、多频道、多节目可遥控选择的情况下,逃避广告、跳跃观看节目的情况较为普遍,这使电视广告实际到达率大打折扣。

5. 网络

伴随着网络经济的发展,网络广告应运而生,并得到快速发展。网络媒体是发展潜力巨大的新兴广告媒体,直至今日,网络新媒体已经发展成继报纸、电视、广播、杂志之后的第五大媒体。网络媒体虽然发展时间短,但网络以其自身的优势,成为当今世界不可或缺的信息传播载体。网络的特点是传播范围广泛,信息传播具有交互性,信息容量大,视听效果综合,实时性与持久性统一,广告投放准确,受众数量可准确统计。关于网络新媒体及广告的相关内容,将在第12章中具体介绍,这里不再详细分析。

▶▶ 6.1.3 小众媒体

小众媒体一般是指户外广告、售点广告、直邮广告、通信广告、交通广告等多种形式的小范围传播媒体。

1. 户外广告媒体

凡是能在露天或公共场合向消费者传播广告信息的媒介都可称为户外广告媒体。制作精美的户外广告已成为一个地区经济发展的象征。根据媒体发生作用的介质不同,可以将户外广告媒体分为以下几种类型:绘制类、光源类、电子类、空中广告媒体及其他户外媒体,如图6-4所示。除了图中所列户外广告媒体类别,还有其他户外广告媒体,如赛场广告、雕塑广告、电话亭广告、立体充气模型等,在此不逐一列举。图6-5是麦当劳的一则户外广告。

(1)户外广告的主要优点。

1)节约成本,反复诉求。首先,户外广告相对于其他媒介广告,制作比较简单,广告制作费也比较少;其次,户外广告的媒介费用相对比较低。

2)灵活多样,覆盖率高。户外媒体种类繁多,可通过对目标对象群体的生活习惯进行一定的分析归纳,进而进行策略性分析,让目标受众在不同环境中都能或多或少地接受广告信息。

3)图文清晰,视觉冲击力强。户外媒体虽然是瞬间媒体,但是它可以融合多种表现手段,图文并茂,引人注目。如光源类和电子类广告往往因主题鲜明、造型独特,成为城市的一道风景,也达到了广告传播的目的。

(2)户外广告媒体的局限性。

1)信息量少,干扰性强。一般户外广告用来宣传企业或产品品牌的名称或标志,信息相当简单,而且户外媒体一般设置在繁华地段,白天广告牌比比皆是,晚上各类霓虹灯、电子类广告让人眼花缭乱。户外广告之间的互相干扰以及其他非广告信息的辐射，都会影响广告效果。

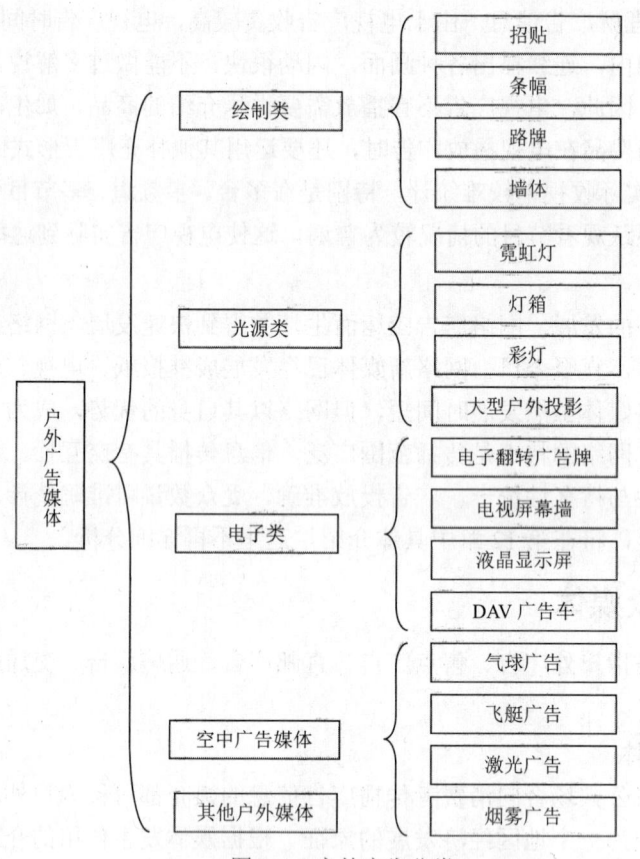

```
                    ┌─ 招贴
            ┌ 绘制类 ┤  条幅
            │       │  路牌
            │       └─ 墙体
            │
            │       ┌─ 霓虹灯
            │ 光源类 │  灯箱
            │       │  彩灯
  户外       │       └─ 大型户外投影
  广告 ─────┤
  媒体       │       ┌─ 电子翻转广告牌
            │ 电子类 │  电视屏幕墙
            │       │  液晶显示屏
            │       └─ DAV 广告车
            │
            │       ┌─ 气球广告
            │空中广告媒体│ 飞艇广告
            │       │  激光广告
            │       └─ 烟雾广告
            │
            └ 其他户外媒体
```

图 6-4　户外广告分类

图 6-5　麦当劳的户外广告

2）区域性强，宣传范围小。由于户外广告大多固定在某一位置，信息传播范围有限，而且户外媒体易被气候或破坏性行为损坏外观，需要长期维护。

3）效果评估难度大。户外媒体评估遇到的最大问题就是样本抽取难度很大。没有固定的样本，监测的数据难以让人信服。

4）事后评估的不现实性。户外媒体的魅力，就在于其主要利用自身独特的创意、醒目的形式吸引人们的眼球，让人们在不知不觉中接受广告信息。要求人们在事后清晰回忆接触媒体的行为过程着实比较困难，如人们在这个过程中往哪些方向分散目光，被哪些因素吸引。作为第一手研究资料的重要细节的缺失，必然造成评估结果的不可信。

2．售点广告媒体

售点广告媒体又叫 POP 广告媒体，POP 是英文"Point of Purchase"的缩写，指商家或广告主针对消费者发布可置于销售现场的各种广告的载体（见图6-6），包括导购牌、展牌、展柜、广告牌、霓虹灯、电子闪光灯、灯箱、陈列货架、橱窗、招贴画、商品招牌、海报、门面装饰、包装纸、奖券、有线广播、特殊音响、闭路电视等。售点广告媒体最早出现于20世纪30年代的美国，现已在全世界被广泛使用。例如，日本预估POP广告费每年可达1 600亿日元。近年来我国这类广告媒体的使用也越来越多。北京某自选商场曾对POP广告进行过现场调查，结果表明，对销售现场广告感兴趣的占80%，看了销售现场广告采取购买行动的占35%，看了销售现场广告才认识某商品的占5%，从中获知商品性能、用途的占60%。随着无人销售形式出现，尤其是超级市场的出现与普及，售点广告的功能也在逐渐扩大。售点广告最主要的形式是以商品本身为媒体的陈列广告。售点广告实际上是其他广告媒体的延伸，对潜在的购买心理和已有的广告意向能产生非常强烈的诱导功效。其主要功能如下：

1）信息告知功能。通过 POP 广告告知消费者商品、服务等基本信息，如服装打折信息等。这种 POP 广告能紧密配合各种现场促销活动，实用性强。

2）购买引导功能。通过 POP 广告引起消费者的注意，让消费者的脚步停留在商品面前，伴随着销售额的上升，使顾客对生产者也产生认同感。

3）消费诱导功能。通过 POP 可加深顾客对商品的认识程度，诱发顾客的潜在愿望，形成冲动性购买。有些 POP 广告与产品包装整合后，诉求明确，易被受众认知和喜爱，对销售有很好的促进作用，特别是消费者在做低卷入度产品的选购时效果尤为显著。

4）提升形象功能。通过 POP 广告制造卖场气氛，增进消费的情趣，改善购物环境，提升企业形象。

3．直邮广告媒体

直邮广告（Direct Mail，DM）就是广告主通过邮局将印刷、书写或以某种形式处理的广告信息在一定范围内直接寄送给特定受众的广告形式，包括商品目录、产品说明书、广告函件、传单、折页、小册子等。DM 除用邮寄外，还可以借助其他方式，如传真、杂志、电子邮件、直销网络、柜台散发、专人送达、来函索取、随商品包装发出等。DM 与其他媒体的最大区别在于：DM 可以直接将广告信息传送给真正的受众。这是其他媒体不能相比的一大特点。据统计，在国外成熟的广告媒体市场中，DM 所占的份额，美国不低于18%，日本不低于12%，而我国不足1%。尽管直邮广告与四大媒体相比所占份额不大，但因为其独特的优点，如针对性强、成本低廉等，近年来的发展速度很快。图 6-7 为某房地产的直邮广告。直邮媒体的主要特点有：

1）从广告持续时间看，DM 广告保存性好。一条 30 秒的电视广告，其信息在 30 秒后荡然无存，DM 则明显不同，在受众做出最后决定前，可以反复翻阅直邮广告信息，并以此作为参照物来详尽了解产品的各项性能指标，直到最后购买。直邮广告可以自主选择广告时间、区域，更加适应善变的市场。

2）从广告形式看，DM 广告灵活性大。不同于报纸、杂志广告，DM 广告的广告主可以根据自身具体情况来任意选择版面大小，并自行确定广告信息的长短及选择全色还是单色的印刷形式。除此之外，广告主可以根据自身要求制作各种 DM 广告，不为篇幅所累，可以让消费者全方位了解产品。

3）从广告内容看，DM 广告互动性强。DM 广告无法借助报纸、电视、杂志、电台等媒体在公众中建立信任度，因此 DM 广告只能以自身的优势和良好的创意设计以及富有吸引力的语言来吸引目标对象，以达到较好的效果。DM 最大的卖点在于直接连通企业和客户终端，信息反馈及时，有利于买卖双方双向沟通。直邮广告尤其适合超市式经营的销售企业和直销企业。

4）从广告效果看，DM 广告针对性强，广告效果可达到最大化。DM 可以把求购对象按地区、年龄、职业、地位、收入、爱好等特征区分，对象的选择性和针对性强。同时 DM 可以将商品样品或赠品寄送给对方试用，这种一对一的直接发送，可以减少浪费，促进销售。此外，受众收到 DM 后在了解广告内容时，可不受外界干扰而转移注意力。

图 6-6　POP 广告　　　　　图 6-7　某房地产的直邮广告

4. 通信广告媒体

通信广告是指利用通信工具（主要包括手机、电话、传真等工具）进行传播的方式。目前一些服务性公司比较偏重使用通信广告媒体进行广告宣传，如咨询机构、培训机构、电信公司、保险公司、广告公司等。

1）手机短信广告。它是一种基于数字网络的双向文本信息传递的广告，一般由互联网内容提供商通过短信向大量手机用户有偿提供内容服务。手机短信广告的特点是市场覆盖率较高，广告信息可以多样化，传递速度快，成本低廉，互动性较强，等等。

2）电话广告。它是指广告费用由商家提供，普通用户免费拨打广告电话的新兴广告方式。一般电话用户可以通过拨打广告号码免费通话，但在通话前要听一段广告，其话费由业务申请者支付。电话广告的特点是到达率高、成本低等。

3）传真广告。它是利用计算机网络群发实现自动化发送资料的一种新颖独特的广告模式。这种广告模式具有效率高、准确率高、方便简洁、成本低等特点。

4）E-mail 广告。它是借助互联网的电子邮件发送广告的模式。电子邮件广告成本低、速度快，但由于受垃圾邮件的困扰、免费邮件退信率高，以及邮件用户更换或废弃邮件地址等因素影响，这种广告模式的发展受到一定制约。

5. 交通广告媒体

交通广告成为当今广告的一种重要形式。交通工具上设置广告，可以让乘客在旅途中放松心情，打发时间。交通广告的成本低廉，信息阅读率高，受众在相对封闭的空间接受广告信息，广告信息的到达率和暴露频率都能达到较高的水准。交通广告广泛运用于公交（见图6-8）、民航、地铁等领域。

图6-8 公交车车身广告

相关链接

电视广告策略优化的七大关键法则

新媒体时代，电视广告并未真正衰败。相反，许多品牌在电视上所产生的支出仍在继续增长，其在宣传活动中的作用仍至关重要。作为大众媒体之一，凭借具有巨大的宣传效果和广泛的影响力，电视广告仍为当今社会最主要和影响最广的广告形式之一。品牌应如何优化电视广告策略？以下几点值得关注。

1. 绝佳的广告因为有绝佳的创意

创意依然为王。如果你希望自己的广告宣传被人们所关注和铭记，那么它必须具有令人信服的创意。在考虑媒体权重的差异后，我们的数据发现不同电视广告在"深入人心"方面的表现存在着巨大差异。这种差异大部分可以用"创意"来解释，而媒体权重无法弥补赢弱的创意。

2. 重视品牌信息传播力度

益普索数据库显示，在电视广告未能实现品牌影响的原因中，50%是因为品牌属性不足，也就是说，抛开媒体问题（如缺乏支持），如果人们不能回忆起他们支持哪个品牌，那么广告就是失败的。

我们的数据库显示，在传达品牌信息方面更为成功的电视广告具有以下特征：品牌相关性——品牌在情景中起到的相关整合作用；品牌暗示——有助于识别品牌并将其与品牌所代表的产品联系起来的元素和图像；品牌存在性——可辨认的品牌镜头或提及率。

3. 简洁至关重要

观众不会努力理解你的广告。我们的数据库显示，表现不佳的电视广告往往：试图传递太多东西——不止一条信息（或产品优点）；包含不明确或让人混淆的情节、场景、背景；剪接不连续，镜头运动让人分心，难以理解的视觉资料让人不再关注产品或品牌故事。

4. 情绪联想的价值

如果品牌与大脑中涉及长期记忆、高层次目标和个人价值观的区域联系起来，人们就会有不同的体验。所以，如果你的广告将品牌置于与个体受众有关的背景中，将会加大它所传递的故事、影像和联想植入观众内心中的概率。

正因为此，我们相信情绪能够在电视广告中发挥强大而有效的作用，而且情绪量测（利用面部编码）是我们如何评估广告的一个重要组成部分。益普索（Ipsos）数据表明，情绪联想较多的电视广告能够产生比情绪联想较少的广告更大的品牌欲望，发挥更强大的销售潜力。

5. 脉动型排期

连续型排期或脉动型排期在传播效果方面要优于间歇型排期。在众多信息"干扰"的今天，广告的一个重要作用就是在人们心目中培养并保持品牌表现力。这或许可以解释为什么我们的数据表明，在支出相同的情况下，持续播出所保持的品牌关联记忆要优于间歇型排期。

当然，许多预算并不支持持续播出所产生的巨大支出。在这种情况下，脉动型排期或闪动型排期可最大限度地减少停播时间，与长时间没有宣传活动之后的大爆炸宣传相比，不会导致重大广告衰退效应。

6. 专注到达率最大化而非频率

为何到达率如此重要？因为大多数品牌都有许多轻度用户，而重度用户相对较少，所以，要实现增长，往往需要提高轻度用户的使用量，并吸引新用户。因此，到达尽可能广泛的受众至关重要。这也是"名声"宣传被证明是一种更有效的情绪宣传的原因。广告宣传如果实现街谈巷议（线上和线下）并被广泛分享，就会产生自由到达率和放大，同时获得社会认可和倡导。所以，广告宣传一旦成为文化参照点，往往就会极具影响力。

7. 广告疲倦效应

引入新的宣传方案要有合理的理由，广告疲倦效应就是主要理由之一。广告疲倦效应能够用广告反应和品牌影响来量测，也就是说，对创意的反应（如信息回忆、广告诊断）和对品牌的影响。

（资料来源：中央电视台，孙鑫）

6.2 广告媒体的商业价值评估

广告媒体的商业价值评估通常依据一套完整的评估指标体系进行。这一指标体系包括媒体量化评估指标、媒体定性评估指标和媒体效益评估指标。除此之外，考虑到商品的特殊性，也应该对媒体实际的传播状况予以考虑。

6.2.1 媒体商业价值的量化评估

媒体量化评估指标通常有视听率、发行量、毛评点、视听众暴露度、到达率、暴露频次等。

1. 视听率

视听率是接收某一特定电视节目或广播节目的人数（或家庭数）和百分比。视听率是衡量广告信息传播范围的重要指标。当然，视听率只能大致表明收视收听人群的比例，并不表示广告信息被受众实际收看（听）到的比例。

2. 发行量

发行量指报纸和杂志通过发行渠道发送给读者的报刊份数。发行量指标主要有期发数和年发数两种。当然，发行量和视听率相似的特点是，发行量也只是用来衡量读者的大致范围、流量与状况，并不意味着刊载的广告信息被实际看到。目前国内媒体发行量存在着虚假问题，所以应以媒体发行量背后的媒体发行质量作为重要的考察标准。

3. 毛评点

毛评点又称总视听率，是指特定时期内，某一广告数次播放的收视率之和，是一则广告在媒体推出数次后所能达到的总的效果。毛评点的计算公式：毛评点=到达率×暴露频次。

4. 视听众暴露度

视听众暴露度是指在一定时期内收听、收看某一媒体或某一媒体特定节目的人数（家庭数）总和，实际上是毛评点的绝对值。视听众暴露度的计算公式：视听众暴露度=视听众总人数×毛评点。

5. 到达率

到达率又称接触率，是指广告由某种媒体传播后，一段时间内接触到这则广告的人数占媒体传播范围内总人数的比例。到达率实际上就是看到或听到某一广告的人数的百分比。

6. 暴露频次

暴露频次又称频次或频率，是指在一定时期内，每个人（或家庭）接收到同一广告信息的平均次数。暴露频次与到达率在本质上是不同的,到达率衡量广告信息到达的人数,暴露频次则用以衡量到达的平均人数。

媒体量化评估指标主要用于考察接触广告信息的受众广度,除量化评估指标外,媒体定性评估指标也是衡量媒体商业价值的重要元素。

6.2.2 媒体商业价值的定性评估

媒体定性评估主要指媒体的说服力效果。虽然定性评估不能根据统计加以量化,却是实际影响媒体投放的要素。通常,媒体定性评估指标包括接触关注度、干扰度、编辑环境、广告环境、相关性等。

1. 接触关注度

接触关注度是指消费者接触媒体时的专注程度。其基本假设是,专心接触媒体的广告被记忆程度,高于漫不经心地接触媒体的广告被记忆程度。

2. 干扰度

干扰度是指消费者在接触媒体时受广告干扰的程度。它指广告版面或段落长度占媒体本身内容的比例。其基本假设为,众多的广告在一定时间里集中"轰炸"消费者,因此形成了广告信息强度彼此互相干扰和抵消的现象。干扰度分为直接干扰和间接干扰。直接干扰指相同品类的广告相互之间的干扰,间接干扰指所有品类的广告挤在一起所形成的相互干扰。媒体广告越多,分配到某一特定广告信息的关注就越少。广告所占的比例越大,干扰度就越大,记忆需要的时间越长,传播效果也就越低。

3. 编辑环境

编辑环境是指媒体所提供的编辑内容及其在受众心目中的位置和影响,对品牌和广告创意发挥的影响。这种影响力大小体现在两方面:媒体形象和媒体地位。媒体自身会在消费者心中形成一定的形象,吸引具有相同心理倾向的受众,对具有类似形象的品牌或创意具有较高的媒体价值;媒体在类别里所占的地位也对广告传播效果有影响,居于领导地位的对受众的说服效果就较强。

4. 广告环境

广告环境是指媒体承载广告所呈现的媒体环境。其基本假设为,媒体发布的广告的整体形象对广告效果产生影响,良好的广告环境对广告品牌有提升作用。广告环境与干扰度不同,干扰度侧重于媒体上广告量所产生的干扰,而广告环境侧重于媒体上广告质带来的影响。

5. 相关性

相关性是指产品类别或创意内容与媒体本身在主题上的相关性。相关性评估的意义在于,该类型媒体本身对受众具有针对性,受众对该类型媒体产生兴趣,也就容易对该类型产品产生兴趣。产品类型与媒体类型相关联,会更容易吸引对该类型产品产生较高兴趣的受众。

6.2.3 媒体商业价值的效益评估

所谓效益指标,是衡量采用某一媒体可以获得的利益同消耗费用之间关系的指标,是媒体经济效益的度量。媒体有两个基本效益指标：千人成本和收视点成本。

1）千人成本指媒体信息到达1 000人所花费的费用，其计算方法为：媒体单位广告费用与到达的目标受众总数之比再乘以1 000。

2）收视点成本，又称每毛评点成本，指购买一个收视率的价值高低，即广告的媒体单位购买成本与收视率之比。

对广告媒体商业价值的评估是十分复杂的。要想完善广告媒体商业价值的评估，除上述三类评估指标外，还应综合考察其他变量，如媒体受众结构、媒体影响力与公信力、媒体目标与广告目标契合性等。

6.3 广告媒体的计划与执行

6.3.1 媒体计划概述

媒体计划是指一系列的决策，包括把促销信息传播给未来的购买者或者产品、品牌的使用者。媒体计划也是一个过程，它意味着要做出许多决策，并随着策划的进展，每一决策都可能被修改甚至被抛弃。

媒体计划是选择媒体的指导，它要求制定具体的媒体目标，以及设计具体的媒体战略来达到这些目标。一旦这一系列决策做出，并且目标和战略也制定出来以后，这些信息就有组织地形成了媒体计划。

从基本含义来看，媒体计划的目标是要找到一种媒体组合，它能使营销商以最有效的方式、最低的成本把信息传播给最多的潜在顾客。

6.3.2 媒体计划的制订与执行

媒体计划的制订除特别强调确定传播信息的最佳途径以外，它和媒体战略的制定是很相似的。制订媒体计划一般包括以下阶段。

1．标题、概要和目录

此部分作为广告媒体计划书的开端，是对全盘计划的一个概括，扼要介绍媒体计划的总体构想及简要评述，可使执行人员快速浏览要采取的行动，了解此计划的全部内容。

2．背景与环境分析

广告媒体计划的背景和环境因素应包括企业面对的市场状况、竞争环境，企业的优势及不利因素，各种媒体在广告活动中的占有率等。这部分内容主要包括市场形势和产品的历史及现状、与媒体相关的营销目标和策略、竞争对手广告媒体综合运用的情况。

3．媒体目标

每个媒体目标应该与一个营销目标和策略相关联。媒体目标一经确定，便成为日后计划执行检查、广告效果评估的依据。制定媒体目标时应该包括以下要点：目标受众的详细情况，需要的到达率，需要的可持续性以及可持续的方式，有特殊需要的区域比例，媒体的商业特性描述（如果需要的话），可以利用的预算和使用上的限制，所需的灵活性，必须支持促销的媒体水平，等等。

4．媒体策略

媒体策略和媒体目标的不同之处在于，媒体目标是关联到营销目的和策略的目标，而媒体策略是履行这些目标的行为。有时媒体计划者制定两种或三种可供选择的策略，并说明其中一种为何优于另两种。媒体策略至少应该包括以下内容：媒体类别选择，预算分配及比例，首要和次要目标市场的范围，目标受众的比例，使用媒体范围的详细情况，使用、选择或安排媒体的标准，等等。

5．媒体计划细节和说明

- 确定媒体价值的标准陈述；
- 证明所选媒体是可供选择和预算的最佳选择；
- 数据表明通过所有媒体组合后的净到达率和接触频次，包括频次分布；
- 数据表明全体媒体组合的总接触人次，尤其是目标受众数；
- 所选择或考虑的所有媒体的千人成本；
- 显示每个媒体总体费用、每个月使用次数、花费以及每月全部费用；
- 对于目标受众，采用年度流程显示媒体和每个星期插播率、到达率、频次及每月费用；
- 每年总费用；
- 其他对制订计划有帮助的数据。

6．媒体流程表

媒体流程表以图表的形式表现，以使计划者在很小的空间内表达媒体计划中的所有主要行动。流程图最重要的目的是提供给所涉及的每个人——计划者、媒体购买者以及客户对全部行动计划的细致观察。媒体流程图以简单明了的方式表明了整年媒体购买的流程，所以流程图应易于理解且不可忽略任何要点。

7．总结

最后，必须对编写好的媒体计划书进行检查总结。总结时应重点考虑以下几个方面：

- 计划怎样被组织好？如何能更轻易地得到所需的信息？
- 标题和抬头相匹配吗？有关于页数的表格吗？
- 所有数据表格都能正确表明数据的作用吗？
- 对重点的营销目标和策略是否进行了评论？
- 在计划书的逻辑推理方面是否存在不足？

本章小结

- 广告信息的传播是广告活动的重要实施环节，作为广告最终与受众接触的渠道和承载商业广告信息的载体，媒体已经成为企业营销者时时必须考虑和认真对待的问题。同时，由于绝大部分广告费用用于支付媒体的购买费用，广告的媒体决策已经直接影响了企业的经营效益。

- 媒体是人们借来传递信息与获取信息的工具、渠道、载体、中介物或技术手段。广告媒体是指传递广告信息的载体。凡能在广告主与广告受众之间起媒介或载体作用的物质都可以称为广告媒体或广告媒介。
- 媒体按其影响力大小，可分为大众媒体和小众媒体。大众媒体主要包括传统的报纸、电视、广播、杂志及网络媒体等；小众媒体形式多样，常见的有户外媒体、POP、直邮广告、通信广告、交通广告等。
- 报纸是最早的大众传播媒体。报纸传播范围广，读者众多且相对稳定；发行地区和发行对象明确，因此选择性较强；编排灵活，时效性强；具有特殊的新闻性和权威性；具有保存价值，其内容无阅读时间限制；广告费用相对较低。但读者的阅读能力受到文化水平的限制，报纸印刷效果一般。
- 杂志也是传统的四大传媒之一。杂志阅读率高，保存期长；针对性强，读者阶层和对象明确；编辑精细，印刷精美，表现力强。但时效性差，读者层面较狭窄，市场覆盖率低。
- 广播是最早的大众电子传媒，虽然受电视的影响，地位不如以前，但广播以其独有的优势，仍然是当今重要的大众传媒之一。广播传播速度快、传播范围广、时效性强；节目的听众明确，广告语言通俗化，广告对象易于掌握；制作成本与播出费用低廉；信息传播较少受时空限制。但信息保持性差，稍纵即逝。
- 电视在所有的广告媒介中是具有很强的发展势头和发展潜力的一种。电视表现力丰富，感染力强；传播面广，渗透力强，娱乐性强，被注意率高。但电视信息生命周期短，具有稍纵即逝性和不可重复性；广告费用昂贵，受时间限制，不利于受众深入理解广告信息；电视广告的实际收视率较难统计。
- 网络媒体虽然发展时间短，但网络以其自身的优势，成为当今世界不可或缺的信息传播载体。网络的特点是传播范围广泛；信息传播具有交互性，信息容量大，综合了视听效果；实时性与持久性统一；广告投放准确，受众数量可准确统计。
- 广告媒体商业价值可以进行量化评估、定性评估以及效益评估。量化评估的主要指标有视听率、发行量、毛评点、到达率、暴露频次等；定性评估的指标有接触关注度、干扰度、编辑环境、广告环境以及相关性等；效益评估的主要指标有千人成本和收视点成本。
- 媒体计划是指一系列的决策，包括把促销信息传播给未来的购买者或者产品、品牌的使用者。媒体计划是选择媒体的指导，它要求制定具体的媒体目标，以及设计具体的媒体战略来达到这些目标。一旦这一系列决策做出，并且目标和战略也制定出来以后，这些信息就有组织地形成了媒体计划。

专论 6

尼尔森：2016 年全媒体广告市场观察

2016 年整体广告投放市场已由 2013 年 10% 的同比增长减缓至 2014 年的 1%，再到 2015

年同比下降6%，及至2016年降幅回升至1%（见图6-9）。虽然仍未呈现强劲走势，但媒体和广告主之间的合作与角力早在潜移默化间发生巨变。尼尔森网联AIS全媒体广告监测回顾过去四年间的市场走势，将着眼点聚焦在"大行业""大广告主"上，从广告主角度阐述投放策略的转变和媒体面临的新挑战。

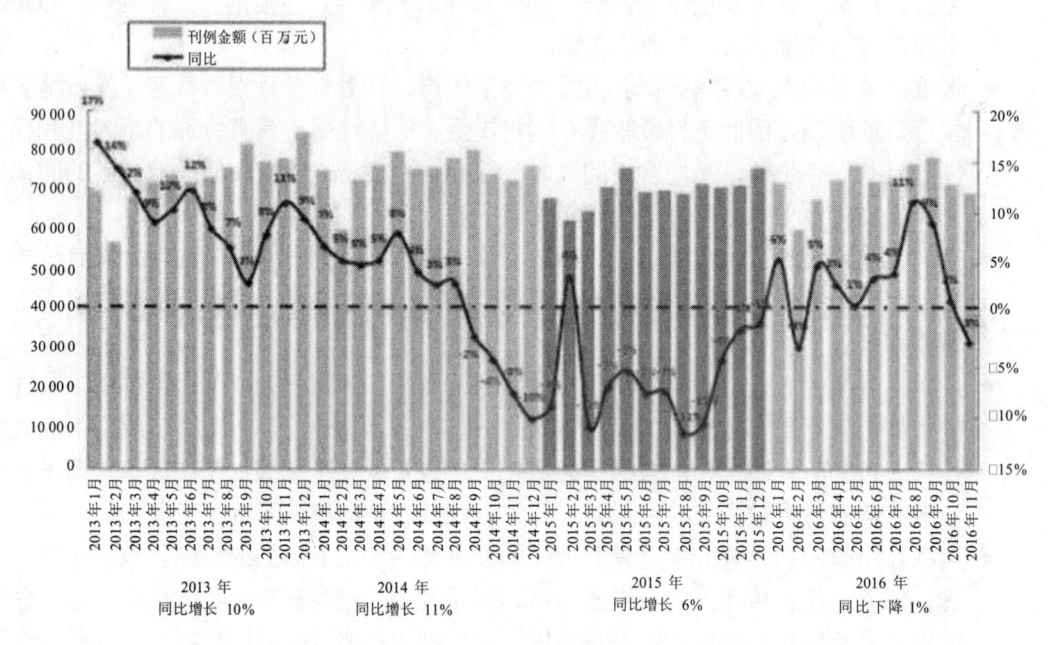

图6-9 2013—2016年全年广告投放市场概览

数据来源：尼尔森网联AIS全媒体广告监测

数据日期：2012年1月—2016年11月   媒体类型：电视、报纸、杂志、电台

1. 全国广告市场：降幅减缓，电台挤压生存空间

2016年广告市场整体同比下降1%，分月表现中除2月和11月外，其他各月均呈正向同比增长，与2015年形成鲜明对比。受2016年巴西里约奥运会和夏季季节因素影响，8—9月成为年度广告投放高峰，饮料和食品行业带动作用明显。

在不同媒体投放类型中，电视占据绝对比重，连续4年保持在85%以上。媒体变化主要体现在平媒和电台中：随着报纸、杂志的规模精简和平台转移，尤其报纸媒体在4年间持续下降，杂志再缩至1%，两者的让利空间都转移到电台媒体上。与2015年相比，电台还拿到了电视媒体2%的占比花费，成为广告投放增长潜力最大的媒体（见图6-10）。

2. 行业广告花费：稳中求进，大行业的投放转变

2016年的广告投放市场较2015年出现较大转变（见图6-11）：TOP6行业虽然排名没有变化，但仅有药品及健康产品行业出现近20%的增长，饮料、化妆品/个人卫生用品、食品、商业/工业/农业和零售服务行业都有不同幅度的花费下降，其中化妆品/个人卫生用品下降22%，幅度最大。中游行业中，家居用品行业超越2015年的汽车及有关产品行业，排名第七。服装及饰品行业跌出前十位榜单，房地产行业维持不变。照往年表现，12月广告投放市场都会再掀一轮小热潮，各大行业能否出现转机只剩12月成绩便可定论。

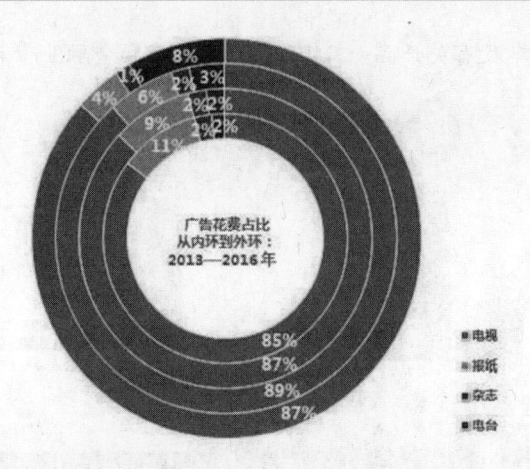

图 6-10　2013—2016 年各媒体类型广告花费占比

数据来源：尼尔森网联 AIS 全媒体广告监测

数据日期：2013 年 1 月—2016 年 11 月　媒体类型：电视、报纸、杂志、电台

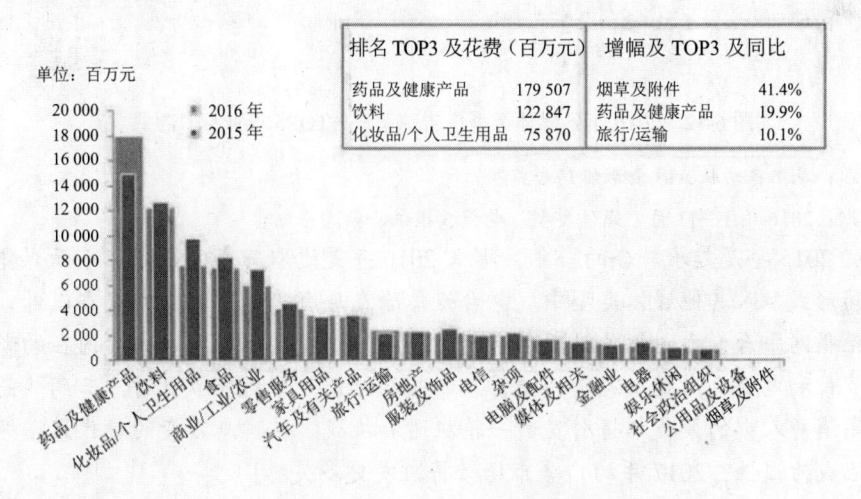

图 6-11　2016 年全年广告投放市场概览

数据来源：尼尔森网联 AIS 全媒体广告监测

数据日期：2016 年 1—11 月　媒体类型：电视、报纸、杂志、电台

在媒体选择偏好上，电视媒体是大行业（意指 2016 年广告投放花费 TOP6 行业，下同）的首要选择，投放行业排名与整体花费排名一致。宝洁有限公司蝉联电视媒体广告主排行榜首位，竞争对手联合利华有限公司由 2015 年的第二位跌出榜单。近年来风头无两的药企占据五席中的三席，广告主由江西汇仁药业有限公司易位为内蒙古鸿茅酒业有限公司、广州陈李济药厂和西安阿房宫药业有限公司。

在平面媒体中，报纸媒体中 TOP5 行业减少了近一半的广告花费（见图 6-12）。广告主排名没有太多惊喜，恒大地产集团位居首位，广告刊例花费增至 13 亿元，成为唯一增投的广告主。杂志媒体 TOP5 行业和广告主保持稳定，这既说明现有客户对这一细分媒体积极的保留态度，也说明杂志受众对这一媒体保有的忠诚度。

电台媒体成为 2016 年传统媒体的大赢家。截至 11 月，已收获 TOP5 行业较 2015 年近

3倍的广告增投。汽车及有关产品、零售服务、房地产和金融业带动了这一媒体的迅速发展。

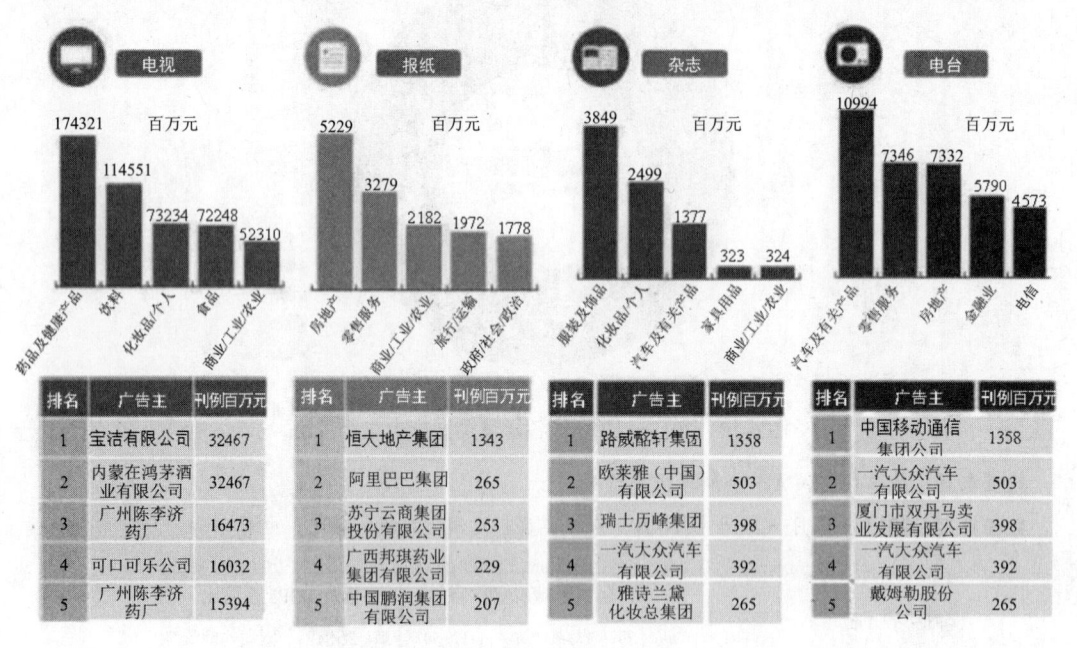

电视 (百万元)
- 药品及健康产品: 174321
- 饮料: 114551
- 化妆品/个人: 73234
- 食品: 72248
- 商业/工业/农业: 52310

排名	广告主	刊例百万元
1	宝洁有限公司	32467
2	内蒙在鸿茅酒业有限公司	32467
3	广州陈李济药厂	16473
4	可口可乐公司	16032
5	广州陈李济药厂	15394

报纸 (百万元)
- 房地产: 5229
- 零售服务: 3279
- 商业/工业/农业: 2182
- 旅行/运输: 1972
- 政府/社会政治: 1778

排名	广告主	刊例百万元
1	恒大地产集团	1343
2	阿里巴巴集团	265
3	苏宁云商集团股份有限公司	253
4	广西邦琪药业集团有限公司	229
5	中国鹏润集团	207

杂志 (百万元)
- 服装及饰品: 3849
- 化妆品/个人: 2499
- 汽车及有关产品: 1377
- 家具用品: 323
- 商业/工业/农业: 324

排名	广告主	刊例百万元
1	路威酩轩集团	1358
2	欧莱雅（中国）有限公司	503
3	瑞士历峰集团	398
4	一汽大众汽车有限公司	392
5	雅诗兰黛化妆总集团	265

电台 (百万元)
- 汽车及有关产品: 10994
- 零售服务: 7346
- 房地产: 7332
- 金融业: 5790
- 电信: 4573

排名	广告主	刊例百万元
1	中国移动通信集团公司	1358
2	一汽大众汽车有限公司	503
3	厦门市双丹马卖业发展有限公司	398
4	一汽大众汽车有限公司	392
5	戴姆勒股份公司	265

图6-12　2016年各媒体类型广告花费——TOP5 行业&广告主

数据来源：尼尔森网联 AIS 全媒体广告监测

数据日期：2016 年 1—11 月　　媒体类型：电视、报纸、杂志、电台

　　如果说 2015 年是起承转合的一年，那么 2016 年是进取守成的一年。平面媒体逐渐分化，以不同形式融入其他媒体类型中。电台媒体除在原有平台中的创新完善以外，不少电台也布局互联网平台，力图打破时间和空间的局限。电视媒体的冲击来自内在的新爆发，热门综艺节目和电视剧对观众流量的储蓄、新闻和纪录片等新秀节目对"三高"高学历、高收入、高消费人群的聚集都将引发新一轮机遇和挑战。在瞬息万变的时代里，抓住每个关键点早已成为惯性，2017 年的广告市场必将激发更多灵感！

（资料来源：中文互联网数据资讯中心，略修改）

问题理解

1．传统四大媒体各自的特点是什么？
2．简述网络媒体的特点及其形式。
3．户外广告媒体的优缺点各有哪些？
4．POP 广告的特点有哪些？
5．直邮广告的特点有哪些？
6．简述广告媒体策略。
7．简述广告媒体计划书的结构。
8．阅读专论6，谈谈在新媒体时代，企业如何进行媒体选择的优化。

案例分析

美宝莲用2小时卖出了1万支口红，直播到底有什么魔力

2016年4月14日傍晚，赶赴一场代言活动的Angelababy被堵在上海南浦大桥上。但这个过程没有被浪费，一位随行的美宝莲员工全程举着手机直播了Angelababy的赶场细节。整个过程和画面跟网红直播的形式没有太大区别，只是直播的主平台放在了淘宝。

这个直播画面出现在淘宝手机客户端的微淘页面。直播主持人很快就揭晓了Angelababy接下来作为美宝莲纽约品牌代言人的身份，并不断向观众传达Angelababy在发布会现场的每个实时状态。

直播可以让主持人随意地前后进出，让观众们有一种身临其境的感觉。

如果只到这一步，那这场活动并没有什么稀奇，用直播为营销活动辅助造势在时下已算一种常规手段。但不太常规的是，美宝莲这次直接在宣布新代言人的直播页面上卖起了新品口红。

通常情况下，揭露明星代言的活动只是品牌营销的第一步。消费者往往把更多的目光放在哪个明星代言了某个品牌这件事上，而不是某个新产品，他们也不需要立刻决定要不要下单。

但这一次，一个购物车的小标志被设置在直播页面的下方，观众只要点击就可以把画面中出现的产品放入购物车里。类似的画面也能在天猫热点的直播平台看到——天猫与手机淘宝的App各自独立，所以直播也是独立的。

美宝莲纽约这次的打法是把代言人、产品和销售三者捆绑起来，尽可能地让消费者从了解一款新产品到最终购买的过程变得更快。这也正好解释了它们为什么会选择电商平台来做直播。

"天猫更品牌化的定位和手机淘宝的4亿个活跃用户量，都能帮助我们在短时间内扩大这次品牌活动的影响范围。"美宝莲电子商务经理滕霏对《第一财经周刊》说。她的目的十分明确：让代言活动在已经付出一定成本的基础上，产出效益达到最大。

活动结束后的统计结果也如她预期。这次2小时的直播直接带来了超过500万人次的观看，最终卖出10 000支口红新产品"唇露"，转化实际销售额达到142万元人民币。相比之下，2015年9月美宝莲在微信上利用H5页面直播吴亦凡代言气垫BB霜的首次尝试仅获得了80万人次的观看。

"代言活动就算办得再精彩，如果不能跟消费者发生关联，不论是对我们还是阿里来说，都没有意义。"滕霏向《第一财经周刊》解释说。这也是为什么欧莱雅最终决定把代言发布会改为跟产品直接相关的一场发布会。在此之前，欧莱雅内部从来没有计划把美宝莲的新产品"唇露"跟这次发布会的主题密切联系在一起。

这个创意的执行过程颇为坎坷。直到4月6日，滕霏才从公司的市场和公关部门获知直播策划得以通过的消息。之所以临近发布会才确定方案，一方面是因为这可能是整个快消行业里第一次用直播方式做直接导向购买的新品发布，公司上下都顾虑经验不够；另一

方面是因为明星往往对跟电商相关的活动感到排斥，直接消费粉丝是他们不愿接受的事情，因此需要一定的时间来说服Angelababy，没有多少胜算。

邀请社交手机App来参与直播作为一个平衡手段被添加到了方案里。美宝莲纽约索性邀请了50位美妆网红前往现场参与直播，她们跟Angelababy一起出现在同一个H5页面上，在微信朋友圈中被点击观看和转发。然后这些个人视角的直播由网红们通过美拍在现场拍摄和播出，后台再把信号源转接到H5页面上。

网红们在化妆间就开始通过自己的手机参与直播。

熊猫TV、nice、美拍等分别从各自的角度直播了发布会现场的情况。不同的直播主持人、不同的视角、不同的实时画面，意味着每个App平台上的直播都是不会重复的，这让整个活动更具社交属性，销售目的从而被弱化，也更有利于代言人和作为潜在消费者的观众接受它。

滕霏很快对整个发布会活动的流程和内容做了一些改动，把"唇露"作为切入点，要求Angelababy在活动现场花更多的时间试涂"唇露"，并对这个产品给出更多的画面和讲述。她在化妆间的时候甚至拿自己的手机来直播如何更好地涂"唇露"。

为了尽可能地让手机淘宝和天猫的用户看到直播的消息，滕霏向阿里预定了包括天猫首屏、微淘页面、微淘账号等大量的露出位置。例如，微淘官方账号在发出了关于Angelababy当天的行程安排和目的的同时，附上了产品简介，通过点击简介可以直接跳转到详情页。如果你当天在淘宝的搜索框里搜"美宝莲"，不论你点击搜索结果中的明星店铺还是其中的任何一个产品，都会跳出一个全屏广告弹幕。第二次点击进入的时候，它会直接把你引到一个时间表的承接页，你会看到18:30 Angelababy在做什么，19:00现场状况如何。用滕霏的话来说，所有对美宝莲感兴趣的消费者都能被引到同一个地方。

所有这些看似平常而琐碎的工作在配合直播时的作用都是相同的——尽最大可能缩短每个品牌露出到消费者购买之间的距离。

手机直播的特性也允许主持人在直播时随意地前后进出，"Angelababy到活动现场了""保姆车到楼下了"，伴随着略微晃动的镜头和主持人自由视角的讲解，都会让观众和消费者觉得Angelababy是真的到现场来了，而不是录播。

这当然十分重要。从某种程度上来说，直播的精彩度基本决定了手机前的观众是否会冲动购买。滕霏觉得第一次消费者更多的还是觉得新鲜，当在直播过程中一直盯着旗舰店"唇露"页面的成交量时，她还因为上涨速度太慢而很揪心。但在直播结束之后，成交量就开始显现迅速增长的态势。根据她的说法，等到消费者开始慢慢习惯看着直播同时购买这种方式的时候，成交量迅速上涨的曲线就会往前移。

为了让这次直播更精彩，美宝莲纽约还用上了最近大热的VR技术。

对品牌来说，一个显著的好处是，线上销售获取反馈的速度要比线下快得多。在这次直播之后，美宝莲纽约除了获得了关注度和话题性，还直接获取了从流量到销量的转化数据，以及消费者的偏好。比如，滕霏第二天就知道珊瑚红、樱花粉、橘色系是三个最受欢迎的色号，而以往化妆品公司想要收集顾客和会员数据，需要通过线下化妆品柜台向上层层反馈。现在，滕霏能够根据10 000多支已售产品的色号选择及消费者评价，迅速对那些不太好卖的颜色做出反应，然后进行人为调整、引导和干预。

同时，品牌也借此机会扩展了它的消费群。除以前的美宝莲会员以外，直播还吸引了一大批本身对 Angelababy 感兴趣的消费者，以及以前不太了解或虽然了解但没买过产品的新顾客。滕霏觉得这次是"下了血本"的——为了让下单的顾客把新产品带给更多潜在的消费者，旗舰店做了买一赠一的活动。消费者可以自己尝试选择两种颜色的"唇露"，被赠送的那一支"唇露"同样是正装产品。

对美宝莲来说，这次直播营销的尝试当然是有效的。对比美宝莲 2015 年"双 11"期间的销售数据可以发现，它的天猫旗舰店 1 天之内所有口红品类共卖出了 90 000 支，但这次是没有消费者评价晒图、零口碑的新产品，用两小时卖出了 10 060 支。直播当天，美宝莲在微博放出了 #MakeItHappen# 的话题，获得了 4 000 万级别的阅读量。

明星和网红的共同直播可能是促成这个数字的最大原因。欧莱雅旗下另一高端品牌兰蔻也已经明确表示对直播新品发布跃跃欲试。未来，欧莱雅也会更多地考虑采用直播的方式推出新品，例如，采用请网红直播化妆教学的过程就是下一个尝试点。

虽然有时候你也不清楚为什么有人直播吃鸡腿也能月入千万元，但直播确实拉近了观众跟屏幕另一端的距离，加强了受众的参与感。以擅长广告营销出名的杜蕾斯也在 4 月 26 日晚上直播了持续 3 小时的百人试戴 Air 空气套的活动现场，虽然嘈点满满，却通过 Bilibili、乐视、优酷、天猫热点、在直播和斗鱼六大平台吸引了 440 万人次的观众。这场花了"一个小时搬床，半个小时采访，半个小时体操，半个小时吃水果，另外半个小时迷之沉默"的直播结束后，多位观众表示要弃用杜蕾斯。

不过，一个需要注意的问题是，新玩法的确可以迅速制造话题，促成一个很好的传播和销售结果。但很多时候，这个好结果可能很大程度上只是因为新鲜。接下去当直播导购随处可见的时候，消费者也许很快又见怪不怪了。

思考题：
1. 思考直播营销的传播特点与传播价值。
2. 思考美宝莲直播营销的创新与启示。

技能训练

背景资料：拼多多是隶属于上海寻梦信息技术有限公司的一家商家入驻模式的第三方移动电商平台。在以人为先的理念下，拼多多将娱乐与分享的理念融入电商运营中：用户发起邀请，在与朋友、家人、邻居等拼单成功后，能以更低的价格买到优质商品；同时拼多多通过拼单了解消费者，通过机器算法进行精准推荐和匹配。拼多多的核心竞争力在于创新的模式和优质低价的商品：拼单意味着用户和订单大量且迅速地涌入，丰厚的订单使拼多多可以直接与供货厂商（或国外厂商的国内总代理）合作对话，省掉诸多中间环节，实现 C2B 模式，价格优势由此体现。与其他电商自主搜索式购物场景完全不同，拼多多代表的是匹配场景，通过拼单了解人的消费习惯，通过人推荐物，再过渡到机器算法推荐。在购物行为中融入游戏的趣味，让原本单向、单调的"买买买"进化为多实惠、多乐趣的"拼拼拼"，令用户享受全新的购物体验。

1．实训内容：拼多多市场推广媒体计划书设计。

2．实训要求：针对背景资料，运用所学的广告媒体策略相关知识，设计一份有可行性的广告媒体计划书。

3．实训组织方法及步骤

（1）教师将学生分为若干组，也可以让每位学生单独完成任务；

（2）根据广告媒体计划设计的基本要求，通过调研和规划，在规定时间内完成任务；

（3）由教师组织在班级进行交流；

（4）教师进行点评，对本次实训进行总结。

第 7 章 广告文案

📎 **引导案例**

京东金融《你不必》广告文案

你不必把这杯白酒干了,喝到胃穿孔,也不会获得帮助,不会获得尊重。

你不必放弃玩音乐,不必出专辑,也不必放弃工作,不必介意成为一个带着奶瓶的朋克。

你不必在本子上记录,大部分会议是在浪费时间,你不必假装殷勤一直记录。

你不必总是笑,不必每条微信都回复,不必处处点赞。

你不必有什么户口,也不必要求别人要有什么户口。即便生存不易,也不必让爸妈去相亲角被别人盘问出身。

你不必买大房子,不必在月薪一万元的时候就贷款 300 万元。30 年后,当孩子们问起那些年你有什么故事,你不能只有贷款。

你不必去知名的大公司追求梦想,你想逃离的种种,在那里同样会有。

你不必去大城市,不必逃离北上广。不必用别人的一篇十万加来决定自己的一辈子。

你不必改变自己。不必相信一万小时定律,不必读成功学,不必加入高管群,不必为成为第二个什么人。

你不必听狭隘女权主义者的杂音,不必理会那些只要求特权,却不尽义务的人。

你不必用睡过多少女孩,来证明魅力。这不值得炫耀,而且你并不知道是谁睡了谁。

你不必让所有人都开心。不必每次旅游都要带礼物,不必一次不落地随份子,不必在饭桌上辛苦地计算座次。

你不必在过年的时候衣锦还乡。不必发那么大的红包,不必开车送每个人回家。

你不必承担所有责任。不必为拒绝借钱给朋友而过意不去,不必为父母的节俭而内疚,不必向路边的每个乞讨者伸出援手。

你不必刻意追求传说中的彼岸和远方,每个你想抵达的地方,都有人和你一样想逃离。

你不必在深夜停车之后,在楼下抽支烟再回家。你不必背负那么多,你不必成功。

➲ **辩证性思考**:广告文案在广告作品中的地位与作用。

🎯 **本章学习目标**

☑ 理解广告文案的含义与结构;

- ☑ 掌握广告标题的类型与写作要求；
- ☑ 掌握广告正文的类型与写作要求；
- ☑ 掌握广告口号的类型与写作要求；
- ☑ 了解不同媒体广告文案的写作要求；
- ☑ 了解软性宣传文案的写作。

关键术语

广告文案　广告标题　广告正文　广告口号　软文

7.1 广告文案概述

7.1.1 广告文案的含义和构成

广告文案（Advertising Copy）又称广告文或广告文稿，指的是通过一定的媒体向公众介绍和推销商品、报告服务内容的应用文。广告文案作为广告的核心，是广告信息桥梁功能的主要承担者，其劝诱性、说服性直接影响整个广告活动的成败。

一般而言，广告文案由以下几个部分组成：标题、正文、广告口号、随文（附文）四大部分。不同媒体的广告文案构成是不一样的。霓虹灯广告是标题与正文的合一；路牌广告、交通广告以图为主，文字部分非常精练，有时甚至标题、正文、标语合一；电视广告与广播广告有自身的特点，一般没有标题；印刷广告各种构成部分比较齐全。

7.1.2 广告文案的特性

广告文案的撰写，与一般文章的写作有不同的要求。它并不追求文字的华丽，也不完全要求成为受众鉴赏的对象。广告文案要服从广告传播活动的总体目标，符合广告总体设计的要求，能够在瞬间形成强烈的刺激，引起消费者的关注，使消费者认知、感觉，产生浓厚的兴趣和留下深刻的印象，并能具有强烈的号召力，促使消费者采取一定的购买行动。广告文案一般具有以下特性。

1. 具备完善的表现结构，但不拘泥于结构的完整

与一般文本相比，广告文案文本具备标题、正文、附文、标语等，表现结构独特而完善。在完善的表现结构中，各部分各司其职，赋予文案文本独特的吸引力、完备的信息内容、生动的表现力、深长的感召力，层次分明、主次有序，以获得圆满的传播效果。同时，广告文案文本的结构不拘泥于结构形式自身的完整，而是从广告的传播目的或销售目的出发，以发展创意、表现创意为根本，有机地处理结构的安排和取舍。因此，实际的广告文案文本写作中，会出现只采用了结构的某一部分的文案文本（如无标题文案、唯标题文案等），打破了完整结构的文案文本，以独特的结构、独特的诉求方式，形成了更有效的传达力、说服力。

2. 运用各种表现手法，但只是借助表现达成广告目的

广告文案文本的表现方式、表现手法是多种多样的，在广告文案文本中，我们可以看到许多表现手法上的创造，以期以最吸引人的形式将信息传达出去。但是，文案文本形成过程中的表现手法的创造、选择和运用，与其他文本不同。在文学创作中可以以表现手法的创造为创作的最终追求，新的表现手法的创造和运用即可以使文学写作者得到一种创造的满足。而广告文案文本中的表现手法虽千变万化，其目的只是借助表现达成有效传播，获得广告目的。

3. 传达信息，但更注重对受众的说服和劝诱

虽然广告文案的文本形式多种多样，但广告文案必须在传达广告信息的活动中才能得以存在，广告文案的写作活动也只有在传达广告信息的过程中才得以展开。然而，传达广告信息并不是广告文案写作的最根本目的，广告文案要传达信息，但最主要的目的是在传达的同时说服和诱导受众，特别是目标消费者。

> **相关链接**
>
> **中国广告协会广告公司委员会优秀广告的 10 条标准**
>
> 1）创意独特，立意新颖。
> 2）主题突出，构思完整。
> 3）广告定向，定位准确。
> 4）文案寓意深刻，精练生动。
> 5）整体效果，简洁鲜明。
> 6）构图完美，布局严谨。
> 7）形象真实，生动感人。
> 8）色彩明朗，构成合理。
> 9）文字规范，字体易读。
> 10）技巧熟练，表现力强。

7.2 广告文案的写作要点

7.2.1 广告标题

标题是广告的题目，是印刷广告中最重要的元素，往往被置于广告最醒目的位置。广告标题是广告的生命，标题的字体一般要大于其他文案部分。在对广告的阅读中，有 80%以上的读者仅仅阅读广告标题，所以如果广告标题不能引起受众的充分注意，他们就没有兴趣再读正文。因此，一则广告的成败，在很大程度上取决于标题的质量。

1. 广告标题的类型

广告标题的类型有很多，按其内容与形式的组合不同，我们可以把它划分为直接标题、间接标题和复合标题三大类。

（1）直接标题。直接标题又可称为直接诉求式标题。这种广告标题可以直接告诉顾客

产品对他的收益。在标题中呈现卖点，不需要读正文，消费者就能明白其中的宗旨。直接标题简明、确切，使人一目了然，因而深受广告创作人员的喜欢。

例如，美国煤气联合会的广告是这样写的："唯独这种煤气能向你提供一大桶一大桶的热水，比普通的快3倍。"这里首先提到的是产品（煤气），接着是它向顾客所提供的收益，诉求直接。

（2）间接标题。间接标题又称为间接诉求式标题，它不直接点明广告主题和广告宗旨，往往以富有情趣和戏剧性的语句来吸引读者，引发其足够的好奇心或关心。其唯一的目的是让读者去看广告正文。

如中国电信的"慰问电报（肩篇）"广告就采用的是间接标题。"寄不去一双可倚靠的肩……"的标题配合图片，富有情感和视觉冲击力，诱人转读正文。

（3）复合标题。复合标题指由多个单标题形成的，相互之间具有某种内在的逻辑关系，在排列上呈先后次序排列的标题结构。复合结构的标题形式能够对受众进行多重层次的、符合受众各种接受心态的诉求。在具体的操作中，它可以有3种表现结构：引题＋正题＋副题、引题＋正题、正题＋副题。

例如：松下电器变频式空调的报纸广告标题

引题：销售进入第二年

正题：松下电器变频式空调的使用者越来越多

副题：这么多的笑脸是舒适性和令人信赖的质量证明

2．广告标题写作的基本要求

（1）突出主题，标出新意。在写作广告标题时，要注意把广告内容中最重要、最精彩的部分突出出来。如突出某种商品给消费者带来的好处，点明某产品的作用、功能。

（2）简洁明确，一目了然。广告标题要简单明了，字数不宜过多。但是，简洁不等于苟简。广告标题不仅要做到简明扼要，而且要明确，给读者完整的印象。

（3）题文相符，互为一体。广告标题要符合广告创意的要求，不能脱离主题，不能为追求某一方面的效果，使标题与广告内容游离，题文不符；同时，要注意广告标题与广告正文是互为一体、不可分割的。

（4）易懂好记，引人注目。广告标题的根本目的，在于运用特殊的编排形式，引起读者的注意，或在一瞥之中，得到较为深刻的印象，或唤起兴趣，读完广告全文。因此，制作广告标题，注意遣词造句不要过分追求华丽，尽量避免晦涩，能为大多数读者所接受，其次是要富有创造性，不能陈词滥调，套话空话大话。

相关链接

大卫·奥格威的广告标题写作检测原则

- 是否体现广告主题？
- 是否表现了商品的消费者利益和销售承诺？
- 是否运用了诱发受众好奇的表现形式？
- 有没有诱人继续往下阅读的元素在内？

第 7 章 广告文案

- 语言是否简洁易懂？
- 形式是否简明而有趣味？
- 如果是长句子，广告的目标对象能轻松地明白句子的意思吗？
- 如果运用了否定词，在体现你所想达到的风格和创新的同时，目标对象能产生相同理解吗？
- 是否运用了品牌名称？运用它对广告的效果是否能产生正向的作用？
- 是否使用了新颖的、有感召力的词汇？

▶▶ 7.2.2 广告正文

所谓广告正文，就是阐述广告所要向公众宣传的商品、企业、服务等诸方面内容的文字部分。广告正文是广告文案的核心，是广告主题的表现，对宣传广告信息、树立商品形象和推动公众购买产品具有决定性的作用。

1．广告正文的结构

广告正文根据其结构，一般分为导语、主体和结尾三大部分。

（1）导语部分。导语又称前言、总述和开头。导语往往以高度概括性的精练、简短的文字来介绍宣传的主题，力求开门见山点明主题，为读者阅读理解全篇广告文案打下基础。

导语的写法因人而异，有很多种，这里选择几种常见方法略做介绍（见表 7-1）。

表 7-1 常见的导语写作技巧

方式	内　容	实　例
概括式	概括介绍传播主题或标题的基本情况和全文的主要内容，使受众对广告宣传内容的轮廓有个大致了解	美菱冰箱的广告 标题：留住营养与水分，保鲜时间延长 50% 概括式导语：食物保持时间长短是冰箱品质是否优异的重要标志
声明式	在开头部分直接表明企业的服务宗旨，表示乐意为公众服务的愿望，以直接缩短企业与公众之间的距离	别克汽车广告 标题："别克"能解除你的困乏与烦恼 声明式导语：生活总是由您自己来主宰，或兴奋激越，或平淡无奇。自由与困扰之界简单如汽车的两轮。驾上"别克"，您就可以冲破烦恼
陈述式	采用陈述背景、理由的方式开头，在导语部分概括地交代发布广告的原因、目的、根据、事由等，多用"为了……""经……""根据……""随着……"等介词结构行文	婷美广告 标题：婷美集团真能超越明星战横扫减肥市场吗 陈述式导语：今年一开春，减肥市场立刻热闹起来。先是各大明星代言减肥产品，更有几大港星同时证言，据说还有一个产品包装了更多明星组合即将推出，似乎明星减肥成了今年的制胜法宝。然而，国内营销大鳄婷美集团认为，把产品命运寄托于明星，只能是奢望。要在减肥市场赚大钱，就必须创造颠覆性的全新概念，改变市场的游戏规则。今年，婷美集团潜心研发"鸡尾酒减肥法"，要靠概念创新、功效创新、策划创新引领 2004 年的减肥市场

(2)主体部分。这一部分是广告的精华,是关键性的、有说服力的证据或立论,证实广告所提出的事实,支持广告所标榜的东西,充分阐述商品的优点,说明这并非同类商品共有的优点,而是本产品的独特优点。

主体部分的介绍方式千差万别,需要根据广告目标、宣传内容、广告创意等诸方面的要求而定。主体常见的写作方式有很多,将在"广告正文的表现形式"一节中逐一阐述。

(3)结尾部分。结尾部分是广告正文的结束部分。结尾的内容一般是诱导人们采取购买行为,用带有鼓励性的语句,敦促消费者采取购买行为,同时可说明产品价格、优惠办法、订购方法、维修及服务的承诺及担保等。其对于渲染广告正文、加深印象和刺激消费者具有极其重要的作用。常见的结尾写作技巧如表7-2所示。

表7-2 常见的结尾写作技巧

方 式	内 容	实 例
祈使式	以祈使、启发、鼓动、号召、建议等语言文字结尾	出租广告结尾:"数量有限,欲租从速。"又如"试试看,用威尔护儿眠固定宝宝的被褥,宝宝不生病,妈妈好睡眠"
强调式	在结尾部分以显著的文字突出强调广告的宣传主题和特色	瑞福伦化妆品的广告结尾语:"世界上最令人难忘的女人都使用瑞福伦化妆品。"又如力士广告结尾语:"我只用力士"
服务式	以表达服务愿望的词句作为广告结尾	韩国三星集团广告结尾:"三星技术,为生命服务"
决心式	以表达决心的词句作为广告结尾	凌志轿车广告结尾:"不懈追求完美"
祝愿式	以祝愿、问候的词句作为广告结尾	某文具广告结尾:"祝同学们进步"
总结式	以总结广告正文内容的语句作为广告结尾	贵州醇《老农篇》广告结尾:"这就是'贵州醇'绵厚悠长的甘醇境界"

广告结尾的方式写法,除了上述几种,还有展望式、说明式、抒情式、设问式等多种形式。

2. 广告正文的表现形式

(1)记叙体。记叙体即以记叙为主要表达方式而撰写的广告正文。它通过记叙产品的研制、开发、市场销售情况、企业发展历史和未来展望等来宣传企业和产品。由于它用事实本身说话,线索鲜明,过程性强,因而具有较强的说服力。

(2)说明体。说明体即以说明为主要表达方式而撰写的正文,简明扼要地介绍企业的情况、商品的性能特点、服务的风格特色等。这种表现形式的特点是客观、冷静、有条不紊,适合在运用文字较多的媒介上运用,如美菱保鲜冰箱锁住水分的广告。

(3)新闻体。新闻体即以新闻消息为主要表达方式而撰写的广告正文。这种广告强调以简要的文字,借用迅速、及时报道新闻事实的手法,宣传企业和产品。其特点是短小精练、时间性强,注重写实性,具有权威性。

(4)描写体。描写体即以描写为主要表达方式而撰写的广告正文,主要给公众提供具体的商品形象,即通过描摹、描绘、描述手段,勾画出广告宣传内容的形状、姿态、样式、大小等，给公众以形象感，产生身临其境的感觉。因此其主要特点就是"以形见长"。

（5）论说体。论说体广告以说理、议论为主要表达方式，其特点是以概念、判断、推理为主要形式，直接阐明道理。论说体广告属于理性诉求，文案用充足的论据或雄辩的评论来说服消费者，旨在唤起人们对商品有明确的认识，从而促成购买行为。这类广告文案文字严谨、针对性强，持之有据、言之有理，多采用肯定句来正面说明，如凯迪拉克轿车广告。

> **相关链接**
>
> **凯迪拉克轿车的论说体广告**
>
> 标题：出人头地的代价
>
> 正文：（选录部分）在人类活动的每个领域，得到第一的人必须长期生活在世人公正无私的裁判之中。无论是一个人还是一种产品，当它被授予先进称号之后，赶超和妒忌便接踵而至。在艺术界、文学界、音乐界和工业界，酬劳与惩罚总是一样的。报酬就是得到公认；惩罚是遭到反对和疯狂诋毁。当一个人的工作得到世人的一致公认时，他也同时成了个别妒忌者攻击的目标。……杰出人物遭到非议，就是因为他是杰出者，你要力图赶上他，只能再次证明他是出色的；由于未能赶上或超过他，那些人就设法贬低和损害他，但只能又一次证实他所努力想取代的事物的优越性。这一切都没有什么新鲜，如同世界和人类的感情——嫉妒、恐惧、贪婪、野心及赶超的欲望一样，历来就是如此，一切都徒劳无益。如果杰出人物确实有其先进之处，他终究是一个杰出者。杰出的诗人、著名的画家、优秀的工作者，每个人都会遭到攻击，但每个人最终也会拥有荣誉。不论反对的叫喊声多响，美好的或伟大的，总会流传于世，该存在的总是存在的。

广告正文的表现形式，除了以上几种类型，还有很多种，如故事体、抒情体、对话体、赠言体、证书体、名人推荐体、公文体、格式体、自述体、诗歌体、歌曲体、相声体、对联体和幽默体等。限于篇幅，在这里就不一一介绍了。

3．广告正文写作的基本要求

（1）紧扣主题，围绕标题。正文是标题的解释，同时增加了标题的信息量。正文应围绕标题展开阐述，可举事例来论证标题。正文更是对主题的文字表述，以主题为核心概念展开，否则广告正文就失去了重心。即使正文很华丽，很吸引人，但言之无物或受众不知道广告想说明什么，也会使正文失去作用，反而影响到广告标题的效果。

（2）正面陈述，言简意赅。正文应尽量陈述广告产品的事实，用艺术化的语言表述产品特性，以传达最为直观的信息。切记不要闪烁其词，躲躲闪闪，让人不知所云。正文的篇幅长短并无界定，一般以短文为好，但对于特殊商品如汽车，长文案效果显著。

（3）特性突出，具体生动。正文应突出广告商品的特性，抓住受众最为关心的利益点进行阐述，但注意避免"使用说明"式的陈述，读来枯燥乏味、毫无活力，应增加艺术表现成分，使其生动有趣。

（4）语言热情，朴实真诚。正文行文应注意流露出对广告商品的喜爱，这样才能感染受众。广告正文创作的艺术性并非要求文字华丽，而要强调朴实和真诚，在此基础上渲染气氛，增强诱惑性。广告正文毕竟不是散文。

（5）提出忠告，表明承诺。广告正文的结尾若对目标受众提出有益的忠告或表明与目标受众利益相关的承诺，则比整篇广告正文只讲产品吸引更多的受众，且此忠告或承诺可与广告标题遥相呼应，强化广告主题，加深对广告信息的印象，更好地体现广告效果。

相关链接

大卫·奥格威的广告正文写作原则

- 要直截了当地用准确的语言来写作。
- 不要用最高级的形容词、一般化字眼和陈词滥调，要讲事实且把事实讲得引人入胜。
- 要经常运用用户经验谈广告信息。
- 向读者提供有用的咨询或者服务而不仅仅单纯地讲产品本身。
- 文学派的广告很无聊。
- 避免唱高调。
- 用消费者的通俗语言写作文案。
- 衡量优秀广告文案人员的标准是看他们使多少新产品在市场上腾飞，而不是用文字娱乐读者。

7.2.3 广告口号

广告口号又叫广告标语，指为加强受众对企业、产品或服务的印象而在广告中长期反复使用，旨在向消费者传达一种长期不变的观念的语言或文字。一个好的广告口号能使消费者加深对企业的经营特点和商品、服务的优良个性的理解和记忆，给人留下深刻的印象。而这一印象往往在无形中成为人们购买或选择商品时的依据，所以广告口号是现代化广告中常用的重要形式。

1. 广告口号与广告标题

广告口号与广告标题很相近，经常被混为一谈，但二者的区别还是很明显的，具体如表 7-3 所示。

表 7-3 广告口号与广告标题的区别

区 别	广告口号	广告标题
目的	为了强调企业、商品和服务的一贯性的、长期的印象	为了使广告作品得到受众的注意，吸引受众阅读广告正文
表现风格	语言表达风格要长期体现口语化特征，自然、生动、流畅，给人以朗朗上口的音韵节奏感，而且必须是意义完整的一句话	可以是生动流畅的口语风格，但由于它在广告中提纲挈领的作用，更倾向于书面语言风格的运用，可以是一句话，也可以是一个词或词组

续表

区　别	广告口号	广告标题
在广告中的位置	必须与正文放置在一起,放在广告作品中最醒目的地方,通常是与照片、插图等有机地结合在一起	可以单独使用,即使放在广告作品中,其位置也没有特殊的限制
运用时限范围	运用期限长、范围广,可重复使用	运用期限短、范围窄,一次性使用
负载信息	所负载的信息一般是企业的特征和宗旨、商品的特征、服务的特征等,是企业、商品和服务的观念和特征的体现	可以负载广告口号中同样的信息,也可以负载与广告中的信息不相关的内容
传播渠道	借助受众的阅读和接受来获得传播目的达成的同时,更利于人际间的多种传播、扩散和流行	借助受众的阅读和接受来获得传播目的

广告口号与广告标题之间,经常会出现两者之间互转的现象,就是广告口号即广告标题,或广告标题即广告口号的情况。

2. 广告口号的种类

广告口号从写作手法和突出内容来看,可以分为以下几种主要类型,如表 7-4 所示。

表 7-4　广告口号的类型

类　型	内　　容	实　例
形象建立型	主要表现和建立的是企业的形象。这个形象可以是企业形象、产品形象、品牌形象,其目的是建立一个让公众和目标受众信任、赞赏的形象,为企业一系列长期的销售活动做有效的铺垫	全心全意小天鹅——小天鹅洗衣机广告
观念表现型	表现企业生产者、产品经销者、服务者的观念和看法,表现对一种消费方式和消费观的创造和引导。通过观念的提出和表现来表达企业的胸怀,创造某种消费新时尚	创世界名牌,扬民族志气——波司登羽绒服广告
优势展示型	展示企业的功能、特点,让消费者用最简便的方式了解企业的优势。对于直接进行销售的广告运作来讲,很具有煽动性	娱乐信息、新闻动向,即时捕获——中国移动短信业务广告
号召行动型	向受众发出某种号召,号召他们行动起来,去做一件事,去进行某种消费行动。这种号召一般都是采用直接的方式运用祈使句来进行	让沐浴精彩,让皮肤光彩——力士美容沐浴露广告
情感唤起型	借助受众心目中的人性因素、情感因素,用情感向受众呼唤、宣泄、倾诉,以此求得广告受众和目标消费者的情感消费	雪竹温情,暖在身、暖在心——雪竹内衣广告

3. 广告口号的写作要求

广告口号在写作上要注意这样几点,即简短、明确、贴切、有独创性、有趣味性和易于记忆。

(1) 简短易记,口语风格。这是广告口号写作的最重要的规定。广告口号主要通过口头传播,来扩散广告主体的形象和观念的影响力,并成为消费大众的日常生活流行语。要便于口头传播,就要简短易记和口语化。

（2）用词朴素，合乎音韵。这里的用词朴素，指的是写作广告口号所运用的词汇，要词性平易而不华丽、浮泛。这里的合乎音韵，不能简单地理解为要求句子押韵，更主要的是要求广告口号要体现音韵之美、流畅之美，令听的人感觉流畅轻松、悦耳动听，富有韵律感和节奏感。

（3）突出个性，表现特征。广告口号出现在广告组合的每种广告形式之中，是整个广告活动的核心，它鲜明地体现广告的定位和主题，是整个广告活动的灵魂所在。突出个性比较常见的一种做法是在广告口号中自然地嵌入公司、品牌、服务等名称，使公司或产品名称配合产品特点不断出现，产生宣传强势，这样既宣传了产品特点，又扩大了企业、产品的知名度。

（4）观念前瞻，鼓动性强。观念前瞻是为了使广告口号能适应长期运用的需要，在观念的表现和引导上不至于落伍，被消费大潮所淘汰。一个观念前瞻的广告主体往往富含哲理，具有启迪性，能够引导、号召、动员、激励人们产生某种欲望和实现欲望的行动。

（5）适应媒体，长期运用。只有长期运用的广告口号，才能使广告主体的一贯风格、观念得到一致的传达。只有能适合各种媒介特征表现的广告口号，才能被全方位地运用在广告的每个活动和每个作品中。因此，写作广告口号时，与标题、正文等其他构成部分的一个关键的不同是：广告口号要适宜在任何媒介上运用。

值得注意的是，以上原则要在一则广告中综合体现，不能顾此失彼。比如，为了语言的优美而忽略了对对象的把握或个性的体现。

相关链接

广告口号示例

- 海尔：海尔，中国造
- 佳能：佳能，感动常在
- 中国联通：情系中国结，联通四海心
- 柯达：串起每一刻，别让它溜走！
- 李宁：一切皆有可能
- 康师傅：好吃看得见
- 张裕：传奇品质，百年张裕
- 雪弗兰：梦，创未来
- 农夫山泉：农夫山泉有点甜
- 联想：人类失去联想，世界将会怎样
- 孔府家酒：孔府家酒，叫人想家

▶▶ 7.2.4　广告附文

广告附文是对广告正文的补充和辅助，是在广告正文之后向受众传达企业名称、地址、购买商品或接受服务的方法的附加性文字。因为是附加性文字，它在广告作品中的位置一般居于正文之后，因此也称随文、尾文。

1. **广告附文的存在意义**
- 对广告正文起补充和辅助作用。
- 促进销售行为实施。
- 可产生固定性记忆和认知铺垫。

2. **广告附文的具体表现内容**

附文的具体表现内容大致分为以下几个部分：
- 品牌名称。
- 企业名称。
- 企业标志或品牌标志。
- 企业地址、电话、邮编、联系人。
- 购买商品或获得服务的途径和方式。
- 权威机构证明标志。
- 特殊信息：奖励的品种、数量，赠送的品种、数量和方法等，如需要反馈，还可运用表格的形式。

7.3 不同媒体广告文案的写作要求

广告文案的写作，从媒介载体上划分，可分为平面广告文案、电子广告文案。基于媒体特点的不同，各类文案写作，有着不同的传播效果和写作要求。

7.3.1 平面广告文案写作

平面广告媒介是在二维空间内，用文字、图像、图形的配合来传达广告内容的信息载体。人们获得的信息有80%以上是通过视觉获取的，平面广告媒介完全诉诸视觉传达信息，图文并茂，理性与感性并重。常见的平面广告有报纸广告、招贴广告和DM广告等。平面广告文案写作是所有媒体类别广告文案写作的基础。文案与画面是统一整体，图文并茂，相得益彰。平面广告采用造型艺术"选择最有包孕的某一瞬间"反映现实的方法，也利用具有可视性、联想性、内涵丰富的"新奇的瞬间情境"，吸引受众观赏并由此产生强烈的心理反应，使受众透彻地理解广告信息，留下深刻的印象。在平面广告的写作中，要注意诸多元素之间的整合、设计和编排。

1. **报纸广告文案写作**

（1）文字的运用。奥格威说过："广告是词语的生涯。"文字运用得如何，直接影响广告信息内容的传达。由于报纸广告信息传递的主要是认知信息，文字是为达到认知目的而使用的手段。因而，相对于电波媒体，它较少强调形象化和情感性，而是强调逻辑性，强调语言的逻辑说服力。好的广告语言在讲求逻辑性的基础上应该是准确、生动、鲜明的。所谓语言的准确性，主要在于选用贴切的词语，合乎逻辑地组织安排句子，以确切地表达广告主所要传递的信息。平面广告文案构成一般是常规明晰的，比较规范地按照广告文案的四个部分——标题、正文、广告语和随文进行。

（2）图片的运用。凡不需用语言文字说明或语言文字无法表达广告主题时，使用图片较为有效。因为图片可以将广告主题以生动形象的图解形式表现出来，从而克服了语言文字表达的不足。平面广告设计是把意念通过艺术的手段表现为可见的形象，通过眼睛发挥作用，旨在表现和传达一种情感状态。平面设计能否吸引视觉而达到传递的目的，就看其形象是否含有情感艺术语言，是否通过视觉引起心理上的反应。平面广告设计可以参考以下原则：

1）由于绝大多数人阅读广告的顺序是先看广告图片后看文案的，而广告抓住受众注意力的机会只有一两秒，因此成功的平面设计应该能够将人们无意中扫过的目光紧紧地吸引住，促使其对此广告产生浓厚的兴趣。

2）设计必须平衡，广告的空间分布要赏心悦目。设计者可以使用众多不同类型的布局，其中，回忆率最高的广告往往采用标准的招贴式。

3）标题也可以吸引目光，并且在长期记忆方面比图形的作用更大。作为一种设计元素，标题的整个空间不宜超过整个广告空间的 10%～15%，这样字体就不必太大。如果标题安排在图形下方，阅读率会更高一些。

4）如果广告中的词汇超过 50 个，阅读率就会下降。因此，为了吸引读者，文案部分所占的位置最好不超过整个广告的 20%。当然，对于许多高卷入度产品，长文案以其细致的内容更受欢迎。

5）广告必须标明广告主，但企业标志不必过大，或占据 5%～10%的空间。签名标志应该放在右下角或横跨广告底部，按视觉流程规律（由左上至右下）这种布局效果最好。如果是系列平面广告应该保持风格的统一。

（3）版面的运用。报纸广告是以报纸这一最具大众化的传媒来进行信息传播的，它必须在一定的版面空间里，通过文字和画面来体现广告内容，因此报纸广告文案的撰写必须对版面的运用有所了解。

1）要研究广告版面的大小。报纸广告所占版面的大小，是广告主实力的体现，直接关系到广告的传播效果。一般情况下，广告的版面越大，读者注意率越高，广告效果也越好（当然不是绝对的），因此，广告版面的大小与广告效果是成正比的。

2）要研究广告位置的排放。所谓研究广告位置，就是研究报纸广告放在哪一版，什么位置效果最好。除专页广告（整版全登广告）没有位置问题外，其他版面形式广告均有位置的排放问题。同一则广告，放在同一版面的不同位置，广告效果是大不相同的。

3）要讲究"情境配合"。报纸的每个版面，都有不同的内容和报道重点，如新闻版、经济版、法制版、文化教育版等。报纸广告应根据广告产品内容的不同，放在相应的版面中。比如，各种企业或产品广告放在经济版；影视、图书、音像广告可放在文化教育版等。同类产品广告应排在一起，便于消费者选择；各种分类广告可放于经济版下方。

4）各类不同版面大小的文案具有不同写作特点。

A. 分类广告。这类广告版面很小，不具备广阔的创意空间，文案要将最重要的信息言简意赅地表达出来，企业名称、电话、地址是必备内容。一般采用陈述性表达方式。

B. 报眼广告。报眼，即横排版报纸报头一侧的版面。版面面积不大，但位置十分显著、重要。此位置刊登广告，比其他版面广告注意值要高，并体现出权威性与可信性。由于报眼广告版面面积小，不宜刊载图片，所以广告文案写作占据核心地位，具有举足轻重的作用。

C. 半通栏广告。半通栏广告一般分为大小两类：约 65mm×120mm 或约 100mm×170mm。由于这类广告版面较小，而且众多广告排列在一起，互相干扰，广告效果容易互相削弱，因此，如何使广告做得超凡脱俗，新颖独特，使之从众多广告中脱颖而出，跳入读者视线，是广告文案的写作应特别注意的。

D. 单通栏广告。单通栏广告也有两种类型：约 100mm×350mm 和约 650mm×235mm。该广告是广告中最常见的一种版面，符合人们的正常视觉，版面自身有一定的说服力。从版面面积看，单通栏是半通栏的 2 倍，这种变化也应相应地体现于广告文案的撰写中。

E. 双通栏广告。双通栏广告一般有约 200mm×350mm 和约 130mm×235mm 两种类型。在版面面积上，它是单通栏广告的 2 倍。这给广告文案写作提供了较大的驰骋空间，凡适于报纸广告的结构类型、表现形式和语言风格都可以在这里运用。

F. 半版广告。半版广告一般有约 250mm×350mm 和约 170mm×235mm 两种类型。半版与整版和跨版广告，均被称为大版面广告，是广告主经济实力雄厚的体现。它给广告文案的写作提供了广阔的表现空间。

G. 整版广告。整版广告一般可分为 500mm×350mm 和 340mm×235mm 两种类型。该广告是我国单版广告中最大的版面，给人以视野开阔，气势恢宏的感觉。如何有效地利用整版广告的版面空间，创造最理想的广告效果，是广告文案写作的重要任务。整版广告一般以图为主，辅之以文，以创意性的、大气魄的大画面、大文字和少文字来进行感性诉求。这里，广告文案的点睛作用及文案与画面风格的协调，是值得重视的关键要素。

2．招贴广告文案写作

（1）着重突出画面的视觉冲击力，文案以点睛之笔升华主题。借助招贴媒体特有的制作精美、富于视觉冲击等特点，招贴广告应充分发挥画面的艺术表现力，信息内容几乎可全部通过画面来体现。文案可以只以品牌或广告语形式出现，少而精，只起画龙点睛的作用，使广告给人以含蓄、深邃之感。

（2）图文结合，充分发挥文图并茂的视觉效果。以色彩鲜明、形象逼真的画面塑造品牌形象；又以简洁的语言对画面信息进行关键性的解释、提示或说明，并成为画面的重要组成部分。二者相辅相成，相得益彰。

（3）大标题，详文案。以杰出创意和理性诉求抓住受众的注意力。

3．DM 广告文案写作

（1）正文部分。类似电话交谈，似乎写给你认识的某个人，给你认识的客户寄此类信件。适合推销价格高、质量好的产品。

（2）辅助部分。辅助部分包括外包装信封、相关小型印刷品、反馈表等。信封由正面、背面、封口组成。信封的设计应该能够引起顾客足够的兴趣，可以说，合理的信封设计是直邮广告成功的一半。DM 信封是最先进入目标消费者目光之中的，将 DM 最主要的信息精选出来，印在信封上，将大大提高信息到达率，即使目标消费者没有打开信封，也可以从信封上大致了解 DM 的主要内容。信封所表现的信息可以是促销信息、活动信息、企业形象信息等。

▶▶ 7.3.2 电子广告文案写作

以电子技术新成果为主发展起来的新传播媒体，统称为电子媒介，如电视、广播、电影等。本节主要阐述电子媒介中应用最广的广播、电视广告文案的写作。广播、电视广告词的写作与一般广告文稿的写作要求基本一致。但是，由于广播是以声音诉诸听众，电视是以声像诉诸观众，因此广播、电视广告词的写作也因传播方式的不同，而有一些特殊的要求和技巧。而且，由于广告时间的限制，一般广播电视广告只有数十秒甚至数秒的时间，语言文字要更简练、艺术化，可用"一字千金""惜墨如金"来形容。

1. 广播广告文案写作

广播广告利用电波传播信息，以声音诉诸听众，因此广播广告要注意扬长避短，充分发挥声音的优势。广播广告由广告词、音乐、音响三大要素构成，除了注意恰当地发挥音乐、音响等要素的作用，广告词的写作也至关重要。

广播广告广告词的写作同报纸、杂志的广告文稿有一定区别。它是通过声音传递有关信息，因此广告词首先就要让听众听得清楚，便于理解和记忆。在写作时，要特别注意以下几点。

（1）迅速抓住诉求对象。广播传播内容转瞬即逝，听众在收听广播时注意力往往并不集中，将广播当作可有可无的背景声音，这虽然增加了听众对广告的接触度，但也增加了广告到达诉求对象的难度。因此，广播广告的广告词应能起到迅速抓住听众注意力的作用，尽量简短，多用短句，少用修饰语，注意口语化；要在广告一开始就明确重点，富有特色，让听众马上就能理解并形成印象。

（2）适宜收听要求。广播是纯粹的听觉媒体，这是广播与其他媒体最根本的差异，这种特性给广播带来了形象性差的欠缺。因此，广播广告文案要尽量用容易理解的口语，不能使用过于书面化的语言，避免使用过长的复杂句、生硬字词、容易引起歧义的同音多义字词。广播广告文案必须生动形象，能够让听众通过想象在头脑中形成画面，这可以充分借助人声的表现力，使用对话、内心独白、广告歌等善于表现情感与情绪的形式。快板、评书、相声等听众熟悉的听觉艺术形式也可以帮助增强广播广告的生动性和形象性。

（3）力求即时理解并形成印象。广播是一种非持久性媒体，传播内容稍纵即逝，不留痕迹。因此，广告必须将信息一次性传达到位，让听众马上就能理解，并形成印象。这就要求文案集中于重要信息，突出品牌和主要利益点，并做富有吸引力的传达。

（4）言简意赅，重点突出。信息无法保存的特点也决定了广播广告不适合传达复杂的解说性信息，不适合做深度诉求。一则广告只能突出一个主题，比如只突出品牌、只告知产品的一个容易理解的鲜明特征，或者承诺一个明确的利益。需要重点突出的词句，还要简明扼要，以便重复朗读。特别是商品的品牌，反复说明以后，才可能为听众所记忆。

（5）文案与音乐、音响有效配合。广播广告可以采用人声、音乐、音响三种听觉符号。音乐和音响可以为人声提供背景，避免广告音调乏味；可以增加广告的现场感，帮助营造广告所需要的氛围、情境、风格及体现品牌个性，从而增强对听众的感染力；可以推进广告信息的展开、帮助突出重要信息；还可以有效促进听众的想象。

2. 电视广告文案写作

电视广告以声音和图像两方面诉诸观众，具有综合优势。虽然电视的画面对观众具有强烈的吸引作用，但电视的文字语言绝不可等闲视之。它通过解说和屏幕两个方面表现出来，对电视图像起到补充、加强的作用，与画面相互配合、相得益彰，使电视广告充分发挥整体效能。

电视广告词的写作，除符合以声音诉诸受众的传播特点外，还要注意以下几方面。

（1）明确语言对画面的作用。有声语言是电视广告的重要组成部分，是电视广告不可缺少的重要表现手段。虽然它在电视广告中处于配角的地位，但它对担任"主角"的画面有着重要的辅助作用。电视广告画面的直观性，带来内容表达的局限性，这就需要通过语言来弥补。

（2）广告文案不必追求自身表达的完美无缺。电视广告词具有非独立性的特性，不必独立成章。结构可不严密，形式可不完整，语句可不连贯，语言自身逻辑关系可以有明显的缺憾和不足。这些缺憾和不足，正是为电视其他表现要素提供了表现空间。追求文字自身形态的完美，是电视广告词写作的大忌。

（3）广告文案不要去描绘事物的外部形态。电视广告主要通过画面来再现事物，因此广告词就不必画蛇添足，再用语言进行形象描述。一方面，电视广告词要具有画面感和形象感，运用巧妙的语言引导观众强化对画面形象的感受，揭示画面内涵和画面组间的逻辑关系；另一方面，又要注意不能用抽象笼统的语言去描述具体形象的事物，尽量避免直接描写。

（4）注意"声画对位"。"声画对位"是写作电视广告文案的基本要求。换句话说，电视广告的文案要与画面保持基本的一致性，并且其内容出现的节奏也要与画面相同。画面说此而声音言彼，两者毫无关系，是电视广告的大忌。画面已经进展到下一步，声音却还在对前面的画面进行解释，或是画面还没有进展到这一步，而声音提前将画面的内容说出，都会使画面和声音显得极不协调。

（5）关注观众。电视广告的受众是在看电视的同时听到或看到文案的，因此他们不可能像阅读报纸广告文案那样专注地阅读电视广告的字幕，或者像广播广告的听众那样将注意力集中于听觉。所以，电视广告文案的撰稿人应该明白，电视广告文案的受众是边看边听的"观众"，不是只需要听而不需要看的"听众"，也不是仅仅需要阅读，而不需要运用听觉的"读者"。这就要求电视广告文案要容易听懂而不是仅能够读懂。

（6）注意电视广告字幕的作用。在丰富多彩的电视节目中，字幕在多数节目中只能起"强调、说明、注释"的作用。但在电视广告中，字幕被赋予了四种重要的职责：第一，以字幕呈现商品的品牌名称，并加以强化，这是绝大多数广告片常用的手法；第二，标明生产厂家、经销单位的名称、地址；第三，在广告片中值得强调、解释和说明的地方，要不失时机地打出字幕；第四，参与画面构图。

7.4 软性宣传文案写作

7.4.1 软文的概念

所谓软文，指通过特定的概念诉求、以摆事实讲道理的方式使消费者走进广告设定的"思维圈"，以强有力的针对性心理攻击迅速实现产品销售的文字（图片）模式。

软文的定义有两种，一种是狭义的，另一种是广义的。

狭义的定义：指企业花钱在报纸或杂志等宣传载体上刊登的纯文字性的广告。这种定义是早期的一种定义，也就是所谓的付费文字广告。

广义的定义：指企业通过策划在报纸、杂志或网络等宣传载体上刊登的可以提升企业品牌形象和知名度，或者可以促进企业销售的一些宣传性、阐释性文章，包括特定的新闻报道、深度文章、付费短文广告、案例分析等。

与硬广告相比，软文之所以叫作软文，精妙之处就在于一个"软"字，好似绵里藏针，收而不露，克敌于无形。它追求的是一种春风化雨、润物无声的传播效果。如果说硬广告是外家的少林功夫，软文则是以柔克刚的武当拳法。软硬兼施、内外兼修，是重要的营销传播方式。

7.4.2 软文写作要点

1．标题要生动、传神

俗话说"人看脸，树看皮"，一篇文章要吸引人，关键是标题要出彩，要让人产生浓厚的阅读兴趣。否则，即使内容再好，也会由于长了一张"丑脸"而与读者失之交臂。如黄金搭档"权威试验：女人皮肤水分增加28.3%"，标题简洁、有吸引力和说服力。

2．导语要精彩

一篇软文能否吸引读者，标题和导语起着主要作用，有时甚至起决定性的作用。导语对软文的重要性，好比一支乐曲的"过门"，应将全曲最优美、最动听的地方集中到一起来表现，然后吸引听众听下去。也可以这样讲，软文的导语应将全文最重要的信息集中到一块来写，同时要设置冲突和悬念，让人读了以后，想进一步弄清事实的真相。

3．主题要鲜明

一篇好软文，读后一定要给人留下深刻的印象，而不是一头雾水。海尔曾推出了一篇软文《两包感冒药和一台海尔空调》，光看标题，大家觉得稀奇。然而，读完全文，就会情不自禁地被海尔"急用户之所急，想用户之所思"的诉求打动。该文通过选择"元旦期间，昆明的气温突然下降，高先生刚刚出生两个月的儿子和患有哮喘病的妻子因为天冷都感冒了"这个背景，以海尔售后服务人员冒着严寒为高先生安装空调，并为他们带来了感冒药的感人情节，悄无声息地突出了海尔全心全意为用户服务的中心思想。

4．多引述权威语言

好软文要避免自说自话。大多数人都有这样一个心理，就是容易被暗示，尤其是常常容易被权威机构和知名人士的观点说服。但对于自卖自夸的人，常常会很反感，当然也就不会接受他的观点。因此，软文要多引用第三方权威观点和语言，不要"王婆卖瓜，自卖自夸"。

5. 尽可能写成新闻

软文说到底是广告，但一篇好软文要不让人轻易地觉察到它是广告。这就要求软文应尽可能地写成新闻，以新闻事件掩盖深层次的诉求，让受众在不知不觉中"自投罗网"。这样做还有一个好处就是，比较容易发稿，因为它的公信力较强。

相关链接

软文案例

我没有英文名、说话不会中英混搭，在这个社会难道就混不下去了吗？作为一个老牌工科院系的博士生，找实习时四处碰壁，在面试失败无数次之后，最近我终于找到了一家实习单位。

可是我从小到大就没有英文名啊……"毕导"俩字也不难记吧，不如就直接用拼音当英文名好了……我打印完台签匆匆赶去会议室坐下。

老板进入了会场，然而他一进门就死盯着我……老板问我："我好像没见过你，你是新来的？"我说："是的老板，我是实习生，今天第一天。"老板大吼道："闭嘴！你给我站起来！"我一脸懵懂地站起来，完全不知道为什么第一次见老板就惹他不开心……我长得也没有丑到不能开会吧！很多人都说我长得像苏有朋和陈冠希的合体版啊！老板很生气："你们组为什么会招一个叫'倒闭'的实习生呢！这也太不吉利了！"开完会后，组长批评了我。

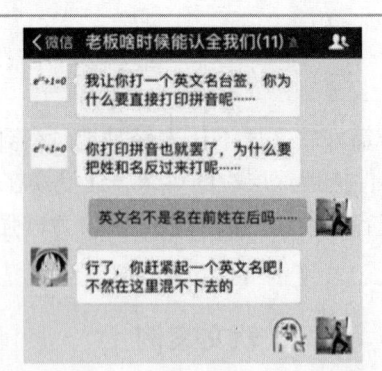

[微信聊天截图：老板啥时候能认全我们(11)]
— 我让你打一个英文名台签，你为什么要直接打印拼音呢……
— 你打印拼音也就罢了，为什么要把姓和名反过来打呢……
— 英文名不是名在前姓在后吗……
— 行了，你赶紧起一个英文名吧！不然在这里混不下去的

　　不明白为什么老板对英文名有这么深的执念，可是英文名要咋起啊……中文名的每个字都有它的寓意，但我又不了解英文名的文化……我突然想起我们系有一个中文很溜的美国留学生，决定去咨询他一下怎么起英文名。可是他说英文名没有什么特殊含义，一般就是在《圣经》里挑一个比较好听的名字就行……看来起英文名是一件很随意的事情啊，我很快起了一个好记又响亮的名字。

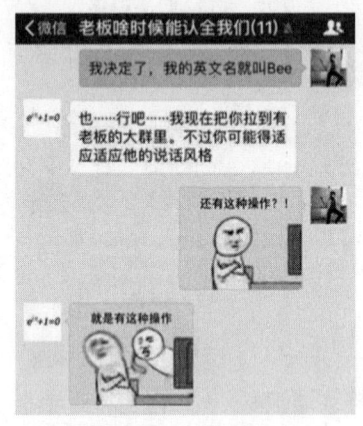

[微信聊天截图：老板啥时候能认全我们(11)]
— 我决定了，我的英文名就叫Bee
— 也……行吧……我现在把你拉到有老板的大群里。不过你可能得适应适应他的说话风格
— 还有这种操作？！
— 就是有这种操作

　　进群之后，很快我就明白了老板的说话风格……

[微信聊天截图：严谨勤奋求实创新(12)]
— Euler，你刚刚交的这份report非常不professional，这不像你的level，重做。　这个就是老板
— 对不起Boss，马上做
— Marry，收集一下网上对我们new product的comments，今天下午给我review。
— Boss，我还有一个presentation下周一要due，可以delay一下吗？
— Fine，但是ASAP，deadline明天，再出错我fire你们整个team。对了，我们最近outing里的team building program筹备得怎么样了？
— 抱歉Boss，最近我们整个team要follow的case太多了，大家的schedule很很满。我让新来的intern负责统计一下大家都哪些时间available吧

第 7 章 广告文案

　　这算什么奇怪的聊天方式！我们不是中国公司吗？为什么每句话里都要夹杂英文单词！我在小群里问大家，老板说一句话要切换五次输入法难道不累吗……欧拉·王跟我说，他们也不知道，但是跟老板说话就模仿他的风格好了……这时老板好像在大群里叫我。

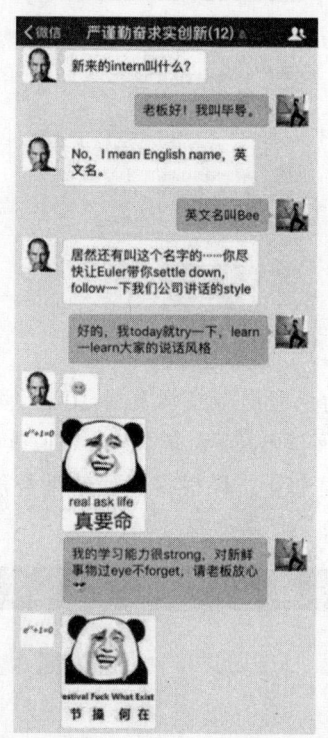

> 〈微信　严谨勤奋求实创新(12)〉
>
> **老板：** 新来的 intern 叫什么？
>
> **我：** 老板好！我叫毕导。
>
> **老板：** No，I mean English name，英文名。
>
> **我：** 英文名叫 Bee。
>
> **老板：** 居然还有叫这个名字的……你尽快让 Euler 带你 settle down，follow 一下我们公司讲话的 style。
>
> **我：** 好的，我 today 就 try 一下，learn 一 learn 大家的说话风格。
>
> **老板：** 😓
>
> **我：** [表情：real ask life 真要命]
>
> **我：** 我的学习能力很 strong，对新鲜事物过 eye 不 forget，请老板放心。
>
> **我：** [表情：estival Fuck What Exist 节操何在]

　　感觉这种说话方式也没什么难度啊，无非就是不时地蹦几个英文单词。可是欧拉·王又来批评我了。

> **欧拉·王：** 你神经病吧！你说的那都是什么啊！
>
> **我：** 我在努力学习你们说话，你们不是很喜欢中英混搭吗！
>
> **欧拉·王：** 混搭是因为很多词在中文里没有一个特别好的对应翻译，用英文可以把意思表达得更精确。比如 presentation 这个词，可能综合了展示、演讲、分享等多重意思。混搭通常是把一些难以表达的词用英文说，你混搭的都是 learn 啊 today 之类的算怎么回事！
>
> **欧拉·王：** 其实你不要抵触英语，掌握英语在工作中真的非常有用，对你未来的全面发展也有好处。再说我们日常聊天的时候也经常穿插一些英文词啊。
>
> **我：** 我觉得只用中文也完全能表达清楚啊，反正我讨厌混搭。你不觉得一句话里掺一个英文单词特别 low 么？
>
> **欧拉·王：** [表情：你看着你自己说的是什么玩意儿]

153

好像这里"low"这个词的确很难翻译成中文啊……这个单位搞得我现在都不太敢说话了，真是烦……

没办法，只能又去请教欧拉·王，这次欧拉·王把我拉到了一个学外语的群里。

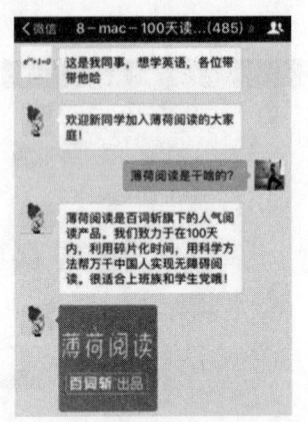

老师介绍说，薄荷阅读的课程会带领学员用 100 天里的零碎时间读完 3~4 本英文名著。在他们的服务号"薄荷阅读 by 百词斩"内发布阅读内容，在微信群内讲课答疑。加入课程之前会先测试你的词汇量，再根据测试结果智能标注生词！有了科学的方法和有趣的课程，大家的英文水平提高会很快！

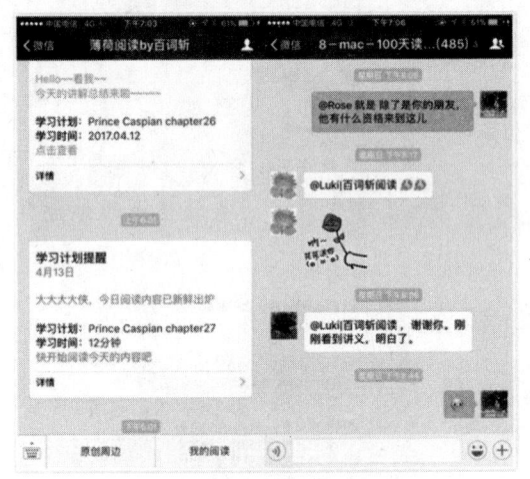

加入这个群之后，感觉氛围还不错，老师人很温柔，上来先让每个人介绍自己的学习目标。

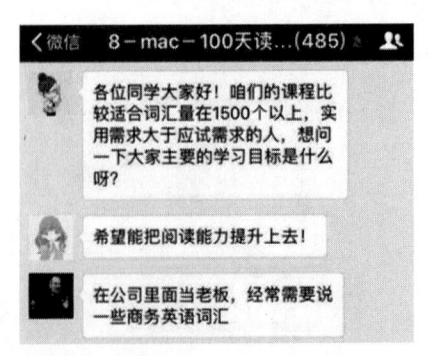

感觉说话的这个人有点可疑啊……自己在公司里当老板要说英语，头像还是乔布斯……难道这是我们老板用小号报了名在群里学英语？

暗中观察

为了互相鼓励，老师会让我们每天晚上汇报当天的学习成果，然而这个乔布斯汇报得也很奇怪！

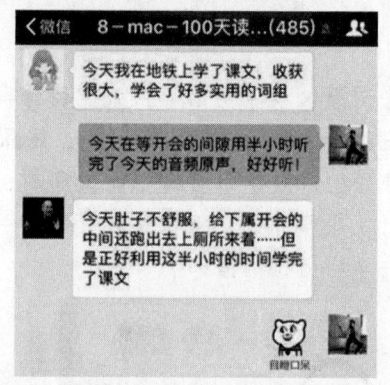

我们今天就是在开会的中间看着老板跑出去拉屎了啊！连拉了半小时屎的时间对上了，这个人分明就是我们老板啊！没想到老板天天在我们群里飙英语，自己平时还在偷偷学习，真是心机！这种跟老板暗中共同进步的感觉还真是奇妙呢……昨晚复习的课文是《海底两万里》，老师为我们讲解了一个词。

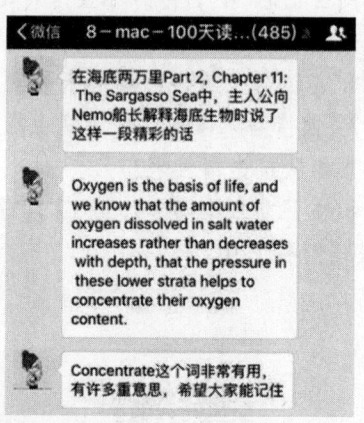

事实证明老板学得还是不错的……

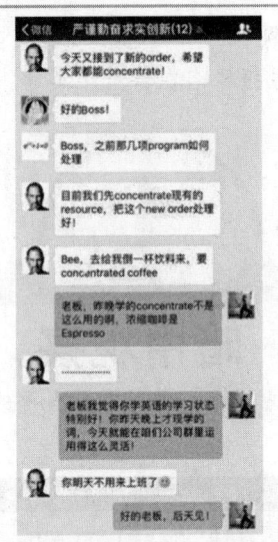

这样明天一整天都能去薄荷阅读学英语了！我觉得薄荷阅读的理念特别厉害，它依据美国著名语言教学家克拉申的"输入假说"理论，采用 i+1 的分级阅读策略设计产品。"i+1"就是指，学外语的时候学习材料不能太简单，也不能太难。太简单让人什么也学不到，太难让人什么也学不了。就像现在让你和一帮阿拉伯人一起生活，每天听他们交流，你依然无法学会阿拉伯语……

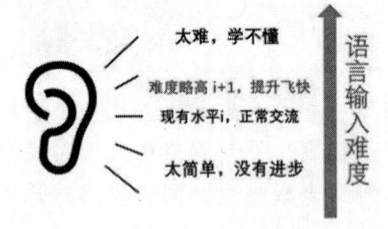

薄荷阅读正是先帮你找到自己的"i"，再为你量身打造属于你的"i+1"！每个同学的阅读内容、生词表、音频速度都是根据每个同学的现有水平设计的！每天的阅读内容都是英文名著"文字+音频"，边听边看，阅读起来更轻松！这一期的课文是《黑骏马》《海底两万里》《亚瑟王》《彼得潘》四本！每天晚上在微信群中还会有老师讲解当日阅读重点，大家更能在群里组队抗击惰性哦！

感兴趣的小伙伴们赶快扫描下方二维码参加第 13 期课程！为大家争取了毕导专属优惠，立减 20 元，100 天课程仅要 129 元哦……

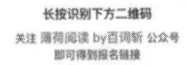

（资料来源：微信公众号"毕导"，内容有删减）

7.4.3 软文的形式

1. 悬念式

悬念式又称设问式。核心是提出一个问题，然后围绕这个问题自问自答，如"人类可以长生不老吗？""牛皮癣，真的可以治愈吗？"通过设问引起话题和关注是这种方式的优势，但是必须掌握火候，提出的问题要有吸引力，答案要符合常识，不能作茧自缚、漏洞百出。

2. 故事式

通过讲一个完整的故事带出产品，使产品的"光环效应"和"神秘性"给消费者心理造成强暗示，使销售成为必然。例如，"1.2亿元买不走的秘方""印第安人的秘密"等。讲故事不是目的，故事背后的产品是文章的关键。听故事是人类最古老的知识接受方式，所以故事的知识性、趣味性、合理性是软文成功的关键。

3. 情感式

情感可以叫人心灵相通。如"老公，烟戒不了，洗洗肺吧""女人，你的名字是天使""写给那些战'痘'的青春"等。情感最大的特色就是容易打动人，容易走进消费者的内心，所以"情感营销"一直是营销百试不爽的灵丹妙药。

4. 恐吓式

恐吓式软文属于反情感式诉求，情感诉说美好，恐吓直击软肋。"高血脂，瘫痪的前兆！""天啊，骨质增生害死人！""洗血洗出一桶油"。实际上恐吓形成的效果要比赞美和爱更具备可记忆性，但是也往往会遭人诟病，所以一定要把握度，不要过火。

5. 促销式

"北京人抢购×××""×××，在香港卖疯了""一天断货三次，西单某厂家告急"，这样的软文或者直接配合促销使用，或者使用"买托"造成产品供不应求，通过"攀比心理""影响力效应"等多种因素来促使受众产生购买欲。

本章小结

- 广告文案又称为广告文稿。狭义上的广告文案仅指广告中的语言文字部分。广告文案主要包括标题、正文、广告口号和随文。
- 标题是广告的题目，是印刷广告中最重要的元素，往往被置于广告的最醒目位置。广告标题的作用表现为：引起公众的注意，传递主要的广告信息，诱发消费者阅读正文的兴趣，增强消费者对广告的记忆，激发消费者的购买欲望。
- 广告标题的形式主要有直接式、间接式和复合式3种。
- 广告标题的写作要求：突出主题，标出新意；简洁明确，一目了然；题文相符，互为一体；易懂好记，引人注目。
- 广告正文是广告文案的核心，是广告主题的表现。一般而言，广告文案除标题、标语和附文以外的说明文字，都属于广告正文。广告正文主要包括导语、主体和结尾部分，主要表现形式有记叙体、说明体、新闻体、描写体、论说体等。
- 广告正文的写作要求：紧扣主题，围绕标题；正面陈述，言简意赅；特性突出，具体生动；语言热情，朴实真诚；提出忠告，表明承诺。
- 广告口号又叫广告标语，指为加强受众对企业、产品或服务的印象而在广告中长期反复使用，旨在向消费者传达一种长期不变的观念的语言或文字。广告口号的写作要注意简短、明确、贴切、有独创性、有趣味性和可记忆性。
- 平面广告媒介是在二维空间内，用文字、图像、图形的配合来传达广告内容的信息载体。人们获得的信息有80%以上是通过视觉获取的，平面广告媒介完全诉诸视觉传达信息，图文并茂，理性与感性并重。
- 广播电视广告词的写作，与一般广告文稿的写作要求基本上是一致的，但由于广播电视媒体的特殊性，广告文案的写作要求也不同。而且，由于广告时间的限制，语言文字要更简练、艺术化。
- 软文是一种有效的广告形式，软文相对于硬广告具有隐蔽性好、亲和力强、传播效果好等特点。软文创作需要注意标题、导语、主题、形式的创新。软文的常见形式主要有悬念式、故事式、情感式、恐吓式、促销式等。

专论7

90%以上的文案，都从这五个维度说服消费者

如今，以"卖货"为目的的文案课程层出不穷，这些课程能教你怎样利用人性的弱点，从而让产品转化率更高，卖钱更多。实际上，所有以"卖货"为终极目标的文案，无外乎在以下这五个维度来说服消费者。它们是未来消费、要完成的任务、与某个人的关系、所处的群体、扮演的社会角色。下面分别论述在这五个维度上，哪些是最经常被利用且能有效说服消费者的心理和倾向。

1. 未来消费（自我投资）

既然是投资，就意味着我们是在替未来消费，而不是当下。所以，就像"得病去医治"是必要花费而不是投资一样，所有为当下任务的花费都不能算作投资。自我投资可分为两类：为技能投资和为健康投资。

（1）为技能投资。技能投资类的产品（如领导力课程、写作课程），最经常的说服方式是唤起共鸣，让消费者回忆过去的糟糕经历，然后再给出合适的解决方案。比如，以下某口才训练课程的文案："你是否明明很有想法，但是不敢说也不会说，让领导误以为你很平庸；工作没少做，但一汇报心理就发怵，领导误以为你混日子；明明你有升迁的机会，却不敢参加竞聘演讲，永远和升职加薪无缘。"文案中描述各种你最可能遇过的糟糕经历，从而激发共鸣，让你产生"这不就是我嘛"的感觉，并激发购买意愿。

（2）为健康投资。健康投资类的产品，适合唤起回忆，激发共鸣。让消费者为健康投资，最有效的方式就是向他们描述未来的美好生活场景。比如，向年轻人描述年老后的美

好生活，他们反而愿意购买养老保险这类在未来才能获得收益的产品。这也是为什么健身房的宣传海报从来都是美女和型男，而不是贴满大肚腩搞"恐惧营销"。除不美观外，这是因为健身者通过海报能想象到未来自己练就完美身材的样子，进而更愿意为未来的收益投资（如办健身年卡）。总之，自我投资是说服消费者的一个维度，如果你的产品是技能投资类产品，可以多尝试效果更好的"唤起共鸣感"文案；如果是健康投资类，那么，文案更好的选择是"描述未来的美好"。

2. 要完成的任务

（1）目标趋近。人们都有一个共同的倾向：越接近完成某个任务，越不会中途放弃，反而会不顾一切地去完成。一部刚放映一半的电影，按下暂停键很容易；但一部还有五分钟就结束的电影，按下暂停就不那么轻松了。迫于趋近效应，你会等到电影放映完毕，即使在这期间你有更重要的事要去做。比如，当年美国的某个州，Uber面临司机短缺的问题，以至于有的顾客反映，叫车之后需要等很长一段时间。为了解决这个问题，除了招募更多司机，Uber还想了一个办法——每次在司机准备收工回家时，都让系统发给他们一条激活"目标趋近"的消息（比如，某司机一天赚了480美元，系统会自动提示，距离赚到500美元还剩20美元）。所以，这些司机为了这些"很快就能达成"的小目标，一次次地推迟收工时间，不仅为Uber带来了更多收入，也极大地缩短了顾客的等待时间，提升了用户满意度。

总之，对于某项任务，在快要完成还没完成的时候，迫于"目标趋近效应"的影响，多数人会选择不顾一切地继续下去。这在管理学上也被称作激励理论——积极性被调动的大小取决于期望值和效价的乘积，也就是说，一个人对目标的把握越大，估计达到目标的概率越高，就越容易被激励。那么，营销上该怎么借用这种消费者心理呢？你要经常问自己的是：消费者在完成任务的最后阶段，是否存在某些困扰？我的产品能不能帮上忙，从而帮他们顺利地完成任务？

（2）装备加持。如果说"目标趋近"让人们在意完成任务的连续性和完整性，那么"装备加持"是我们想更好地完成任务的外在体现。"装备加持"是游戏术语，其实就是在已有装备上添加新配件，以提升其属性。在现实中，则表现为：对于一款刚到手的高性能新品，我们有为其搭配"互补品"的倾向。比如，刚到手的iPhoneX，你愿意多花几十元去贴一张"上好"的钢化膜；刚收到的砧板，你也愿意为其搭配一把好看的菜刀；一辆新车到手，在销售员的劝导下，你还可能购买倒车雷达、坐垫、车膜等。也就是说，为了更好地使用手机，我们为手机加持了"钢化膜"；为了更好地完成做饭这个任务，我们会为砧板配备更好的菜刀；为了更好地体验新车，我们会为其加持各种车饰等。

总之，为了完成某个任务，我们会购买某项产品，但因为我们有更好地完成任务的倾向，所以我们往往会有"装备加持"的行为。那么，营销上该如何借用这种消费心理呢？如果你的产品是消费者完成任务的主要产品，那就尝试为他们提供"互补品"，以帮助其更好地完成任务。

3. 与某个人的关系

生而为人，在社会上，我们不是一个人在生活，而是每时每刻都在与其他人进行交互。在这个交互过程中，我们产生了两个重要倾向：关系维持和关系补偿。

（1）关系维持。200元的单人餐，你可能觉得有点小贵，但请一个多年未见的老同学，你对价格可能就不那么敏感了。这是为什么呢？很多人都猜到了——心理账户。没错，在"关系维持"这个心理账户里，你的预算上限远高于自我吃饭花销。也就是说，在这个账户里，你表现得更大方。所以，无数的文案都是因为利用了消费者需要维持的关系，从而成功说服他们购买产品。比如，红星二锅头的文案是这样写的："用子弹放倒敌人，用二锅头放倒兄弟。"所以，营销人要善于识别哪些关系是消费者要一直维持的，然后向他们提供合适的产品，帮助他们完成"关系维持"的任务。

（2）关系补偿。关系的补偿来自"亏欠"。一旦我们感觉别人已经为我们付出了很多，或者自己没有尽到应有的责任，就会产生深深的愧疚感，这会促使我们做出补偿对方的行为。合作伙伴为了你付出了很多，你感恩戴德的同时，也感觉欠了太多人情，满怀亏欠感。所以，金茅台的文案利用了消费者的这种感受，它是这样写的："我哪有什么远见，全靠你的资本壮胆，贵人来，金茅台""我哪懂什么坚强，全靠你当年死撑，贵人来，金茅台""我哪懂什么生意，全靠你的有情有义，贵人来，金茅台"。工作忙没时间陪孩子，孩子开始对自己冷漠，你会充满愧疚感，你想找机会补偿他。以致有个研究发现：高价儿童玩具的主要顾客是那些工作忙碌的成人朋友。所以，在营销上，你要善于识别人们的这种心理：到底是因为什么，让消费者产生了对家人、朋友、合作伙伴的亏欠或愧疚？我的产品能不能帮他们缓解这种情感上的压力？

4. 所处的群体

（1）融入群体。人是社会型动物，任何人都不想被孤立在群体之外，每个人都有融入群体的渴望。但是，社会角色的频繁转换带来的新环境、新群体的改变，总需要我们学着去慢慢适应和融入。也就是说，我们总需要融入一个又一个陌生的群体。要快速融入一个陌生群体，捷径就是模仿群体内成员的行为。所以，初入职场的女大学生会模仿公司里白领群体的行为，如买名牌包包、化妆、穿职业装等。这些，都是她们能快速且顺利地融入新圈子的"通行证"。同样，想进投资圈，你可能需要先模仿群体内成员的"常规操作"，如跑半程马拉松。所以，想在营销上借用，你就要经常问自己：我的目标用户渴望融入什么群体？这个群体有哪些普遍的行为习惯？使用我的产品，我的目标用户是否能达到模仿群体内成员的目的？

（2）回避群体。在一项关于美国大学生的研究中，心理学家们发现，当得知研究生是购买垃圾食品的主要群体时，本科生大大减少了垃圾食品的消费。这是因为，研究生是本科生的回避群体，这些本科生通过减少和研究生的相似行为，来与他们形成区隔。所以，如果使用你的产品，能与回避群体形成区隔，往往就会赢得消费者的选择。比如，《经济学人》的文案是这样写的：我从来不读《经济学人》——一个42岁的管理培训生。这时候，订阅《经济学人》这个行为就帮助用户与平庸之辈形成了区隔。所以，要借用"回避群体"，你要经常问自己：消费者都有哪些回避群体呢？我的产品能不能帮助他们与回避群体形成区隔？

5. 扮演的社会角色

（1）履行责任。一直以来，我们都在同时扮演着各种各样的角色，我们是孩子的父母，是学生的老师，是员工的上司，是爱人的伴侣。就像父母有养育孩子的责任，每个角色背后,都意味着有相应的责任需要履行。比如,新加坡某儿童保险的文案是这样的:"每天一杯星巴克的钱,为孩子买个守护。"所以,在营销上,你的文案要善于调动消费者的这种"履行责任"的倾向,让他们意识到自己还有孩子要去疼爱、有父母要去关心、有爱人要去呵护,从而使自己的产品成为他们履行责任的必备品。

(2)角色转换。如果说我们模仿群体内成员以融入新圈子,是为了向外界证明"我是谁",那么,在身份、角色的转换时期,我们也急需向自己证明"我是谁"。本来是大学生,毕业后成了"职场人士",本来是单身贵族,突然把婚结了,变成了"已婚人士",还没怎么享受二人世界,突然有了孩子,又变成了"酷爸辣妈"。这些身份角色的变化,都让我们对生活产生了"不连续感",让我们难以确认"我是谁"。一旦人更多地产生这种"不连续感",失去对自我角色认识的控制,就有夺回控制感的需求,以重新确认"我是谁"。所以,刚步入职场的大学生会购买职业装,告诉自己不再是学生了,而是"职场人";新人会购买钻戒,暗示自己已经不是"单身贵族"了,而是"已婚人士"。那么,营销上该如何借用呢?当然,还是要经常问自己:人们有哪些因角色转变,需要确认"我是谁"的时期?我的产品是否能为他们夺回对自我认知的控制感?

6. 结语

以"卖货"为终极目标的文案,写法有很多,可利用的消费者心理也很多。实际上,无非是从五个方向说服消费者。同时本文也分别就这五个维度,总结出了经常被营销人利用且较为有效地说服消费者的心理和倾向。它们分别是:

- 未来消费:唤起共鸣、描述愿景。
- 要完成的任务:目标趋近、装备加持。
- 与某个人的关系:关系维持、关系补偿。
- 所处的群体:融入群体、回避群体。
- 扮演的社会角色:履行责任、角色转换。

(资料来源:央广广告·小欧言商)

问题理解

1. 广告文案包括哪几部分?
2. 广告标题主要有哪些类型?
3. 广告正文主要有哪几种类型?
4. 简述平面广告方案的写作特点和要求。
5. 简述广播电视广告文案的写作特点和要求。
6. 简述软文的创作要点。
7. 阅读专论7,分析说服消费者的"五个维度"在方案写作中的意义。

案例分析

滴滴广告文案

你知道她一直想去草原,但你不知道,有你的地方她都想去;
你知道他老了,但你不知道,他一年会去几次医院;
你知道她善解人意,但你不知道,她有时也故作坚强;
你知道今天老同学聚会,他们会玩得很开心,但你不知道,没有你这个聚会并不完整;
你知道她做菜很香,但你不知道,最便宜的超市距你家有九站地;
你知道他在公司奖金拿得最多,但你不知道,他一个月会跑烂三双皮鞋;
你知道她们依然年轻,但你不知道,她们终将跟不上时代;
你知道他,但你不知道他。
就像你知道滴滴无处不在,但你不知道滴滴车票。
每个人,都有你知道和不知道的事。

思考题:
1. 本案例中的广告文案是哪种诉求方式?这种诉求方式有什么特点?
2. 结合本章引导案例进行比较分析。

技能训练

1. 训练主题:文案创作
2. 训练内容:选择某一产品,根据该产品的市场定位,撰写一则自媒体广告文案(也可以写成软文形式)。
3. 训练要求:根据广告文案写作要求进行文案创作,标题、正文、广告口号和附文要齐全,并撰写一份广告文案创作说明书。
4. 训练评价:根据本章广告文案写作的要求进行评价。

第8章 广告受众心理

📎 引导案例

直击人心的广告

央视近期播出《关爱老人》系列公益广告,其中一则以患有老年痴呆症父亲为主角的公益广告《打包篇》,让许多观众忍不住流下眼泪。广告一开始,一位老人表情木讷地望着家门,等待儿子回家。"爸,爸,给我开门!"当儿子回来敲门时,老人却慌了起来,一句"我不认识你"让儿子倍感震惊。原来,不知道从什么时候起,爸爸患上了老年痴呆症,记忆越来越差。害怕不能继续照顾儿子,这位老爸开始在清醒时,用写纸条的方式继续挥洒父爱,"记得多穿衣服""带钥匙"等。渐渐地,老爸病情加重,冰箱在哪儿,洗衣机在哪儿,这位爸爸甚至连自己刚做过的事情都不记得了。有一天中午,儿子带着父亲去外面吃饭,盘子中剩下两个饺子,当着一桌子亲朋好友的面,爸爸直接用手抓起饺子放进口袋。儿子看到,立刻抓住爸爸的手,又羞又急地问:"爸,你干吗?"这时,已经说不清楚话的父亲却吃力地说:"这是留给我儿子的,他最爱吃饺子。"爸爸的回答让儿子愣住了,原本以为爸爸已经忘记了一切,可从未忘记对儿子的爱。这则《打包篇》公益广告一经播出,引起了观众的强烈共鸣,并在各大视频网站和微博上迅速传播。土豆、优酷、56等视频网站的点击量都超过了10万次,不少网友看完之后纷纷表示"被深深地感动到了",并将其称为"催泪弹"。

➲ 辩证性思考:广告如何才能直击受众心理?

🎯 本章学习目标

- ☑ 掌握广告受众的一般心理规律;
- ☑ 掌握广告受众的社会心理规律;
- ☑ 掌握广告受众心理策略;
- ☑ 掌握广告心理诉求的方式。

🔑 关键术语

受众心理 感觉 知觉 注意 记忆 联想 模仿 感染 暗示 时尚 流行 文化心理 广告诉求 理性诉求 感性诉求

受众是指传播过程中的受传者。在大众传播过程中,受众不仅是信息的接受者,也是信息的反馈者。广告受众既是一般意义上的传播受众，又特指广告信息传播过程中的接受方。奥格威曾说过："在广告活动中，消费者是我们的上帝，而消费者心理是上帝中的上帝。"其一语道出了广告心理学的价值。广告的最终目的是通过信息的传播，说服消费者自觉自愿地购买商品或服务。因此，要想加强广告的效果，就必须了解广告受众的各种心理现象及活动规律，重视广告受众心理的分析，根据广告受众的心理特性和心理需求，制定出科学的心理影响策略，这样才能提高广告宣传的科学性和艺术性。

8.1 广告受众心理概述

受众群作为广告活动的信息终点，在整个广告活动中占有主导地位，是广告活动的核心内容。广告通过影响受众群心理来启迪受众群或引发受众群的购买行为。受众群的心理因素是广告设计的前提和基础，是探究广告传递、引发共鸣的情感沟通奥秘所在。

8.1.1 成功广告的心理学标准

在日常生活中，许多广告让人们视而不见、充耳不闻，不会给人们留下任何印象，没有达到说服或推销的效果，这当然是失败的广告。相反，有些广告让人一见如故，久久难以忘怀，取得了极佳的传播效果。从广告心理的角度来看，一个出色的、能打动人心的广告，具有以下几个基本特征。

1. 唤起消费者的注意

一个有效的广告能够唤起人们的注意，牢牢地抓住消费者的眼球。通过光、色、形、声等形式的信号刺激，让人们对广告内容有深刻的感受，并形成对该商品的强烈兴趣。

2. 启发消费者的联想

联想的前提是记忆。每个人都是在记忆中成长起来的，过去的经验总在人们的心灵中留下种种痕迹。记忆是比较、判断的基础，只有能激发人们联想的广告才最能唤起人们的比较，使人产生判断，进而促进购买行为。

3. 说服消费者去行动

广告传播的最终目标是说服人们去行动。如果说总统竞选广告想要说服选民去投票的话，那么商业广告是要说服消费者去购买商品，这是广告传播的最终目标。因此，出色的广告应该具有很强的说服力，让人们从产生信任直到形成忠诚。要做到这一点，广告还得想方设法地调动消费者积极的情感与情绪，努力影响、强化或改变消费者的态度。

8.1.2 广告对消费决策的影响

广告对消费者行为的影响渗透消费决策的各个阶段。

首先，在需求确认阶段，广告可以唤起消费者的购物需求，使其产生购买欲望。许多消费者虽有购物需求，但并没有明确意识到这一需求，这一需求是一种潜在的需求，它为人的活动提供了前提条件，但并不构成活动的动力。只有当它被意识到之后，才能激发人的活动。而广告传播可以唤起这种潜在的需要，使之上升到意识水平。例如，对于一个虽然愿意喝啤酒，但并没有产生明确的买啤酒意识的消费者，在看到色泽诱人的啤酒电视广告后，很可能意识到自己喝啤酒的需求。广告使需求由潜意识水平上升到显意识水平，从而促进了消费。

其次，广告直接影响着消费者的资料（信息）收集，为他们提供有关的商品信息，为其选购商品提供指导。这种影响也是广告功能的直接体现。在现代商品社会中，消费品品种多样，令人目不暇接，购物已成为劳神之事。许多中低收入的消费者，常常逛完商场仍一无所获，不是没遇到自己所需的商品，而是因为同类产品过于丰富，又各有千秋，实在难分伯仲。在这种物质过于丰富的时代，不少消费者觉得，与其耗费精力逛商场选择，不如先看广告，然后按图索骥，既省事又合理。

再次，在购买前评估阶段，广告发挥着巨大作用。广告可直接影响人们对品牌的选择，使其选择某一特定品牌的产品。如今，饮料中的可口可乐、百事可乐等品牌，借助广告的威力，已家喻户晓。在经济条件允许的情况下，人们会先考虑这些驰名品牌。有时，某种驰名品牌已超出了其所代表的产品的含义，而成为一种文化的代名词，人们购买某一品牌，并不仅仅是为了它所代表产品的物理属性，而是为了获得人们的认同、获得某种社会身份即看重的是它的社会属性。

最后，在用后评价阶段，广告传播最大的一个作用是强化消费者对自己购买决策的满意度。当消费者看到自己所用的并且是用后满意的产品的广告时，可使消费者更加准确地接受、记住特定的商品信息，对所选购的、令自己满意的商品，有了更加深刻的记忆。在下一次购物时，仍选择同一品牌的产品，这就是品牌的忠诚度。

8.2 广告受众的一般心理

8.2.1 广告受众心理活动过程

受众心理活动过程指的是受众对企业形象和商品形象客观现实的综合能动反应，从感觉企业形象、商品形象的存在，到认知企业的商品、产生消费需求、采取消费行为，包括一系列的心理活动过程。这个心理过程，大致可以分为认知过程、情感过程和意志过程三部分，在这些不同的过程中，受众的心理行为直接反映出受众个体的心理特征。

1. 受众心理活动的认知过程

认知过程是广告受众为了弄清企业或商品形象而产生的心理活动。当一则广告作用于广告受众的感官时，广告受众就会通过记忆、思维、想象等一系列复杂的心理过程，形成对某个企业或商品的理性认知。广告受众对企业或商品的认知有一个基本的过程。首先企业广告宣传活动会以鲜明的特征吸引公众的注意，然后在广告宣传的影响下，强化、巩固公众对企业或商品的印象，在公众对企业或商品有了比较丰富的感性认识，并对这些感性认识进行分析、综合后，再判断出企业的性质、发展战略目标和商品的整体形象。因此，广告宣传对公众施加影响的基础就是认知过程，其目的是期待公众的高度注意、强化广告受众的记忆。

2. 受众心理活动的情感过程

情感过程是受众心理活动的特殊反应方式，贯穿购买心理活动的评定阶段和信任阶段，因而对购买活动的进行有着重要影响。广告受众在接触广告时,由于广告作品在语言、画面、色彩、结构及播出时间长短等方面的不同,受众会根据自己的需求、动机、兴趣和信念等个性心理特征,对广告或广告中的商品或企业产生喜欢或讨厌、满意或不满意、愉快或不愉快等方面的情感体验,这就是广告受众的情感过程。广告受众的情感过程会对其购买行为产生决定性的作用。因此,广告宣传的一个重要任务就是在公众拥有了较多的信息后,引导受众及时从认知过程转入情感心理过程,使广告受众在需求心理上认同企业及其商品,为完成意志心理过程创造出良好的前提条件。

图 8-1 为耐克的品牌形象广告。耐克的标志置身于一系列户外运动场景中,直观、准确地诠释了耐克的品牌特性和品牌内涵。

图 8-1 耐克的品牌形象广告

3. 受众心理活动的意志过程

在购买活动中,受众表现出有目的地、自觉地支配和调节自己的行为、努力克服自己的心理障碍和情绪障碍、实现其既定购买目的的过程,被称为受众心理活动的意志过程。它对消费者在购买活动中的行动阶段和体验阶段有着较大影响。

在有目的的购买行为中,消费者的购买行为是为了满足自己的需要。因而,总是在经过思考之后提出明确的购买目标,然后有意识、有计划地去支配自己的购买行为。意志可以帮助人们在实现预定目的的过程中克服各种阻挠和困难,使购买目的顺利实现。因此,企业在广告宣传活动中,要加强对受众的心理影响,以坚定受众对企业及其商品的意志信念,促成广告目标的最终实现。

受众心理活动的认知、情感、意志过程是相互作用、相辅相成的。认知过程是整个心理过程的起始,决定着情感过程和意志过程的行进模式、发展方向和转换速度,而情感过程和意志过程又反过来促进、强化认知过程。情感过程是受众心理过程的中介环节,影响着意志过程的发生与稳定,而意志过程又反过来调节、修正着情感过程。三者相互关联,互为一体,在受众的心理活动过程中缺一不可。这个过程实际上就是企业开展广告宣传,影响、控制受众的心理轨迹,是促使受众接受企业传播的商品信息和倡导的消费观念的过程。从这个意义讲,广告宣传活动就是不断地对公众施加心理影响的过程。

8.2.2 广告受众的心理特征

1. 广告受众的感觉

感觉就是当外界事物作用于感觉器官时,大脑对特定对象个别属性的直接反映。感觉是消费者认知的最初来源,是认知所必需的第一步。广告受众的感觉过程,是指商品直接或间接作用于其感觉器官并加以刺激而引起的过程。在这一过程中,广告受众一般是借助视觉、触觉、听觉、嗅觉和味觉五种感觉器官来接受各种信息的,所以在购买活动中,感觉对消费者的购买行为具有很大的作用。在设计、制作广告作品时要注重对商品特性的表现,以强化对受众的感官刺激,获取良好的宣传效果。

人类感觉的需求,以视觉为最高,约占80%,听觉、触觉、味觉、嗅觉次之。图8-2所示麦当劳Big "N" Juicy汉堡广告通过人脸与汉堡强烈的视觉对比冲击,突出了广告主题。

图8-2 麦当劳Big "N" Juicy汉堡广告

视觉是人类对外部世界的主要感觉器官,尤以颜色视觉对广告心理作用更具有意义。色彩对人们的生理和心理影响很大,它可以让人产生不同的感觉,引发情绪,产生联想。

(1) 色彩的意义。

- 红色是色谱中最鲜明、最生动、最热烈的颜色。由于红色的这种品性,在老百姓那里,它成为驱灾避邪、大喜大庆的象征;在政治家那里则成为革命、胜利的标志。
- 黄色是所有色彩中明度最高的颜色,具有轻快、辉煌、透明、活泼、光明、希望、功名、健康等特征。黄色表示土地,象征权力,还具有神秘的宗教色彩。
- 橙色是色谱中最耀眼的颜色,给人以温暖、华美、兴奋、热烈等感觉,带有快乐、健康、自由、勇敢、渴望等象征。
- 蓝色来自自然的启迪。无论是深蓝色还是淡蓝色,都会使人们想到无限的宇宙或者流动的大气,因此,蓝色也是永恒的象征。蓝色的天空、大海,是那么高远、博大、深邃,是那么壮阔、浩渺。
- 绿色是人类永恒的主宰。它是大自然植物的颜色,是生命之色、希望之色。正是那茫茫林海孕育了人类,原始人类也正是吸吮着绿色汁液才一步一步地成长起来的。绿色在世界范围内象征和平、安全。
- 紫色在大自然中是最不常见的颜色。物以稀为贵,紫色是高贵、奢华、庄重、神圣、浪漫的象征。

（2）色彩的心理感觉。观看色彩时，由于受到色彩的视觉刺激，而在思维方面产生对生活经验和环境事物的联想，这就是色彩的心理感觉。

- 色彩的冷暖感。色彩的冷暖感被称为色性。红、黄、橙等色相给人的视觉刺激强，使人联想到暖烘烘的太阳、火光，感到温暖，所以称为暖色。青色、蓝色使人联想到天空、河流、阴天，感到寒冷，所以称为冷色。
- 色彩的兴奋感与沉静感。凡明度高、纯度高的色调又属偏红、橙的暖色系，均有兴奋感；凡明度低、纯度低，又属偏蓝、青的冷色系，具有沉静感。
- 色彩的膨胀感与收缩感。同一面积、同一背景的物体，由于色彩不同，会给人造成大小不同的视觉效果。凡色彩明度高的，看起来面积大些，有膨胀的感觉；凡明度低的色彩看起来面积小些，有收缩的感觉。
- 色彩的前进感与后退感。暖色和明色给人以前进的感觉；冷色和暗色给人以后退的感觉。色彩有轻重感。高明度的色彩给人以轻的感觉；低明度的色彩给人以重的感觉。

2. 广告受众的知觉

知觉是人脑对直接作用于感觉器官的客观事物的整体反映。当受众对商品产生心理印象，即对商品产生感觉之后，其意识还会随着对感觉资料的综合处理，把商品所包含的许多不同特征和组成部分加以解释，在头脑中形成进一步反映商品的整体印象，这一过程就是知觉。消费者对商品知觉的速度、正确性、清晰度和知觉内容的充实程度不仅受到本人的需要、兴趣、情绪和个性倾向等因素的影响，还受到人们以往知识、经验、注意力及定式作用等心理因素的影响，体现在广告知觉的选择性、整体性、偏见等方面。

消费者的知觉是各种心理活动的基础，这能有力地满足消费者的需求，促进其产生购买行为。随着对广告知觉程度的提高，消费者就会形成对广告的主观态度。

3. 广告与注意

注意指的是心理活动或意识对一定对象的指向与集中。注意本身不是一个独立的心理过程，而是感觉、知觉、记忆、思维等心理过程的一种共同特性。任何心理过程，总是开始于人们把注意力集中指向特定的事物。吸引广告受众的注意是广告产生效果的基础，广告要想对消费者发生作用，前提是必须在众多广告中脱颖而出，引起消费者的注意。正如广告界流传的一句名言："让人们注意到你的广告，就等于你的产品推销出去一半。"如果一则广告无法引起人们的注意，那么这则广告就是失败的。图8-3所示为bango酱油广告，用bango酱油烹饪的各种美味菜肴拼成一头牛，这些菜肴让人看得食欲大开，非常容易引起受众的关注，很好地表现了bango酱油的功效。

图 8-3 bango 酱油广告

心理学根据引起和保持注意时有无目的性和意志努力的程度,把注意分为无意注意和有意注意。无意注意是事先没有预定目的,也不需要付出努力的注意。刺激物的强度、对比度、活动性、新奇性等,是引起非自发性注意的主要原因。凡是能够使刺激物在这些方面迎合消费者的广告创意,几乎都能取得利用人们的无意注意的功效。如在我们逛商场时,可能事先没有打算买什么东西,但看到商店新颖的广告海报、抢眼的商品包装,或者很多人正在抢购某商品时,往往我们的注意力就会被吸引。有意注意是有预定的目的,需要付出努力的注意。如急需购买某品牌汽车的消费者,会刻意寻找、收集相关的广告信息,并在众多的同类商品中,把注意力集中于期望的品牌上,这就属于有意注意。

4. 广告与记忆

记忆是一个人过去的经验、感受在其头脑中的反映。广告的记忆就是一个人过去接触过的广告在其头脑中的反映,是人脑积累经验的功能表现。人的记忆一般经历识记、保持、再认或回忆三个基本环节,其中识记和保持是前提,再认和回忆是结果。只有识记准确、保持牢固,再认和回忆才能实现。人们对广告的记忆过程也与此相同。

在广告活动中,广告识记是广告记忆的开端。广告受众就是通过看、听和接触广告,在人脑皮层上形成客观事物之间的暂时神经联系,来记住广告信息的。图 8-4 所示开米宠物浴液广告,通过对比的方式,让人很容易记住这则广告。

保持是对头脑中识记内容的保存和巩固。只有在头脑中得以保持的信息,日后才能回忆起来。因此,在广告传播中,广告必须保持一定的重复率,才能使广告受众在反复的感知过程中把广告信息牢固地保持下来。

当曾经见过的广告再度出现时能够加以识别是广告的再认;能够回想起来过去见过的广告是广告的回忆。再认和回忆都取决于人们对旧广告信息的识记和保持的程度。因此,在广告设计和制作时,要注意为广告受众实现广告再认和回忆提供必要的线索,如企业标志、商品商标、广告语等,通过强化这些要素的宣传,加强人们对广告信息的识记,以便更好地促成再认,引起回忆,巩固广告效果。

5. 广告与联想

所谓联想,就是由当前感知的事物回忆起有关的另一事物,或者由想起的一件事又想起另一件事。许多事物之间存在着不同程度的共性和人们对事物之间存在着某种认识上的关联性，构成了联想的客观基础。这种客观基础的存在，往往使人们由当前感知的事物"触景生情"地联想到有关的其他事物。广告运用各种手法激发有益的联想，能加剧刺激的深度和广度，这是广告策划设计中有意识地增强广告效果的重要手段。图 8-5 所示美的冷柜广告，通过凿冰垂钓的表现方式，让人联想到美的冷柜的保鲜功能。

再如，2014 年 New Balance 的《致匠心》视频广告（见图 8-6）充分利用了广告心理的联想。

人生很多事急不得，你得等它自己熟。我 20 岁出头入行，30 年写了不到 300 首歌，当然算是量少的。我想一个人有多少天分，跟他出什么样的作品，并无太大关联。天分我还是有的，我有能耐住性子的天分。

图 8-4　开米宠物浴液广告　　　　　图 8-5　美的冷柜广告

图 8-6　New Balance 的《致匠心》视频广告

人不能孤独地活着，之所以有作品，是为了沟通，透过作品去告诉人家心里的想法，眼中看世界的样子，所在意的、珍惜的。所以，作品就是自己所有精工制作的对象。最珍贵，不能替代的就只有一个字"人"，人有情怀、有信念、有态度。所以，没有理所当然，就是要在各种变量可能之中，仍然做到最好。

世界再嘈杂，匠人的内心绝对必须是安静安定的，面对大自然赠予的素材，我得先成就它，它才有可能成就我。我知道，手艺人往往意味着固执、缓慢、少量、劳作，但是这些背后所隐含的是专注、技艺、对完美的追求。所以，我们宁愿这样，也必须这样，也一直这样，为什么，我们要保留我们最珍贵的，最引以为傲的。一辈子，总是还得让一些善意执念推着往前，我们因此能愿意去听从内心的安排，专注做点东西。至少对得起光阴岁月，其他的就留给时间去说吧。

这是睽违已久的李宗盛为运动品牌 New Balance 最新广告《致匠心》写作并亲自诵读的一段旁白。3 分 31 秒的视频里，画面从李宗盛过渡到一位来自 New Balance 工厂的工匠，交替出现的两个人各自聚精会神地雕琢着手中的作品：李宗盛打磨木材制成吉他，工匠细搓慢捻做出鞋子，大量的近景使用、细节展现，向人们清晰地展示了"匠人"的工作方式。

首先，起用明星音乐人李宗盛作为视频主角，李宗盛入行 30 年，写了近 300 首歌，在音乐人中不算多产，但是他对音乐的专注，对细节的把控，对完美的追求，是音乐人最珍贵的品质。这表明他要做的绝对不是粗制滥造的音乐，而是要对得起岁月的艺术作品。这样一个明星，与 New Balance 想要表现自己的产品并非粗制滥造的产品特质非常吻合。正如一些业内人士所评价的，整段视频没有任何一处提到 New Balance 的鞋子做工如何精良、品牌如何优质这样的字眼，但通过李宗盛在做吉他的时候对原材料的不将就、对吉他细节的痴迷让消费者联想到 New Balance 对品质与细节的把控，以此来为 New Balance 鞋子做工的精良背书。视角独特、情感细腻，带来了非常好的传播效果。

广告的时间与篇幅是有限的，仅靠直接印象，广告效果也是有限的。联想能使人们扩大和加强对事物的认识，引起对事物的情绪和兴趣，这对形成购买动机和促成购买行为有很重要的影响。依据事物间联系的不同，广告中运用的联想原理主要有接近联想、相似联想、对比联想、关系联想、颜色联想等。

8.3 广告受众的社会心理

每个人都生活在社会、组织和群体中，他所具有的心理状态和心理现象不可能是孤立的和完全个性的，必定带有社会的性质。人的这种社会心理，以及在此基础上发展而来的社会态度，对广告宣传有着根本性的影响。

所谓社会心理，就是个体需要与动机的共同性和一致性在群体中的反映，这种反映进一步发展后成为社会态度。人们在群体情况下所接受的广告宣传的影响，与在个人情境下的情况，有着明显的差别。在群体情境下，接受广告宣传的影响的作用规律是特有的。一般而言，广告宣传的社会心理过程，要涉及人们在群体情况下相互模仿、相互感染、社会性遵从这样一些过程。这些过程影响广告宣传，同时可以指导广告宣传。

8.3.1 模仿、感染和暗示

1. 模仿

模仿是在没有外在压力条件下，个体受他人影响仿照他人，使自己与之相同或相似的现象。广告是一个让消费者知道、了解产品，进而喜欢产品，产生购买欲望，最终实现消费的过程。并且，毫无疑问，广告主希望有更多的消费者参与其中。这就需要大众有更多出于模仿目的，或者受社会氛围感染而产生的非理性消费行为。

模仿的现象在消费领域早已司空见惯。明星同款鞋服首饰的炒作行为愈演愈烈，追星族往往把明星作为审美标准，甚至道德模范，因此他们总希望自己和偶像之间的相似度更高。广告人抓住消费者这种心理特征来刺激消费。在此类消费行为中，消费者希望得到的不仅仅是产品的质量和实用效果，更是产品所承载的特殊意义。

在广告制作和营销方面，模仿的现象也不可忽略。"双 11"的促销活动如今已从淘宝扩散到各大网购平台，市场便是这样，有钱挣就行，你做我也做。所以在它们的广告中，诉求点其实大同小异，无非"低价""不容错过"等。过多的模仿行为最终可能导致受众疲劳，降低广告的效果。

2. 感染

感染是一种较大范围内的信息与情绪的传递过程，即通过语言、表情、动作及其他方式引起众人相同的情绪和行为。模仿与感染应该是两个紧密联系的概念。因为感染这一概念的实现，一个很重要的因素就在于被感染者的群体数量。也就是说，要想"引起众人相同的情绪和行为"，感染者最希望看到的便是更多的"模仿"现象。

近年来，篮球鞋与牛仔裤的搭配已成为潮流，在年轻人群体中，无论男女，他们渐渐抛弃了"篮球鞋"本身的定义。而在大众（也很可能是广告人、广告主）的推动下，他们逐渐被感染，改变审美情趣，最终形成模仿行为。类似的现象还有被滥用的"百搭"一词，消费者在长时间的熏陶下，往往会认同广告的诉求点。

3. 暗示

暗示是在非对抗的条件下，通过语言、表情及体语、符号对他人的心理与行为发生影响，使之接受暗示者的意见和观点，或者按所暗示的方式去活动。可以说所有的广告都在对消费者进行暗示。无论是"收礼还收脑白金""移动改变生活"，还是"不是每种牛奶都叫特仑苏"，它们都在极力向消费者传达产品理念、特性等，其中的暗示多是"选择我，准没错"。在被暗示的消费者中，最容易接受暗示的是女性。这个特殊群体的消费观实为男性所难以理解，她们对节日折扣等各种促销活动毫无抵抗力，对新鲜亮丽的服饰配饰冲动万分……爱美求鲜的消费心理造成女性过多的非理性消费，广告商和企业牢牢抓住了这点。于是，化妆品广告用其虚假的代言人美貌来暗示产品的神奇功效，洗发水广告常常传递一头秀发对女性形象的重要性……

▶▶ 8.3.2 时尚与流行

时尚是一种重要的社会文化现象，是在一定时期中整个社会流行的风气和习惯。时髦是一种自发的、易变的、不稳定的、短暂的社会心理。与时尚、时髦紧密相关的另一个概念是流行。

1. 消费时尚的特点

（1）社会发展推动时尚发展。社会的物质和文化水平越高，时尚的变化就越快，其类型与表现就日益复杂化和多样化。时尚以较快的速度反映社会现实状况，是新的社会行为规范和社会风俗形成的前驱。例如，20 世纪 80 年代是彩电、冰箱、洗衣机热，90 年代是空调、录像机、高级音响热，21 世纪是网上购物、健康保健热。时尚的风气是始终存在着的。而且，某种时尚在消失几年、十几年甚至几十年后，可能又会"死灰复燃"，形成一种周期性的循环。例如，以前人们穿裤子裤管宽松，进而又出现上窄下宽的"喇叭裤"，前几年又流行上宽下窄的"锥子裤",稍后又流行中间宽、上下窄的"萝卜裤",再是讲究舒适合体的西装裤。说不定再过几年,"喇叭裤"可能再度成为"新"的时尚……我们似乎可以这样描述时装式样兴衰的规律:如果一个人穿上离流行还有五年的时装的话,就会被人认为怪物;提前三年穿的话,会被认为招摇过市;提前一年穿,是一种大胆的行为;正当时尚,穿上这种时装就会被认为非常得体;一年后再穿,就显得土里土气;五年后再穿,就成了老古董,可是过30年再穿,人们又会认为很新奇,认为他具有独创精神。

（2）时尚遵循"新奇原则"。每种时尚都是以与众不同的形式表现出来的,特别是在时尚刚刚开始的阶段。时尚反映了消费者渴望变化、求新、求美、求异的心态,通过对某一商品的崇尚和追求,可以在他人的心中形成"自我"。时尚既要求模仿,又提倡个性,使他人很快地注意到自己,以达到某种心理上的满足。因为新奇的东西容易吸引人们的眼球,引起别人的无意注意。许多人喜欢别出心裁的打扮,实际上就是自觉、不自觉地遵循了这一原则,从而达到自我显示,满足心理需求的目的。

（3）时尚遵循"从众原则"。时尚遵循"从众原则",这一原则决定了时尚的流行趋势。由于社会中对时尚极不注意和极端注意的人都占少数,大多数人的注意是随时尚的发展而转移的,因此时尚的流行是呈正态分布的。人们总是这样认为：凡是合乎时尚的就是美的,反之,就是落伍的和不合时宜的。这种心理是人们寻求社会的认同感和社会安全感的表现。因此,在社会中人们都有一种心理倾向,即让大多数人接受的,个人也乐意接受。这种顺从大多数的心理和个体自愿接受社会行为规范的倾向,是时尚得以流行的重要条件。

（4）时尚遵循"价值原则"。一般来说,高档耐用消费品,如汽车、高端电器、家具等,总是比较时尚的,时尚的周期相对较长;一些中、低档商品可能是时尚的,如牛仔裤、化妆品等,但时尚的周期相对较短。另外,正当时尚的商品,其价格相对较高,过了时尚高潮,商品的价格就开始下落。

2. 商品流行及其特点

我们这里谈的流行仅仅是指商品流行。商品流行是一种反映市场价值规律的经济现象,是指一种或一类商品由于它的某些特性受到众多消费者的青睐,一时间广泛传播,有时会在短时间内成为众多消费者狂热追求的对象。像这样的消费趋势就可以称作流行,这样的商品就称为流行商品。吃、穿、住、用商品都可能成为流行商品,但穿戴类的商品成为流行商品的机会要更多。商品流行是一种客观的经济现象,有它自身的特点和规律。研究它有助于我们更好地引导消费者的购买行为,并且在商品流行中,为企业创造更多的财富、更大的市场机会。一般来说,流行具有以下几个特点。

（1）流行的阶段性。流行一般要经历这样几个阶段：①初始阶段。商品刚刚面市,成本高、利润低,但由于商品的某些特色或性能吸引了一些具有较高收入的消费者,使得他们乐意出高价购买。②效仿阶段。独具特色的新产品被早期顾客采用,由于他们无形的号召力和感染力,许多热衷时尚的消费者纷纷效仿,迅速形成一种商品流行浪潮,市场上该商品供应量和销售量大大增加。③经济阶段。新产品在市场上大量普及,流行范围扩大,但势头减弱,利润开始减少。这时,精明的企业家便开始转移生产能力,抛售库存,开发新产品。

（2）地域之间的差异。流行具有鲜明的地域差异,一般来说,世界性商品流行先从经济发达地区开始,进而到一些富裕的国家和地区。例如,在我国,香港、澳门地区处于流行的第一阶段时,内地各地区还未形成流行;当香港、澳门地区处于流行的第二阶段时,广东、北京、上海等地方则处于流行初始阶段;当香港、澳门地区处于流行的经济阶段时,广东、北京、上海等地则处于流行的效仿阶段,内地的其他地区刚刚开始流行的第一阶段。近年来,由于交通、通信、互联网技术的发展,这个差异有在时间上缩短、空间上减小的趋势。

(3)品牌与品质的差异。若以牛仔裤为例,牛仔裤品牌如 Levis、Lee 等品牌式样多,质地好;在目前的我国市场,也演变出一些质量不高但价格便宜的杂牌牛仔裤,以满足不同层次消费者的需要。这种差别变化是建立在流行特色不变的前提下,即牛仔裤还是牛仔裤。

(4)时间的差异。在流行的各个地区,出现的时间有早有晚,持续的时间有长有短,因此,流行表现出时间上的差别。研究流行及其特点,是为广告传播找到更好的依据,使广告传播收到良好的效果。

3. 时尚、流行与广告

时尚、流行与特定的社会心理状况相适应,广告传播通常会重视时尚与流行,及时捕捉商品的流行趋势,密切注视社会心理的变化特征,以求广告传播从形式到内容都符合社会大众的需求与期望,以得到社会大众的承认和接受,从而导致人们的购买行为。广告传播如果能很好地把握商品流行的趋势,就能使产品销量大增,利润翻番。下面就简要谈谈广告运用流行趋势来影响消费者的几个常用方法。

第一,留心社会名流。广告策划人通常会留心对有一定社会地位、有社会威望人士所使用商品的广告传播,以博得众多消费者效仿,带动流行的发展。有一定社会地位、有社会威望的人士,他们收入高,消费水平也高。他们购买商品追求新颖、美观、名牌,对市场上的新产品比较敏感,勇于购买使用。当一种新商品进入市场后,符合这些人的消费心理,这种商品就会形成流行浪潮,这种浪潮形成后,会导致一些收入中等或偏上的人去攀比、效仿,最后带动其他阶层竞相效仿,形成消费的从众心理。

第二,关注发展阶段。广告传播易于在流行的第一阶段和第二阶段初期发挥作用。由于流行的特点决定了广告传播旨在想方设法地形成并推动流行趋势。一种商品能否流行,关键在于第一阶段和第二阶段初期,因此在这两个时期投入大量的广告费用进行商品宣传,突出宣传商品的特点、优点、功能,以赠物、优惠购物的办法吸引大量的早期顾客,为形成流行趋势打下良好的基础。一旦形成流行狂潮,产品销量自然会大量增加。

第三,利用地域差异。广告策划人通常会利用流行地域差异的特点。流行在一个地区达到了经济阶段后,企业一方面应着手引进新技术,加强对新产品的开发和广告传播;另一方面还会把注意力转向经济不发达地区或尚未到达流行效仿阶段的地区,加强对这些地区的广告传播,可能在这些地区再度形成流行趋势,迎来商品销售的新的高潮。

第四,打好"时间差",即利用时间差异。广告传播还会利用流行的时间差异。流行在时间上是有先后的,发达国家和地区流行一段时间后,其他国家和地区才开始流行。因此,在发达国家和地区刚开始流行时,企业会根据本地区消费者的心理特点,积极开发这种产品,并且进行大量的广告宣传,突出产品的先进性、新颖性、高质量、优服务的特点,以吸引本地区高收入阶层人员购买。表 8-1 所示是我国不同年代出现或热销的标志性商品。

表 8-1 我国不同年代出现或热销的标志性商品

年份	标志性流行商品
1980	雀巢咖啡和麦氏咖啡同时进入我国市场
1983	桑塔纳轿车问世，广州可口可乐试投产，水仙牌新型单缸洗衣机问世
1984	"皮尔·卡丹"在我国的第一家专卖店诞生；西装流行，带来领带销售剧增；上海市场黄金首饰好销
1985	"万宝"牌分体式、窗式空调投放市场，上海、兰州引进双缸洗衣机技术，软包装或罐装饮料受到人们的青睐，"燕舞"收录机进入上海市场，上海金星彩电上市
1986	首批国产三门冰箱投放市场，上海首次设摊出售商品房
1987	肯德基快餐厅落户北京，博士伦等隐形眼镜陆续进入中国市场，无线电话问世
1989	"力士"和"海飞丝"上市，广州出现我国第一部手机（摩托罗拉），海南生产出第一代国产速溶咖啡"力神速溶咖啡"
1990	健怡可口可乐在沪问世，私人电话已成为时尚，新装户高涨
1991	28 英寸大屏幕彩电投放市场
1992	羽西化妆品面世
1993	国内第一代全无氟冰箱研制成功，电脑开始进入家庭
1994	上海出现无店铺销售，便民连锁店在上海诞生，自动售货机在上海亮相
1995	手机"即卖即通"，上海电信局大量放号；沪产全自动滚筒式洗衣机问世
1997	"网吧"悄悄在北京街头亮相，保龄球运动达到顶峰
1998	自动售货机大规模进入百姓生活，美国星巴克咖啡进入我国，哈根达斯进入我国
1999	DVD 市场启动，上海别克正式进入市场，寻呼业竞争白热化
2000	上海通用 10 万元家用轿车首度亮相，网络游戏出现
2002	彩屏手机上市，大城市中汽车进入家庭
2003	数码照相机热卖，拍照手机流行，上海钻石消费以 40%的速度递增
2004	城市私家汽车流行，笔记本电脑流行（增长速度超过 40%）

8.3.3 文化心理

一个广告除了实现其商业功能，也在实现着社会文化的传播功能。一个社会的文化能够从各个方面、以各种形式向消费者传授社会规范和价值标准，影响社会成员的消费动机和购买行为。一方面，社会文化制约着消费者的某些心理欲求，抑制某些不为本社会所允许的动机与欲望；另一方面，特定的社会文化也能促使消费者产生商品需求与购买动机。例如，"换肤霜"刚上市时，人们的购买并不是很踊跃，当广告传播、从众心理及潜意识需求等因素造成了"换肤霜热"时，人们就会争相购买，以致出现挤破柜台的场面。可见，在广告传播中，需要很好地把握消费者的文化心理，才能把话说到点子上，使他们乐于接受广告传播；否则，消费者是不愿意接受广告劝说的，甚至可能产生抵触心理。下面简要地谈谈文化心理因素对广告接受产生的影响。

1. 价值观

价值观是指社会组织中的人对本组织及其相关的人、事、物的意义及其重要性的基本评价与共同看法，以及这种评价和看法的取向和标准。一个社会组织或团体的价值观决定了它最需要注意和重视的事情，它应为组织内所有层次的所有人所熟知、所认同，它是不可侵犯、不可动摇的。一个社会所认同的价值观对其社会成员的日常行为具有引导、约束甚至控制的作用。

价值观是文化中较深层的部分，不同阶层、不同地域、不同教育程度的人有不同的价值观，价值观制约着外部的消费行为。因此，广告传播必须与说服对象的价值观相符，否则很难激起他们的购买欲求。

例如，要说服一个美国人购买一幅中国山水画。如果从画的审美价值入手，可能遭遇心理抵触。因为西方人崇尚的是油画，他们有关中国画的审美价值观念肯定与我们不一样，很可能不愿意去购买这幅画。然而，如果我们对这位美国人强调的是中国山水画的投资潜力，强化其"增值"的价值观念的话，他就很可能动心。具体来说，要想说服消费者购买某种商品，就务必顺应并强化他们的价值观，变消极的价值观为积极的价值观。又如，有人在推销"雅芳"化妆品的时候就遇到过这样的问题，不少女性消费者认为使用化妆品化妆是"妖里妖气""不正经"等。因此，"雅芳"广告就应建立和强化女性美容的价值观，使她们觉得恰当得体的化妆会给人以精神焕发、高贵典雅的印象，有利于表露内在的美，它是符合时代文明要求的。一旦美容化妆的价值观在消费者思想观念中建立起来，他们购买美容化妆用品的行为就会增多。

2. 风俗习惯

不同的种族、地域、社会制度及职业等，都可形成不同的风俗习惯和社会态度，从而引起不同的购买动机。因而，广告传播必须"入乡随俗"，针对不同的社会风俗习惯，才能取得良好的效果。一般来说，以下几方面的风俗习惯可能影响消费者对广告的接受。

（1）种族习惯。各个不同的种族有各自不同的习惯，如黑种人一般爱穿浅色服装，黄种人一般爱穿深色服装。

（2）地域习惯。不同的地域也有不同的习惯。例如，北方人喜欢炖煮，南方人喜欢炒溜；川贵湘人喜欢吃辣的，江浙人喜欢吃甜的；热带地方的人喜欢吃清淡的食物，寒带地方的人爱吃味道浓重、刺激性强的食物。

（3）民族习惯。我国56个民族在生活习惯、崇尚爱好上都有各自不同之处。

（4）不同国家有不同的习惯。不同的国家之间风俗习惯差别很大。例如，意大利人把菊花奉为国花，在拉丁美洲有的国家视菊花为妖花，只有在送葬时才会用菊花供奉死者，法国人也认为菊花是不吉利的象征。

3. 教育文化背景

在不同文化背景下，接受不同教育的人，对同一事物的看法是各不相同的。同理，不同教育程度的人对广告的认识与理解也存在较大差异。文化层次低的人看到的可能是事物的表面，文化层次高的人可能去发掘事物的本质。同一广告主题在不同社会教育文化情景下，它的表现也会有所不同，被人们接受的情况亦大有差异。成功的广告通常能洞察当地人文特点，让自己的广告变得易于接受。广告传播要考虑当地的社会文化及消费者所受教育的背景等因素，以达到让自己的广告打破心理抵触，让消费者容易接受的目的。

8.4 广告受众的心理诉求

所谓诉求，是指诉以愿望或需要，博得关心或共鸣，最终达到诱发购买的目的。广告诉求，是指广告主运用各种方法，激发广告受众的潜在需要，形成或改变广告受众的某种态度，告知其满足自身需要的途径，促使其出现广告主所期望的购买行为。显然，广告诉求能否达到预期目的，与广告主是否透彻地了解、娴熟地把握广告受众的心理息息相关。因为，尽管广告所宣传的产品种类繁多，但它总是通过人（广告受众）起作用的。对广告受众心理的任何方面的忽视，都将导致广告效果锐减，甚至完全失败。

广告心理诉求的基本目标是：诉诸感觉，引起需求；赋予特色，激发兴趣；创造印象，诱导欲望；加强记忆，确立信息；坚定信心，促成购买。

一般来说，广告诉求方式可以分为两种：理性诉求方式和情感诉求方式。

8.4.1 广告的理性诉求

理性诉求指的是广告诉求定位于受众的理智动机，通过真实、准确、公正地传达企业、产品、服务的客观情况，使受众经过概念、判定、推理等思维过程，理智地做出决定。也就是说，理性诉求是以商品功能或属性为重点的诉求方式。在现代广告中，产品科技含量不断增加，使用功能多样化、复杂化，同时受众文化层次普遍提高，因此，理性诉求在广告中的运用越来越普遍和重要。在广告中突出强调自己的商品所具有的特性或优越性，通常是提出事实或进行特性比较。例如，大宝护肤品的广告"要想皮肤好，早晚用大宝"、保健品黄金搭档的广告"花一样钱，补五样"、王老吉的广告"怕上火，喝王老吉"等都是采用了理性诉求的方式，达到了很好的广告宣传效果。图8-7是ANOLON刀具广告，作品通过被切碎的分子，表现出ANOLON刀具因碳钢锻造而特有的犀利。

图8-7 ANOLON刀具广告

在广告实践中，如何判断一个广告是否使用了理性诉求手段，涉及理性诉求标志的问题。有人指出，只要一个广告中包含以下14条关于产品的事实性信息线索中的一个或一个以上时，该广告就是理性诉求广告。这些线索有价格，质量，性能，配料，销售的时间、地点及联系的电话，特价销售，口感，营养，包装，售后服务，产品安全特点，独立研究

（由独立研究机构进行的研究），公司研究（由广告主进行的研究）和新产品的概念。

1. 理性诉求的心理策略

从心理学角度看，理性诉求广告要想达到预期的最佳效果，必须科学地运用以下策略。

（1）用简短有力的论点强调。广告学家指出：做广告要考虑两个要素，一是够不够直接，二是够不够犀利。因为文字广告不可能很长，形象广告呈现的时间也很短。除了费用因素，受众不可能花很多的时间与精力去细品某则广告。因此，无论从哪个角度来看，在广告宣传中都有必要拟定一个简短有力的论点，即说服受众的重点。这个论点的确定不能是随意的，也不能是一厢情愿的，应当经过反复推敲和论证，得出最能代表当前阶段品牌诉求主题的话，只有这样广告才能出现震撼人心的说服力量。

（2）阐述与论点相符的论据，提高广告的说服力。无可否认，消费者对厂商有一种天然的怀疑与抗拒心理。因此，厂商的说辞再动人、再有道理，他们也不见得真正相信。"卖瓜的不说瓜苦"这一心理定式无时无刻不在起作用。受众更想看到，也更愿相信的是强有力的论据。因此，在理性诉求广告中，广告主在说产品好的同时，不要忘记加上"为什么好"，理性的论据比漫天说好更重要，也更有说服力。

我们在做论据的时候，可以用精确的数据说话，让人听来更为真实可信。如号称西裤专家的九牧王，其论据是：108 道工序，30 次熨烫，800 万条人体曲线，23 000 针缝制。这样专业的西裤你不想穿吗？

（3）运用双向信息交流，增加广告的可信度。所谓双向信息交流，是指广告主在大力彰显产品优点的同时，也要说出产品的一些不足之处。这样可以有效地消除受众对商业性广告宣传所持有的不相信或半信半疑的态度，从而增加其对广告宣传内容的信任度。例如，有人曾将同一型号的汽车做了两则广告，一则广告说："这种汽车的内把手太偏后了一点，用起来不顺手，除此外，其他地方都很好。"另一则广告中没有这一条，全部讲优点。结果受众大部分都相信前一则广告。细加分析，前一则广告的成功乃是由于采用了"欲擒故纵"的手法。消费者不是具有怀疑心理吗？好的，我先对你的这一心态予以满足，坦诚相告产品的不足之处，使你的怀疑烟消云散，然后再展开正面攻势，这样就可长驱直入，攻占消费者的心理世界。

2. 理性诉求的方法

明确传递信息，以信息本身和具有逻辑性的说服力加强诉求对象的认知，引导受众进行分析和判断，这是理性诉求的基本思路。理性诉求的内容多种多样，但在实际运用中，具体的诉求方法主要有以下几种。

（1）阐述利益。消费者购买产品最关心的就是产品给他带来的利益。当广告集中传达产品特性、性能、购买利益时，阐述的语言要精练、准确。经常采用直接陈述、提供数据佐证、列图表、与同类产品对比等方法，提供给受众产品信息。例如，舒肤佳香皂主要强调其"杀菌和长时间抑制细菌再生"，广告正是通过告诉消费者如果购买宝洁产品会获得什么样的利益，以达到劝说消费者购买的目的。

（2）解释说明。在传达产品特性时，广告还可以做一系列的特性演示并示范功能和效果，从而加深受众的理解。提供的成因或示范均可以以图文结合的方式展现，增加可信度。提出疑问并解答的方式可以有效地将受众的关心点引向广告的诉求重点。例如，海王药业为了推销自己的保健品，不厌其烦地对人们进行亚健康科普教育，从而使亚健康概念深入人心。

（3）理性比较。理性比较主要采用理性诉求的方式进行，和竞争对手做比较，以凸显自身优势。既可以含蓄地比较，不指明品牌，也可以针锋相对地比较。优势品牌通过比较可以展示自身的优势；弱势品牌通过比较可以提升品位，展示独特处。例如，宝洁广告常常糅合"专家法"和"比较法"，舒肤佳广告将自己的产品与竞争者的产品相比，通过电视画面，消费者能够很清楚地看出宝洁产品的优越性。舒肤佳先宣扬一种新的皮肤清洁观念，表示香皂既要去污，也要杀菌。它的电视广告，通过显微镜下的对比，表明使用舒肤佳比使用普通香皂，皮肤上残留的细菌少得多，强调了它强有力的杀菌能力。它的说辞"唯一通过中华医学会认可"，再一次增强其权威性。

（4）观念说服。理性诉求还可以就本产品或服务给受众带来的新消费观念、产品选择观念、企业的理念或观点等方面进行深入的诉求。可以从正面来阐述自己的新观念或理念，也可以反驳旧有的错误观点。例如，李维斯牛仔裤广告制造了黑色代表流行的理念。牛仔裤的正统颜色无疑是蓝色，但是李维斯推出了黑色牛仔裤。广告是这样的：在一个歌舞厅门口，凡是穿蓝色牛仔裤的人不得入内，但是一个帅气的小伙子因为身穿黑色牛仔裤而备受歌舞厅的欢迎。中国商务通的"呼机、手机、商务通一个都不能少"的广告无疑也是成功运用观念说服手法的代表之作。

8.4.2 广告的情感诉求

如果说理性诉求是一种"晓之以理"的广告诉求方式的话，那么情感诉求就是一种"动之以情"的广告诉求方式。"人非草木，孰能无情"，因此，在广告创意中，通过富于情趣的情感诉求方式，去激发消费者积极的品牌态度和购买倾向，也是一种重要的广告诉求策略。情感诉求是指针对受众的心理、社会或象征性需求，表现与企业、产品、服务相关的情感和情绪，通过受众情感上的共鸣，引导受众产生购买欲望和行为。在一个高度成熟的社会里，消费者的消费意识也日益成熟，他们追求的是一种与自己内心深处的情感和情绪相一致的"情感消费"。在广告创意中有效地运用情感诉求，以亲切、柔和的广告画面，自然流畅的广告语言，诚恳的广告诉求，去打动消费者的情感，这样不仅能够强化人们对企业产品的好感，而且更有助于人们建立对企业产品的忠诚度。因此，以情感为诉求重点来寻求广告创意是当今广告发展的重要趋势。

1. 情感诉求的类型

情感诉求在广告中具有极大的魅力和说服力，在实际运用中，情感表现应注意克服庸俗的感情投入，要使情感自然融入广告诉求点。现代受众比较青睐的情感诉求方法主要有以下几种。

（1）美感。美感是一种积极的情感体验。追求美是人所共有的心态，尤其是年轻人。因此，善于进行美感诉求，可以获得以情动人的效果。一则令人赏心悦目的广告，可以通过使人心情舒畅的音乐、丰富的广告想象力和优美的背景等广告元素，给人带来美的享受；也可以通过对自然、轻松、青春活力等美感体验的追求来设计广告情境，达到美感诉求的效果。

（2）亲热感。亲热感反映着肯定的、温柔的、短暂的情绪体验，往往包含着生理的反应，以及有关爱、家庭、朋友之间关系的体验。广告画面中人物的亲热关系，如深情的恋人、嬉戏的母子，都容易使人产生同感。随着社会的发展，人们的生活节奏不断加快，竞争不断加剧，人人都在争分夺秒地工作，忽视了工作以外的很多东西，如亲情、爱情、友情，而这些都是比工作更重要的东西。亲热感广告会给人和谐的、温柔的、真诚的、友爱的、安慰的感觉，让人们想起他们忽视的美好的东西。图 8-8 所示为衡水老白干广告，通过怀旧方式，勾起人们对童年的回忆，有较强的亲和力。

图 8-8　衡水老白干广告

有些针对老年人的商品不再把老年人作为诉求的对象，而是把目标转移到儿女的身上，父母抚养孩子长大的辛苦，以及父母收到孩子礼物时，脸上那种幸福满足的微笑，都会刺激儿女的心。父母不会开口问儿女要东西，所以很多儿女都会在送礼上发愁。这些广告实际上也为他们提供了一种选择。大家都不太喜欢脑白金的广告，但它的销量排在第一，就是利用送父母这一点，抓住了儿女的心理。亲热感在公益广告中用得也很多，关爱孩子，关心老年人，关爱残疾人及希望工程的广告都是利用亲热感来进行情感诉求的。亲热感是最重要的、运用最广的、最有效的情感广告的诉求类型，它不会被淘汰，而且它的作用在以后会体现得更加明显。

（3）幽默感。莎士比亚说："幽默和风趣是智慧的闪现。"幽默广告的表现手法使人发笑，产生兴奋、愉快等情绪体验。当今社会商品经济高度发达，大量的信息符号通过广告向社会传播，使受众目不暇接，在一定程度上已显现饱和状态，受众在精神上产生了保护性抑制情绪。在这种情形下，广告采用幽默诉求的方法，可有效缓解受众精神上的压抑情绪，排除其对广告所持的逆反心理。使受众在一种轻松、愉快、风趣的氛围中自然而然地接受广告所传递的商业信息，并完成对商品的认识、记忆、选择和决策的思维过程，从而更有效地达成广告的宣传目的。麦柯克伦·施皮曼研究机构曾对 500 则电视广告做过调查，结果表明，逗人发笑的广告更容易记忆，而且更具有说服力。目前，在美国黄金时段播出的广播和电视广告中，幽默广告分别占 30.6%和 24.4%。在其他国家，幽默广告所占的份额也不少。在戛纳国际广告节上获奖的作品中，也有不少是采用幽默诉求手法的。它们超越了民族语言和接受心理的障碍，成为普遍受欢迎的广告诉求方式。

（4）害怕感。害怕的诉求，是指通过特定的广告引起消费者害怕及有关的情绪体验，如惊恐、厌恶和不适等。利用广告中的不幸事件，督促人们要听从广告的劝告，来避免这种不幸的发生。对这类广告应用最多的是那些有关人身安全和免受财产损失的商品，如各种药品、保健品的广告诉求是满足人身安全，家庭保险的广告诉求是提醒人们免受财产损失。

2. 情感诉求的心理策略

（1）抓住消费者的情感需要。情感诉求要从消费者的心理需要出发，紧紧围绕消费者的情感需要进行诉求，才能产生巨大的感染力和影响力。需要是情绪情感产生的直接基础，若消费者没有类似的需要，任何刺激也无法激起他的这种情感。广告要想打动消费者，必须针对消费者的需要进行诉求，同时，把产品与消费者的需要紧密联系，使消费者一出现类似需要就联想到该产品，这样才能取得良好的促销效果。情感诉求是诉求产品能够满足消费者的某种需要，以达到使消费者产生共鸣的目的。

（2）增加产品的心理附加值。作为物质形态的产品或服务，本来并不具备心理附加值的功能，但通过适当的广告宣传，这种心理附加值便会油然而生。正如美国广告学者所言："广告本身常能以其独特的功能成为另一种附加值。这是一种代表使用者或消费者在使用本产品时所增加的满足的价值。"因为人类的需要具有多重性，既有物质性的需要，又有精神性的需要，并且这两类需要常处于交融状态。一方面，物质上的满足可以带来精神上的愉悦；另一方面，精神上的满足又可以强化物质需要的满足，甚至会代替物质需要的满足。人类的如此心态，便给广告制作者辟出了一个发挥聪明才智的广阔空间。如果经由广告宣传，使产品增加了并非本来固有的附加价值，那么受众就有一种超值享受的感觉，在进行购买抉择时，"心理天平"势必向这类产品倾斜。

许多杰出的情感诉求广告都在这方面痛下功夫。例如，麦氏咖啡"情浓意更浓"，小霸王游戏机"望子成龙"，丽珠得乐"其实，男人更需要关怀"等，无一不是以"动之以情"的方式来打动广告受众的。

（3）利用暗示，倡导流行。消费者的购买动机是多种多样的，有时购买者并不一定是使用者，许多产品是用来馈赠亲友的，通过馈赠礼品，表达某种情感。如果某产品正好符合这种愿望，他们就会主动去购买，而较少考虑产品的质量、功效等具体属性。当厂商通过广告传播把购买这种产品变为一种时尚或风气后，消费者就会被这种时尚所牵引，去购买这种产品。例如，"脑白金"广告被称为一种广告现象，"今年过节不收礼，收礼只收脑白金"的广告语被高频度播放后，几乎妇孺皆知，但该广告并没有引起人们的积极情感，甚至引起很多消费者的反感，2002年被评为中国十大恶俗广告之首。但不可否认，通过暗示，引导消费，该广告在促进销售方面还是比较成功的。

---相关链接

广告中的情感诉求

通过真挚的情感俘获人心是广告主和受众一个愿打一个愿挨的事，但事实上要创作出一则让人倍感温暖的广告不仅需要对创意、技术的熟稔，更重要的是对人性的深刻体察，因为能让人感动的情感是微妙的，是浑然天成的，缺失后者的作品便是缺失诚意。那创作这样的作品有何依凭呢？显然呈现情感是有迹可循的。

感人的广告通常体现了人性中的善良、坚持、忍耐、包容、孝顺、蜕变、诚信等最宝贵的品质。具体而言分解为很多细节，比如：

（1）父母亲费尽辛劳为孩子的举动，反之亦然。

（2）男女朋友为对方做一些不同凡响的事情，尤其是为了某个大家觉得不以为然的小事历尽千辛万苦。

（3）为社会上的底层人士做一些超出预期的事，反之效果更强。

（4）从底层用力向上迈进的过程，用一两件小事来表达。

（5）怀旧：乡村的生活、儿时的物品、父母年轻时候的模样等。

（6）以德报怨的举动。

（7）条件缺乏者费尽辛劳自己创造条件，坚持完成某件常人看起来很傻的事情。

（8）一以贯之的付出。

（9）夫妻之间的包容与纯粹的爱。

（10）动物之间超越人类一般情感的举动。

（11）帮助有心理障碍的人战胜自己。

（12）接受亲人或朋友的不完美，并且鼓励他们去做真实的自己。

（13）给那些值得赞扬的人真诚的赞扬。

（14）陌生人之间的真诚相助。

此外，再加上舒缓的配乐、温馨的画面、简单纯朴的演员等技术层面的表达，一则成功作品便呼之欲出。

8.5 广告受众的心理策略

广告要想取得预期的宣传效果，就必须根据广告受众的心理特性和心理需求，分析广告受众的心理，制定出科学而合理的广告心理策略，运用心理影响技巧来强化广告作品的感染力。

8.5.1 吸引注意策略

最大限度地引起受众的注意，这是任何一则商业广告获得成功的基础。在人们的日常生活中，每天都要接触大量的广告信息，只有小部分给人留下模糊的印象，极少部分能使人们清晰地感知并储存在大脑中。因此，为了引起公众对广告的注意，在广告设计时必须充分研究广告宣传过程中消费者心理活动的特点与规律，巧妙地应用心理学原理，增强广告的表现力、吸引力和诱导力，才能使广告具有冲击力，加强广告吸引受众注意的效果。

1. 增大广告的刺激物强度

由于刺激物绝对强度和相对强度的增强都有利于吸引人们的注意力，因此，在广告设计制作中，可以有意识地增大广告的刺激强度。其方法有很多，例如，运用鲜明强烈的色彩或光线、醒目突出的字体或图案、特殊的声响及扩大广告版面的尺寸等方法增大广告的强度。刺激达到一定的强度，会引起人们的注意。刺激物在一定限度内的强度越大，人对这种刺激物的注意就越强烈。因此，在广告设计中，可以有意识地增大广告对消费者的刺激效果和明晰的识别性,使消费者在无意中引起强烈的注意。图 8-9 为获得 2007 年戛纳广告奖银奖的 Penline 胶带广告,用胶带把一块巨型广告牌固定在一幢楼房的外墙上,增加了刺激物强度,从而吸引人的注意力。

图 8-9　Penline 胶带广告

2. 增大刺激物之间的对比

我们一般用"万绿丛中一点红"来形容在许多事物中凸显一个事物。也就是说,在同一刺激物中突出部分特点,或者不同刺激物之间的对比,都容易引起无意注意。在一定限度内,这种对比度越大,人对这种刺激所形成的条件反射也越显著。因此,在广告设计中,可以有意识地处置广告中各种刺激物之间的对比关系和差别,增大消费者对广告的注意程度,如色彩对比、字体对比、空白对比、图案对比等。例如,在同一报纸、同一版面的众多黑白广告中,使用彩色广告,或者在众多的彩色广告中,使用黑白广告,都会引起消费者对这则广告的注意。在报纸广告中,使用的字号、字体要尽可能与其他相邻广告形成差异,使用多种字体、字号大于周围广告字号效果更好,使自己的广告在整个版面中有突出的感觉,便于引起消费者的注意。在广告周围适当地留出空白,也会引起视觉上的反差,就像大海中突出的一个小岛,能抓住读者的视线。图 8-10 所示开米餐具净广告,通过盘子清洗前后的对比,强化了开米餐具净超强的去污能力。

图 8-10　开米餐具净广告

3. 提高刺激物的感染力

刺激物的强度和对比度固然可以引起受众的注意，倘若它反映的信息毫无意义，缺乏引起受众兴趣的感染力，引起的注意也是短暂的。在广告设计中，有意识地增大广告各组成部分的感染力，激发消费者对广告的各种信息的兴趣，是维持注意的一根支柱。在广告中，新奇的构思、艺术性的加工、诱人关心的题材都能增强广告的感染力。美的东西会首先被人们所注意，因为对美的追求是人类的一种本性，它始终存在着。而艺术可以给人们带来美的享受，可以满足人们追求美的需要。广告的艺术性应是创意新颖、不落俗套，表现技巧精湛，声音、图像、文字配合得当。例如，动听的广告歌曲、富有趣味的故事情节、恰当的模特人物等，都能调动人的情绪，吸引人的注意。

4. 利用刺激物的变化

受众对广告的注意受到刺激物活动变化的影响。周围环境发生变化，或者活动的、多变的刺激物，都易引起受众的无意注意。刺激物变化，包括突然变化与不断变化两种。例如，一亮一熄的霓虹灯广告不断变换字体与图案，就比固定不变的广告更能吸引消费者的无意注意。又如，活动的玩具就比不活动的玩具更能引起儿童的注意。突然变化是指突发性的、没有固定规律的变化。

成都地奥集团的"地奥银黄含片"广告，一开始是电影演员李雪健在向观众诉说，但听不到声音，也没有任何音乐发出，持续了近5秒钟才听见声音，李雪健向观众诉说："没声音再好的戏也出不来，地奥牌银黄含片……"在电视播放的过程中，突然静止5秒钟，这种突发性的变化，容易引起消费者的注意。

5. 增强广告的重复率

增强广告的重复率包括广告出现频率的增多和同一广告中主题的重复。广告出现频率的增加，会扩大消费者对广告注意的机会。以电视广告为例，电视广告"决定性的注意瞬间"是在最初的3～7秒。如果在这一瞬间不能有效地抓住消费者的注意，则很难在后面的时间再引起消费者的无意注意。国外广告设计者研究后认为，应在0.3秒上下功夫，人眼瞄一下电视画面的时间为0.3～0.4秒，户外广告的阅读率在3～4字/秒和4～6字/秒。如此短暂的瞬间，要想吸引人们的注意力，就既要在广告的内容、形式上下功夫，又要增加这一瞬间出现的机会。广告的重复对此十分有效。如果有效地把握了这一瞬间，而此后不能进行主题引导与重复，消费者的注意力也可能渐渐减弱或转移，因而还应在同一广告中适时地重复强调主题，使消费者能保持对广告注意的稳定性，从而对广告内容产生深刻印象。报纸与电视的系列广告就是依据这一原理设计的。

海王银得菲推出"关键时刻，怎能感冒"这一主题，制作了《生日蜡烛篇》《求婚篇》《中奖篇》《理发篇》，既重复了广告的主题，保持消费者的注意力，又不让消费者厌烦，满足消费者求新求异的心理需求。

6. 符合消费者的兴趣

注意是认识广告的开始，兴趣是引起注意的重要原因。消费者的注意具有选择功能，而这种选择常常是依据消费者自己的兴趣爱好而定的。兴趣对人的心理活动起着积极的影响，人们对广告内容发生兴趣，不仅引起对广告的注意，而且会提高注意的持久性，主动收集商品的信息，为购买活动做好准备。消费者在众多的广告面前，为什么偏偏注意了甲广告，却未注意乙广告、丙广告呢？原因很可能是广告引起了他们的兴趣。因此，了解消费者的个性倾向，尤其是广告具体对象的共有兴趣，并使广告符合他们的兴趣，可提高他们对广告的注意度。

7．运用口号和警句

在广告宣传中，如果广告主从长远利益出发，需要将一个确定的观念传播给受众，使他们能够理解并保持长久的记忆，巧妙地运用广告口号与警句，是一种最为有效的方法。所谓要善于利用口号和警句，就是要用一段特别精美的文字，使之看来醒目，读之上口，听后耳目一新，并便于记忆，让人一想起这句话，就联想到所广告的产品。"雀巢"儿童奶粉的广告语："成长只有一次！"这句广告语几乎说到父母的心坎儿上了，它不断地提醒父母，一定要注意孩子的成长。

8．利用悬念

所谓出奇制胜，就是采用一些合理却有违常规的广告设计。这样的广告设计，往往也能博得消费者的普遍注意。

生活中为什么有那么多的人喜欢听评书、看章回式小说呢？因为这类作品在每章结束时总要留下一个悬念。广告中常常利用这种手法，让消费者对广告从被动的状态转为主动的状态，吊起消费者的胃口，让消费者主动去注意悬念的结果。悬念型广告是指广告信息不是一次，而是通过系列广告，逐渐完善与充实的。由于这种信息的不完善，刺激了消费者的探究欲，并为他们留下了充分的想象空间，消费者由此可能更加关注并寻找信息的线索。

9．巧用名人效应

人物在广告中是将广告产品与消费者的实际生活联系起来的黏合剂，创造性地加上对广告作用有一定价值的人物，对促进广告的注意程度、扩大广告的知名度有积极意义。许多给人深刻印象的广告案例，都是利用名人来介绍产品的。

▶▶ 8.5.2　增强记忆策略

广告主除希望其广告能够有效地引起公众的注意以外，还希望受众能够长久地记住其广告信息，起码能在一定时间内留存。因此，提高受众对广告作品的记忆程度，成为策划广告的基本心理策略之一。

1．适当减少广告信息数量

广告是在有限的时间和空间内进行传播。心理学的研究表明，学习材料越多，遗忘的速度越快。广告是一种短时的记忆，短时记忆的容量只有5~9个单位，因此广告中所传递的信息只有简短、易懂才能取得成功。在广告中，主题思想越明确，词句文字越简洁，画面越单一，记忆效果就越好。一般广告标题或广告宣传主句字数不宜太多。国外广告心理学家的研究表明，少于6个字的广告标题，读者的记忆率为34%；多于6个字的标题，读者的记忆率只有13%。广告文案内容也不宜过多，广告的信息点不能超出7个，广告文案的语句或段落最好不要超过5个。广告文案内容应尽量简洁，应删除无关的信息；广告画面内容保持单一，这样容易在短短的时间内，将某一人物、情景突出地加以表现，因而记忆较为深刻。广告界的一些经典作品都是遵循这一原则的。金利来"男人的世界"，飞利浦

"让我们做得更好"，诺基亚"科技以人为本"，海尔"真诚到永远"，海王"健康成就未来"，无不是简洁明了，字字千金。

2. 适当重复广告信息

现代认知心理学关于记忆系统的研究表明，外界信息要进入人的长时记忆系统中，最重要的条件就是重复。所以，要提高人们对广告的记忆效果，更确切地说，要提高人们对广告信息的记忆效果，最重要的手段就是将广告信息不断地重复。重复不仅可以加深对广告内容的记忆，还可以使视听者增加对广告的亲切感。一般来讲，广告重复策略有以下 4 种方式。

（1）将同一广告不断重复刊播。这是我国商品广告最常见的做法。只要你连续一段时间收看电视节目，那么同一则广告看过多次是司空见惯的事。有的广告还将同样的画面、同样的语言连续重复多次。最典型的是哈尔滨制药六厂所推出的盖中盖、护彤等药品，它们都是通过不断重复地刊播，来达到增强观众记忆力的目的。

（2）将有关信息在多种媒体上呈现。使受众分别在不同的时间、不同的地点、不同的活动中，用不同的感官接收到同一品牌的广告信息。当今社会是一个信息的社会，广告媒体众多，除报纸、杂志、广播、电视这传统的四大媒体以外，还有网络、路牌、灯箱、招贴及形形色色的售点广告，可以说广告无时不在，无处不有。全面整合各种广告媒体，让其发布同一条信息，可让受众从多个侧面接触广告信息，从而保持较高的记忆度。

（3）在同一媒体上进行系列广告宣传。系列广告是每则广告分别从不同的角度来介绍产品，通过连续的系列广告，既可以加深消费者对品牌的印象，又可以让消费者对产品有一个全面的认识。例如，获香港 4A 广告创作金帆奖的爱立信企业形象系列广告《父子篇》《健康篇》《教师篇》《爱情篇》《代沟篇》，虽然情节不同，但都传达了"电信沟通、心意互通"这一主题。

（4）在一则广告中反复重复主题，以增强记忆效果。如中央电视台及各省卫视热播的康师傅方便面的电视广告，它选用《欢乐颂》为音乐背景，以其音乐旋律，利用"辣"与"啦"的谐音，不断重复"辣"的概念，最后用一句旁白点明主题"要吃辣，找康师傅"。

3. 广告形式新颖独特

新颖独特的信息在记忆中不容易受其他信息的干扰，记忆比较牢固，提取也比较方便，因而容易回想起来。因此，选择创意新颖独特的广告形式是提高广告记忆度的一个有力的手段。广告形式新颖独特可以从广告表现形式、广告媒体形式和广告编排形式等方面进行创新，如利用鸡蛋做广告，把整栋大楼全部包起来做广告，以及在地上、在太空中做广告，这些多种多样的创意媒体广告都能达到非常高的记忆度。例如，由美国芝加哥李奥·贝纳广告公司创意的 Axe 男士香水广告，把整个女生宿舍装扮成月历模样（见图 8-11），广告词是"用了俺们的香水，每天都有不同的美女"。

图8-11 Axe男士香水广告

4．减少信息变异

记忆不像一面镜子，机械、静止地反映镜外的事物。记忆是一个动态过程。在保持阶段，储存的经验会发生变化，保持的数量会随时间下降。由于每个人知识经验的不同，加工组织的方式不同，保持的内容会受到头脑中已有信息的影响而发生变化。如果广告不能使消费者头脑中的记忆信息按照广告所期望的方向加深，即使曾在消费者头脑中留下了概括化的商品信息及其对消费者有意义的信息，也可能因为发生信息改变，而违背了广告主的初衷。消费者对于一则广告内容的初期记忆是较为完整的，时间长了，记忆的内容就有可能模糊、分解或与新的内容重新组合。

5．运用多种感官同时参与记忆

心理学研究表明，视觉识记的效果为70%，听觉识记效果为60%，视觉与听觉双重识记的效果为86.3%。由此可见，多种感官同时参加的识记，其记忆效果优于单一感官的识记。

为了帮助消费者更好地记住广告内容，应尽量考虑广告载体是否能更好地调动消费者的多种感觉通道，通过多种感官的同时作用来加深印象，这也是当今电子媒体比印刷媒体更受广告主和广告商青睐的根本原因。再如，现场展示会、博览会，不但可让消费者看，还可说给消费者听，同时消费者还可触摸，如果是食品，甚至可现场品尝。因此，这种展示会能给消费者留下深刻的记忆痕迹，起到很好的宣传效果。

6．增加感染力以引起消费者的情绪记忆

消费者在记忆时往往把体验过的情感和情绪作为记忆的内容，例如，一次快乐的购物体验，一种温馨的购物环境，以及让他满意的产品。但是消费者也会记住一些让他产生忧虑、不愉快的情景。因此，在广告宣传时适当地增强广告肯定或否定的感染力，能使消费者识记下来。例如，"万宝路"广告中运用美妙的画面和富有感染力的解说词带给消费者一种粗犷、新奇的西部感受，而"非常可乐"利用电视广告中轻松、喜庆、吉祥、欢快等画面的组合和有较强诱惑力的解说，很好地吸引了观众，从而使他们印象颇深。

广告心理学研究发现，有时使用否定比使用肯定感染力效果更佳，消费者往往会记住那些宣传"如果不使用某某产品就会产生不利后果"的广告。例如，海飞丝洗发水广告基本都采用了对比方法，开头宣传那些俊男靓女们未用海飞丝洗发水头发有很不雅观的头皮屑，令人烦恼，但用了海飞丝洗发水后，头屑没有了，烦恼全没了，增添了美丽和自信。

本章小结

- 受众的心理活动过程，指的是受众对企业形象和商品形象客观现实的综合能动反应，从感觉企业形象、商品形象的存在，到认知企业商品、产生消费需求、采取消费行为，包括一系列的心理活动过程。受众的心理活动过程主要包括认知过程、情感过程和意志过程3个阶段。
- 广告受众的社会心理，就是个体需要与动机的共同性和一致性在群体中的反映，这种反映进一步发展后成为社会态度，对广告宣传有着根本性的影响。一般而言，广告宣传的社会心理涉及人们在群体情况下相互模仿、感染、暗示、时尚、流行及社会文化心理。
- 广告要想取得预期的宣传效果，就必须根据广告受众的心理特性和心理需求，分析广告受众的心理，通过吸引注意和增强记忆的广告心理策略，来强化广告作品的感染力。
- 广告诉求，是指广告主运用各种方法，激发广告受众的潜在需要，形成或改变广告受众的某种态度，告知其满足自身需要的途径，促使其出现广告主所期望的购买行为。一般来说，广告诉求可以分为理性诉求和情感诉求两种方式。

专论8

微电影广告的情感诉求与表现

随着互联网内容的碎片化、受众注意力的分散与稀缺、受众心理需求的变化，让微电影广告越来越趋向情感化。一个微电影广告的情感效果不但可以从广告视觉、听觉的表现途径呈现，更可以从广告故事中蕴藏的情感表现来延伸，进而使广告情感效果最大化地表现出来。百事可乐《把乐带回家之猴王世家》的贺岁微电影，通过六小龄童的第一人称叙事手法将品牌融入，用微电影的表现方式，拉近与观众的情感距离，引起观众的情感共鸣，从而达到了让观众认可百事可乐品牌形象的目的。百事可乐的成功，也正是微电影式广告情感价值的体现。

2015年12月29日，百事可乐投放了一则8秒的朋友圈视频广告，同时在百事中国发布了完整的6分钟视频，讲述了一段"猴王是如何炼成的"故事。这是百事可乐连续第五年《把乐带回家》的新年广告。和过去的当红小生齐聚拜年不同，这一次，百事可乐把56

岁的六小龄童——"86版"《西游记》孙悟空的扮演者章金莱（六小龄童原名）推到镜头前，演绎了一段章家四代人的"猴王"传奇。

从两天内官方微信文章阅读数10W+，六小龄童、李易峰、吴莫愁等知名艺人纷纷转发微博来看，百事可乐这则广告在两大自媒体上传疯了。在视频网站优酷站内搜索，2015年的"猴王世家"远超往年的"巨星家族"系列，排在播放量榜首。

我们从广告内容和广告情感价值评价两方面对这段微电影广告进行情感价值研究，就会对这部微电影广告的情感效果进行更深入的理解。

1. 微电影广告的定义和产生

微电影广告的产生源于两个方面：一是互联网内容的碎片化；二是受众注意力的分散与稀缺。尽管业界和众多学者对微电影概念各执一词，但基于微电影"微时长、微制作、微平台"的"三微"特性，通常大众所理解的微电影包含以下几个因素：具有一定故事情节；时长在5~30分钟；具有相当于传统电影的制作水准；主要通过社交媒体、移动终端进行播放，以宣传某个产品或品牌为目的的视频内容。

加拿大传播学者马歇尔·麦克卢汉曾在他的专著《理解媒介论人的延伸》中提出，媒介即人的延伸。笔者认为，智能手机可以认为是人类所有器官能力的延伸，阅读文字和图像是眼睛的延伸，听音乐或广播是耳朵的延伸，打电话是嘴巴和耳朵的延伸，观看视频是视觉、听觉和触觉能力的综合延伸。智能手机用尽手段占据人们的时间，使人们生活在碎片化中。

随着当下智能移动终端的普及，智能手机的"现实意义"如果用美国学者梅罗维兹的场景理论来进行阐释的话，它既是人类跨越时间和地域进行沟通的神器，也是人类生活碎片化的凶手。人们的注意力被分散，成为稀缺资源，广告模式也从过去"请消费者注意"变成了如今"请注意消费者"。在这种社会情境下，能够在较短时间内引起消费者注意的微电影应运而生。

微电影可按照时间长短、传播目的、品牌植入方式、题材类型等不同形式进行分类。然而本文的主题是微电影广告，因此选择按照消费者心理分类。大致可分为情感型、搞笑型、悬疑型、从众型。无论以上哪种微电影广告，其营销特征通常以塑造品牌形象、病毒式或现象级传播、制造话题、扩大受众参与性和互动性为主。通过电影的拍摄手法和叙事表现，表达出一个完整的故事。微电影广告最大的特点就是将品牌融入"故事化"，用故事感染受众，延长观众的记忆度。

2.《把乐带回家之猴王世家》的广告情感诉求

微电影式的广告应该以消费者的情感利益为重，所以微电影的情感刺激必须建立在产品品牌独特的文化情感之上。百事可乐自2012年推出《把乐带回家》系列广告开始，每年的年度广告片都大牌云集，制作水平堪比影院大片。所以这则广告也延续了之前的风格，请来李易峰压轴，契合年轻消费者的品牌定位。六小龄童的猴王故事，触动了不止一代人的情感，加上微信、微博话题讨论，收获了大量的关注。

《把乐带回家之猴王世家》根据六小龄童家族的真实故事改编，猴戏经由曾祖父、祖父和父亲，逐渐发扬光大。二哥的意外离世，让六小龄童接过金箍棒，在父亲的鼓励下，参演电视剧《西游记》。除夕夜，别人都在电视机前看春晚，六小龄童却仔细阅读父亲的信，根据父亲的建议苦练"眼神",终于完美地诠释了美猴王形象。

影片全长6分钟,但直到最后30秒,年轻艺人李易峰说"六小龄童老师,你永远是我们的美猴王,祝你百事可乐!"时,观众才意识到这是百事可乐的一则广告。同时,百事可乐趁势推出了微电影同款乐猴王纪念罐,将产品和情感融合在一起,在京东仅采用赠品的方式送出,用这种饥饿营销的方式又一次吊足了消费者胃口。让情感的怀旧不但跃于心头,更能拿在手上带回家留作纪念。

对我们这一代人来说,《西游记》的背景音乐一响起,就带来了对整个童年的回忆。让一向大牌云集、创意满满的百事可乐突然打起温情牌的原因,多半与人们对猴年和美猴王的情怀有关。如今在信息时代的大背景下,广告的目的已经不再单单是推销自己的产品从而使消费者产生购买欲望,如何让品牌文化在消费者内心留下深刻的印象,产生品牌依恋,才是当下广告的重要职能。所以为了将简单的"广而告之"行为上升为"广而感之",广告商们纷纷设法让消费者产生情感的共鸣,从而使广告的情感价值最大化地展现。

沿袭过往传统,借拜年维系品牌。作为人尽皆知的碳酸饮料,与诉求"传统"的可口可乐不同,百事可乐定位的是年轻人市场,强调"新一代的选择"。2016年《把乐带回家之猴王世家》的微电影,沿袭了前4年的传统,在元旦及春节这两个时间点上,向中国消费者拜年。投放广告的目的主要是维护品牌形象,增强品牌与受众间的情感连接,提升品牌的忠实度和美誉度。

8秒朋友圈首发,一炮打响新媒体。为了使营销效果最大化,往往需要对目标群体进行细分、分析特征行为、媒介使用习惯等,使消费者和广告受众有效对接。

根据腾讯2015年5月中旬公布的《2015微信用户数据报告》显示,35岁及以下的年轻人占据整体用户数量的85%以上,基本与百事可乐的消费者重合。从传播学角度来看,信源的可信度与知名度对传播效果影响很大。通常认为,通过较权威的媒体投放广告更容易得到认可。这也解释了百事为何选择微信朋友圈广告作为首播平台。

2015年12月29日晚,百事中国官方微信发布了《百事可乐携手六小龄童突袭朋友圈,今天你被刷屏了吗?》的文章。如果说8秒的朋友圈广告是入口,那么它的出口就是这篇文章,一个能够让你直接在微信上看到6分钟完整视频的地方。从广告信息传播的角度分析,百事中国的官方微信完成的是"传"的过程,但真正将内容"播"出去,让猴王火爆朋友圈的,是大量的优质公众号。对于这些公众号而言,百事可乐的这则广告本身就是很好的内容;对于百事可乐而言,这些公众号又为其进一步打造了传播影响力,增加品牌传播的持续性。

轰动不忘借势,互动限量齐发。凭借着微电影引起的巨大轰动,百事可乐还顺势推出了一款H5小游戏,将受众注意力与消费需求紧密捆绑,希望以此刺激消费者产生购买行为。此外,百事可乐还推出了限量50 000罐的乐猴王纪念罐,在京东上作为赠品和礼盒装销售。

营销活动的丰富性、传播渠道的多样化,使得微电影广告效果持续发酵,获得了情感、销量的双赢。

3.《把乐带回家之猴王世家》的广告效果简析

经过此次《把乐带回家之猴王世家》新年广告投放,由上述数据可知,两家竞争对手网络声量均有上升,其中百事可乐的上升幅度远高于可口可乐。根据百度指数显示,百事可乐在春节期间曾出现一个搜索高峰,笔者推测其为百事可乐推出的三部猴王情怀微电影,分别围绕猴王传人六小龄童、《大圣归来》美术总监齐帅、"90后"手艺人梁长乐的故事展开。

以其中最火爆的《把乐带回家之猴王世家》为例,网友的关注和讨论偏感性,大部分人的评价是"竟然看哭了,这个广告我给120分,百事可乐第一次超越可口可乐在我心目中的地位"。虽然有人微博质疑:"年轻人愿意听老一辈的故事吗?"但随即引来病毒式转发,数万名网友纷纷表示"我愿意"。

相较于微信,微博具有传播即时性、受众参与程度高、互动性强等特点。受众能够很容易地与广告主、明星、其他受众实现互动,不再是单向传播的接受者,而是影响传播进程的重要参与者,甚至可以成为一级信源、意见领袖。同时,高参与度和高互动性也加深了受众的品牌认知。

无论从哪个角度分析,百事可乐的这则广告都有可圈可点之处,为社会和业界提供了微电影营销的成功案例。

在互联网日益发达的今天,受众心理需求的变化让广告的形式越来越趋向于情感化。百事可乐的《把乐带回家之猴王世家》贺岁微电影,通过六小龄童的第一人称叙事手法将品牌融入,用微电影的情感主题,拉近与观众的情感距离,产生情感共鸣,从而达到了让观众认可百事可乐品牌形象的目的。百事可乐的成功,也正是微电影式广告情感价值的体现。一个广告的情感效果不但可以从广告视觉、听觉的表现途径呈现,而且可以从广告故事中蕴藏的情感表现来延伸,进而使广告情感效果最大化地表现出来。

(资料来源:蔡建军,陈鑫. 微电影广告的情感诉求与表现[J]. 商业观察,2017(21):107-109.)

问题理解

1. 成功广告的心理学标准是什么?
2. 简述广告受众的心理活动。
3. 简述广告受众的一般心理特征。
4. 简述吸引广告受众注意的方法与策略。
5. 简述增强广告记忆的方法与策略。
6. 简述广告的理性诉求策略和方法。
7. 简述广告的情感诉求策略和方法。
8. 简述广告受众的社会心理特征。
9. 简述广告中的时尚与流行。
10. 阅读专论8,结合实际谈谈受众对广告信息的心理反应规律。

案例分析

2017年3月20日，"网易云音乐"把点赞数最高的5 000条优质乐评，印满了杭州市地铁1号线和整个江陵路地铁站（见图8-12）。这些感性的评论瞬间击中人们的内心，很多人都从中或多或少地看到了自己的影子。"网易云音乐"的广告文案很快在朋友圈被刷屏，"乐评专列"引发的热潮席卷全网。满满的都是"人生"！这绝对是最走心的一次营销，把每个打动万人心弦的评论印刷出来，放在人流量最大的地铁站，到处都是金句，一句话就是一种人生，"网易云音乐"贴在地铁上的广告，就像把无数人的人生贴在了这里，再让无数人去产生共鸣、获得心与心的交流，最终实现用音乐去传递感情、用分享心情去传递音乐的目的。据统计，上线首周，"网易云音乐"的百度指数同比上升80%，达到125 793；微信指数由79 369跃升至13 889 402，增幅高达174%。自3月20日上线至31日，第三方监测数据显示，"乐评专列"事件，微博、微信、网络等平台相关报道超2万篇，情感走势"正面评价"一枝独秀，乐评、音乐、网易、"网易云音乐"成为热门主题词。"网易云音乐"将情怀的价值放到了最大，这种低成本、高传播度的广告或许才是最好的广告形式。

图8-12　"网易云音乐"地铁广告

网易云音乐的UGC（用户原创内容）乐评质量一直很高，很多人都因此养成了"边听歌边看评论"的习惯，从4亿条评论中经过后台数据、人工筛选出的85条评论，确实每条都能击中内心。红白相间的视觉设计，也能给人强烈的冲击。另外，地铁也是很好的情感载体，它与"奋斗的疲惫和孤独"的感受连在一起，容易完成情绪扩散与传播。地铁里承载了太多人的梦想和希望，但是他们又是如此孤单，我们曾经或者正是地铁乘客当中的一员，所以深切理解这种孤独的脆弱感。地铁是一个相对封闭的空间，在这种环境下，人的注意力容易集中，情绪传染也会加速。这些有感情的乐评，加上规整的图文格式，赋予了传播的温度和仪式感，恰好击中疲于奔命的乘客的最后一丝防线。相互交融的复杂情绪，在地铁车厢内快速扩散，完成碰撞与共鸣。用UGC这种方式，让用户去打动用户，受众很容易感知温度，找到共鸣。

这次"网易云音乐"地铁站广告投放成功的主要因素有：来自网站上的"5 000"条点赞量最高的评论，地铁这个满是陌生人、各自匆匆赶路、很容易引起人们情绪变动的场所，地铁还是个人流量巨大的地带。放到广告的范畴来分析，就是先有好的内容，内容也容易引发人们的共鸣且易于传播，还选择了用户流量巨大的投放渠道。

除此外，"网易云音乐"地铁广告成功还隐藏着两点因素：一是利用评论实现用户情感连接。音乐既是个体情感的抒发，也是个体间情感的连接。借助用户评论这个媒介，不同时空、互不相识的用户基于对某一首歌曲具有相近、相同的情感情绪而实现了连接。二是利用地铁车厢实现场景连接。地铁站是一个极具"时效性"的广告投放处，如春节过后是招聘广告、春暖花开之后是旅游广告、冬天了上奶茶、夏天了尝尝新款冰激凌……用户们被音乐所感动、被激发的情感与地铁车厢存在深度的场景关系。地铁车厢是消费音乐的独特场景，也是借助音乐进行情感社交的触发场景。简言之，网易云音乐是利用自有的、与用户正在参与的资源，选对了渠道，轻易地走进用户、打动了用户。

思考题：
1. 简述广告受众的心理诉求有哪些？
2. 说说你对"网易云音乐"地铁广告的看法。

技能训练

实训项目：观看或查阅近一周内的各广告媒体上的 20 条广告，分析每条广告的心理策略及其诉求方式。

实训要求：
1．将同学分为若干小组，利用课余时间收集不同媒体的广告。
2．在指导教师的指导下，依据所学理论知识对广告作品进行分析。
3．通过分析广告作品，正确判定广告作品的诉求方式。
4．各小组相互交流实训心得，并对本次实训进行总结。

第 9 章 广告效果

引导案例

矿泉水的广告效果

矿泉水不同于其他的饮品,它是基于健康基础之上的,市场上的矿泉水品牌众多,同质化严重,市场竞争激烈,因此需要通过广告来获取市场份额。像娃哈哈矿泉水的早期广告,代言人是王力宏,广告给人们展现的是一种年轻活力,让产品品牌多了一层吸引力,让其在同质化市场脱颖而出。农夫山泉和依云矿泉水天然、健康的广告定位让其在矿泉水市场获得了成功。农夫山泉的广告主题"农夫山泉有点甜"用了十几年,人们耳熟能详之后也没有对之失去兴趣,广告呈现方式上推出《西藏篇》一系列纪实广告,增加了消费者对产品的情感依赖。依云一直以来都用"宝宝"的形象来展现自己的品牌,在广告呈现形式上深深抓住了消费者的内心感情,单从广告形式来看,依云比农夫山泉更具趣味性和生动性。

➲ **辩证性思考**:提高广告效果的途径与策略有哪些?

本章学习目标

☑ 全面理解和掌握广告效果的含义和特性;
☑ 理解和掌握广告效果测定的意义;
☑ 掌握广告经济效果测定的方法;
☑ 掌握广告传播效果测定的内容与方法;
☑ 掌握广告社会效果测定的方法;
☑ 掌握影响广告效果的相关因素。

关键术语

广告效果　经济效果　心理效果　社会效果　历史比较法　事前测定　事后测定

9.1 广告效果概述

在广告界流传着这样一句话:"我知道我的广告费浪费了一半,问题是我不知道哪一半被浪费了。"这是美国零售巨头约翰·华纳梅克对广告效果的评价,被业界称为"华纳梅克浪费率"。企业决策者经常反思的战略问题是"我做了这么多广告,但不知如何确切地评判

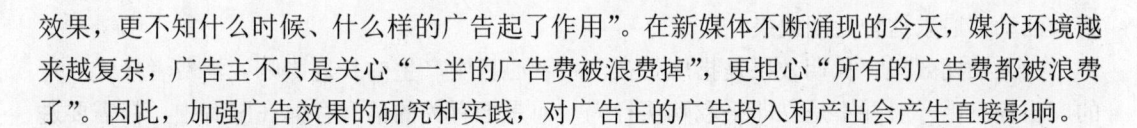

效果，更不知什么时候、什么样的广告起了作用"。在新媒体不断涌现的今天，媒介环境越来越复杂，广告主不只是关心"一半的广告费被浪费掉"，更担心"所有的广告费都被浪费了"。因此，加强广告效果的研究和实践，对广告主的广告投入和产出会产生直接影响。

9.1.1 广告效果的含义

从总体上看，广告效果有狭义和广义之分。狭义的广告效果是指广告所获得的经济效益，即广告传播促进产品销售的增加程度，也就是广告带来的销售效果。广义的广告效果是指广告活动目的的实现程度，广告信息在传播过程中所引起的直接或间接的变化的总和，包括广告的经济效益、心理效益和社会效益等。

9.1.2 广告效果的类别

作为一种信息传播活动，广告所产生的影响和变化（效果）是广泛的、多种多样的，可以从不同的角度把广告效果分成很多种类。对广告效果进行分类，有利于对广告效果的更深入的认识，便于根据不同类型的广告效果，采取不同的测定方法，以取得较为理想的测定结果。

1. 按涵盖内容和影响范围来划分

按涵盖内容和影响范围，广告效果可分为经济效果、心理效果、社会效果，这也是最常见的划分方法。

（1）广告的经济效果。广告的经济效果也称为销售效果，是指广告活动促进产品或劳务的销售，增加企业利润的程度。广告主运用各种传播媒体把产品、劳务及观念等信息向目标消费者传达，其根本目的是刺激消费者采取行动，购买广告商品或劳务，以使销售扩大、利润增加。广告的经济效果是企业广告活动最基本、最重要的效果，也是测评广告效果的主要内容。

（2）广告的心理效果。广告的心理效果也称为传播效果，是指广告传播活动在消费者心理上的反应程度，表现为对消费者的认知、态度和行为等方面的影响。广告活动能够激发消费者的心理需要和动机，培养消费者对某些品牌的信任和好感，树立良好形象，起到潜移默化的作用。广告的心理效果是一种内在的并能够产生长远影响的效果，主要是由广告自身产生的效果。

（3）广告的社会效果。广告的社会效果是指广告在社会道德、文化教育等方面的影响和作用。例如，广告能够传播商品知识，可以影响人们的消费观念，会作为一种文化而流行推广等。由于广告所具有的特性，广告对社会所产生的效果是深远的，需要重视和引导。

2. 按产生效果的时间关系来划分

一项广告活动展开后，从时间关系上看，广告产生的影响和变化会有多种情况。

（1）即时效果。即时效果是指广告发布后很快就能产生效果，如商场里的POP广告发布后采取的购买行动。

（2）近期效果。近期效果是指广告发布后在较短的时间内产生效果。通常是在一个月、一个季度至多一年内，广告商品（劳务）的销售额有了较大幅度的增长，品牌知名度、理解度等有了一定的提高。近期效果是衡量一则广告活动是否取得成功的重要指标。大部分广告活动都追求这种近期效果。

（3）长期效果。长期效果是指广告在消费者心目中产生的长远影响。消费者接受一定的广告信息，一般并不是立即采取购买行为，而是把有关的信息存储在脑海中，在需要进行购买的时候产生效应，广告的影响是长期的、潜在的，也是逐步积累起来的。

从时间上分析广告效果的这几种类型可以看出，检测广告效果，不能仅仅从一时所产生的效果来评判广告活动的好坏，更要从长远的眼光来看广告所发挥的作用。广告主在广告活动中，不仅要注意追求广告的即时效果和近期效果，而且应该重视广告的长期效果。在市场竞争加剧，需要运用整合传播的现代营销战略中，广告的长期效果更为重要。

3. 按对消费者的影响程度和表现来划分

广告经由媒体与消费者接触，会对消费者产生各种影响，并且引起消费者的各种变化。按其影响程度和表现形式，主要可分为到达效果、认知效果、心理变化效果和促进购买效果。

（1）到达效果。广告能否被消费者接触，要看有关广告媒体的"覆盖率"如何，如目标消费者是否订阅刊载广告的报纸，是否收看（听）带有广告的广播电视节目。这要注意广告媒体覆盖率的有关指标（如印刷媒体的发行量、电子媒体的视听率等）的测评，为选择广告媒体指出方向。这种效果只能表明消费者日常接触广告媒体的表层形态。

（2）认知效果。认知效果是指消费者在接触广告媒体的基础上，对广告有所关心并能够记忆的程度，主要测定和分析广告实施后给予消费者的印象深浅、记忆程度等，反映广告受众在多大程度上"听过或看过"广告。一般通过事后调查获取有关结果，认知效果是衡量广告是否取得效果的重要尺度之一。

（3）心理变化效果。心理变化效果是指消费者通过对广告的接触和认知，对商品或劳务产生好感及消费欲望的变化程度，一般经过知晓—理解—信赖（喜爱）等阶段，最后形成购买行动。这些态度变化是消费者欲采取购买行动的酝酿和准备。因此，测评消费者的心理变化过程中的各项指标（如知晓率、理解率、喜爱度、购买欲望率等）备受关注。消费者接触广告时所产生的心理变化，往往只能通过调查、实验室测试等方法间接得到。

（4）促进购买效果。促进购买效果是指消费者购买商品、接受服务或回应广告的诉求所采取的有关行为。这是一种外在的、可以把握的广告效果，一般可以采取"事前事后测定法"得到有关数据。但是，消费者采取购买行动可能受多种因素制约，对这类效果的评价分析也要注意广告之外的其他因素的影响。

▶▶ 9.1.3 广告效果的特性

广告活动涉及各方面的关系，广告信息的传播能否成功，受到各种因素的影响。由此导致广告效果具有与其他活动所不同的一些特性，主要表现在5个方面。

1. 时间推移性

广告对消费者的影响程度受到各种因素的制约，包括时间、地点、经济甚至政治、文化等方面的条件。同时，广告大多是转瞬即逝的，因而消费者在接触广告信息时会有各种各样的反应，有的对广告所传递的信息可能立即接受并产生相应的购买行为，但大多数人接触广告后并不会马上去购买，当需要购买某类商品时，对广告商品可能已忘诸脑后了。

从总的趋势看，随着时间的推移，广告效果在逐渐减弱，这就是广告效果的时间推移性。时间推移性使广告效果的表现不够明显。了解这一特点，有助于我们认清广告效果虽然可能是即时的，但更多的是延续的。在进行广告效果测定时，不要仅仅凭短期内所产生的广告效果去判断。

2．效果累积性

广告信息被消费者接触，形成刺激和反应，到最后产生效果，实际上有一个积累的过程。这种积累一是时间接触的累加，通过持续不断的一段时间的多次刺激，才可能产生影响，出现反应；二是媒体接触的累加，通过多种媒体对同一广告的反复宣传，就能加深印象，产生效应。消费者可能在第六次接触某则广告后有了购买行动，而这实际上是前五次接触广告的累积，或者阅读了报纸广告后又收看了电视广告，对这则广告有了较深的印象，这应是两种媒体复合积累起来的结果。制定广告战略应该根据广告效果的这一特性，防止急功近利、急于求成，应从企业发展的未来着眼，有效地进行媒体组合，恰当地确定广告发布的日程，争取广告的长期效果。当然，广告累积到什么程度会产生效果，有一个"阈"的问题，涉及广告费用的边际效用，这需要从另一角度去探讨。

3．间接效果性

消费者在接受某些广告信息后，有的采取了购买行动，在使用或消费了某种商品（服务）后，感觉比较满意，往往会向身边或亲近的人推荐，激发他人的购买欲望；有的虽然没有去购买，但被广告所打动，劝说亲朋好友采取购买行动。这就是由广告引起的连锁反应，产生了连续购买的效果。广告所具有的这种间接效果性要求广告策划时应注意诉求对象在购买行为中扮演的不同角色，有针对性地展开信息传递，扩大广告的间接效果。

4．效果复合性

由于广告效果受到各种因素的制约和影响，因此往往呈现出复合的现象。从内容上说，广告不仅会产生经济效益、促进销售，还会产生心理效果，对社会文化等发挥作用，需要综合地、统一地去理解和评价。从传播方式说，广告是进行信息沟通的一种有效手段，但在企业整合传播所产生的效果中，这一手段只不过是一个方面，还要看其他传播方式相互配合的复合效果，要与公共关系活动等联系起来评价。从广告自身来看，由于产品的生命周期不同，广告在不同的市场条件下所产生的效果也不一样。广告既有促进销售、增加销售量的作用，在市场不景气、产品处于衰退期时，也有延缓商品销售量下降的作用，因而也不能简单地从是否提高销售量来测定广告效果。

5．竞争性

广告是市场竞争的产物，也是竞争的手段，因此广告效果也有强烈的竞争性。广告的竞争性强、影响力大，就能加深广告商品和企业在消费者心目中的印象，争取到消费者，扩大市场份额。仅仅把广告看作一种信息传递，没有竞争意识，是不够的。另外，由于广告的激烈竞争，同类产品的广告大战也会使广告效果相互抵消。因而，也要多方面地考虑、判断某一广告的竞争力大小。

认识、了解广告效果的这几个特性，可以帮助我们更加准确地制定广告战略和策略，以争取理想的广告效果；也使我们能够更加科学、合理地测评广告效果，保证广告活动持续有效地开展下去。

9.1.4 影响广告效果的因素分析

广告效果往往是一系列创造性的策略组合的结果。美国广告咨询专家克莱德·比德尔认为，广告主题定位、广告本身的传播效果及广告之外的营销因素是影响广告效果的三个因素。根据克莱德·比德尔的观点，并且结合其他专家的观点，本节对影响广告效果的因素进行综述。

1．广告战略因素

广告战略是广告在宏观层面上对广告决策的把握，是经过周密的调查研究，从全局出发进行长远的、整体的谋划。英国著名的广告学家约翰·菲利普·琼斯曾这样比喻战略："战略就如同建立在游泳池上面的跳台，它应当牢固地建造在游泳池的深水池一端，这样才能为跳水运动员提供最佳的条件，使其安全地进行体态优美的跳水运动。"科学的、创造性的广告战略是广告传播成功的关键，也是整个市场战略获得成功的关键。20 世纪 90 年代中后期曾经红极一时的央视标王大多如流星一样，很重要的一个原因在于这些企业的广告战略出了问题，缺乏对广告战略的研究，往往凭感觉或经验做决策。一些国际品牌如可口可乐、联合利华等，它们在中国市场上的广告战略方向明晰，如可口可乐在 2000 年春节期间打出了富有中国传统文化的广告形象——木偶阿福兄妹，广告通过阿福兄妹迎新年的场景，让人感受到真正的中国传统文化。

2．市场定位因素

市场定位的实质是使本企业与其他企业明显区分开来，并使顾客感觉和认知这种差别，从而在顾客心目中留下特殊的印象，广告传播活动就是以定位主题来强化顾客对产品的印象。由于现代市场上同类产品同质化严重，品牌差异性也在缩小，加之媒介的信息量暴增，使广告建立独特清晰的品牌形象日益困难，消费者往往更优先选择那些定位明确的品牌。定位理论认为，消费者存在着"心智阶梯"的心智模式，消费者在购买某类别或某特性商品时，总有一个优先选择的品牌序列，而且一般情况下总是优先选购阶梯上层的品牌，澳大利亚广告学家马克斯·萨瑟兰称为"议程排序"。因此，企业产品在进行市场推广前，首先应明确自己的定位，这是有效广告的基础。

3．广告媒介选择因素

广告媒介是广告信息传播的物质载体和中介，现代广告媒介呈现出多样化、碎片化趋势，受众分流明显，除传统的四大传媒和网络外，更多的户外媒介和流动媒介被开发出来。近年来，随着手机的日益普及及 4G 时代的到来，手机已经成为新兴的一种广告媒介。在媒介单一的年代，广告主的选择余地较小，媒介决策也相对简单。随着媒介的多样化和受众的分流化，给广告主带来更多的选择，也使广告的媒介决策难度加大（各种媒介的特性及媒介组合策略，在前面关于广告媒介一章已详细分析，这里不再展开）。

4．广告创意与表现因素

广告创意与表现直接影响广告的效果。现代广告的核心在于创意，其魅力也在于创意，根据广告宣传商品特性构思，创作融艺术品位与感人情节于一体的广告作品，是广告创意的基本任务。创意不仅直接决定了广告宣传活动的品位及由此形成的市场吸引力，而且间

第 9 章　广告效果

接影响着企业形象的塑造。美国著名的广告大师威廉·伯恩巴克称创意是广告的灵魂，他强调，广告创意要有"关联性、原创性、震撼性"，这样才能给人留下深刻的印象。大卫·奥格威则强调，好的创意应把消费者的注意力引向产品，甚至不引起受众注意就把产品卖掉了。因此，广告创意与表现的好坏，将直接影响广告效果。

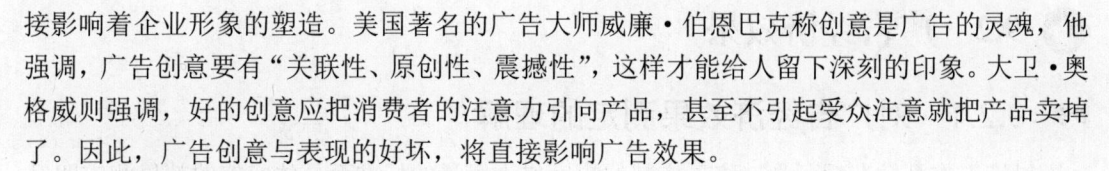

5．整合传播因素

整合营销传播理论的提出者美国的营销学家唐·舒尔茨认为，在混乱复杂的市场环境中，对消费者、经销商或零售商发布整合性单一信息是关键，唯有经过通盘性的整合后才可能让信息一致地传达给目标对象，运用整合传播可以提高广告的传播效果。

现代市场信息是海量的，加之受众分流、信息互扰的情况日益严重，企业要想仅仅通过单一的传播就能取得理想的效果是很困难的。因此，应该充分组合运用多种传播工具，如公共关系、事件营销、促销活动、CI、包装、新媒介等，进行最佳组合，发挥整体效应，使消费者在不同的场合、以不同的方式接触到同一主题内容的信息。例如，蒙牛曾在 2005 年通过湖南卫视的超级女声节目进行了整合营销传播活动，取得了非常好的效果。

▶▶ 9.1.5　广告效果测定的意义

前面我们对广告效果的类别和特性做了一些分析，这些分析主要是为认识和开展广告效果的测定服务的。但是，如何认定广告是否有效，有多大效果，并不能凭感觉、靠印象，而是要通过科学的手段和方法进行测评。对广告效果进行测定，有着重要的意义。

1．有利于加强广告目标管理

广告活动是企业最终争取一定的经济效益的传播活动，有大量的投入，必然希望得到理想的产出。要实现既定的目标，就要加强管理。通过对广告活动的各个过程、每个阶段所产生的效果进行评估，与广告策划方案中的目标进行对照比较，衡量其实现的程度，全面而准确地掌握广告活动的现状，能够及时发现问题、总结经验，控制和调整广告活动的发展方向，确保广告活动能始终按照预定的目标运行。

2．有利于筹划广告策略创新

测定广告所取得的效果，是对已经开展的广告活动的总结评价，检验广告各要素如广告目标、广告主题的确定、广告媒体的选择实施等是否得当，与企业目标和营销目标、营销组合策略等是否配合，使广告筹划建立在符合客观规律的基础之上。同时，也为正在进行和将要进行的广告活动提供经验教训，为构思谋划新的战略发挥指南的作用，有助于在广告创作上的创新，使广告传播内容和艺术表现形式能有机结合起来，使广告诉求更加有效。

3．有利于增强企业广告意识

对广告效果进行正确的评价测定，一方面摒弃了单凭经验、感觉主观地判断效果大小的做法，使企业广告活动规范化、严密化、精细化，做到胸中有数，科学决策；另一方面通过具体的数据资料，使企业切实感受到广告所带来的效益，从而增强运用广告传播手段促进企业发展的信心，促进整个广告业的进步和繁荣。

199

9.2 广告经济效果

9.2.1 对广告经济效果测定的理解

以广告作品发布后商品销售量增减的幅度作为衡量的标准而具体实施的效果测定即经济效果测定,这种测定最为广告主所关心。

对于经济效果的测定,存在着两种不同的观点。一种观点认为,除非具备下列条件,否则经济效果的测定是不容易的:广告是唯一的变数;广告对营销组合具有支配力量;像邮购或零售店广告那样,能马上显示成果。实际情况却不尽然。因此,这种意见认为只能做沟通效果测验,而不可以从事经济效果测定。另一种观点认为,沟通传播与实际的购买之间有距离,因果关系并不明确,甚至背道而驰。所以,测定广告的经济效果比测定广告的传播沟通效果更容易。这种复杂性在客观上提醒广告人,在从事具体的经济效果测定以前,一定要先端正如下观念。

- 一个品牌的销售量的增减由多方面因素综合而成,广告只是其中一个因素,因此要测定广告销售效果时,必须从企业环境、市场环境全局出发做系统考虑,全面、科学地分析广告的影响力。
- 广告的效力有即时与长期两种表现,不可一味追求即时效应,应在具体的销量中加入更广泛的思考,有区别地对待。
- 广告的效力包括促销与缓降、恢复形象、抵抗恶劣影响等多方面,应当根据情况具体分析。
- 测定广告经济效果有从大处着眼与从小处着眼之别。讨论广告费支出与销售额的关系是从大处着眼的表现,广告与每一消费者行为关系的讨论,则是从小处求证的努力。经济效果测定者必须选定方向,不可迷失在混乱的运作之中。

9.2.2 广告经济效果的测定指标

广告经济效果的测定指标主要用于测定经过广告宣传之后商品的销售额和利润额等经济指标的变化情况。常见指标有以下 5 种。

1. 广告费用指标

该指标表明广告费与销售额或利润额之间的对比关系,主要包括销售费用率、利润费用率及单位费用销售率、单位费用利润率。其中,销售费用率、利润费用率主要反映获得单位销售额或单位利润所要支付的广告费用。销售费用率指广告费占销售额的比重,销售费用率越低,广告效果越好。单位费用销售率和单位费用利润率分别是销售费用率和利润费用率的倒数,表明每支付单位价值的广告费用所能获得的销售额或利润的数量。单位费用销售率中单位费用利润率越高,广告的效果越好。

2. 广告效果指标

该指标包括销售效果比率和利润效果比率,表明广告费用每提高一个百分点,销售额或利润所增加的百分点,反映广告费用变化快慢程度与销售额或利润变化快慢程度的对比关系。销售效果比率或利润效果比率越大,表明广告效果越好;反之,广告效果越差。

3．广告效益指标

该指标表明本期每支付单位价值的广告费用能够使销售额或利润增加的数量。该指标反映广告费用与广告后销售增加额或利润增加额的对比关系，包括单位费用销售增加额和单位费用利润增加额。广告效益越大，广告效果越好；反之，广告效果越差。

4．市场占有率指标

该指标包括市场占有率和市场占有率提高率。企业的市场占有率提高意味着产品的竞争能力增强和产品的销售量增加。因此，可以用单位广告费提高市场占有率的百分比，即用单位费用销售增加额与同行业同类产品销售总额进行对比，来衡量广告的市场开拓能力。若企业的广告活动战略主要是进行市场扩展、渗透，则往往选取该指标来测定广告效果。

5．广告效果指数指标

要排除广告以外的影响因素，单纯测定广告的销售效果，较为严谨的方法是采用广告效果指数法，即把同性质的被检测者分为两组，其中一组看过广告，另一组没有看过，然后比较两组的购买效果，最后将检测的数字结果利用频数分配技术进行计算，从而得出广告效果指数。广告效果指数越大，表明该种或该期的广告效果越好。该指标只适用于同一地区、同一媒体的不同广告或不同期的广告效果的比较，其他情况不能简单套用。

▶▶ 9.2.3　常见的经济效果测定方法

1．历史比较法

历史比较法又称事前事后法或历史销售效果测定法，是一种相对简便的方法。这种方法以刊载广告前后商品销量的状况比较来说明广告的实绩。

2．区域比较法

区域比较法即选择两个条件类似的地区作为检验广告效果之用。在一个地区刊载广告，在另一个地区不刊载广告，在一定时限后比较两地销售效果。

3．促销法

促销法即选择两个条件类似地区，A 地只发广告，停止一切促销配合；B 地既刊发广告，又配合多种促销活动。经过一段时间后，将两地销量做比较，以此来考量广告效力。

4．广告费用比率法

广告费用比率法用来测定广告计划期内，企业的广告总开支对商品总销量的影响，或者广告计划期内某项商品广告费对该商品销售量的影响，其计算公式为：广告费比率=广告费／销售量×100%。例如，某企业某年某季度广告费为 4 万元，某商品销售 100 万元，计算出广告费比率为 4%，比上一季度的 5%下降 1%。用广告费用比率法计算，广告费比率愈小，广告效果愈好。

5．广告效果比率法

广告效果比率法即广告结束后用销售或利润的增长与广告费用增长做比较，测定广告效果的方法。其计算公式为：广告效果比率=销售量（额）增加率／广告费增加率×100%。例如，某企业为配合旺季销售，第二季度的广告费增加率为 50%，该季度销售量增长 20%，则其广告效果比率为 40%。用广告效果比率法计算，广告费增加率越小，则广告效果比率越大，广告效果越好。

6．广告效益法

广告效益法又称每元广告费促销法。这种方法是计算每元广告费对商品销售的影响程度，以便用商品增销计划来编制广告预算。一般而言，每元广告效益的得数愈大，则广告效果愈好。

7．弹性系数分析法

弹性系数分析法又称比例变动测定法。这种方法通过计算广告费投入量与销售额之间的变动关系，以确定它们之间的变化是正向比例变化还是负向比例变化，并由之推断其广告费投入的销售效果。

9.3 广告心理效果

9.3.1 广告心理效果的测定指标

广告心理效果的测定指标分为主观性指标和客观性指标。

1．主观性指标

广告心理效果的测定主要是考察广告经过特定的媒体传播后对消费者心理活动的影响情况和程度。广告信息作用于消费者而引起的一系列心理效应，主要表现在对广告内容的感知反应、记忆巩固、思维活动、情感体验和态度倾向等方面。对这几个方面进行测定的指标称为广告心理效果测定的心理学指标。

（1）感知程度测定指标。该指标主要用于测定广告的知名度，即消费者对广告主及其商品、商标、品牌等的认识程度。该指标可以分为阅读率和视听率两类。阅读率指标可以进一步细分为注目率和精读率。视听率指标可以进一步细分为收听率和认知率。感知程度的测定一般应在广告发布时或广告发布之后进行，以追求测定的准确性。

（2）记忆效率测定指标。该指标主要是指对广告的记忆度，即消费者对广告印象的深刻程度，是否能够记住广告内容、品牌特性、商标等。消费者对广告内容的记忆效率一般是指对广告重点诉求的保持或回忆的能力与水平，记忆效率的高低反映广告策划的水平与影响力。

（3）思维状态测定指标。思维状态的测定是测定消费者对广告观念的理解程度与信任程度。通过对理解度和信任度的测定，不仅可查明消费者能够回忆起多少广告信息，更主要的是可以考察消费者对商品、品牌、创意等内容的理解与联想能力，确认消费者对广告内容的信任程度。

（4）情感激发程度测定指标。好感度是测定情感激发程度的主要指标，又称为广告说服力，包括消费者对广告商品的忠诚度、偏爱度及品牌印象等。

（5）态度倾向测定指标。包括购买动机和行动率。购买动机是测定广告对消费购买行为的影响，考察消费者购买产品是随意的行为还是受到了广告的影响；行动率包括两方面内容，即由广告引起的立即购买行为和广告唤起的潜在购买准备。

2．客观性指标

消费者在接触广告之后产生心理效应，同时客观地引起人体一系列的生理变化，如瞳孔的变化、脑电波图的变化等。随着科学技术的发展，人们运用各种精密仪器测定这些生理变化，并且作为衡量广告心理效果的指标。这些指标可称为广告心理效果的客观性指标，也可以称为生理性指标。具体包括：

（1）眼动轨迹描记图。研究表明，人们在观看广告时，眼球处于不断运动中，这种运动就是眼睛对画面的不断扫描运动。使用眼动轨迹记录仪，可以较清晰地把瞳孔运动的轨迹描记下来，形成眼动轨迹图。通过眼动轨迹图可以清楚地了解消费者在观看广告画面时眼睛的注视次序和重点部位，从而为广告的设计制作提供科学的依据。

（2）瞳孔直径的变化。研究表明，当人们注视感兴趣的事物时，瞳孔直径会出现扩大的反应。由此可以推断，消费者在观看一则感兴趣的广告时，会出现瞳孔扩大的现象。因此，瞳孔直径的变化可以作为广告效果测定的客观指标。

（3）皮肤电反应。人们通过视觉、听觉将广告信息传递到大脑，情绪处于兴奋、激动状态，皮肤汗液分泌的增加又会使皮肤的导电性和皮肤的电位发生变化，从而造成皮肤电反应的变化。这种变化可以作为情绪反应的可靠生理指标。

（4）脑电波图的变化。人们在观看广告时，大脑会产生自发电活动，即经收集、放大并记录下来形成脑电波图的活动，这种活动可以通过脑电波图的变化表现出来。因此，通过脑电波图的变化，可以测定消费者接触广告以后所产生的心理感应。

（5）视觉反应时。指消费者观察或看清广告对象所需的时间。消费者对广告视觉反应时越短，说明广告越简洁明了，主题越突出，效果越好。

（6）瞬间记忆广度。这是利用速示器在极短暂的时间内向消费者呈现一幅广告，在广告刚刚结束后有选择地要求消费者立即报告刚才所看的广告中的某些内容，从而得出消费者在观察广告时的瞬间记忆广度。消费者在一瞬间所能看到的东西越多，即瞬间记忆广度越大，表明广告的主题明确，创意新颖。

▶▶ 9.3.2 广告心理效果测定的内容

测定广告心理效果主要包括广告本身传播效果的测定、广告媒体组合的测定、广告受众心理效果的测定三大方面的内容。

1. 广告本身传播效果的测定

广告本身传播效果的测定即对广告作品的测定是指对构成广告作品的各要素进行检验和测评。广告作品由多种要素构成，包括广告主题、广告创意、广告完成稿等，广告作品的测评就是对这些要素进行评价分析。

（1）广告主题。广告主题是贯穿广告作品中的红线，要求鲜明、突出，诉求有力、针对性强。测评广告主题主要围绕广告主题是否明确、能否被认可、诉求重点是否突出、与目标消费者的关注点是否一致、能否引起注意、能否满足消费者的需求等问题来展开。

（2）广告创意。主要是对表现广告主题的构思进行检测。看创意有无新意，能否准确、生动地表现、突出广告主题，是否引人入胜，感染力如何。不同类型的广告测评要求也不一样。例如，电视广告可对其创意进行评价，平面广告可对其设计草图进行测试。对广告创意进行测评，便于充分了解目标受众的有关意见和建议，以便及时调整、修正已有的创意，选择最佳的创意方案，减少广告创作过程中的风险和成本。

（3）广告完成稿。广告完成稿是指已经设计制作完成，但还未进入媒体投放阶段的广告样品，如电视广告样片、报纸杂志广告样稿等。测试广告完成稿，是对广告主题、创意、制作、表现手法等的进一步检测，有利于最后的修补和完善，以保证广告作品能够完美地与目标消费者接触。

2. 广告媒体组合的测定

广告究竟通过哪些媒体可能被消费者接触到？目标消费者接触媒体传达的广告信息会是何种状况？对媒体接触效果进行测定，是对广告受众接触特定媒体和特定广告作品的评判，实际上也是对广告媒体计划的检测。

广告媒体组合测评的内容主要包括以下几方面。

- 广告媒体选择是否正确；能否增加总效果，形成合力；是否被所有的目标消费者接触到。
- 不同媒体的传播优势是否得到互补，重点媒体与辅助媒体的搭配是否合理。
- 媒体覆盖影响力的集中点是否与广告的重点诉求对象相一致。
- 媒体的一些主要指标如阅读率、视听率近期有无变化。
- 媒体组合的整体传播效果如何，是否降低了相对成本。
- 所选择的媒体是否符合目标消费者的接触习惯，以及其产生的影响力。

3. 广告受众心理效果的测定

广告受众心理效果的测定主要是测评广告对消费者的影响程度，这种影响程度除了体现在销售额上，更主要体现在对消费者的认识、情感、意志等心理因素的影响程度上。一般认为，广告受众心理效果测定考察的是广告作用下的注意、兴趣、情绪、记忆、理解、动机、行动等的变化。著名广告学家樊志育教授较系统地提出了广告表现反应八侧面：知觉的侧面、感情的侧面、情绪的侧面、态度的侧面、学习记忆的侧面、思考的侧面、行动的侧面、其他的侧面。

广告受众心理效果测定的具体内容包括 4 个方面。

（1）感知程度的测定。感知程度的测定主要是测评广告的知名度、受关注度，即消费者对企业、商品等的认知程度。企业或广告公司选择平面媒体的依据主要有两条：一是发行量，二是阅读率。阅读率是衡量一份杂志或报纸品牌价值的系列指标之一，是反映报刊读者规模和构成的客观依据，可以进一步细分为注目率、阅读率和精读率。企业或广告公司评测广播和电视媒体的广告价值主要看媒体的传播范围、收视（听）率等指标。

（2）记忆效率的测定。记忆效率的测定主要是对广告的记忆度，即消费者对广告印象的深刻程度，能否记住广告内容（品牌、特性、功能等）。消费者对广告的记忆效率，一般是指对广告重点诉求的保持或回忆的能力与水平。记忆对刺激潜在的消费者的购买行为具有重大意义，当他们产生购买欲望时，往往经意或不经意地回忆起值得信赖的商品，由此影响购买决策。消费者对广告内容记忆效率的高低，反映出广告策划的水平及影响力。广告要获得好的传播效果，就必须提高人们对广告信息的记忆效率。

（3）情感激发程度的测定。好感度是测定情感激发程度的主要指标，又称为广告的说服力，主要是指消费者对广告所引起的兴趣如何，对广告的商品有无好感。好感程度包括消费者对广告商品的印象和偏爱度。能否激发消费的情感，是广告能否达到心理目标的重要标志。在广告创作中，每个环节、每个部分都有健康的情调，能引导消费者对美好事物的向往和追求，使之产生有益的情感体验，才能取得较好的心理效应。

（4）态度变化的测定。接触广告的结果是引起消费态度的变化，态度变化效果又直接影响着购买行为的发生，因此，态度变化的测定是广告心理测定的一项重要内容。广告信息对消费者的心理影响一般要经历认知—理解—确信—行动 4 个发展阶段，态度变化测定主要是在认知度测评的基础上，进一步测评消费者对广告观念的理解和喜好程度，即理解度和喜好度的测评。

▶▶ 9.3.3 广告心理效果测定的方法

1. 广告心理效果的事前测定

广告作品尚未制作完成或正式发布之前，通过邀请专家、消费者进行现场观摩，审查广告作品存在的问题，或者运用各种仪器来测定消费者心理活动效应，对广告作品可能获得的效果进行评价。根据测定中发现的问题，及时调整广告策略，修正广告作品，提高广告的成功率。

（1）专家意见综合法。将已创作好的广告作品或广告活动方案，请有关广告专家或营销专家进行评价，多方面、多层次地对广告作品或广告活动方案的预期效果做出预测。通过详细记录，综合专家的各项意见及讨论的重点，预测广告推出后可能产生的效果。专家意见综合法是事前测定中比较易行的一种方法，测定过程易掌控，成本不高。在实际操作过程中，需要注意所聘请的专家应该有代表性，以保证获得的意见权威和全面。

（2）消费者评定法。让消费者直接审定广告效果，可以请内部员工或同行提出意见，也可以直接征求顾客意见。征求意见时，可以同时设计几幅广告，请评审者从中择优。这种方法只需采用广告设计草图，成本低廉；一旦选定查询对象，很快便可判断出哪则广告作品的效果最好。运用这种方法通常可以收集到大量有关消费者购买习惯的资料。也有不足之处：一是较难获得准确信息，二是调查结果易流于一般化，缺少独到见解。

（3）查表测验法。查表测验法又称要点采分法。首先设计一个广告要点采分表（见表 9-1）或广告效果评价表，然后请消费者给广告评分，以此来测定广告效果。

表 9-1 广告要点采分表

评价项目	评价依据	加权系数	积　　分（分）
吸引力	吸引注意力的程度（视觉形象与听觉感觉）	0.2	
认知性	对广告销售重点的认识程度	0.2	
易读性	能否了解广告的全部内容	0.1	
	广告引起的兴趣如何	0.1	
说服力	对广告商品的好感程度	0.1	
	由广告引起的立即购买行为	0.2	
行动率	由广告唤起的潜在购买准备	0.1	
优劣	最佳广告	优等广告	中等广告	下等广告	最差广告
分数线	80~100 分	60~80 分	40~60 分	20~40 分	0~20 分

（4）仪器测定法。

1）视向测验（Eye Camera Test）。人们的视线一般总是停留在所关心或感兴趣的地方，越关注，视线停留的时间越长。视向测验品就是记录观看广告图文各部位的视线顺序及其时间长短的装置。通过视向测验器测定眼动轨迹描记图和各部位注目时间比例，可以预知文字直写与横写的易读性如何，从而决定文字的排列顺序；视线顺序是否符合作者设计的意图，有无不被人注意的部分，从而加以调整；画面中最吸引人的注视部位是否符合作者意愿，等等。

2）瞬间显露器测验。瞬间显露分为文度式、振子式、道奇式、哈佛式等，其中最常用的是哈佛式，它是利用电源的接断刺激，在短时间内呈现并测定广告各要素的注目程度。通过这种方法，可以测知印刷广告中画面设计的抢眼程度，广告构图的位置效果，文案的易读程度等。

3）记忆鼓测验。记忆鼓是心理实验室广泛采用的仪器之一，它是专门用来测验一定时间内人们对广告作品的记忆量。主持测试者用回想或再确认法，测验被调查者对文案的记忆，从而估计出品牌名称、公司名称、主要广告内容等易于记忆的程度。

2. 广告心理效果的事后测定

广告心理效果的事后测定是建立在广告心理目标，即知名率、记忆率、理解率、好感率及购买意图率等目标的基础上，根据广告心理目标的不同要求，采用各种不同的测定方法。

（1）认知测定法。测定认知的程度，就是让调查对象看一份广告，然后问他是否见过。如果回答"见过"，说明他对这则广告有所认知。其中比较有名的方法是斯塔夫阅读调查法，即广告刊载后，在报纸发行次日或杂志下期出版前的规定日期，对读者进行抽样调查。调查人员出示报纸或杂志，询问被调查者是否看过广告，从而将被调查者分为三类：A 类——看过该广告，即能够辨认出曾看过该广告；B 类——认真看过该广告，即不但知道该商品和企业，而且能够记得广告的标题或插图；C 类——浏览过并能够记得该广告 50%以上的内容。在此基础上，统计各类被调查者人数，分别计算注目率、阅读率、精读率，然后计算出广告的阅读效率。

注目率=A 类的人数/被调查总人数×100%

阅读率=B 类的人数/被调查总人数×100%

精读率=C 类的人数/被调查总人数×100%

广告阅读率=刊物销售×每类读者的百分比/支付的广告费用×100%

（2）视听率测定法。该方法主要用于测定广播和电视的广告效果。具体做法是，抽取若干样本家庭进行调查，统计出三方面的数据：A 类——电视机或收音机的拥有户数，B 类——广告节目的视听户数，C 类——认知广告名称的人数，然后分别进行推算。需要注意的是，由于电视和广播广告的重复高，所以应当在广告播放一定周期或数量后作多次测定，以求得较为准确的测定结果。

视听率=B 类的户数/A 类的户数×100%

认识率=C 类的户数/B 类的户数×100%

（3）回忆测定法。回忆测定法就是用来测定心理效果的记忆度和理解度。回忆测定法可分为纯粹回想法和辅助回想法两种。纯粹回想法是让消费者独立地对已推出的广告进行回忆，调查人员只如实记录回忆情况，不对消费者进行任何提示；辅助回想法是调查人员给予消费者某种提示，如广告的商标、品牌名称、标题和插图等。

（4）态度测定法。态度测定法所采用的具体形式有问卷、检查表测验、语意差别法、评等标尺法等，其中语意差别法是比较常用且简便易行的方法。该方法是美国伊利诺伊大学奥斯古德等人的研究成果。它的原理是广告刺激与反应之间必有联想传达过程，通过对这种过程作用的测定，就可以得知消费者各具差异的言辞。例如，测定广告作品中人物留下的印象，可以让消费者在一系列各具差异的评语中进行选择，消费者尽可能选择最合己意的词语，最后根据被调查对象所选择的答案进行统计处理。

（5）综合测定法。综合测定法又称传播幅度形态法。上述四种心理效果的测定方法都有一定的局限性，只反映了广告心理效果的部分情况。综合测定法弥补了这些缺陷，它将上次广告的综合心理效果与本次广告的综合心理效果用坐标图加以比较，从而综合衡量出广告的总体效果。综合测定法的优点是广告心理效果的测定比较全面，能够提供广告活动效果的综合性指标，便于人们检验广告活动的整体效果（见图9-1）。但是，综合测定法只是检测广告心理效果的方法之一，它不能代替其他方法。同时，测定的结果还要结合各种商品的特性、品牌占有率和商品普及率等进行具体分析。

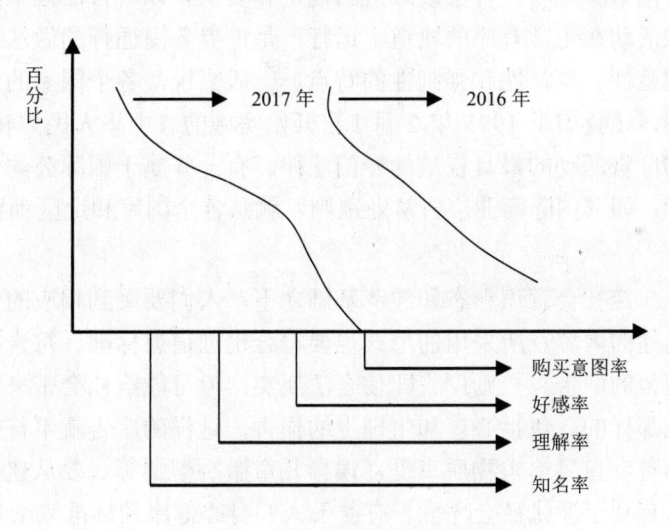

图 9-1　传播幅度形态示意图

9.4　广告社会效果

广告主要是通过大众传播媒体将有关信息传达给广大公众的，由于大众传媒的特性，广告信息的传播具有社会性。广告在为广告主企业带来效益的同时，也会对社会产生影响，与社会公众利益密切相连。广告活动应该是社会制度、政策法规、经济、思想文化、艺术风格、民族特征及社会风尚等的统一。

9.4.1　广告社会效果测定的依据

测定广告所产生的社会效果，应进行综合考察评估。其基本依据是一定社会意识条件下的政治观点、法律规范、伦理道德和文化艺术标准。不同的社会意识形态，调整、制约的标准也是不一样的。同时，测定广告社会效果，往往不能量化。因为社会效果不可能以简单的一些指标数字来标示衡量。这既要通过一些已经确定的或约定俗成的基本法则来测定和评价，又要结合其他的社会因素来综合考评，主要有真实性、法规政策、伦理道德、文化艺术4个方面。

1. 真实性

广告所传达的信息内容必须真实，这是测定广告社会效果的基本要求，广告发挥影响和作用，应该建立在真实的基础上，向目标消费者诉求企业和产品（劳务）的有关信息、企业的经营状况、产品（劳务）的功效性能等，都要符合事实的原貌，不能虚假、误导。广告诉求的内容如果造假，造成的社会影响将是非常恶劣的。这不仅是对消费者利益的侵害，而且反映了社会伦理道德和精神文明的水平。真实的广告既是经济发展、社会进步的再现，也体现了高尚的社会风尚和道德情操。所以，检测广告的真实性是考察广告社会效果的最重要的内容。

2. 法规政策

广告必须符合国家和政府各种法规政策的规定和要求。以广告法规来加强对广告活动的管理，确保广告活动在正常有序的轨道上运行，是世界各国通行的做法。法规管理和制约具有权威性、规范性、概括性和强制性的特点。一般来说，各个国家的广告法规只适用于特定的国家范畴，如我国于1995年2月1日开始实施的《中华人民共和国广告法》，就是适用于我国一切广告活动的最具权威的专门法律。有一些属于国际公约性质的规则条令等，则可国际通行，如《国际商业广告从业准则》就是各个国家和地区都要遵从的。

3. 伦理道德

在一定时期、一定社会意识形态和经济基础之下，人们要受到相应的伦理道德规范方面的约束。广告传递的内容及所采用的形式也要符合伦理道德标准。符合社会规范的广告也应是符合道德规范的广告。一则广告即使合法属实，但可能给社会带来负面的东西，给消费者造成这样或那样的，包括心理和生理上的损害，这样的广告就不符合道德规范的要求。例如，暗示消费者盲目追求物质享受，误导儿童撒娇摆阔等。要从建设社会精神文明的高度来认识，从有利于净化社会环境、有益于人们身心健康的标准来衡量。

4. 文化艺术

广告活动也是一种创作活动，广告作品实际上是文化和艺术的结晶。从这方面对广告进行测评，由于各种因素的影响，不同的地区、民族所体现的文化特征、风俗习惯、风土人情、价值观念等会有差异，因而也有着不同的评判标准。总体来看，广告应该对社会文化产生积极的促进作用，推动艺术创新。一方面要根据人类共同遵从的一些艺术标准，另一方面要从本地区、本民族的实际出发，考虑其特殊性，进行衡量评估。在我国，要看广告诉求内容和表现形式能否有机统一；要看能否继承和弘扬民族文化、体现民族特色、尊重民族习惯等；要看所运用的艺术手段和方法是否有助于文化建设，如语言、画面、图像、文字等表现要素是否健康、高雅，摒弃一切低俗的东西。同时要看能否科学、合理地吸收、借鉴国外先进的创作方法和表现形式。

9.4.2 广告社会效果测定的方法

（1）事前测定。事前测定一般在广告发布之前进行。主要是邀请专家、学者、消费者代表（意见领袖）等，从法规、道德、文化等方面，对即将推出的广告可能产生的社会影响做出预测评析，包括广告的诉求内容、表现手法、表达方式、语言、影响等，综合有关意见和建议，发现问题，及时修订改正。

（2）事后测定。事后测定在广告发布之后进行。可采用回函、访问、问卷调查等方法，及时收集整理广大消费者的意见反映，分析研究社会公众对广告的态度、看法等，据以了解广告的社会影响程度，为进一步的广告活动决策提供参考意见。

对广告的社会效果进行测定，也是关乎企业和产品形象在社会和消费者中确立何种印象、认识等的大事，应予以重视，绝不可认为多此一举而轻视。

本章小结

- 广告受众接触广告作品或广告活动，会对其心理和行为产生不同程度的影响。这种影响就是广告效果。
- 广告效果有狭义和广义之分。狭义的广告效果是指广告所获得的经济效益，即广告传播促进产品销售的增加程度，也就是广告带来的销售效果。广义的广告效果是指广告活动目的的实现程度，广告信息在传播过程中所引起的直接或间接变化的总和，包括广告的经济效益、心理效益和社会效益等。广告效果根据不同的标准有多种分类。
- 广告效果的特性主要包括时间推移性、效果累积性、间接效果性、效果复合性、竞争性。
- 广告效果测定的意义：有利于加强广告目标管理；有利于筹划广告策略创新；有利于增强企业广告意识。
- 广告的经济效果是指广告活动促进产品或者劳务的销售，增加企业利润的程度。常见的经济效果测定方法包括历史比较法、区域比较法、促销法、广告费用比率法、广告效果比率法、广告效益法和弹性系数分析法等。
- 广告的心理效果是指广告传播活动在消费者心理上的反映程度，表现为对消费者的认知、态度和行为等方面的影响。测定广告心理效果主要包括广告本身传播效果、广告媒体组合和广告受众心理效果等方面的内容。不同媒体广告心理效果测定的方法各异。
- 广告的社会效果是指广告在社会道德、文化教育等方面的影响和作用。由于大众传媒的特性，广告信息的传播具有社会性。广告在为广告主企业带来效益的同时，也会对社会产生影响，与社会公众利益密切相连。广告社会效果测定的主要依据是广告的真实性、法规政策、伦理道德、文化艺术。广告社会效果测定的主要方法包括事前测定和事后测定。

- 影响广告效果的因素有很多方面，主要包括广告战略、市场定位、广告媒介选择、广告创意与表现及整合营销传播等。

专论 9

奥运赛事转播广告效果评估报告

在中央电视台 2012 年伦敦奥运会转播期间，许多企业都在中央电视台进行了大量的广告投放。那么，这些企业的广告投放效果怎样呢？厦门大学"奥运广告效果跟踪研究课题组"通过奥运前后的大规模调查比较，发现投放企业有以下收获。

1. 占领了消费者的心智

成熟的品牌，如可口可乐、耐克、中国移动、青岛啤酒等，往往已经占领了很多消费者的心智，要继续扩大范围，难度很大。通过这次奥运广告，进一步提升了成熟品牌的认知度。调查显示，短短 15 天的广告投放，大量消费者通过中央电视台注意到了图 9-2 所示的这些品牌。

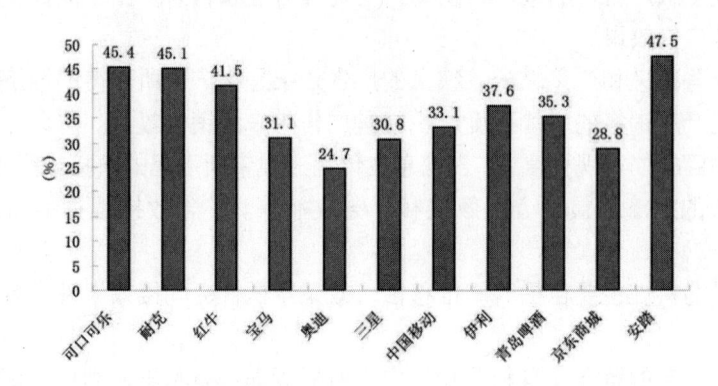

品牌	比例(%)
可口可乐	45.4
耐克	45.1
红牛	41.5
宝马	31.1
奥迪	24.7
三星	30.8
中国移动	33.1
伊利	37.6
青岛啤酒	35.3
京东商城	28.8
安踏	47.5

图 9-2　奥运会期间通过央视荧屏看到品牌的消费者的比例

成长中的品牌，如京东商城、安踏等，与成熟品牌略有不同，它们投放广告的目的是要占有更多消费者的心智。让更多的消费者知道它们（提高再认率），让更多的消费者在提到产品类别时，会想起它们（提高提及率），甚至会率先想到它们（第一提及率）。调查结果显示，相对年轻的品牌京东商城，再认率和提及率均有显著提高；安踏由于再认率已经很高了，所以奥运央视投放提高的是提及率和第一提及率，如图 9-3 所示。

2. 影响了消费者的购买意向

成熟的品牌，消费者对它们的印象已经确立，购买习惯已经形成，短时间内难以改变。成长中的品牌，消费者随着自己对品牌认识的变化，也会发生转变。调查发现，奥运会后表示未来会购买安踏和在京东商城购物的人明显增多了，如图 9-4 所示。

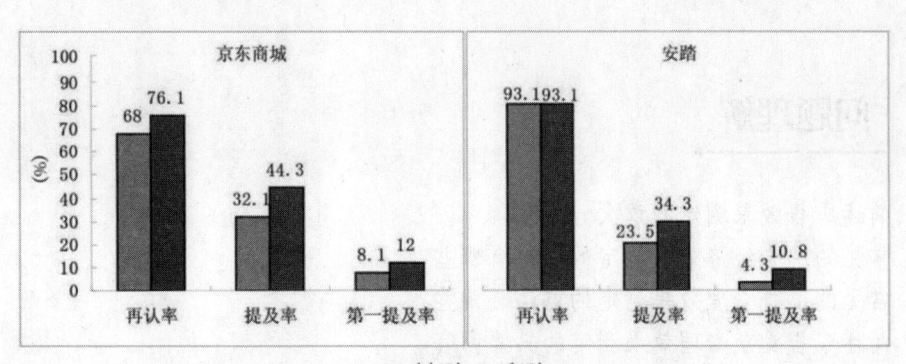

图 9-3 奥运前后品牌再认率、提及率及第一提及率的变化

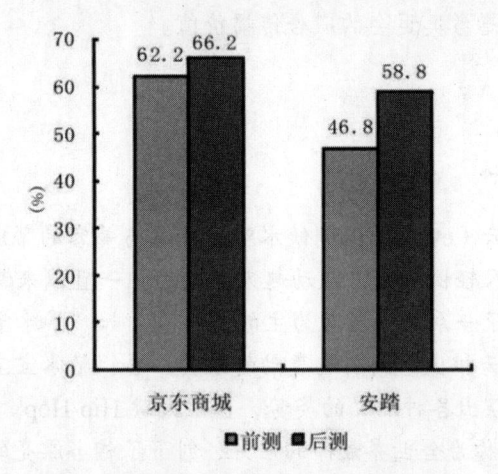

图 9-4 奥运前后品牌未来购买率的变化

3. 改变了消费者的行为习惯

调查结果显示，京东商城和安踏在奥运前后，消费者的购买率和使用率均有非常明显的提高，说明奥运期间品牌的营销传播活动，促进了品牌的销售；调查还发现，京东商城和安踏的忠诚度有大幅度提高，如图 9-5 所示。这一结果预示，品牌未来的销售也将受到此次奥运期间广告营销活动的影响，销售前景看好。

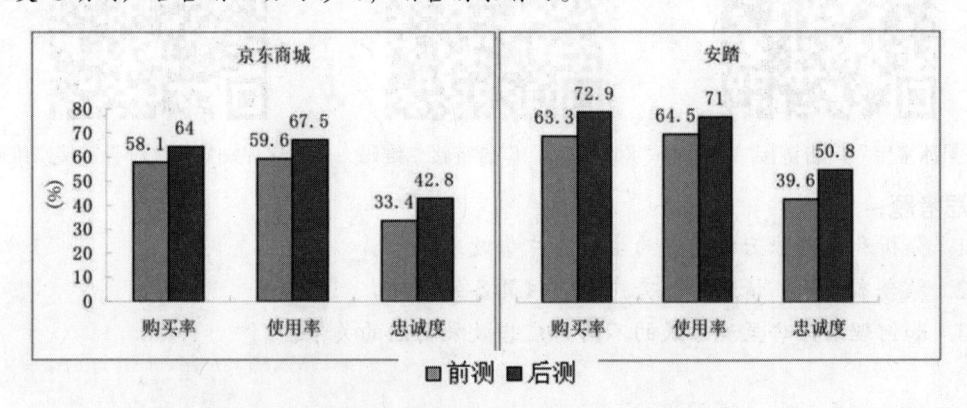

图 9-5 奥运前后品牌购买率、使用率及忠诚度的变化

（资料来源：厦门大学品牌与广告研究所 黄合水）

问题理解

1. 简述广告效果测定的意义。
2. 常见的广告经济效果测定的方法有哪些？
3. 常见的广告心理效果测定的方法有哪些？
4. 简述广告受众心理效果测定的具体内容。
5. 如何理解广告的社会效果？
6. 影响广告效果的因素有哪些？
7. 阅读专论9，请思考奥运会的广告传播价值。

案例分析

法国天然矿泉水依云（evian）强调饮水对于健康与美容的帮助，主打"Live young"的概念，强调依云有让人轻松有活力跃动起来的魔力，一直以来都是用"宝宝"的形象来呈现自己的品牌，推出了一系列以宝宝为主的广告片，如"旱冰宝宝""返老还童""迷你蜘蛛侠"等。2009年依云推出一则引起轰动的经典广告：旱冰宝宝，一群穿着纸尿裤的可爱宝宝竟然滑旱冰，还摆出各种酷酷的姿势，甚至大跳Hip-Hop。2013年推出广告"evian baby&me"，这则广告被称为全世界最棒的短片，创下了相当漂亮的点击率，成为世界上第一部观看次数过亿的广告！2014年依云推出了"evian baby&me"的第二部，选用蜘蛛侠作为主角，继续传递出"Live young"的理念。这些以宝宝为主题的广告呈现方式深深抓住了消费者的内心情感，也很好地突出了产品的品牌诉求。

"旱冰宝宝"广告链接二维码　　"返老还童"广告链接二维码　　"迷你蜘蛛侠"广告链接二维码

思考题：

1. 分析和评价依云以宝宝为主题的广告效果。
2. 结合本案例，请阐述优秀广告应该具备的条件。
3. 如何理解广告呈现方式的不同与广告效果之间的关系？

技能训练

1. 实训主题:广告效果测定。
2. 实训内容:选择一组商业广告,对广告的传播效果进行测定。
3. 实训步骤:教师选择一组同类产品的平面广告,采用直接反应法测定。

第 10 章 广告产业

📎 引导案例

电通的企业文化

电通集团是日本最大的广告与传播集团，成立于 1901 年，总部位于东京。电通集团于 1994 年 5 月与中国国际广告公司及民营企业大诚广告合资成立了北京电通；为避免同时管理竞争品牌，电通在华还组建了北京东方日海、上海东派广告两家合资企业。2000 年以来，该公司开始对外扩张，通过与阳狮换股拓展欧美广告市场。电通集团母公司电通广告公司是全球规模最大的广告公司，营业额在全球单一广告公司排名中连续 22 年位居首位。日本电通的业务主要分布在美国、欧洲、日本及其他地区，整个集团有 100 多家子公司和合资公司。电通集团的企业文化深刻影响日本广告行业，尤其是电通前任社长吉田秀雄提出的"广告鬼才十则"，更是成为全日本广告界信奉的"行为标准"：① 工作必须主动去寻找，不应该被指派后才去做。② 工作应该抢先积极去做，不应该消极被动。③ 积极从事大的工作。④ 目标应该放在困难的工作上，完成困难的工作才能有所进步。⑤ 一旦开始工作，千万别放弃，不达目的绝不罢休。⑥ 争取主动，因为主动与被动之间有着很大的差别。⑦ 要有计划，只有立下长期计划才会有忍耐性，才会花功夫去做，才能产生朝正确方向前进的希望与毅力。⑧ 信任自己！如不能信任自己，工作时将不会有魄力，就难以坚持不懈。⑨ 应该时时刻刻动脑，全面地观察和思考。⑩ 挫折是进步之因，是推动力的源泉，否则将变得懦弱无能。

➲ **辩证性思考**：日本电通"广告鬼才十则"的企业文化内涵。

🎯 本章学习目标

- ☑ 了解广告产业的构成和广告产业的特点；
- ☑ 掌握广告代理制的含义及其历史演变；
- ☑ 了解广告公司的组织结构和经营管理；
- ☑ 了解当前我国广告业的发展状况；
- ☑ 了解著名广告公司的运作情况。

🔑 关键术语

广告组织　广告代理制　综合性广告公司　专业性广告公司

10.1 广告产业概述

10.1.1 广告产业构成

广告产业可以从狭义的广告产业和广义的广告产业来理解。狭义的广告产业由从事广告制作、广告代理及相关广告服务活动的广告公司构成。广义的广告产业是把广告活动作为一个市场的主要核心变量，围绕广告活动展开的广告生产、广告的发布，以及其他相关经济活动所构成的市场，这些专门从事广告活动的单位或机构通过互动运作，向消费者传递有关信息，从而形成广告产业。广告产业主要由广告主、广告公司、广告媒体、广告下游公司、广告行业组织五个部分构成。

1. 广告主

广告主是为推销商品或者提供服务，自行或者委托他人设计、制作、发布广告的自然人、法人、其他组织。它是市场经济及广告活动的重要参与者。根据广告主的经营类别、规模和范围等，可以把广告主分成地方性广告主、区域性广告主和全国性广告主，以及国际广告主三种类型。

地方性广告主是指在某个地域经营的地方性企业，其多开展的是地方性广告活动，利用地方媒体发布产品广告和企业广告。一般来说，大部分消费品的销售，最终是在当地实现的，如果广告不得力，就有可能丧失销售的机会。由于地方性广告主的数量较大，总的广告投入也很可观。据统计，美国一半左右的广告收入来自地方性广告主。

区域性广告主是指针对某一地区组织生产和销售，并仅在这一地区进行广告活动的企业。如果面向几个区域或全国市场的企业就是全国性广告主。全国性广告主关心的是品牌的建立，知名度的扩大，消费者认知率的提高等。因此，全国性的广告主多从广告是一种长期的投资着眼，广告预算一般都比较大。

国际性广告主是指面对不同国家和地区开展广告活动的企业。这些企业进入新的国际市场时，往往先向这个市场出口现有产品，然后再通过合资、独资等方式建立营销部门，采用集中管理的方式，使用标准生产线，统一营销方针和广告方针。广告战略和策略的运用，则要取决于产品的属性和产品销售地区的特征，还需要本土化。

2. 广告公司

广告公司是指专门经营广告业务活动的企业，是"广告代理商"（Advertising Agency）的俗称。其主要任务是协助广告主，为客户提供各种广告和营销服务。广告公司是广告产业的核心。广告公司根据其规模和业务范围可以分为综合性广告公司和专业性广告公司。

综合性广告公司是可以向广告主提供全面广告代理服务的广告经营企业，是广告代理制的典型组织形式。它接受广告主委托，提供广告调查、策划、创作、传播等各种服务。综合性广告公司一般规模较大，在广告业中虽然数量不多，但经营额比重较大，其经营规模和专业水平是反映一个国家广告业发展水平的重要标志。

专业性广告公司是社会化分工的产物，主要从事某类广告业务或经营广告活动某部分业务。一般有如下几类。

- 广告调查监测公司。主要提供有关广告信息数据收集和反馈方面的业务，包括市场信息调查、媒体信息咨询及广告效果监测等方面的信息服务。
- 广告策划公司。专门为广告主进行广告及营销策划和咨询服务业务的专业性广告公司。一般来说，这类业务都是大型广告公司的主干业务，所以专营此项业务的公司一般不多。
- 专业媒体代理公司。专门从事各类媒体的代理业务。媒体自营广告业务会造成条块分割、垄断经营、恶性竞争，走代理经营之路是广告业发展的必然趋势。所以，这类专业性广告公司发展前景很好。
- 广告设计制作公司。主要从事广告作品的创意、设计、制作业务，开办这类公司的人员一般是影视行业的艺术创作和传播技术工作者，他们拥有较强的专业影视广告制作力量。

3. 广告媒体

"媒体"又称"媒介"（Media）。所谓广告媒体就是指能够借以实现广告主与广告受众之间信息传播的物质工具。随着网络技术的深度发展，除了传统的报刊和电子媒体，新媒体不断出现，使广告主有了更多选择和更加经济高效的广告传播。

关于广告媒体的类型及其策略的相关内容已在"广告媒体"一章具体分析。这里简要介绍广告媒体组织的主要职能。

广告媒体组织的主要职能包括五个方面：营销时间和空间、设计制作和发布广告、审查广告内容、广告财务核算，以及调研和信息咨询服务。

（1）营销时间和空间：广告媒体的功能是提供信息服务，其所拥有的资源具体体现在时间和空间上，把媒体的广告时间和空间有效地销售出去，是媒体广告部门的业务重点。媒体广告部门销售广告时间和空间一般采用批量出售和零售两种方式。无论采取何种方式，媒体都有一个如何使媒体广告资源效益最大化的问题。媒体广告部门应充分把握自身的品牌价值，广泛宣传媒体自身的优势和特点。

（2）设计制作和发布广告：由广告公司或其他机构代理的广告，媒体广告部门一般只要安排广告发布日程，并根据本媒体的传播特点，对广告作品终稿的完善提出建议，做好广告排期就行了。如果直接承揽广告业务，媒体广告部门要负责策划、设计、制作、发布广告的全过程。从总体上看，直接承揽广告业务量不是很大，报刊广告主要是小广告、分类广告等类型；广播电视广告主要是声像比较简单、时间较短，以及临时需要处理的广告内容。较复杂的广告制作，还应交由下游的公司去完成。媒体主要是配合好广告公司，精心做好媒体计划，妥善安排好广告时段和版面，提高广告投放的效果。

（3）审查广告内容：媒体作为向社会和公众进行信息传播的专门机构，所传递的信息都应对社会和公众负责。广告作为媒体传播的重要内容，也应该加强审查和监管。因此，媒体广告部门有责任加强对广告内容的审查把关，自觉抵制和杜绝违法广告和不良广告的传播。目前，我国审查广告的法律依据，主要是以《中华人民共和国广告法》为核心的有关广告管理法规体系。审查的内容主要包括四个方面：广告主的主体资格是否合法；广告内容是否真实客观，是否会导致受众产生误解；广告内容和表现形式是否合法；收取查看有关广告证明。此外，还要根据中国国情，清理消除一切不道德、不健康、不文明的广告信息内容，保证媒体发布的广告合法、真实、健康、有益。

（4）广告财务核算：媒体广告财务方面的核算工作，应归属媒体广告部门。财务核算的任务主要有：确定广告活动收费范围；计算确定广告价格体系；确定费用结算方式。

（5）调研和信息咨询服务：媒体广告部门要向广告公司和广告客户提供系统、详尽的媒体资料，必须开展深入细致的调查研究工作，还要注意及时收集广告推出后的反应，向广告公司和广告客户反馈，以及送达有关部门。除做好本职工作以外，媒体广告部门应在可能情况下使业务外延，为媒体编辑部门的报道策划、节目设置编排等出谋划策，做好参谋。

4．广告下游公司

广告下游公司是指支持、辅助、配合广告主和广告公司开展广告活动的机构，包括美术工作室、影视制作公司及咨询调查公司等。

（1）美术工作室：从事广告设计和制作美术作品或插图的公司或机构。它们有时也承包某家广告公司美术部的工作，有时干脆就充当某家小广告公司的美工部。大多数工作室由一名平面设计师或插图师掌管项目，通过他向广告公司或企业广告部门推销工作室的产品，从那里领回要做的项目，制作完毕后再拿去征求客户意见。

（2）影视制作公司：专业从事影视广告作品的制作。一般影视制作分成三个阶段：第一阶段，实际开拍前的工作，要进行制作策划，仔细研究脚本和故事板，分析拍摄过程中要用到的制作技巧，主要有三大类制作技巧，即实景真人、动画和特效；第二阶段，广告实际拍摄与录制，这个过程可能非常耗时耗力；第三阶段，后期制作，在后期制作阶段，剪辑师、混音师和导演才真正将各广告元素合到一起。随着数字技术的发展，后期制作有了更多的发挥空间，也极大地减轻了前期拍摄的压力。

（3）咨询调查公司：专业从事市场信息收集与分析的机构。市场调查是企业市场营销与广告传播中不可或缺的环节。专业的调查公司主要是帮助客户（广告主）调查研究目标市场的特征、竞争情况、广告受众的需求、反应、意见、建议等，为广告主制定广告战略和实施广告策略提供理性参考。广告调查的内容主要包括广告战略调查、广告创意调查、广告活动效果调查等。

5．广告行业组织

广告行业组织是指由广告从业组织按一定方式自愿联合起来，为一定的宗旨而活动的广告组织形式。可以说，广告行业组织是广告组织的组织。广告行业组织的目的和宗旨一般都是协调行业内的组织之间的关系，维护行业的共同利益，促进本行业的发展。

广告行业组织的类型通常有以下两种。

（1）综合性的行业组织。综合性的行业组织是指从事广告业的各种不同类型组织共同组成的综合性组织，其中包括广告主组织、媒介组织、广告公司和广告研究机构等。这类组织如中国广告协会、国际广告协会等，宗旨是促进整个广告业的健康发展。

（2）单一性的行业组织。单一性的行业组织是指专门从事某一类广告活动的广告组织共同组成的行业组织。这类行业组织包括广告主行业组织、媒介行业组织、广告代理行业组织和广告研究机构行业组织等。如美国就有广告主协会、广告代理协会等单一性的行业组织。

> **相关链接**
>
> ### 4A广告公司
>
> 4A是美国广告代理商协会（American Association Advertising Agencies）的简称。该协会成立于1917年的美国圣路易斯，是全世界最早的广告代理商协会。该协会呼吁媒介保证支付广告刊登费15%的佣金（Commission）给广告公司作为媒介代理费，以促进广告主雇用广告公司提供专业服务（日本在1944年确立了15%的代理费制度）。国际4A广告公司均为规模较大的综合性跨国广告代理公司，这些公司能够为广告客户提供市场调查、广告总体策划、媒介组织计划制订、促销活动计划制订、广告设计与制作，以及广告效果测定等专业服务。美国4A定有协会自律规则《实践标准和创作守则》，违反会规者就要被开除会籍，以此约束会员公司遵守广告道德准则。在日益规范的竞争环境中，美国4A在业界的影响越来越大。由于4A的成员必须是综合代理商，所以发展到后来，人们把4A当作综合服务型广告公司的统称。
>
> 中国4A于2006年3月正式成立。中国4A是中国商务广告协会综合代理专业委员会的简称，英文全称为The Association of Accredited Advertising Agencies of China。主管部门是中华人民共和国商务部，法源归属中国商务广告协会。中国4A是中国广告代理商的高端组合，从成立初期的28家，发展到目前的50家会员单位，几乎包揽了所有国内运作的大型国际广告公司，以及本土实力最强、规模最大的综合广告代理商，无论是从产出的作品，还是从行业影响力来说，中国4A都充分展现了行业的最高宗旨——"一流服务，一流创新，一流实力，一流诚信"。中国4A组建有9个工作小组，分别在公共关系、媒体、同业、广告主、社团、协力厂商、法规、创意奖和培训方面开展一系列有益于广告业发展的工作。此外，中国4A将协助业界妥善运用所有可能资源与网络，改善上下游作业环境，并吸引更多优秀人才。中国4A发行《中国4A最佳广告主手册》和《中国4A标准作业手册》，向广告主及社会各界宣传4A的专业性、规范性、权威性和国际性，促进广告主深入认识广告代理商的价值，使广告主尊重广告代理商为平等的事业合作伙伴。

10.1.2 广告产业的特点

广告产业既具有一般产业的共同特征，也具有其自身的一些特点。

1. 广告产业规模相对较小

尽管广告在社会与经济发展中具有不可替代的作用，但是与机械制造业、计算机行业、交通运输业、建筑业等相比，广告产业的规模相对较小。广告产业的收入在GDP中所占比例，在广告业最发达的美国也仅占2%多，在我国还没有达到1%。美国广告从业人员不到40万人，我国目前广告从业人员也仅200多万人。

2. 广告产业进入壁垒较低

广告产业属于第三产业，开设广告公司所需投资较少，进入行业的壁垒较低。另外，广告公司在研发和生产环节不需要投入太大的资金。

3．广告产业专业技术含量高

广告产业是知识密集、技术密集、人才密集的高新技术产业。广告从业人员需要具备较高的专业素养和技术水平。

4．与宏观经济不完全相关

总体来说，广告是经济的一面镜子，广告业收入与国家经济状况有关。有研究表明，从个体看，当整个经济处于衰退时，某些企业如能坚持做广告，会为今后占据市场的有利地位打下基础，有较好的长期回报。所以，广告费的增减，有时与 GDP 是不一致的。

10.2 广告公司组织与经营

10.2.1 广告公司的机构设置与职能划分

各广告公司的机构设置可以根据具体情况有所不同。一般来说，广告公司的职能部门大体有 3 个：客户部门、制作部门、媒体部门。

1．客户部门

客户部门的主要职能是负责与广告主打交道，承揽客户广告委托的业务。具体地说，有以下几项工作。

- 分析广告主商品和劳务的优劣及市场竞争关系。
- 确定广告主商品和劳务目前及潜在的目标市场，把握销售的可能地区、销售量、季节变动、市场竞争力。
- 提出广告主营销活动提案，与客户保持长期伙伴关系，提高广告促销作用。
- 保证广告账款及时收回，维护公司利益。
- 根据客户要求，随时与公司内部广告作业人员接触，促进广告经营者、广告制作人员及广告公司策划负责人之间的信息交流。

在西方，客户部门的工作人员一般被称作"AE"。AE 在业务方面一般须具备所谓 5A 素质和能力，即分析、接触、联系、进攻和计算。

2．制作部门

制作部门承担广告创意、策划和制作业务。主要职能就是依照广告计划完成创意和制作方案，经客户审核同意后进行制作，包括拍片、配音、印刷或摄影等具体工作。主要工作内容包括以下几项。

- 组建创意小组，确定创意理念和文字形态，进行初步创意设计。
- 制定广告创作过程计划表，以保证广告在最终期限前按时刊登或播出。
- 进行广告作品制作，这是广告制作部门的主要工作。
- 审查广告作品，最后确定广告稿，送交媒体部门。

3．媒体部门

媒体部门是从事有关电台、电视台、报社、杂志社等媒体节目或版面更新、策划广告对策及预算谈判等日常业务的职能部门。具体业务包括以下几项。

- 调查各种媒体的性质、特点、影响力、收视或订阅率及媒体发布费用等信息。
- 签订广告版面、时段等发布契约。
- 将广告信息通过既定程序传送给媒体发布。
- 检查媒体发布效果。
- 履行与广告经费有关的支付手续。

广告公司除三大职能部门以外，一般还要设置行政办公室，负责广告计划、人事、财务、审计、后勤、机要档案等日常管理事务。如图 10-1 所示为达彼思中国公司的组织结构。

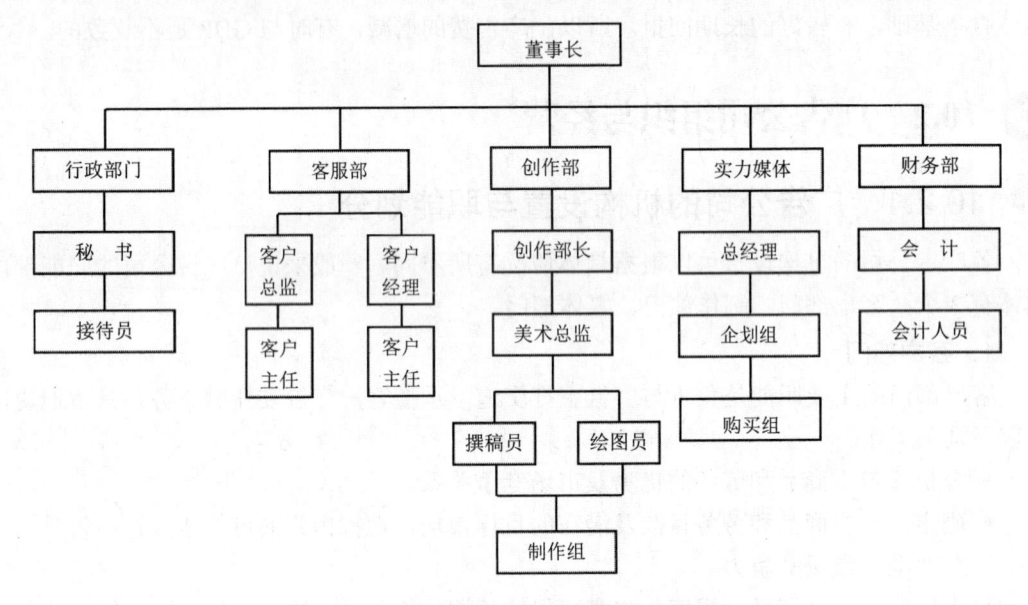

```
                        董事长
    ┌──────────┬──────────┼──────────┬──────────┐
  行政部门      客服部      创作部     实力媒体     财务部
    │         ┌──┴──┐       │          │          │
   秘书     客户    客户   创作部长    总经理      会计
    │      总监    经理      │          │          │
  接待员     │      │      美术总监    企划组    会计人员
           客户   客户        │          │
           主任   主任   ┌────┴────┐   购买组
                        撰稿员   绘图员
                            └────┬────┘
                              制作组
```

图 10-1　达彼思中国公司的组织结构

相关链接

小型广告代理公司的组织结构

在小型广告代理公司（美国的情况是每年账单在 1 000 万~1 500 万美元的公司），每个职员也许拥有多个头衔。公司的拥有者或总经理通常要监督目前的生意运作，包括客户服务和新的生意开拓。客户执行人员（AE）和客户主管要同客户保持日常接触。客户执行人员也许要做些创意工作并书写广告文案。美术设计的任务也许由代理公司的艺术指导制作或从一个独立的画室或自由职业的设计者中买过来。很多小型代理公司有一个制作和流程管理部门，或者一个全面负责完成这些工作的职员。这些公司也许拥有媒体购买者，但在非常小的代理公司里，客户执行也负责购买媒体时间和空间。图 10-2 所示为小型代理公司的组织结构。

图 10-2 小型代理公司的组织结构

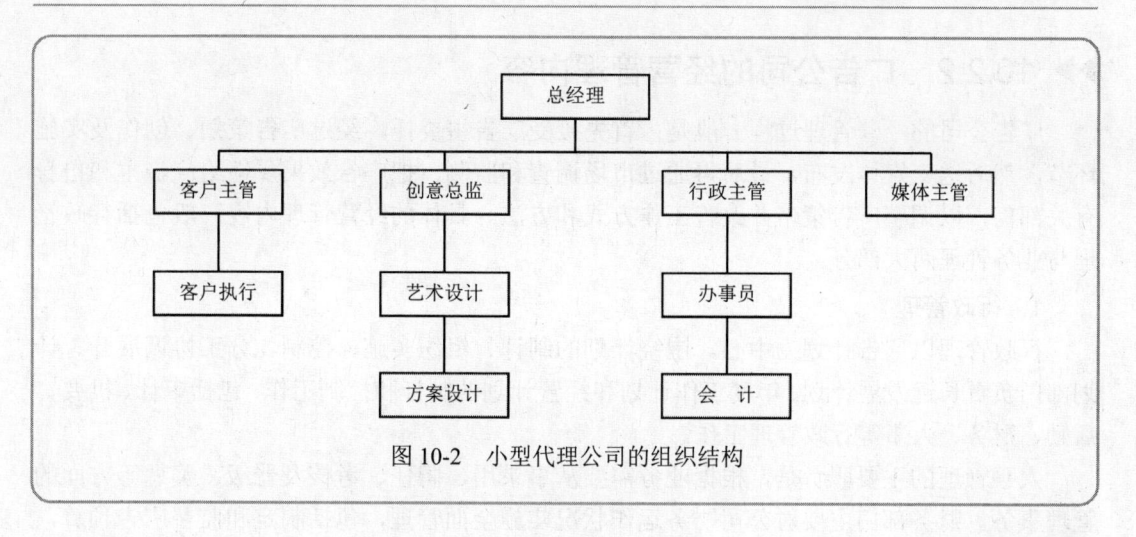

> 相关链接
>
> ## 广告公司形态的变异
>
> 随着数字营销传播的发展，广告公司的管理方式、组织结构、部门设置、人才配置很难适应数字营销传播的需求。唯有改变，才有未来。对于广告业来说，这场变革确实不是细微的调整，而是整体性的革命。变化一定是需要过程的，因为产业和公司的发展有自然的惯性，技术的应用和研发需要时间和投入，人才的更新换代更是一件很难的事情。能够看到的变化是，现有欧美模式的媒介服务类与创意类公司的专业化分工、分离式经营有可能走到了尾声。传统媒体的衰落，压缩了媒介服务类公司的空间，互联网程序化、购买的技术化，使得传统媒介服务执行层面的价值被替代。在互联网上，广告客户对内容生产和用户接触的需求是无法拆分的。所以，媒介服务类公司和创意服务类公司分久必合是一种变化趋势，全球广告业有可能重新回到综合性全案服务主导的阶段。
>
> 从公司形态来看，小的作坊式的广告公司成本低，更灵活，但是服务单一，缺乏大的平台技术服务、资源共享的支持。大的广告公司，尤其是传统的 4A 广告公司，在管理机制、服务流程、人才和技术等方面的变革是滞后的，如何建立新的管理体系，满足广告客户所需要的全天候、规模化、高质量的内容生产和执行，是一个重大的挑战。
>
> 广告公司内部的细胞化是广告公司形态变化的大势所趋。当广告公司内部碎片化为众多独立的细胞型的微型广告作坊时，广告公司的价值在哪里？
>
> 广告公司将成为服务和孵化的综合管理平台。依托综合实力，协调整个公司的资源，广告公司为内部相对独立操作的广告细胞提供咨询服务、技术服务、培训服务、财务服务等，支持广告细胞的灵活性，保障广告服务的高品质。
>
> （资料来源：《广告的超越——中国 4A 十年蓝皮书》，丁俊杰，陈刚著，2016 年）

10.2.2 广告公司的经营管理内容

广告公司的经营管理过程一般是：首先接受广告主委托，经过广告策划、创作及实施环节，然后送交媒体发布，最后再通过市场调查和监测，把广告效果反馈给广告主和自身有关部门，以调整广告策略并改善工作方式和方法。具体的经营管理内容一般包括行政管理与业务管理两大部分。

1. 行政管理

行政管理以广告计划为中心，围绕计划的制订、组织实施、控制、分工协调展开。计划部门负责长远发展计划、年度工作计划和经营计划的制订和控制工作，包括审计、机要、后勤、财务、人事等行政管理工作。

人事管理的主要职责是，根据业务需要从事录用、聘任、考核及晋级、奖惩等方面的管理事务。财务部门主要对公司财务运作状况实施全面管理，包括制定和监督广告预算，收取广告代理费，缴纳各种税收，核发职员工资，核算企业盈亏，对广告活动和行政性支出实施控制等。

2. 业务管理

业务管理包括广告策划、媒体选择、广告制作、有关调查和市场服务业务、专项广告活动企划与执行等，具体包括以下几项内容。

- 了解广告主公司发展情况，广告商品或劳务的市场竞争地位及市场占有率和市场潜力，研究广告主整体营销网络和营销能力。
- 了解各种媒体的性能、特点、传播范围、费用高低、使用情况。
- 向广告主提供广告计划方案及建议。
- 具体组织实施广告计划，进行广告设计制作，选择和确定媒体发布合同，将制成的广告作品送交媒体公司，交付有关账款。
- 协助广告主进行有关营销活动，包括庆典、新闻发布、福利资助等公共活动。
- 其他经营项目，如包装设计、销售调查、人员培训等委托代理业务。

10.3 广告代理制

10.3.1 广告代理制的含义及意义

1. 广告代理制的含义

广告代理制是国际上通行的广告经营机制，即由广告主委托广告公司实施广告传播计划，媒体通过广告公司承揽广告业务。在广告活动中，广告公司处于中介位置，为广告客户和媒体提供双向服务，发挥主导作用。广告代理制是广告业务发展到一定阶段的产物，它是衡量一个国家的广告业成熟与否的主要标准之一。在广告业比较发达的国家和地区，广告业已步入了广告代理制阶段。广告主的广告业务一般由广告公司全面代理，媒体只与广告公司打交道，除分类广告外，不直接承揽广告业务。

2. 实行广告代理制的意义

实行广告代理制是为了适应广告业专业化分工发展的需要。市场经济越发达，与之相适应的广告业的专业化分工就会越来越细,正是这种分工促进了广告专业水平的提高。所以,其最大的优势就是体现了广告业内部合理分工,促使各司其职,互相合作,共同发展。实行广告代理制的意义主要体现在以下3个方面。

(1) 帮助企业科学合理地使用广告经费。实行广告代理制能消除企业广告活动缺乏整体计划、效益不佳的种种弊端,帮助企业科学合理地使用有限的广告经费,取得较好的广告效果。

商品经济的飞速发展使企业间的竞争越来越激烈。为了提高竞争能力,企业必须加大市场营销的力度,开展包括以广告传播为主的信息交流活动。要做到这一点,仅仅依靠企业自身的力量是难以胜任的。如果将全部广告业务委托给一家或数家有能力的广告代理公司,为其提供专门的广告策划和市场营销服务,企业只需审核和监督广告策略和预算。这样,企业可以把主要精力投入产品开发和技术革新上,能够保证把广告费投放到最好的方面,避免失控和流失。

(2) 有利于媒体合理有效地发挥资源优势。实行广告代理制能促进媒体全面提供信息服务,合理有效地发挥资源优势,促进传播业的繁荣和发展。

媒体的主要功能是向社会大众提供各种真实有效的信息服务,同时通过广告信息服务等获取补偿和充实进一步发展的资金。但只有获得一定数量和质量的受众,才能得到理想的广告资源。媒体信息服务的优势在于新闻、娱乐等方面的内容,只有发挥这方面的优势,才能拥有受众。如果把主要精力放在广告经营上,一方面业务上不占优势,另一方面势必会分散有限资源,忽略或减弱对受众关注的主体信息的服务,使受众丧失对媒体的兴趣,最终广告经营也难以维持。实行广告代理制,媒体的时间或版面由广告公司来购买推销,使媒体的主要精力可以集中在提高主体信息服务的质量上,而在广告时间或版面方面的经营,可由广告专业公司承担,这样就减少了许多后顾之忧。从媒体发展的全局看,也促使媒体竞争优胜劣汰,优化整体传播环境,使媒体得到良性发展。

(3) 突出专业广告公司的主导作用。实行广告代理制能突出专业广告公司在广告活动中的主导作用,使其能超越不同媒体所具有的功能,向客户提供全面的优质服务。

广告公司由于具有长期积累的经验和知识,专业优势是明显的,任何一家媒体都不可与之比拟。媒体虽然有版面或时间,但媒体的优势更多的是报道新闻、提供娱乐、进行教育等内容的信息服务。只有专业广告公司才能为广告客户提供最好的专业服务,尽可能地满足企业的愿望,实现理想的广告传播效果。同时,由于广告代理制能使广告专业组织的业务得到保证,就能确保行业发展的资金到位,能吸引优秀人才加入广告行业,从而使广告业能够得到持续发展。

10.3.2 广告代理制的历史演变

广告代理制度是伴随着广告经营活动规模的扩大和专业化分工而自然形成的制度安排,在19世纪初期就已出现。当时广告媒体主要是大众化的报刊,一些报人或与报业有关的人士为了替报刊招揽广告生意,逐渐形成从事代理业务的专业化公司,广告公司便以"版面推销商"或"版面捐客"的形式应运而生。这些公司当时的主要代理业务就是从报社以"批发价格"大量购买广告版面,然后再将其分割,高价零售给广告主,以买卖差价获取佣金收入。这样，既为报社确保了广告生意，又为广告主提供了方便，节省了交易费用。

从17世纪初出现代理业务开始，广告代理业的作用和职能在不断发展变化。如何划分其变化过程、内容和时期，各个广告学研究者看法不一，我国不少教材中都以台湾广告学者樊志育提出的4个阶段来阐述广告代理业的演变；也有以服务的对象和内容为线索的，大体上将其确定为4个时期。

1．为媒体服务时期

大约从17世纪初出现广告代理业到1914年美国报刊发行核查制度的确立。这一时期，广告代理业基本上是为媒体服务的，主要业务活动是为媒体拉广告，出售报纸的版面。广告代理业经历了从媒体中分离到逐渐独立的机构上的变化，从为一家媒体服务到为多家媒体服务、从推销版面到经营批发版面的业务上的转变，扮演的是"媒体掮客"的角色。

2．为广告主服务时期

该时期约从1914年到1960年。1914年，美国开始施行ABC（Audit Bureau of Circulations）制度，对报刊发行量进行核查。随着报刊发行量的公开化，报刊更加重视信息服务的质量，以此争取更多的客户。广告代理业原先专门为媒体推销版面，主要在媒体的价格上展开竞争，到了这一时期也不得不相应地调整经营方式，转变为在提高为广告客户服务的质量上进行竞争，从而争取更多的业务。比如，为广告客户制订广告传播计划、设计制作广告作品、从事有关广告商品的市场调查及开展其他的服务项目等。广告界实行的"一种行业由一个公司代理"和"一种商品由一个公司代理"的制度就是在这一时期形成的，这一制度从保护广告主的利益出发，树立为广告主服务的观念。

3．全面服务时期

广告代理业在这之前的业务活动，或者为媒体服务，或者为广告主服务，都是不全面的，故也称为半服务时期。20世纪60年代以后，企业竞争和广告竞争都更加激烈，广告业的功能必须随之转变。这一时期，以美国的马奇·思利科松广告公司总经理在1960年提出"广告代理业向市场营销业过渡"的构想为起点，大约延伸至20世纪90年代中期。广告的信息传播功能在市场营销活动中更加受到重视，广告代理业逐渐成为能够提供多种服务的综合性机构。1976年，国际商业会议组织曾对广告业所承担的新职能做了比较全面的概括：一般来说，大型的广告公司要能够配合广告主进行市场营销活动；要能与媒体保持良好的、密切的关系，保证信息传播渠道的畅通；要有策划广告活动的能力，能够提出有力度的创意；要具备综合制作广告作品的能力。围绕上述4个方面，要能开展市场调查，收集和分析有关市场、流通、商品等多方面的信息，制定广告战略，确定广告媒体策略，设计制作广告作品及进行促销活动、公共关系活动等多种业务活动，能够为广告客户提供全面服务。到20世纪90年代，广告业一方面由专业性服务向为企业市场营销战略进行综合性服务扩展，不仅仅做广告，而且参与制定产品开发、销售和流通战略，帮助筹划大型文化活动及公共关系活动等；另一方面拓展服务范围，用广告传播的手段和方法，为公共部门、政府机关等机构的活动（如政策宣传、选举）提供服务。广告代理业的强化信息传递和诱导影响受众态度改变的功能，更加受到重视。

4．整合传播时期

1990 年，美国的罗伯特·劳特朋在《广告时代》上发表文章，提出以消费者为中心的新的 4C 市场营销观念。因菲利普·科特勒在《市场营销管理》1994 年版中予以引用，而得以广泛流传和应用，广告活动由此进入信息传播代理业时期，重在进行整合传播，广告公司逐步向信息交流公司过渡。如美国不少大型广告公司面对新的竞争压力，更加重视和发挥广告信息沟通的作用，并与其他信息传播手段进行整合。日本电通公司近年来提出综合信息服务的经营理念，为广告主提供全方位的信息交流服务。这些都预示着广告代理业一个新的时代的到来。

▶▶ 10.3.3 广告代理制的类型及特点

1．国际广告代理制度的两大类型

国际上比较流行的广告代理制度，可分为两大类型：西方模式，以美国为代表，实行商品细分的广告代理制度；东方模式，以日本为代表，实行媒体细分的广告代理制度。

商品细分的广告代理制度，又称"一商品一客户"的广告代理制度，系指广告代理公司在同一种竞争性商品中只接受一个客户，对客户所委托的商品广告营销传播业务全权负责。这样，某一家公司生产几十种产品，为该公司提供服务的广告代理商就有好多家。每家广告代理商以同自己原有的客户不冲突的商品去接受广告代理，而且对所负责的商品不仅提供广告制作与宣传，还要参与商品规划与计划、流通、促销、市场调查等全盘性的广告服务。

日本的广告代理商，过去主要是以承揽与推销媒体为主，通常是数家广告代理商对同一客户提供的服务以媒体细分来分担。例如，按报纸类别分，《朝日新闻》《读卖新闻》属于甲代理商，《每日新闻》《产经新闻》属于乙代理商；以电视台分，X 电视台系列属于丙代理商，Y 电视台系列属于丁代理商。这样，以媒体为中心，某一客户或某商品有好几家广告代理商分别提供不同媒体广告服务。广告代理商最关心的是属于自己掌握的媒体如何才能被广告客户大量地采用，对于全盘性的市场营销服务自然不大关心。

2．商品细分广告代理制度的特点

商品细分广告代理制度与日本媒体细分制度比较，其最大优势是广告客户、广告代理商与媒体三者共存共荣。同时，它还具有以下特点。

- 广告代理商不能同时接受两家相互竞争商品的客户，这样也有利于保守商业秘密；广告代理商所拥有的客户相互间不冲突，因此可借用彼此经验对客户提供全过程的一致性服务，将最好的创意提供给唯一的商品客户。
- 广告代理商在确定广告市场营销策略时，会与广告客户站在同一立场上考虑问题。如果广告代理商的服务不能令客户满意，广告客户可解除契约，寻找新的广告代理商；广告代理商为了不被解除契约，一定会全力为广告产品开展各项广告促销活动，以提高广告效果和效益。
- 广告代理商与广告客户的关系依契约而存在，从而使广告代理商之间因相互竞争的激励机制而提高广告服务质量；广告代理商因自己负责的商品销售增加而获得更多的利益，广告客户也会因其服务良好而扩大其商品代理的范围。

可见，商品细分广告代理制度是较为有效、合理并符合国际惯例的做法。

10.3.4 广告代理费的收取方式

随着广告市场和广告产业的不断变化，广告代理制处于动态的发展过程中。首先，广告代理制本身在不断变化和调整，这种变化和调整主要体现在广告代理费的收取方式上。广告主的广告预算不断加大，而广告代理公司的成本并不会随广告预算费用相应增加。因此，如果按照 15%的比例收取佣金，则对于广告主来讲就非常不合理。而且，一些广告代理公司为了获取更高的媒体佣金，有可能鼓励广告主增加媒体刊播费用，或者建议广告主选择使用价位更高的广告资源。此外，广告公司为了追求更高的媒体佣金，在与媒体进行价格谈判的时候会有所保留。在这种背景下，广告公司难以在媒介投放和效果评定方面获得广告主的信任，广告主也难免会对广告公司收取代理费用的方式提出质疑。因此，广告代理费用的收取方式不断发生着改变。目前，广告代理费有以下几种收取形式。

1．佣金制

佣金制是广告代理中最早形成和确立的一种收费方式。1917 年美国广告业将佣金比率确定为 15%，后成为国际通行的一种收费制度。

2．协商佣金制

协商佣金制是以 15%为标准的固定佣金比率，使广告公司有了一定的收入保障，但有时对广告主不利。20 世纪 60 年代，在美国广告界出现协商佣金制，它是建立在广告主与广告公司协商基础上的。1960 年，奥美公司当时的总裁大卫·奥格威为壳牌提供广告服务时抛弃了收取 15%佣金的办法，采取"成本加成"的"实费制"方法，每年通过协商收取费用。

3．实费制

所谓实费制就是不采取一定比率来支付代理佣金，而是采取按实际的成本支出与实际的劳务支出来支付整个广告代理费用的方式。实费制与协商佣金制几乎同时兴起，由奥格威率先实行。虽然实费制的确可以避免佣金制的许多缺点与不足，但实际操作相当麻烦，工时记录更是要凭良心，因此不受广告界的欢迎。

4．效益分配制

在以往的广告代理中，广告公司只向广告主要求代理权利，一般不承担实际的代理责任。效益分配制将代理的权利和责任联系在一起，要求广告公司承担代理的销售风险。广告公司从广告主实际产生的销售中分配一定的利润，如果不能产生实际的销售，则不能取得相应的利润。

5．议定收费制

根据具体的广告个案，对代理的时间成本和外付成本做事先预估，在预估的基础上，广告主和广告公司共同议定包括代理酬劳在内的总金额，一并交付广告公司，在运作过程中，或盈利或亏损，广告主不再过问。

相关链接

时代潮流——广告代理制正在逐渐走向消亡

广告行业的一个重要趋势是代理制的逐渐消亡。虽然它还在用，但是已有大批有影响的广告主不再支付代理费，而是坚持采用奖励制度。在许多广告主看来，代理费至少有两大问题：首先，这会极大地诱惑广告公司放弃那些更容易到达和劝服消费者的媒介而挑选收费高的、有代理费的媒体（如电视）；其次，代理费还会刺激广告公司将注意力放在广告费而非广告战略和创意上。Fallon Worldwide 广告公司的帕特·法隆和弗雷德·西恩认为，一些广告主应该"比竞争对手想得少、花得多"。他们认为，广告公司只有专注于"创意杠杆"而非"媒介杠杆"，才能更好地服务自己的客户。

（资料来源：威廉·阿伦斯.广告学[M].北京：中国人民大学出版社，2014.）

本章小结

- 广告产业可以从狭义的广告产业和广义的广告产业来理解。狭义的广告产业由从事广告制作、广告代理及相关广告服务活动的广告公司构成。广义的广告产业是把广告活动作为一个市场的主要核心变量，围绕广告活动展开的广告生产、广告发布，以及其他相关经济活动所构成的市场，这些专门从事广告活动的单位或机构通过互动运作，向消费者传递有关信息，从而形成广告产业。广告产业主要由广告主、广告公司、广告媒体、广告下游公司、广告行业组织五个部分构成。

- 广告产业的特点包括：规模相对较小，进入壁垒较低，专业技术含量较高，与宏观经济不完全相关。广告组织是指以一定的宗旨和系统建立起来的，从事广告活动的集体。广告组织主要包括四类：企业广告组织、媒介广告组织、专业广告组织和广告行业组织。各广告组织的职能和作用各不相同。

- 广告代理制是国际上通行的广告经营机制，即由广告客户委托广告公司实施广告传播计划，媒体通过广告公司承揽广告业务。

- 广告代理业主要经历了 4 个历史阶段：为媒体服务时期、为广告主服务时期、全面服务时期、整合传播时期。

- 国际上比较流行的广告代理制度可分为两大类型：西方模式，以美国为代表，实行商品细分的广告代理制度；东方模式，以日本为代表，实行媒体细分的广告代理制度。

- 所谓广告公司，是指专门经营广告业务活动的企业，实际上是广告代理商（Advertising Agency）的俗称。广告公司可大致分为综合性与专业性两大类。

- 综合性广告公司是可以向广告主提供全面广告代理服务的广告经营企业，是广告代理制的典型组织形式。专业性广告公司是社会化分工的产物，主要从事某类广告业务或经营广告活动某部分业务。
- 各广告公司的机构设置可以根据具体情况有所不同。一般来说,广告公司的职能部门大体有 3 个:客户部门、制作部门、媒体部门。
- 广告公司的经营管理过程一般是:首先接受广告主委托,经过广告策划、创作及实施环节,然后送交媒体发布,最后再通过市场调查和监测把广告效果反馈给广告主和自身有关部门,以调整广告策略和改善工作方式和方法。具体的经营管理内容一般包括行政管理与业务管理两大部分。

专论 10

2016 年我国广告行业市场发展状况及市场前景分析

1. 我国广告市场的发展状况

随着 1979 年我国现代广告业市场的重新起步,广告行业显示出强劲的活力。近年来,我国广告市场规模快速、稳定增长,2014 年已经成为全球第二大广告市场。2001—2015 年,我国广告市场规模由 794.89 亿元增长到 5 973.41 亿元,年均复合增长率达到 14.32%,远高于同期 GDP 的增长速度(见图 10-3)。

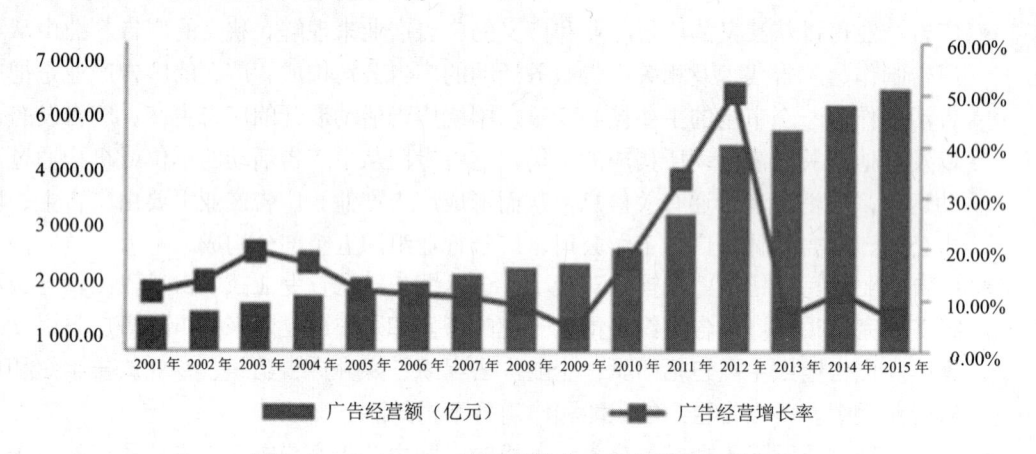

图 10-3　2001—2015 年我国广告市场的规模及增速

随着我国广告业的发展,广告经营单位和从业人员数量快速增加。我国广告经营单位数量从 2001 年的 7.83 万家增加至 2015 年的 67.19 万家,年复合增长率达 16.59%,从业人员数也由 2001 年的 70.91 万人增加至 2015 年的 307.25 万人,年复合增长率达 11.04%(见图 10-4)。

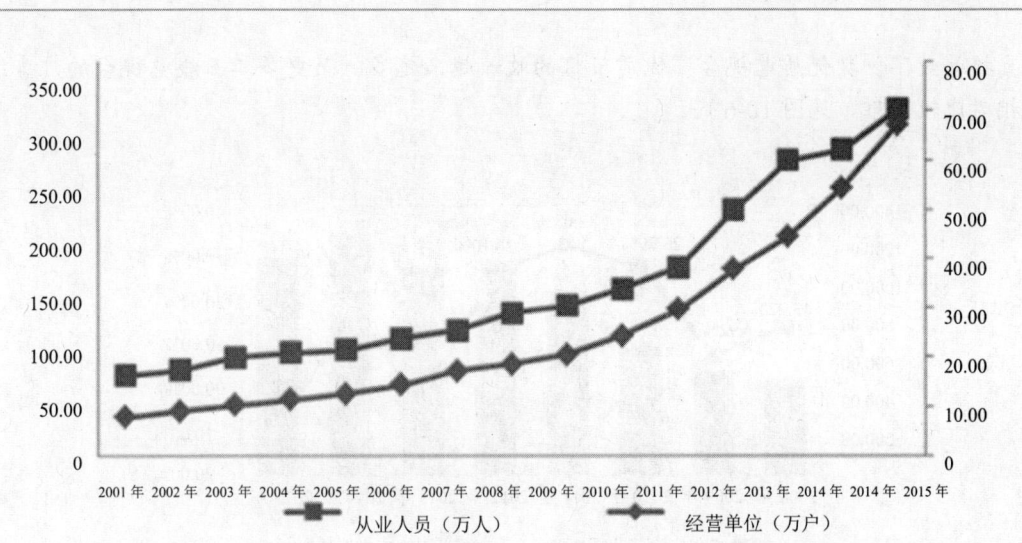

图 10-4　2001—2015 年我国广告业经营单位户数及从业人员统计

2. 媒介代理行业概况

2013—2015 年，我国四大传统媒体中电视和报纸媒体的广告投放份额占比较大，期刊和广播媒体的广告投放份额占比较小。2013—2014 年，电视媒体的广告投放份额基本保持稳定，略有下降，所占份额均保持在 40% 以上；2015 年，受电视媒体广告投放金额下降及互联网媒体广告投放金额上升的双重影响，电视媒体的广告投放份额下降至 36.34%。报纸的广告投放份额近年来呈现出明显的下降趋势；期刊和广播媒体的广告投放份额均呈现小幅下降，所占份额仍处于较低水平（见图 10-5）。

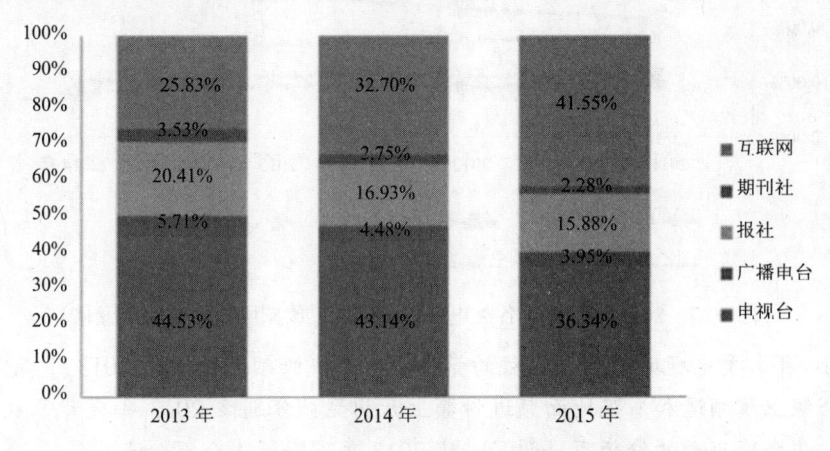

图 10-5　2013—2015 年主要媒介广告投放份额

互联网媒体近年来的广告投放份额呈现出显著的增长态势，2013 年首次超过报纸媒体份额，并于 2015 年首次超过电视媒体所占份额，由 2013 年的 25.83% 上升到 2015 年的 41.55%。

2008—2015 年，我国电视媒体广告营业额由 501.50 亿元增长到 1 146.69 亿元。回顾 2014 年、2015 年电视广告的发展可以看到，电视台之间的两极分化愈演愈烈，广告对高收视内容的追逐显而易见，优质的广告资源与优质内容的融合集中在黄金时段。这种市场行为直接导致了少数优质电视台、优质节目的收入越来越多,而更多二三线电视台的广告经营相对比较困难(见图10-6)。

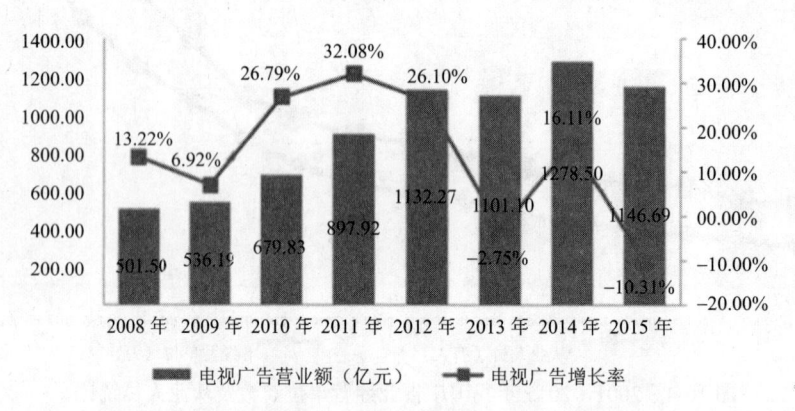

图10-6　2008—2015年我国电视媒体广告营业额及增长情况

2011—2014年,我国省级卫视的收视份额上升趋势较为明显,表现突出;省级地面频道的收视份额表现相对稳定(见图10-7)。

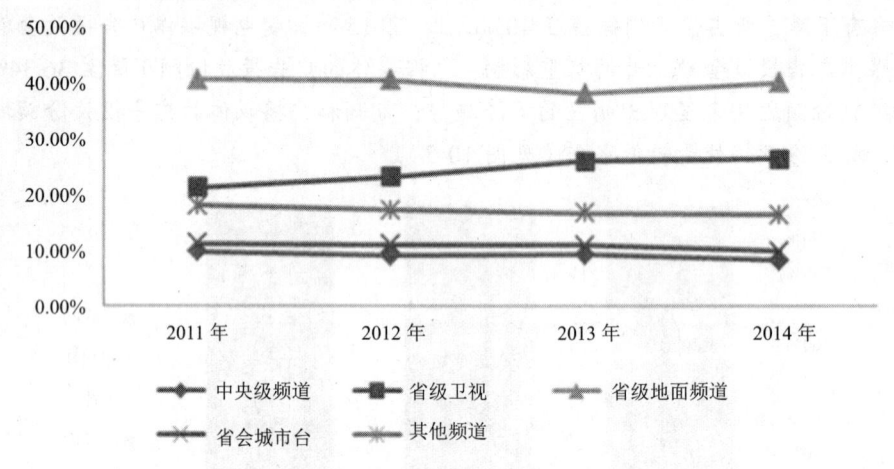

图10-7　2011—2014年各类电视频道广告投放额所占份额及其变化

在2014年各类电视频道广告投放的竞争中,中央级频道份额比2013年减少了1.1个百分点;省级卫视频道和省级地面频道份额上升明显,分别比2013年提升了0.5个和1.9个百分点;省会城市台的份额下降明显,比2013年下降了1个百分点。

近年来,互联网广告以其精确度高、互动性强和成本相对较低等特性正受到越来越多广告主的重视。2015年,互联网广告延续了之前的高增长态势,但增幅正在放缓,远远低于上年度51.7%的增长,增幅回落到35.3%(见图10-8)。

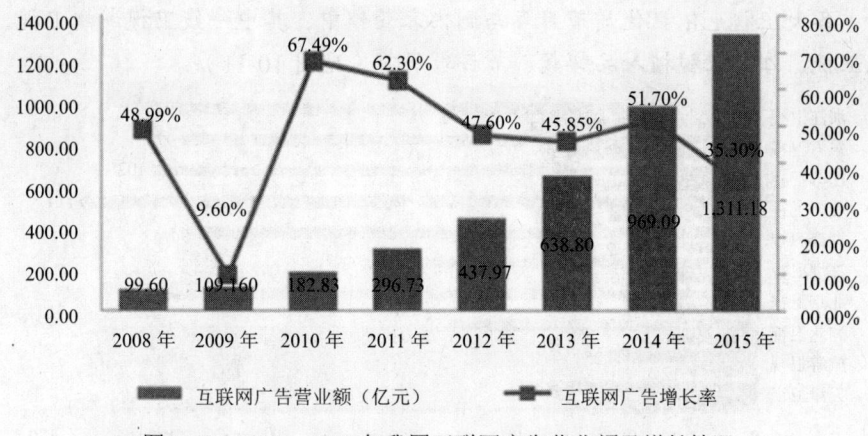

图 10-8 2008—2015 年我国互联网广告营业额及增长情况

3. 新业态：内容即营销，内容营销成为广告行业的新趋势

2015 年最具商业效果营销活动的票选结果为内容营销，以 29.6%位居第一，之后为大数据 14.6%和营销自动化 12.8%（见图 10-9）。

随着最近两年综艺节目的大火，加上电视硬广告的宣传效果不理想等原因，综艺节目冠名广告、植入广告成为广告主的新宠，广告主不惜重金独家冠名赞助这些综艺节目，电视软广告在整个电视广告中的比重呈上升趋势（见图 10-10）。

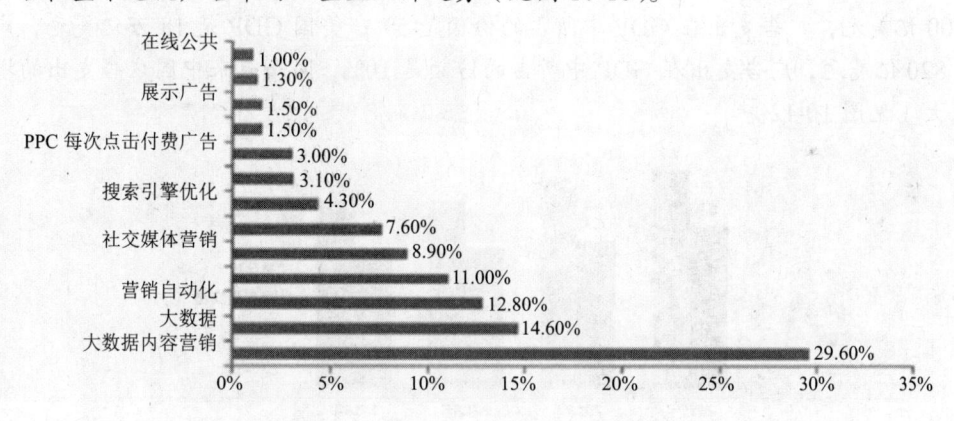

图 10-9 2015 年最具商业效果的营销活动

图 10-10 本土品牌冠名及植入广告投入（单位：元）

同时，各大卫视也依托优质节目参与到内容营销中，其中一线卫视浙江卫视、东方卫视、湖南卫视、江苏卫视植入品牌数、节目数居前（见图10-11）。

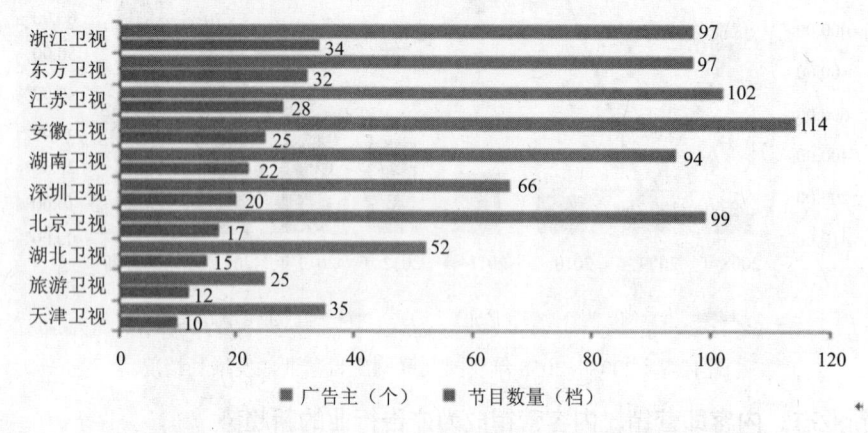

卫视	节目数量（档）	广告主（个）
浙江卫视	34	97
东方卫视	32	97
江苏卫视	28	102
安徽卫视	25	114
湖南卫视	22	94
深圳卫视	20	66
北京卫视	17	99
湖北卫视	15	52
旅游卫视	12	25
天津卫视	10	35

图10-11　2015年卫视频道软广品牌、节目数前十

4. 我国广告市场的前景

2015年中国经济增速放缓至6.9%，但仍然是全球经济增长的主要推动力之一。大量低线市场蕴藏的进一步发展的机会及不断壮大的中产阶级所带来的广告支出预计未来三年将保持在8%以上，明显高于全球平均水平。2015年，中国GDP是11万亿美元，广告花费是500亿美元，广告支出在GDP中所占的份额是5%；美国GDP是18万亿美元，广告花费1 820亿美元，广告支出在GDP中所占的份额是10%，因而未来中国广告支出的增长潜力巨大（见图10-12）。

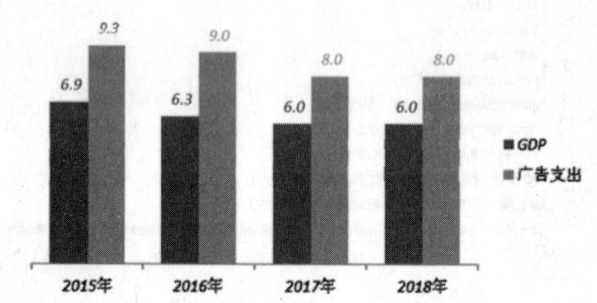

年份	GDP	广告支出
2015年	6.9	9.3
2016年	6.3	9.0
2017年	6.0	8.0
2018年	6.0	8.0

图10-12　2015—2018年中国广告支出和GDP的增长（%）

（资料来源：中国产业信息网）

问题理解

1．广告产业的特点有哪些？
2．广告产业由哪几部分构成？
3．什么是广告代理制？其意义何在？
4．简述广告代理制的发展阶段。
5．以媒体细分和以商品细分的广告代理制的特点各有哪些？

6. 广告代理公司的类型有哪些？
7. 简述广告代理公司的机构设置与职能划分。
8. 国际上通行的广告代理费的收取形式有哪些？
9. 阅读专论10，进一步梳理中国广告行业的发展状况及发展前景。

案例分析

企业价值观是企业精神的灵魂，一个企业的成功与否要看这个企业能否构筑起科学先进的价值体系，有了明确的价值体系才能使全体员工向一个方向前进。

"只有客户成功，我们才可成功。"这是盛世广告一向奉行的经营宗旨，意味着公司着力发展与合作伙伴的长期合作关系。这种对客户关系的价值观，在许多方面影响着公司的管理和运营。比如，体现在公司的自身建设上，公司成立伊始，并没有将赚钱作为首要任务，相反，是不断大量投资，培养人才和加强公司的硬件设备。最突出的就是不断将外国的优秀人才和管理经验引进，深入市场研究，与客户并肩作战，建立长期的合作关系。在选择客户的准则上，盛世认为，选择客户跟选择伴侣一样，因而非常慎重。盛世总是选择那些懂得欣赏优质服务，具有赢家头脑，重视广告公司参与，具有长远目光的客户并为之服务。

李奥·贝纳："新客户不能妨碍老客户。"很多人一直认为，李奥·贝纳公司的客户有好几百个，理由很简单，因为它是广告界巨擘。其实不然，它们努力把客户数目维持在35个左右，不过它们的客户包括了牛肉协会、家乐氏、麦当劳、宝洁、锐跑、索尼、联合航空等大客户。李奥·贝纳的想法是，新业务的成长不能牺牲掉现有客户，因此新业务不得超越或阻碍公司与现有客户的关系。绿巨人自1935年，菲利浦摩里斯自1954年，奥斯摩比自1934年，斯达吉斯特自1958年，一直与李奥·贝纳广告公司合作。在广告界，客户经常动不动就换广告公司，李奥·贝纳公司居然能维持如此长久的客户关系，这不能不说与公司的经营理念有关。

思考题：
1. 简述价值观对广告公司发展的影响。
2. 结合案例研究国内某广告公司的企业文化。

调查研究

1. 实训项目一：对当地广告业的整体发展态势进行调查。
   要求：由指导老师组织，将班级分成几组，分别对广告公司、广告主、广告媒介及政府相关部门和行业协会进行全方位的调研，设计调查问卷并实施调研。根据调研的数据，分别撰写专题报告，包括广告公司专题、广告主专题、广告媒介专题、广告行业管理专题。
2. 实训项目二：针对本地一家知名度较高的广告公司的发展现状、组织架构和经营理念、人才要求等方面撰写一份调查报告。

第 11 章　广告管理

📎 引导案例

柯诺克咒语

曾有个医生叫柯诺克,他来到一个叫圣莫希斯的山村,当地居民个个身强体壮,根本不必看医生。柯诺克来到这里开诊所只能被饿死。怎样才能吸引充满活力、精力旺盛的居民来诊所呢?柯诺克心生一计,决定拉拢村里的老师办几场演讲,向村民夸大宣传微生物的危险。他还买通村里通报消息的鼓手,公告民众,新医生是帮大家免费义诊的,义诊的目的是"防止各种疾病大幅传播。我们这个一向健康的地区,近年来已遭到各种疾病的入侵"。于是,候诊室挤满了人。诊疗室里,没病没痛的村民被柯诺克诊断出了大病大症,还被再三叮嘱要来定期诊治。许多人从此卧病在床,最后整个村子简直成了一所大医院。于是村民看病的钱源源不断地流入柯诺克的腰包。每到晚上,病房灯火通明,柯诺克兴奋不已:"健康的人都是病人,只是他们自己还不知道而已。"这就是"柯诺克咒语"。

➲ **辩证性思考**:从"柯诺克咒语"现象思考广告管理的意义。

🎯 本章学习目标

☑ 理解广告管理的含义与意义;
☑ 了解广告管理的主体;
☑ 掌握广告法规管理的内容;
☑ 掌握广告行业自律的内容;
☑ 掌握广告社会监督管理的内容;
☑ 掌握与广告伦理的相关内容。

🔑 关键术语

广告管理　广告行业自律　广告的社会监督　广告伦理

11.1 广告管理概述

11.1.1 广告管理的含义

广告管理分宏观管理和微观管理两个部分。宏观广告管理主要是指国家、社会等对广告活动进行指导、控制和监督。微观广告管理是指广告业的经营管理。我们在讨论广告管理的含义时，一般指广告的宏观管理。

11.1.2 广告管理的主体

广告活动的社会管理主体要包括三大类：政府职能部门、广告行业组织和消费者组织。这些主体在广告活动的社会管理体系中具有不同的功能与作用。

1. 政府职能部门

《中华人民共和国广告法》规定，县级以上工商行政管理部门是广告的管理机构。其他政府部门只是不同程度参与了广告活动的管理。在我国，工商行政管理部门代表国家行使广告监督管理的职能，已形成了较为完善的广告监督管理机构体系。

在1999年以前，我国实行的是分级管理体制，地方政府与当地工商行政管理局是行政隶属关系，上级工商行政管理局对下级工商行政管理局是业务关系。随着市场经济体制的逐步建立，原有的分级体制制约了工商行政管理职能作用的发挥。自1999年以后，我国采取了省级以下工商行政管理机关垂直管理模式，即省、自治区、直辖市工商行政管理局为同级人民政府的工作部门，地市工商行政管理局为上一级工商行政管理局的直属机构。垂直管理模式的实行有利于工商行政管理机关排除地方保护主义的干扰，集中精力加大执法力度，强化对市场的管理。

虽然工商行政管理部门被确认为广告主管部门，但广告涉及社会生活的方方面面，因此，几乎所有的政府部门均直接或间接参与了广告行政管理。

2. 广告行业组织

我国最早的广告行业组织是诞生于1927年的中华广告公会。中华人民共和国成立后，由于长期实行计划经济体制，广告行业自律组织基本消失。改革开放后，广告行业组织才得以重建和发展，形成了综合性与专业性、全国性与地方性、半官方与半民间的广告行业组织并存的局面。

（1）中国广告协会。中国广告协会创立于1983年12月27日，是经民政部批准登记的具有社团法人资格的全国性广告行业组织，其办事机构是国家工商行政管理总局的直属事业单位。其主要职责是宣传、贯彻广告管理法律法规，协助政府进行行业管理，反映广告主、广告经营者和广告发布者的要求与意见，制定行业发展规划，在国家工商行政管理总局的指导下，按照国家有关方针、政策和法规，对行业进行指导、协调、服务、监督。

（2）中国广告主协会。中国广告主协会成立于2005年11月27日，其接受国务院国有资产监督管理委员会和国家民政部的业务指导和监督管理，是全国性协会，是我国在世界广告主联合会中的唯一合法成员。中国广告主协会的主要职能包括：积极发挥桥梁和纽带作用，推动建立有利于广告投资的社会环境；代表本会会员同媒体、广告商及其代表组织进行协调、沟通、磋商，维护会员合法权益；反对不正当竞争行为和恶性竞争行为；积极推动相关的学术研究、经验交流和专业培训；致力于会员服务体系建设工作；协调会员在市场竞争中产生的相关问题，促进企业间的沟通与合作；促进营销传播服务业的发展；充分利用与世界广告主联合会的交流平台，与世界广告主联合会各成员及跨国公司建立广泛联系；办理政府有关部门委托的其他事项。

（3）中国商务广告协会。中国商务广告协会（原为中国对外经济贸易广告协会）成立于 1981 年，是我国最早成立的全国性广告行业组织。

中国商务广告协会的主要职责包括：宣传贯彻国家有关法律法规、方针政策，协助政府做好对商务广告活动的管理，制定行规行约和诚信规范，加强行业自律；为会员单位提供相关的政策法规咨询和信息服务；充分发挥协会在政府与广告行业、企业和社会之间的桥梁和纽带作用，组织开展有关行业发展、行业改革、行业现状等重大问题的调研，代表行业参与制定、修改有关行业发展和行业管理的政策、法规，或提出相关建议；代表行业利益，维护会员的合法权益；通过组织报告会、研讨会、经验交流会和组织国内外交流考察等活动，帮助会员及时了解、掌握国内外有关广告、品牌、营销、媒体、公关及创意产业方面的最新理论和动态，积极引进和推广上述有关产业方面的新理念、新思想、新媒体、新技术，积极倡导自主创新，提升中国广告和创意产业及自主品牌的整体实力和水平；组织开展对广告、品牌、创意产业、传统媒体、新媒体及公关等相关产业从业人员的培训，开展法律或政府所授权的资质认证；组织举办国内或国际性的有关上述产业和相关行业的展览、展示和业务洽谈活动；组织编辑出版专业刊物、书籍和信息资料；组织开展对优秀会员和优秀作品的评选活动，积极向社会推荐综合实力和创新能力强，服务水平高，讲诚信的会员单位，树立广告业应有的形象和地位；组织会员开展公益活动；开发信息资源，运用网络等技术，为会员单位和企业提供信息咨询服务；积极开展国际交流与合作；承担法律法规授权、政府委托及协会章程规定的其他职责。

3. 消费者组织

中国消费者协会成立于 1984 年 12 月 26 日，是经国务院批准成立的全国性社团组织。消费者协会是由工商行政管理、技术监督、进出口检验、物价、卫生等部门及工会、妇联、共青团中央等组织共同发起，经同级人民政府批准建立和民政部门核准登记，具有社会团体法人资格，挂靠在同级工商行政管理局的"官办民意"的消费者组织。

11.1.3 广告管理的意义

从社会的视角来看，如果放任广告活动根据自身利益最大化的行为逻辑发展，而不对其参与的主体（广告主、广告公司、广告媒体）加以制约，广告活动必然对社会产生消极甚至负面影响。所以，广告活动和其他经济活动一样，是一种受到一定约束、限制和控制的活动。在整个广告活动中，广告主、广告组织必须清楚与其有关的一些具体规定、行为规范、权利和义务。世界各国无论是其经济体制、法律制度还是文化背景的差异，均对广告活动实施不同程度的管理与控制。重视广告管理具有以下 4 个方面的意义。

1. 保证广告业正常运行和健康发展

广告活动是一种广泛涉及社会经济生活和精神文明生活的市场行为。作为一种竞争手

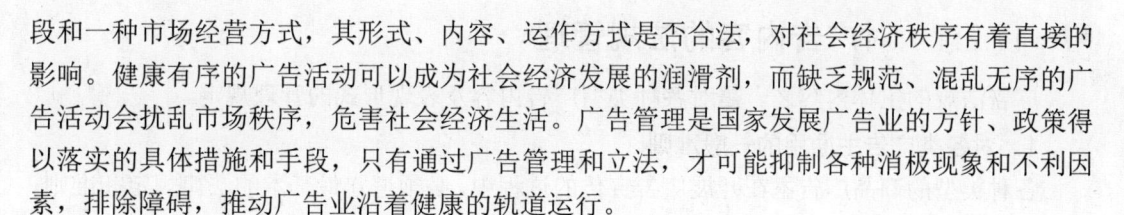

段和一种市场经营方式,其形式、内容、运作方式是否合法,对社会经济秩序有着直接的影响。健康有序的广告活动可以成为社会经济发展的润滑剂,而缺乏规范、混乱无序的广告活动会扰乱市场秩序,危害社会经济生活。广告管理是国家发展广告业的方针、政策得以落实的具体措施和手段,只有通过广告管理和立法,才可能抑制各种消极现象和不利因素,排除障碍,推动广告业沿着健康的轨道运行。

2. 保护消费者合法权益

广告宣传与消费者息息相关,这就要求广告必须真实地介绍商品或服务,不允许有欺骗、误导消费者的现象,不能为了牟取非法利益而损害消费者的利益。广告真实与否、合法与否、健康与否,对消费者利益有着直接的影响。广告管理就是要对广告传播行为进行监督,对广告活动主体的各方严格要求,使广告主、广告经营者和广告发布者在思想上、认识上能够重视发布违法广告的危害和后果,震慑和打击各种广告违法分子,从而保障消费者和用户的合法权益。这也是广告管理和广告立法的最终目的。

3. 保护合法企业的权益

良好的社会经济秩序不仅是社会经济活动正常运行的前提,也是社会稳定和繁荣市场的基本保障。广告作为一种竞争手段,其形式与内容是否合法,对社会经济秩序有着直接的影响。广告管理就是依法管理广告市场,使工商企业和广告经营企业的合法经营得到保护。如果广告活动处于混乱无序状态,那就必然扰乱市场秩序,危害社会经济生活。完善广告法规,通过行政、社会和行业等多方面加强广告管理,就能在保护企业的合法权益、抵制不正当经营、促进竞争、推动经济发展等方面起到积极作用。

4. 正确引导消费

广告的信息传播发挥的作用是多方面的。不仅在经济领域产生影响,而且在社会文化领域起到日积月累、潜移默化的效果。这种传播效果,如果不引起注意,产生偏差,其后果是很严重的。因此,保证广告从形式到内容都能健康向上,也是推动我国社会主义精神文明建设的重要部分,需要重视和加强。

11.2 广告法规管理

所谓广告法规管理,是指工商行政管理部门和其他部门依据《中华人民共和国广告法》及其他政策、法规,对广告活动的参与者进行监督、检查、控制和协调、指导的过程。

1994年10月第八届全国人大常委会通过了《中华人民共和国广告法》(以下简称《广告法》),1995年2月1日起正式实施。《广告法》的制定和实施,对于进一步促进广告业的健康发展,充分发挥广告在社会主义市场经济中的积极作用,发挥了十分重要的意义。2015年4月24日第十二届全国人民代表大会常务委员会第十四次会议修订通过了《中华人民共和国广告法》,并于2015年9月1日起施行,这也是《广告法》实施20年来首次修订。新版《广告法》在广告内容准则、广告行为规范、广告监督管理及广告责任等方面都做出不同程度的调整。

11.2.1 对广告内容的法规管理

广告法规的主体内容之一是对各种类型广告内容及表现形式的管理规定。

1. 对各类广告主通用的一般准则

各种类型的商品广告主在开展广告宣传的过程中，必须遵守最基本的法律规定和准则。关于这方面的具体内容，主要有以下两方面。

（1）广告宣传内容的要求。总体而言，广告宣传内容必须真实、合法、健康。《广告法》第三条规定："广告应当真实、合法，以健康的表现形式表达广告内容，符合社会主义精神文明建设和弘扬中华民族优秀传统文化的要求。"《广告法》第四条规定："广告不得含有虚假的内容，不得欺骗和误导消费者。"

（2）广告宣传的基本准则。这是指广告法律、法规规定的广告内容和形式应当符合的基本要求。我国的《广告法》从广告的内容和形式两个方面，对广告内容的导向、广告禁止的内容、广告的可识别性、广告内容的组织等做了明确的规定。

2. 对特殊广告主的法律准则

有些商品与人民健康和生命密切相关，如药品、医疗器械、农药、烟草、食品、化妆品、保健品等特殊商品，以及其他法律、行政法规中规定的应当进行特殊管理的商品。对这些特殊商品，广告法规中一般有比较明确的特殊规定（具体规定请查阅《中华人民共和国广告法》）。

3. 重点防范领域的法律准则

新版《广告法》增加了近年来广告宣传问题比较突出的几个重点领域，如保健食品广告、母婴食品广告、教育培训广告、招商广告、房地产广告、农林草种子和畜水产苗种广告等。另外，进一步完善了广告代言制度，尤其对明星代言和未成年人代言进行了严格规定。

11.2.2 对广告行为规范的法规管理

1. 关于广告经营者和广告发布者的规定

申请经营广告业务的企业，除了符合《公司法》《公司登记管理条例》《企业法人登记条例》及有关规定，还要具有特殊的业务专项条件。根据广告经营业务的不同，广告公司应当具备的条件又有不同的规定。

广告发布者是指为广告主或者广告主委托的广告经营者发布广告的自然人、法人或者其他组织。广播电台、电视台、报刊出版单位从事广告发布业务的，应当设有专门从事广告业务的机构，配备必要的人员，具有与发布广告相适应的场所、设备，并向县级以上地方工商行政管理部门办理广告发布登记。

广告经营者、广告发布者依据法律、行政法规查验有关证明文件，核对广告内容。对内容不符或者证明文件不全的广告，广告经营者不得提供设计、制作、代理服务，广告发布者不得发布。广告经营者、广告发布者应当按照国家有关规定，建立、健全广告业务的承接登记、审核、档案管理制度。广告经营者、广告发布者要公布其收费标准和收费办法。广告发布者向广告主、广告经营者提供的覆盖率、收视率、点击率、发行量等资料应当真实。

2. 关于广告代言人的规定

广告代言人是指广告主以外的,在广告中以自己的名义或者形象对商品、服务做推荐、证明的自然人、法人或者其他组织。广告代言人在广告中对商品、服务做推荐、证明,应当依据事实,符合本法和有关法律、行政法规规定,并不得为其未使用过的商品或者未接受过的服务做推荐、证明。不得利用不满十周岁的未成年人作为广告代言人。对在虚假广告中做推荐、证明受到行政处罚未满三年的自然人、法人或者其他组织,不得利用其作为广告代言人。

3. 关于户外广告活动规范

我国《广告法》规定,有下列情形之一的,不得设置户外广告:利用交通安全设施、交通标志的;影响市政公共设施、交通安全设施、交通标志、消防设施、消防安全标志使用的;妨碍生产或者人民生活,损害市容市貌的;在国家机关、文物保护单位、风景名胜区等的建筑控制地带,或者县级以上地方人民政府禁止设置户外广告的区域设置的。户外广告的设置规划和管理方法,应当由当地县级以上地方人民政府组织有关部门加强对利用户外场所、空间、设施等发布户外广告的监督管理,制定户外广告设置规划和安全要求。

4. 关于网络广告活动规范

新版《广告法》专门增加了对网络广告活动的规范。如利用互联网从事广告活动,适用《广告法》的各项规定。利用互联网发布、发送广告,不得影响用户正常使用网络。在互联网页面以弹出等形式发布的广告,应当显著标明关闭标志,确保一键关闭。公共场所的管理者或者电信业务经营者、互联网信息服务提供者对其明知或者应知的利用其场所或者信息传输、发布平台发送、发布违法广告的,应当予以制止。

11.2.3 对广告监督的法规管理

《广告法》第四十六条至第五十四条专门就广告的监督管理进行了规定。

第一,关于广告审查。广告主申请广告审查,应当依照法律、行政法规向广告审查机关提交有关证明文件。广告审查机关应当依照法律、行政法规规定做出审查决定,并应当将审查批准文件抄送同级工商行政管理部门。广告审查机关应当及时向社会公布批准的广告。任何单位或者个人不得伪造、变造或者转让广告审查批准文件。

第二,关于工商行政管理部门履行广告监督管理职责。对涉嫌从事违法广告活动的场所实施现场检查;询问涉嫌违法当事人或者其法定代表人、主要负责人和其他有关人员,对有关单位或者个人进行调查;要求涉嫌违法当事人限期提供有关证明文件;查阅、复制与涉嫌违法广告有关的合同、票据、账簿、广告作品和其他有关资料;查封、扣押与涉嫌违法广告直接相关的广告物品、经营工具、设备等财物;责令暂停发布可能造成严重后果的涉嫌违法广告;法律、行政法规规定的其他职权。

11.2.4 对广告责任的法规管理

广告违法行为是指广告主、广告经营者、广告发布者违反《中华人民共和国广告法》和有关法律、法规的行为。在广告活动中,凡是违反了上述有关法律、法规的,必须承担相应的法律责任,接受相应的处罚,直至刑事制裁。新版《广告法》加大了广告的处罚力度,如 1995 版《广告法》规定对违法广告一般是按照广告费的 1 倍以上 5 倍以下进行处罚,新版《广告法》调整为 3 倍以上 5 倍以下处罚,如果两年内有 3 次以上违法行为或者有其他严重情节的,处广告费用 5 倍以上 10 倍以下的罚款,广告费用无法计算或者明显偏低的,处 100 万元以上 200 万元以下的罚款,可以吊销营业执照,并由广告审查机关撤销广告审查批准文件、一年内不受理其广告审查申请。

《广告法》对广告活动中的各种违法行为规定了严格的法律责任,主要有以下 3 个方面:第一,民事责任,虚假广告对消费者的侵权行为及其他侵权行为应承担的民事责任。第二,行政责任,广告当事人违反《广告法》应当承担的行政责任主要有两个方面:行政处罚和行政处分。第三,刑事责任,对违反《广告法》关于广告内容的基本要求及广告禁止的情形,伪造、变造广告审查决定文件,以及广告监督管理机关和广告审查机关工作人员的渎职行为构成犯罪的,按规定依法追究刑事责任。(具体规定可参考新版《广告法》第五十五条至第七十条内容。)

11.3 广告行业自律管理

11.3.1 广告行业自律的含义及特点

1. 广告行业自律的含义

所谓广告行业自律,就是指广告主、广告经营者和广告发布者自发成立的民间性行业组织,通过自行指定的广告行业自律章程、制度、工作守则、职责公约和会员守则等,对自身从事的广告活动进行自我约束、自我限制、自我协调和自我管理,使自己的行为符合国家的法律法规和职业道德、社会公德的要求。建立广告行业规范、实行广告行业自律,是广告业组织与管理的重要内容。

2. 广告行业自律的特点

(1) 自发性。广告行业自律的自发性表现在广告行业组织不是政府的行政命令和强制行为的结果,而是由广告主、广告经营者和广告发布者自发成立的;广告行业组织用以自我管理的依据——广告行业自律规则,是由广告主、广告经营者、广告发布者和广告行业组织共同商议自行制定的,体现出广告行业的共同愿望。

(2) 自愿性。遵守行业规范、实行行业自律,是广告活动参加者自愿的行为,不需要也没有任何组织和个人的强制,更不像法律、法规那样,由国家的强制力保证实施。他们一般是在自愿的基础上组成行业组织,指定组织章程和共同遵守的行为准则,目的是通过维护行业整体的利益来维护各自应得的利益。所以,行业自律主要依靠参加者的信念,即社会和行业同人的舆论监督作用来实现,违反者也主要依靠舆论的谴责予以惩戒。

(3) 广泛性。广告行业自律调整的范围比法律法规调整的范围更加广泛。广告活动涉及面广,而且处于不断发展变化之中,广告法律法规不可能把广告活动的方方面面都规定得十分具体,而行业规范可以做到这一点,它不仅在法律规范的范围内,而且在法律没有规范的地方也能发挥其约束作用。

(4) 灵活性。广告法律、法规的制定、修改和矫正,需要经过严格的法定程序,而行业规范等自律规章、准则只要经过组织参加人的大多数同意即可修改、补充，便于按发展情况随时制定或改进新形式的规范，使参加者遵照执行。

▶▶ 11.3.2 广告行业自律组织规范

广告行业自律组织一般包括广告主协会、广告公司协会和广告媒介协会等。中国广告协会成立于1983年12月27日，是中国广告界的行业组织。中国广告协会于1990年制定了《广告行业自律规则》，对广告应当遵循的基本原则，广告主、广告经营者、广告媒介在广告活动中应体现的道德水准，做出了相应的规定。国际广告协会于1983年创立，是目前世界上最大和最具权威的广告行业组织。

1. 广告主自律

生产、销售产品的企业、公司为避免在其广告活动中与政府管理机构产生矛盾，并体现其对社会负责、对消费者负责的态度，一般都在广告活动中建立审查和评价制度。企业广告代理商制作的广告稿或通过其他方式获取、掌握的数据资料都需要提交到相关单位的研究制作部，进行分析评判后，再送交法律部审批，才能通过。为了能更有效地建立起这类自审制度，交流经验和接受指导，同时为了维护自身的利益，不少国家的企业、公司都成立了广告主协会，如美国全国广告主协会几乎吸纳了全国所有大企业作为会员，每年的广告费支出占全美广告费80%的200家企业都参与了该协会的活动。该协会代表广告主的利益，为广告主提供各类信息，进行广告业务培训，并介绍各种审查机构。

2. 广告经营组织自律

我国广告业界的自律组织是不断发展的，如我国成立较早的中国广告协会、中国广告联合总公司和中国对外经济贸易广告协会等组织在国家工商行政管理局的指导下，对全国广告行业进行指导、协调、咨询、服务等活动。各省市还相继成立了一些地区性广告行业组织、媒介协会组织等，在各地进行一些协调工作。中国广告协会是最主要的行业自律组织，它下设各种专业工作委员会，并设立了地方协会，形成了全国性的自律组织网络（见图11-1）。

中国广告协会于1983年12月在北京正式成立，它是全国广告经营单位联合组织的行业组织，是具有法人资格的社会团体。中国广告协会按照国际有关方针、政策和法规对全国广告宣传与经营进行指导、协调、咨询、服务，协助政府进行行业管理，并接受国家工商行政管理局的领导。

从目前看，我国广告行业组织在行业自律管理方面的功能尚未完全、充分发挥出来，因此，今后我国广告行业各级组织、团体都应强化自身的功能作用，在对广告业进行指导、制定自律准则、配合政府维护行业竞争秩序、制裁不良广告行为、提高广告业整体服务水平等方面发挥更重要的作用。

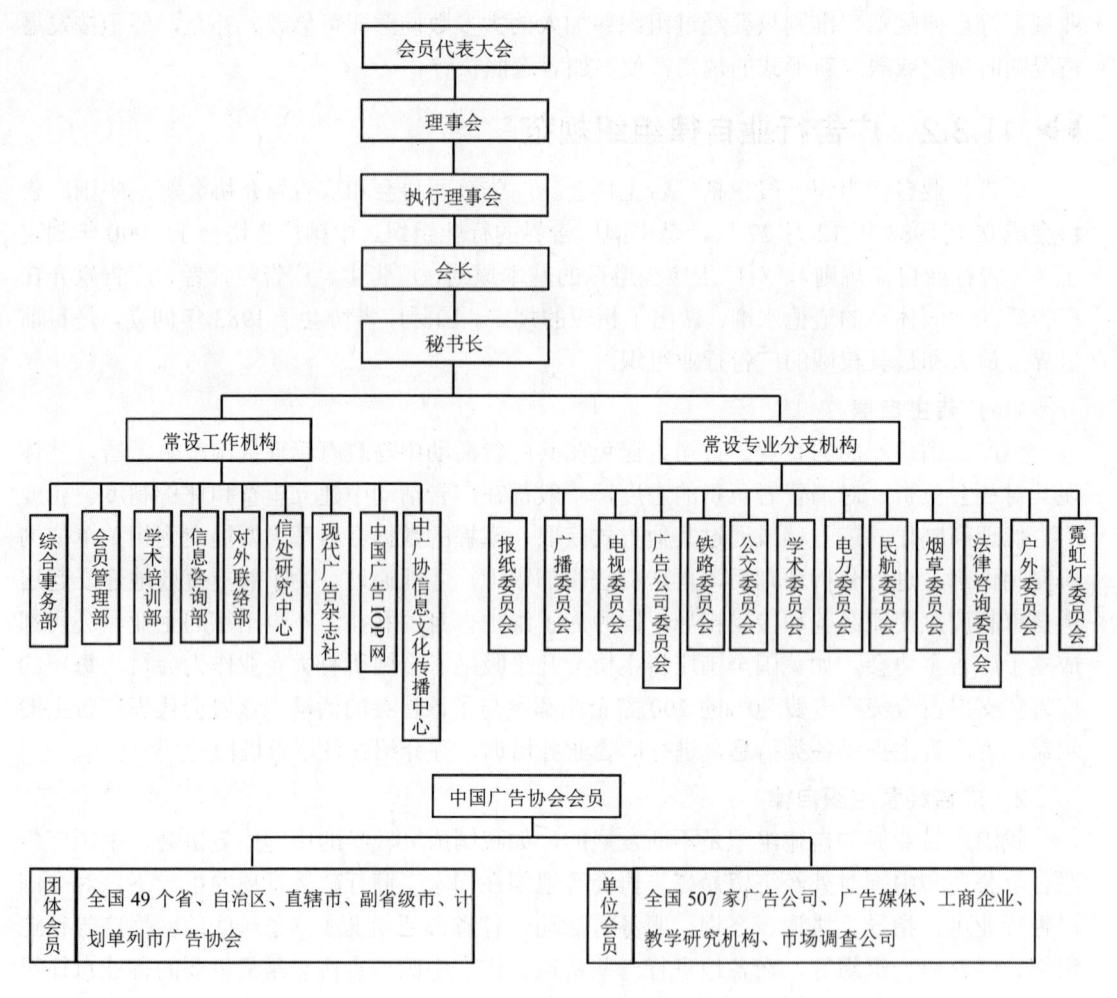

```
                        ┌──────────────┐
                        │  会员代表大会  │
                        └──────┬───────┘
                        ┌──────┴───────┐
                        │    理事会     │
                        └──────┬───────┘
                        ┌──────┴───────┐
                        │   执行理事会   │
                        └──────┬───────┘
                        ┌──────┴───────┐
                        │     会长      │
                        └──────┬───────┘
                        ┌──────┴───────┐
                        │    秘书长     │
                        └──────┬───────┘
```

                    常设工作机构 | 常设专业分支机构

常设工作机构下设：综合事务部、会员管理部、学术培训部、信息咨询部、对外联络部、信处研究中心、现代广告杂志社、中国广告IOP网、中广协信息文化传播中心

常设专业分支机构下设：报纸委员会、广播委员会、电视委员会、广告公司委员会、铁路委员会、公交委员会、学术委员会、电力委员会、民航委员会、烟草委员会、法律咨询委员会、户外委员会、霓虹灯委员会

中国广告协会会员：
- 团体会员：全国49个省、自治区、直辖市、副省级市、计划单列市广告协会
- 单位会员：全国507家广告公司、广告媒体、工商企业、教学研究机构、市场调查公司

图 11-1　中国广告协会管理结构及会员

3．广告媒介自律

媒体的主要功能是传递信息和监督社会，实际上行使的是表达自由权。鉴于表达自由的重要性，政府对媒体的管制应当有严格的限制，这已成为世界各国的普遍共识。尽管出于国家安全、司法公正、公共道德、公民的名誉权、隐私权等原因，媒体的活动受到一定的限制，但总体来说，对于媒体的表达自由，政府应当实行"保护为主，限制为辅"的原则。因此，媒体通常享有较大的活动空间，尤其是对新兴媒体，政府管制的范围更为有限。因此，加强媒体的自律是防止和消除新闻腐败，恢复和提升媒体公信力，保证媒体传递的信息客观、真实、全面的一项重要措施，是赢得公众、赢得市场的重要途径，具有极强的现实意义。

第 11 章 广告管理

> **相关链接**
>
> **最为成功且广为借鉴的英国广告行业自律体系**
>
> 英国广告标准局（Advertising Standards Authority，ASA）的首要目标是确保所有在英国播放的非广播广告都合法、得体、诚实和真实。ASA 不处理来自竞争对手的投诉，这些投诉相应地由广告实践委员会（Committee on Advertising Practice，CAP）负责。CAP 由 23 名广告组织的代表组成，包括广告主、广告中介和各种媒体。ASA 和 CAP 在伦敦拥有共同的秘书处，该组织由 60 名工作人员和 1 名执行总裁组成。英国广告行业对于广告标准局条例的服从体现出明显的非强制性。如果一个广告违背了标准，相应的广告主便会被要求改换或撤销广告。如果该要求未能达成，最终将由市场贸易局根据误导性广告管理条例对其提起诉讼。在现实案例中，这种终极的处罚很少使用。英国的广告行业自律体系特别关注外部成员在理事会的参与。ASA 由 12 名成员组成，其中 2/3 的成员是完全中立的，其他的 1/3 来自广告行业。英国的广告自律体系建立在公开性的基础上，即"它的有效性要为人所知"。这样，英国既拥有欧洲最快的广告增长速度，又拥有世界上最为发达和有效的广告自律方案，成为世界上许多国家广告自律体系建设的榜样。

11.4 广告社会监督管理

广告的社会监督是指人民群众通过某些社会组织和社会团体、舆论机关、各种群众自治组织或公民，自行对广告活动各个方面进行的监督，包括消费者监督、新闻舆论监督等。

11.4.1 消费者监督

消费者监督是指通过消费者组织行使的监督，是消费者组织从保护消费者利益出发，依照国家广告管理的法律法规，对广告进行日常监督，向有关部门举报与投诉违法或虚假广告。同时，针对广告活动中存在的问题，向有关管理部门提出立法请求与建议。其目的在于限制虚假或违法广告对消费者权益的侵害，以维护广大消费者的正当权益，确保广告市场健康有序发展。

1984 年 12 月中国消费者协会成立，标志着我国消费者运动的开端。中国消费者协会的宗旨是对商品和服务进行社会监督，保护消费者的利益；指导广大群众的消费，促进社会主义市场经济的发展。以后，各级地方性消费者组织纷纷建立起来，现在全国县级以上的消费者组织就有两万多个，工商企业建立的各种监督站一万多个，形成了一个全国性的消费者组织网络。

通过消费者组织实行的广告社会监督有如下 4 个特点。

1. 监督主体的广泛性

广告主的商品或服务信息通过一定的大众传播媒介发布出来，就要受到广大受众的全

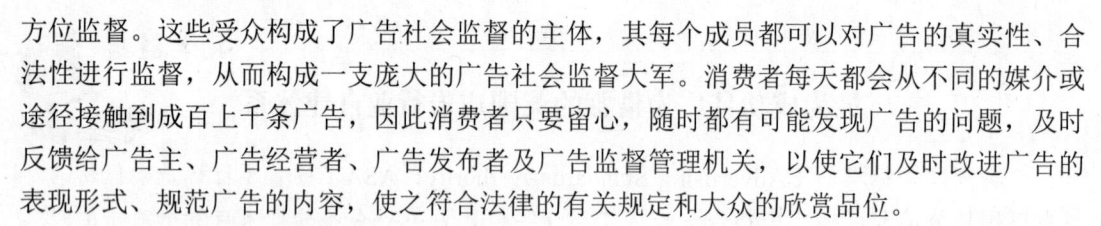

方位监督。这些受众构成了广告社会监督的主体，其每个成员都可以对广告的真实性、合法性进行监督，从而构成一支庞大的广告社会监督大军。消费者每天都会从不同的媒介或途径接触到成百上千条广告，因此消费者只要留心，随时都有可能发现广告的问题，及时反馈给广告主、广告经营者、广告发布者及广告监督管理机关，以使它们及时改进广告的表现形式、规范广告的内容，使之符合法律的有关规定和大众的欣赏品位。

2．监督组织的"官意民办"性

在西方，广告社会监督组织，即各种消费者保护组织，都是自发成立的，代表消费者的利益，在社会上扮演着"消费者斗士"的角色，几乎不带任何官方色彩。我国各级消费者协会更多地带有"官意民办"的性质。这种"官意民办"性质决定了广告社会监督组织具有双重使命，既要在一定程度上体现官方意志，又要体现消费者意志，保护广大消费者的合法权益。

3．监督行为的自发性

广告受众依法对广告进行监督，这并非广告管理机关和广告社会监督组织的指令所致，而是一种完全自发和自愿的行为。在此过程中，几乎不存在任何的行政命令和行政干预。广告受众这种自发行为主要来自：第一，广告受众对自己接受真实广告信息的权利加强了认识；第二，广告受众保护自身合法权益的意识提高。这一切皆取决于人的素质的提高和广告受众自我保护意识的加强。因此，社会越发展，其文明程度越高，人的素质越高，广告受众的自我保护意识越强，对广告的监督行为也就越自觉。

4．监督的无形权威性

广告主发布广告，向社会公众传递商品和劳务信息，使潜在的购买欲望发展成现实的购买行为，但社会公众是否愿意接受广告信息，是否能够产生购买欲望和发生购买行为，主动权在广告受众。广告信息是否真实，广告主的承诺是否可信，将直接影响广告受众对它的认可与接受，并决定其购买愿望和行为的产生。因此，以广告受众为主的广告社会监督主体对广告的监督结果具有一种无形权威性。

美国是世界上最早开展消费者权益保护运动的国家，美国消费者监督广告活动的最主要团体是商务改善协会（Better Business Bureau，BBB），其前身是全国广告监督委员会，1915年改为现名，拥有130多个地方商务改善协会，接受消费者的诉愿和质询，提供详细解答，调查虚伪与欺骗性广告并予以揭发，保护消费者利益。1970年8月，全国商务改善协会和国际商务改善协会合并，成立了商务改善协会，除了对广告业和广告主进行监督，还对国家的广告管理提出建议。美国消费者同盟是美国消费者最大的组织，它们除了进行经常性的商品比较试验，将试验结果向消费者公布，以便消费者购买商品时识别，还设立了最差广告奖，每年评选一次。

在各个国家都注意"广告净化运动"的同时，国际性的民间组织也加大了自律的力度。国际消费者联合协会（International Organization Consumers Union，IOCU）是各国消费者的国际机构，成立于1960年，拥有120多个会员机构，分布在50多个国家和地区，总部设在荷兰海牙。国际消费者联合协会的任务是交流各国消费者工作情况；协助建立新的消费者组织；向联合国等国际性组织陈述消费者的利益；监督多国公司。

11.4.2　新闻舆论监督

传媒作为社会公器，理应承担起"社会守望者"的角色。在新闻传播实践中，传媒在引导舆论、监督舆论等方面也发挥了十分重要的作用。众所周知，在社会生活中，企业运作、消费者消费都是以信息的及时反馈为前提的，而舆论实际上也是一种信息反馈。舆论监督是公众在了解情况的基础上，通过传播媒介行使法律赋予的监督权利，表达舆论影响公共决策和社会行为的一种社会现象。有些严重的虚假广告案件，是通过媒体曝光才在更大范围内引起消费者关注的，同时引起有关部门的重视，所以媒介的监督力不可低估。随着大众传播事业的发展，新闻舆论的社会作用越来越重要，它在揭露虚假广告、促进广告健康发展方面，有着极其重要的作用。尤其是当它与消费者协会联合起来后，对广告的监督作用就更加强大。

我国《广告行业公平竞争自律守则》中明确规定，违反广告业公平竞争自律守则情节严重或坚持不改的，由中国广告协会在公开出版物上曝光。因此，对广告信息受众投诉的虚假或违法广告，最常见的做法是通过一定的社会监督组织，向新闻传媒进行发布，然后再由新闻传媒对其进行曝光，借助社会舆论的力量，防止虚假或违法广告的出现和蔓延。现在每年3月开展的"3·15维护消费者权益活动"更给打假扫劣增添了声势。消费者监督与新闻舆论机关结合起来，使广告的全面管理得以落实，保证社会监督和管理更实在、更有效。

11.5　广告伦理

广告伦理是指与广告活动有关的伦理现象，它包括两方面的含义：一是与广告和广告活动有关的伦理因素，二是广告与伦理的关系。前者是指广告中的伦理观念、道德准则、文化观、审美观、人生观、价值观等；后者是指广告与伦理的"反映关系""制约关系""利用关系"及"引导和催化关系"等。

11.5.1　广告职业的伦理规范

伦理规范是要求人们遵循的行为准则，是人们的道德行为和伦理关系普遍规律的反映，是一定社会或阶级对人们行为的基本要求的概括，是人们的社会关系在道德生活中的体现。在目前广告伦理失范现象日益严重的情况下，伦理规范对于正确发挥广告的商业功能、社会功能和促进社会主义精神文明建设的功能显得尤其重要。

我国广告职业伦理规范主要有以下5个方面内容。

1. 以诚为本，真实可信

广告遵守以诚为本、真实可信的道德原则，不仅是市场经济内在的道德要求，也是广告业健康发展的根本保障。

2. 公平竞争，保持廉洁

我国处于转型期，市场经济运行机制中还存在很多薄弱环节，这就为不公平、不道德的广告行为提供了温床。所以，强调广告职业要公平竞争，保持廉洁。竞争活动必须遵循等价交换、平等交易等市场经济的内在要求，反对歧视性的不公平竞争。

3. 文明向上，净化风气

广告是一种经济现象，也是一种文化现象。因此，广告的品质健康、格调向上成为现代广告所倡导的时代精神和道德要求。

4. 爱国爱民，自尊自重

广告中的国民意识和民族情节常常引发广告的文化争端。因此，在涉外广告活动与国际广告交流中，要保持我们不卑不亢的行为风范，既增进与各国人民之间的交流与了解，尊重他国的文化传统，促进对外合作与交流，又要传播我国优秀的文化成果与科学技术，维护我国各民族的尊严，禁止崇洋媚外，禁止有损于我们民族形象的广告表现形式出现。

5. 遵纪守法，正人正己

法律是最基本的道德规范，也是广告业健康发展、合理配置的最基本保障。广告从业者的任何广告行为都必须在法律允许的范围内进行，广告创作要坚持创新，尊重版权，不得抄袭他人创意，不得侵犯公民的肖像权。广告主应坚持广告的代理制，不委托未取得广告经营权的单位代理广告活动。在广告活动中，各方应自觉签订合同，并严格执行合同条款，坚持重合同、守信用。

▶▶ 11.5.2 广告伦理缺失的界定

1. 背离诚信经营原则

在市场经济中，诚信原则通过人们的道德自律和市场对机会主义行为的谴责来减少交易成本，所以，市场经济也是一种诚信经济。在当今的传播环境中，诚信经营也必然成为广告传播中最基本的伦理要求，有无背离诚信经营原则是界定广告伦理缺失的首要因素。

2. 背离公平竞争原则

亚里士多德认为，公平就是按比例报答：如果商品之间有了比例的均等，互惠的行为就会发生，否则交换就是不平等的，也是不能进行的。从我国广告业的情况来看，"作为公平的正义"问题已成为现实问题。各广告主之间的机会与获取市场利益的不均等、各广告公司之间的不公平竞争、各广告媒体之间占据的媒介资源的不公平等，已成为不争的事实。广告业要能得到健康发展，必须遵循公平竞争原则。因此，公平竞争原则是评价广告伦理缺失的重要标准。

3. 背离行业属性原则

广告既是一门科学，又是一门艺术。一则优秀的广告既要做到能准确地广而告之，又要做到思想性和艺术性并重，才能完美地体现广告的行业属性。就思想性而言，是指广告传播应以"善"作为广告宣传的出发点和归宿点，有利于社会精神文明和政治文明建设；就艺术性而言，是指在广告宣传活动中必须应用艺术的手法，去表述和传递信息，从而增强广告的宣传效果。如一些广告手段单调，缺乏艺术性，高频度重复刊播，丝毫不顾及受众的感受，这些广告就明显偏离了行业属性。

4. 背离生态友好原则

生态友好原则是现代生态伦理观念在广告传播活动中的具体体现，反映了人与社会协

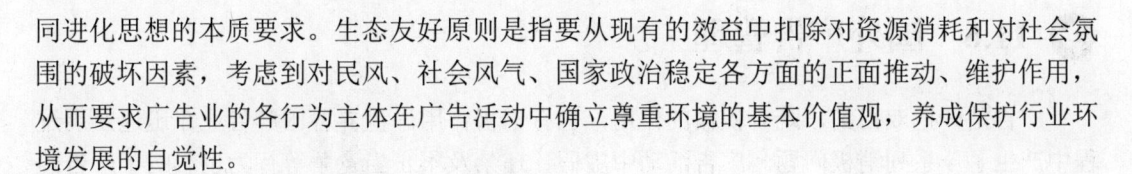

同进化思想的本质要求。生态友好原则是指要从现有的效益中扣除对资源消耗和对社会氛围的破坏因素，考虑到对民风、社会风气、国家政治稳定各方面的正面推动、维护作用，从而要求广告业的各行为主体在广告活动中确立尊重环境的基本价值观，养成保护行业环境发展的自觉性。

11.5.3 广告伦理的实现途径

1．广告的社会责任分配

所谓广告的社会责任，是指广告从业人员或组织在广告活动中，在处理有关自身的权利和义务关系时应当坚持的伦理观念、职业道德及社会行为规范。广告业发展水平如何，可以从其职业道德及社会行为的规范程度来衡量。

广告发挥什么样的社会责任就会体现相应的社会价值。新时期广告的社会责任发生了一定的变化，从整体上讲，广告的责任在于通过沟通信息和参与竞争搞活市场，创造经济效益；通过艺术感染形式繁荣文化，提高社会精神文明水平；通过信息传递实现政治渗透和影响。

2．开展全民道德教育

全民道德是公民在参与公共事务时所应持的适宜态度及表现出来的合理行为方式。在社会主义条件下，我国全民道德的要求就是以为人民服务为核心，以集体主义为原则，以爱祖国、爱人民、爱劳动、爱科学、爱社会主义为基本要求，以社会公德、职业道德、家庭美德为内容，以社会主义核心价值观为基本道德规范，构建社会主义和谐社会。

公民道德建设是一个系统工程，具有时代性。在新的历史条件下，我们要坚持以构建社会主义和谐社会为目标，推进社会主义公民道德建设。具体有3个着力点：一要以时代道德精神为共识，培育和谐的利益关系；二要以公民基本道德规范为着力点，培育和谐的人际关系；三要建立健全社会道德监督机制。

3．发挥公益广告的教化功能

公益广告是一种不以营利为目的的特殊广告，旨在引起公众对某些社会问题的关注，支持或倡导某种社会事业和社会风尚，促进社会进步。公益广告作为社会传媒文化教育中的重要形态，能够对社会公众起到教化功能，引导公众态度，规范社会行为，促进正确观念的形成和发展，培养社会公德，提升公众伦理水平，为社会主义精神文明建设服务。

过去，在我国，公益广告的制作和播出一直被忽略，分析其原因，主要是：广告主过分注重经济利益而忽视对公益广告的投入；一些企业即使做一些公益广告，其中也带有强烈的商业目的，失去了公益广告作用；大众媒体的逐利行为使公益广告的制作和播出的"质"和"量"都大打折扣。此外，从市场运作机制来看，政府介入公益广告较多，企业参与较少。

所以，要提高我国广告伦理水准，应该充分发挥公益广告的教化功能，政府要进一步加大对公益广告的投入力度，建立公益广告的专业组织机构，完善公益广告的规制，同时要培养消费者的关注意识和参与度，通过多种方式、多种途径，共同促进公益广告的发展。

11.6 国外广告管理

广告是一把双刃剑,既有积极的作用,也有消极作用。世界各国广告业在迅速发展过程中产生了一系列消极问题。广告活动中虚假、违禁及不正当竞争等行为也影响了广告的声誉,通过各国都努力加强广告立法及相关监督,致力于广告行业健康良性发展。

11.6.1 国外广告管理概述

国际上最早的户外广告管理出现在公元前 79 年的古罗马,当时古罗马严禁街头乱竖广告牌,只准在墙上做广告,也就是墙面广告。国际上最早的叫卖广告管理出现在 1142 年的法国,当时法国国王路易七世对酒商吆喝的广告制定了《叫卖法则》。20 世纪初,美国联邦政府颁布了印刷品广告法案,也就是美国纽约州于 1911 年制定的《普令泰因克广告法案》,它是美国历史上第一个广告管理法律,1913 美国还制定了《联邦贸易委员会法案》,对贸易中商业广告从正当竞争方面加以规范。《普令泰因克广告法案》于 1945 年修订为全国性《广告法》,被视为国际广告立法发展史上的里程碑。

英国 1907 年制定了《广告法》,是广告立法史上最早的比较完整的广告法,并于 1968 年制定了《交易表示法》等,对广告活动进行规范。日本为了防止不正当竞争,对广告进行了严格的政府管理,并制定了有关的法规,1940 年日本广告联盟制定了《日本广告律令》《广告伦理纲领》,1962 年制定了《广告取缔法》,1975 年制定了《不正当竞争防止法》,还制定了《户外广告法》,没有专门的《广告法》。法国制定了《限制诱惑销售以及欺骗性广告法》。世界上广告立法的先驱及活跃的国家有美、日、英等国。美国广告法规多,且较健全,除了全国性的法,还有州立法规。因此,美国广告立法的经验是世界各国值得借鉴的。

11.6.2 欧盟广告管理

欧洲联盟(European Union,EU)简称欧盟,是由欧洲共同体(European Communities)发展而来的,是一个集政治实体和经济实体于一身、当今世界上经济实力最强、区域一体化程度最高的国家联合体。

1. 广告管理组织

20 世纪末期,欧盟的形成使得欧洲国家的广告管理逐渐统一,1992 年设立了欧洲广告标准联盟,设在布鲁塞尔,是一个非营利性组织,对欧洲的广告具有监督、推动功能。欧洲广告标准联盟下有 12 个行业协会,这 12 个协会分别代表了广告主、广告公司和媒体的利益。欧洲广告标准联盟的宗旨是促使成员国的商品和服务平等、确保消费者免受虚假和误导广告的伤害。欧盟在 1984 年规定,明令商业广告不得误导消费者。2007 年 12 月 12 日生效的《不公平商业行为指令》在成员国陆续实施,涵盖并取代了早先的《误导广告和比较广告指令》。

2. 广告立法及管理

欧盟的广告管理规定和指导文件对成员国有约束力,甚至有的成员国完全依据欧盟的法规,没有单独的立法和规定。1992 年,欧盟国家成立欧洲广告标准联盟。1999 年颁布了《广告自律指导》,作为成员国和协会广告管理的指导。此外,欧共体(欧盟前身)在 1989

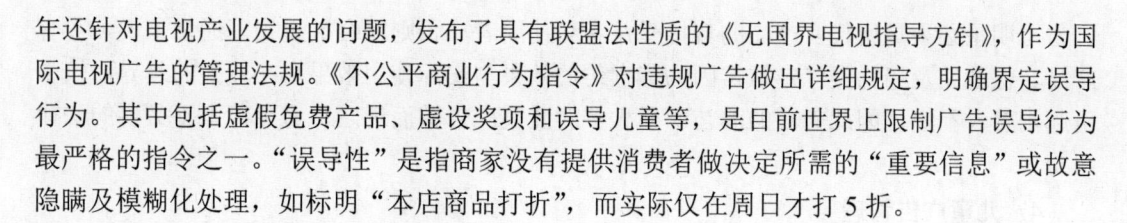

年还针对电视产业发展的问题，发布了具有联盟法性质的《无国界电视指导方针》，作为国际电视广告的管理法规。《不公平商业行为指令》对违规广告做出详细规定，明确界定误导行为。其中包括虚假免费产品、虚设奖项和误导儿童等，是目前世界上限制广告误导行为最严格的指令之一。"误导性"是指商家没有提供消费者做决定所需的"重要信息"或故意隐瞒及模糊化处理，如标明"本店商品打折"，而实际仅在周日才打 5 折。

11.6.3 美国广告管理

1. 重点监管虚假不实广告和不公平广告

美国把判定广告是否虚假的权利交给消费者，并由专业部门裁定。凡符合以下条件的广告视为虚假广告。

（1）不管广告本身是否真正虚假，只要广告的内容产生误导消费者，造成消费者认知错误的结果，就判定为广告虚假。

（2）判定广告虚假，不同的对象在合理的判断标准上会有所不同。一般合理的消费大众会相信广告内容为真。在判断一般合理的消费大众时，应考虑该广告是否针对老人、儿童等特定对象。如果是针对老人、儿童等特定对象的，那么，判定广告虚假标准比针对其他成年人为对象的广告标准更为简单。

（3）广告向消费者诉求表述的重点内容为考量广告中虚伪成分的重点。这些重点包括涉及产品质量、效果、耐用度、保证及有关健康、安全等方面的表述。还包括经营商品明示或有意暗示的表述。

以上三点是评判虚假广告的条件及标准。如果一则广告内容虚假夸张，但不会使消费者产生误信，这就不属于虚假广告。这被认为只是有利于广告创意及艺术夸张表现手法的运用。

2. 电视广告从严管理

（1）发布时段、时间限制规定。电视网及电视台，在黄金时段，60 分钟节目广告不得超过 9 分 30 秒。其他时间（非黄金时间），60 分钟节目广告不得超过 16 分钟。电视广告插播，在黄金时间或主要时间，30 分钟节目内广告插播不得超过两次。每 60 分钟节目广告插播不得超过 4 次。如节目每增加 30 分钟，可增加广告插播两次。不论是黄金时段还是其他时间，5 分钟节目限插播广告一次；10 分钟节目限插播广告二次；15 分钟节目限插播广告三次；一次插播中，不得安排四则以上广告连续播放；在两个节目之间，不得一次安排三则以上的广告。但节目如是独家提供赞助的，为减少插播次数，可不受上述广告次数的限制。

（2）内容上限制规定。美国联邦通讯委员会对电视广告内容的播放也有具体规定。尤其强调广告必须真实。禁止播放具有危险性的商品广告，禁止儿童参加广告活动；广告片中禁止出现"饮酒"的形象；禁止播放用蒸馏法酿造而成的烈酒广告；禁止播放香烟广告；禁止播放算命、测字、摸骨、占星、看手相等不科学的广告。

3. 名人代言广告管理

在美国，演艺及体育明星充当企业或产品代言人的现象十分普遍，但法律纠纷少，这要归功于美国广告法规严格详尽，还有名人本人十分注重自己的形象。美国的形象代言人

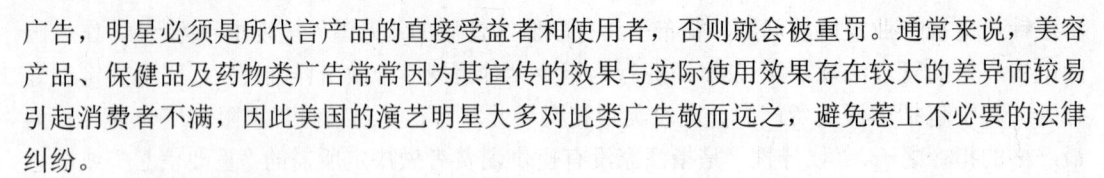

广告，明星必须是所代言产品的直接受益者和使用者，否则就会被重罚。通常来说，美容产品、保健品及药物类广告常常因为其宣传的效果与实际使用效果存在较大的差异而较易引起消费者不满，因此美国的演艺明星大多对此类广告敬而远之，避免惹上不必要的法律纠纷。

4．儿童广告管理

美国儿童肥胖问题严重，促使国家儿童广告审查机构重新审查其规定。美国儿童广告评审组负责监督及提前审查儿童广告，尽管遵守该规则是自觉自愿的，但忽略该法规要求的广告主也将冒被联邦贸易委员会指责的风险。美国儿童广告评审组将包括在线游戏、电视节目中的付费产品插入，以及在其他平台上授权卡通形象的应用更新规定。

5．烟草广告管理

《烟草控制框架公约》作为世界上第一个有关烟草控制的条约，是以控制烟草制造和消费为目的的，《烟草控制框架公约》中的大多数条款都是限制烟草产量和消费量的规定。各国政府都将禁止或限制大多数的广告、促销和赞助，是否直接或间接鼓励他人吸烟将成为主要判断标准。美国严格执行。

6．限制网络与电子邮件广告

美国部分州实施限制网络与电子邮件广告法律。美国密歇根州和犹他州的公司如果在网络广告中含有酒精制品、香烟、赌博、六合彩，或者在儿童电子邮件中出现色情图片，它们将面临严厉惩罚。即使电邮只推销 R 级电影（儿童可在父母陪伴下观看），也同样违反了新法律。

7．虚假广告的法律责任

在美国，对虚假广告的惩罚方式不仅多而且十分严厉，既要接受联邦贸易委员会的调查，又要被责令向竞争者道歉，还要受到严厉处罚，并且会被州总检察长起诉。如果被消费者集体诉讼的律师盯上，这家公司命运将更惨。

（1）民事责任。美国公民的诉讼意识十分强，消费者受到虚假不实、不公平广告侵害后，常常通过法院来解决。法院对虚假广告、不实广告和不公平广告的认定最具权威性。消费者可通过法院获得赔偿。

（2）刑事责任。违法制作发布不实广告，处 6 个月以下有期徒刑，单处或并处 5 000 美元以下罚金；再犯者可处一年以下有期徒刑，单处或并处 10 000 美元以下罚金。

（3）行政责任。美国联邦贸易委员会、通讯委员会有权要求广告主，广告公司停止播放违法广告并处以罚款，有权要求广告主、广告公司做更正广告，将事实告诉消费者。

8．更正广告管理

更正广告规定十分具体：从时间上，更正广告发布时间至少一年或与原虚假广告发布时间同等；从成本上，更正广告的成本不得少于原广告的 1/4；从内容上，更正广告必须针对原广告中虚假不实部分进行披露。

▶▶ 11.6.4 英国广告管理

英国管理广告的政府机构是独立广播局。英国在广告管理中作用最大的是广告行业自律组织。全国性广告自律组织广告标准局，是英国广告行业自律的最高机构。英国是一个禁止户外广告（包括车身）的国家，但允许比较广告。医疗广告发布前须由指定的医疗专家和一般医疗人员组成的医疗顾问小组征求意见。

11.6.5　法国广告管理

法国广告管理最大的特点是实行事前审查制度，未经审查机构批准的广告，任何媒体不得发布。广播电视广告审查机构是一个由政府、两家国营电视台、法国消费者协会、广告公司等集资组成的半官方组织。广告公司、广告客户和宣传媒介还组成各类专门的组织和各行业的联合机构，对广告进行自我监督和检查，有效地保证广告的整体质量。法国第三国家电视台中只有电视一台和电视二台可以做广告，广告不得在节目中连播，而且每天只能播 7 次共 15 分钟，电视一台、电视二台的商品广告必须经政府特别审核批准后方可播放。明星或偶像人物代言广告，如果代言了虚假广告，将遭受牢狱之灾。法国一位电视主持人吉尔贝就曾经因为做虚假广告而入狱，罪名是夸大产品的功效。

法国政府对违法广告的惩罚非常严厉。首先是重罚。法国的《商业手工业引导法》第 44 条规定，犯有"虚假广告罪"的当事人将被处 3 个月至 3 年的徒刑以及 3 000 法郎至 25 万法郎的罚金。其次是建立受害人保护制度。广告审查机构收到消费者的投诉，广告主的违法行为一旦确认，将追究广告主的责任，如果广告主承认错误，允许其改正。如果拒绝改正，广告审查机构通过法律程序解决。违法广告受害者有权向检察官控告，或者在刑事诉讼中以当事人身份参加诉讼。

11.6.6　日本广告管理

日本政府广告管理组织主要是日本公平贸易委员会。全国性广告组织主要有三个：最有影响的全日本广告联盟、日本广告业协会、日本广告客户协会（广告主协会）。全日本广告联盟制定的《全日本广告业协会广告伦理纲领》是广告界必须遵守的最高准则，要求广告重视品格，必须为建设光明、健康的生活做出贡献。不能使用暧昧语言。日本新闻协会制定了《日本报纸广告伦理纲领》。各广告协会、专业委员会和广告组织还制定有《公平竞争规约》《业界自治规则》《广告团体规则》《媒介体标准》等，成为一切广告经营单位和媒介单位共同遵守的公约。

11.6.7　加拿大广告管理

加拿大主要的广告行业自律组织及广告管理主要是依靠发达的行业自律。加拿大广告业自律组织主要是加拿大广告基金会。经费由广告主、传播媒介和广告公司提供，下设 4 个工作机构。在全国各地还有 6 个地方理事会，由工业界和公众自愿组成。地方理事会的主要职责是处理地方性的广告纠纷，对以 12 岁以下儿童为对象的广告和妇女用品电视广告进行监督。地方广告标准理事会接到广告书面控告后，予以调查，做出裁决。如果广告主拒绝服从裁决，理事会便通知传播媒介停止接受其广告。在实践中，广告主不服从理事会裁决的情况很少。儿童广告和妇女用品广告由理事会审查委员会负责审查，审查委员会由广告人、传播媒介、广告公司和公众组成，审查广告准予登（播）出，编号有效期一年。

加拿大政府对广告的管理主要是从制止不正当竞争、保护消费者利益的角度，制定和实施约束广告活动的法律。对一些特殊商品的广告、具有特殊诉求对象的广告实施具体管理。例如，加拿大政府规定，食品、药品和化妆品广告必须经过政府审查通过，才可以在电视台、电台播放。电视台、电台不准做烟酒广告，电视台、电台播放广告的时间量不得越过政府规定的限度等。

本章小结

- 广告管理分宏观管理和微观管理两个部分。宏观的广告管理主要是指国家、社会等对广告活动进行指导、控制和监督。微观的广告管理是指广告业的经营管理。我们在讨论广告管理的含义时，一般指广告的宏观管理。
- 广告管理的主体包括政府职能部门、广告行业组织和消费者组织，不同的主体在广告管理中发挥不同的作用，各主体的管理职能形成互补关系。
- 广告管理的意义：规范广告活动，保证广告业正常运行和健康发展；保护消费者合法权益，促进社会安定；保护合法企业的权益，维护正常的社会经济秩序；正确引导消费，促进社会主义精神文明建设。
- 广告管理的对象主要包括广告活动主体和广告活动自身两大部分。广告管理的途径主要包括法规管理、广告行业自律和社会监督三种。
- 广告法规管理是指工商行政管理部门和其他部门依据《中华人民共和国广告法》及其他政策、法规，对广告活动的参与者进行监督、检查、控制和协调、指导的过程。
- 广告行业自律是指广告主、广告经营者和广告发布者自发成立的民间性行业组织，通过自行指定的广告行业自律章程、制度、工作守则、职责公约和会员守则等，对自身从事的广告活动进行自我约束、自我限制、自我协调和自我管理，使自己的行为符合国家的法律法规和职业道德、社会公德的要求。建立广告行业规范、实行广告行业自律，是广告业组织与管理的重要内容。
- 广告的社会监督是指人民群众通过某些社会组织和社会团体、舆论机关、各种群众自治组织或公民，自行对广告活动各个方面进行的监督，包括消费者监督、新闻舆论监督等。
- 广告伦理是指与广告活动有关的伦理现象。我国广告职业伦理规范主要有以下几个方面：以诚为本，真实可信；公平竞争，保持廉洁；文明向上，净化风气；爱国爱民，自尊自重；遵纪守法，正人正己。广告伦理缺失主要从四个方面进行界定：是否背离诚信经营原则；是否背离公平竞争原则；是否背离行业属性原则；是否背离生态友好原则。广告伦理的实现途径主要有：广告的社会责任分配；开展全民道德教育；发挥公益广告的教化功能等。
- 国外广告管理最大的特点是偏重行业自律管理。在国际广告立法发展史上，美国是最早制定广告法的国家、英国是最早制定比较完整的广告法的国家。在立法方面，充分发挥行业组织作用，法律授权行业组织制定许多广告规范、准则、标准，并由全行业共同遵守。在日常管理体制方面，国外不少国家实行多元化、多层次广告管理，采取政府管理、广告行业自律和消费者组织监督相结合的方式，对广告活动进行全方位立体式管理。

专论11

非处方药的广告江湖

自"丁香医生"发长文揭露莎普爱思滴眼液存在虚假广告嫌疑后，莎普爱思一直处在各路媒体的揭黑风暴中。2017年12月16日，针对上交所问询函，莎普爱思发布了两万字的回复报告。"丁香医生"的文章，最重要的一点是，指出了一个眼科医生普遍知道而普通人不知道的常识：治疗白内障，要靠手术。根据腾讯较真平台的考证，很多老年人可能因为害怕手术，而选择药物治疗。这样一来，不仅花了冤枉钱，而且可能贻误最佳治疗时期。但是，在莎普爱思的多个广告中，均明示或暗示其滴眼液可治疗白内障。

关于虚假广告，莎普爱思称，经自查，公司广告符合药品广告审查发布的相关规定，公司发布的广告内容与药品监督管理部门审核批准的内容一致，未因广告发布受到行政处罚或被采取监管措施。关于疗效部分，莎普爱思称，公司于1995年完成Ⅱ期多中心临床试验，于1998年完成Ⅲ期多中心临床试验。Ⅱ期、Ⅲ期多中心临床结果显示，滴眼液对延缓老年性白内障的发展及改善或维持视力有一定的作用，总有效率分别为71.13%和73.73%。在药品的生产和销售环节，没有受到任何影响，滴眼液继续生产，销售也正常。

如果按照这个逻辑，广告没问题、疗效没问题、生产销售没问题，那么莎普爱思接下来要做的，应是起诉"丁香医生"和其他媒体。但并非如此，该公司表示，公司将以社会责任为前提，减少广告的投放量。既然广告没问题，疗效没问题，如果以社会责任为前提，为什么要减少广告投放量？应该让更多人知道这款棒棒的眼药水才对啊。

莎普爱思最开始是处方药，2004年12月，国家药监局批准将该款滴眼液转换为OTC（非处方）药物，该产品同时在药店与医院销售。根据澎湃新闻的报道，莎普爱思获得生产批件后，因早期白内障患者求诊率很低，在医院推广产品但"未达到预期效果"。此后，莎普爱思经批准后转为OTC药物，"通过各种方式向白内障患者进行教育和宣传是提高销量的关键"。

我们知道，处方药是不允许打广告的。非处方药就成了虚假广告的重灾区。在食药总局官网披露的一份《虚假广告目录》中，上榜的企业共有82家，其中因非处方药而上榜的企业达33家。

根据《法治周末》的梳理，排名前五、以非处方药产品经营为主的上市药企，近四年的广告与研发支出存在明显差距，并且广告费呈现逐年增长的趋势。其中，不少知名上市药企每年广告支出以"亿元"计算，研发支出用"万元"计。

非处方药的广告多到什么程度呢？以"每天两口，健康长寿"的鸿茅药酒为例（鸿茅药酒不是酒，也非保健品，而是一款非处方药），在药品广告备案中，鸿茅药酒广告备案数量多达1 169条。仅2017年，鸿茅药业就为鸿茅药酒申请了369条广告。遗憾的是，其广告曾被江苏、辽宁、山西、湖北等25个省市级食药监部门通报违法，违法次数达2 630次，被暂停销售数十次。

很多人以为，非处方药和处方药在审批时，严厉程度不一样，其实这是误会。审批都是一样严格的。松紧主要体现在广告上。处方药只能在医学、药学等专业刊物上介绍，而非处方药可以在大众媒体发布广告。通俗地说，处方药和非处方药都是一个口子进，但出去的方式大相径庭。这就给非处方药施展拳脚提供了很大空间。

我们最经常关注的，是保健品类的虚假广告。可以这么说，非处方药的虚假广告一点也不比保健品的虚假广告少。但大众对保健品的虚假广告，已经心存很大警惕，而非处方药，毕竟属于"药"，没想到一个药品广告居然还能玩出这么多花招。

早在2012年，国家有关部门就放出消息，表示正在酝酿修改《药品广告审查办法》，修订方向是禁止非处方药在电视、报纸等大众媒体上发布广告。据称，时任国家药监局稽查分局副局长邢勇在一次座谈会上称，58.2%的OTC广告严重违法。

但是，5年过去了，这个改革方向一直被搁置，没有新的进展。最近，莎普爱思出事后，这个曾经的动议，又被翻了出来，不少媒体认为，就应该朝着这个方向努力，既然非处方药广告如此混乱，还不如和处方药一样，全面禁止。

如果站在药监部门的角度看，他们其实是乐意这样做的，理由很简单，这对于他们的部门利益无损，却可以少"背黑锅"了。比如，他们经常会强调，虽然对药品广告有审批、检查的权力，却没有对违法广告的处罚权，发现的违法药品广告只能按职责进行移送，由工商部门进行查处。非处方药的违法广告太多，他们根本监管不过来。

但是想一想啊，保健品广告出了问题，就提议禁播保健品广告，非处方药广告出了问题，就提出禁播非处方药广告，这个世界上还有广告吗？治理社会问题，也太容易了吧。非处方药本身兼有药品和消费品的双重属性，允许消费者自行选购。所以，就需要通过广告，知道有哪些非处方药及它们的作用是什么，否则会令消费者产生误解和推高获取信息的时间成本。简单说，取消非处方药广告会侵害消费者的知情权和选择权。

非处方药在日本，又叫家庭药。国人每次去日本抢购药物，抢的并不是国内买不到的"高精尖"药物，而是单价在几十元人民币的家庭药。抢购的原因，无外乎品质、安全和人性化等因素。日本，也是允许非处方药做广告的。

如果一刀切禁止国内非处方药做广告，那么这个本身发展就不完善的行业，必然会遭到致命一击，对整个产业链的摧毁作用不可小视，国内粗放式开发与生产药品的方式，还没来得及改变，可能就要早夭了。

（资料来源：腾讯网 作者：张德笔，内容有调整。）

问题理解

1. 广告管理的意义是什么？
2. 简述《广告法》中关于特殊商品的法律规定。
3. 广告行业自律的内容有哪些？
4. 广告社会监督的作用是什么？
5. 我国广告职业伦理规范的主要表现有哪些？

6. 简述广告伦理的实现途径。
7. 简述欧盟、美国、英国、日本、加拿大等国家的广告管理。
8. 阅读专论11，研究药品广告存在的问题与对策。

案例分析

资料1：很长一段时间内，瓜子二手车直卖网一直在官网、微信、手机App及各大网络平台广告中使用"遥遥领先""全国领先"等宣传用语，对此人人车很不开心。他们表示，瓜子网利用大量的虚假宣传广告内容误导二手车买家、卖家，使得不明真相的交易者认为瓜子网就是市场第一名，一家独大，而其他平台远远不如瓜子网。此举属于虚假宣传，并且严重削弱了人人车的竞争优势。于是，人人车以不正当竞争为由将瓜子网诉至法院，索赔1亿元。不久前，海淀区人民法院下发诉前临时禁令，裁定瓜子二手车即日起停止使用"遥遥领先""全国领先"等宣传用语。瓜子网不甘示弱，公开表示：目前该案尚未开庭，相信自己的权益最终会得到法律的保护。对于该临时裁定书对瓜子二手车造成的损失，瓜子二手车将采取必要的法律措施追责到底。

资料2：2016年下半年，深圳地产界开始对房地产广告进行严格管理，并明确新房地产广告"9不得"：① 不得含有升值或者投资回报的承诺；② 不得以项目到达某一具体参照物的所需时间表示项目位置；③ 不得对规划或者建设中的交通、商业、文化教育设施及其他市政条件做误导宣传；④ 预售房地产，但未取得该项目预售许可证的不得发布房地产广告；⑤ 不得含有风水、占卜等封建迷信内容，对项目情况进行的说明、渲染，不得有悖社会良好风尚；⑥ 房地产广告中不得出现融资或者变相融资的内容；⑦ 房地产广告中不得含有广告主能够为入住者办理户口、就业、升学等事项的承诺；⑧ 不得使用"国家级""最高级""最佳"等用语；⑨ 预售、预租商品房广告，不得涉及装修装饰内容。

思考题：
1. 结合《广告法》的有关规定，对瓜子二手车直卖网的广告进行评价。
2. 对照《广告法》及深圳地产界管理要求，对当地房地产广告开展实地调查，并整理房地产广告传播存在的问题。

调查研究

1. 调研主题：广告失范状况调查。
2. 调研内容：选择某类产品，收集该类产品广告，对照相关的广告法规和条例，梳理广告传播中失范的表现形式，并思考应对策略。
3. 调研要求：将班级分成若干小组进行调研，调研成果为调研报告，各小组可以将调研内容和报告制作成PPT进行汇报和交流。
4. 调研评价：根据调研报告的内容质量和成果汇报交流质量进行评价。

第 12 章　新媒体广告传播

📎 **引导案例**

微博的社会化营销传播

　　2 小时 1 000 万次转发！王思聪用一条微博掀起全民狂欢。王思聪在 2018 年 11 月 6 日 20:09 发了一条新浪微博,微博内容:"为庆祝 IG 夺冠,我也搞个冠军之月庆祝活动,本月我会抽四波奖。今天第一波,转发/评论/点赞中抽取 113 人(庆祝 11 月 3 日这个 IG 夺冠日)每个人 10 000 元现金。11 月 11 号开奖。"两小时不到,该抽奖微博转发量直冲 1 000 万次!微博话题#王思聪抽奖#阅读量超 1 亿次,持续霸屏热搜话题榜!王思聪个人粉丝量从活动前的 1 610 万人,涨到目前的 4 440 万人,并且还将持续增长。如此惊艳的数据,无疑创下微博历史上破千万转发量的最快纪录,直接打破天猫宣布的微博社会化营销新纪录(5 小时 20 分钟 100 万次转发量),搅局"双 11"10 周年的锦鲤营销。从上述内容中可以看出社交媒体信息传播的力量之强,微博仍具有尚待挖掘的巨大营销潜力。通过此次活动,王思聪为自己组建的 IG 电竞俱乐部做了一个很好的广告宣传。

➲ **辩证性思考**:新媒体的广告传播价值是什么?

🎯 **本章学习目标**

☑ 掌握新媒体广告的含义和特性;
☑ 掌握新媒体广告的分类;
☑ 认识新媒体广告的传播特性和模式;
☑ 了解新媒体广告管理体系。

🔑 **关键术语**

新媒体　新媒体广告　网络广告　手机广告　电视新媒体广告

▶ 12.1　新媒体广告传播概述

▶▶ 12.1.1　新媒体与新媒体广告

1. 新媒体的界定

《新媒体百科全书》主编斯蒂夫·琼斯曾说:新媒体是个相对的概念,相对于图书,报纸是新媒体；相对于广播，电视是新媒体；"新"是相对于"旧"而言的。新媒体又是一个时间的概念，在一定的时间段内，新媒体应该有个相对稳定的内涵。新媒体又是一个发展的概念，科学技术的发展不会终结，人们的需求不会终结，新媒体也不会停留在一个现存的平台上。

新媒体指的是以在线网络的数字传输为基础、可实现信息即时互动的媒体形式，其终端显现为网络链接的电脑、手机、电视等多媒体视频。从目前来看，新媒体是基于互联网、无线通信网、数字广播电视网和卫星等渠道，以电脑、手机、电视、PDA等设备为终端的媒体。新媒体能够实现个性化、互动性、细分化、移动化的传播沟通。因此，那些仅在传统媒体基础上，依托新技术衍生而来的新的媒体形态，尽管采用了数字化技术，但其广告表现形式、传播形态、运作方式等与传统媒体几乎无异，不是本章节所要讨论的新媒体概念。

2．新媒体广告的概念

新媒体广告，即以数字传输、网络在线为基础，可实现信息即时互动，终端显现为网络连接的多媒体视频，广告主有意识地向广告目标受众传播品牌及产品信息的传播行为与形态。

在新媒体环境下，"广告"内涵演进的取向是"品牌传播"，原因在于：

（1）新媒体的互动性，决定了受众可以选择广告信息，广告主也可自主传播广告信息，从而具有双向对称的"传播"特性得以凸显。

（2）新媒体促使广告主可以自主、便捷地传播广告信息，而这里的广告信息，不仅是直接的、功利性的产品信息，还包括突出广告主良好形象的品牌信息，而产品信息又是归属于商标品牌的，因此新媒体催生了"品牌传播"。

（3）新媒体固然使得营销传播一体化，但"整合营销传播"思想更为突出"营销"且由营销学专门研究；其中的"传播"成分，则应归属于"品牌传播"，从而使得广告研究因具有特定对象而具有独立性。

如此，在新旧媒体并存的环境下，"广告"的内涵既包括传统媒体上付费的、可识别的商品信息传播，还包括新媒体上广告主各种类型信息内容的品牌传播。

对于新媒体广告的概念，目前仍然没有完全一致的看法。从广义上看，新媒体广告泛指通过新媒体平台或渠道发布的所有商务信息。从狭义上看，新媒体广告是指商品经营者或服务提供者以付费的方式获得在各类新媒体平台中的曝光机会，以实现产品（服务）推介或信息沟通为目的的商业活动。

12.1.2　新媒体广告的特点和分类

1．新媒体广告的特点

（1）广告内容的丰富性和多样性。新媒体数字化和开放性的特点，决定了新媒体广告在内容上具有量的丰富性和质的多样性。具体表现在以下几个方面：

第一，广告信息数量巨大。新媒体广告以数字化的方式进行开发、存储，基于国际互联网络进行传播，突破了空间和时间限制，在数量上是传统广告无法比拟的。

第二，广告内容涉及领域广。新媒体时期，媒体多元化、广告投放形式多样化和发布方式的便捷化，使得广告投放门槛大大降低，普通大众可以随时随地进行广告信息的投放和发布，这就使得广告内容涉及领域非常广。

第三，广告表现形式多样。新媒体广告可以利用多种数字技术和网络技术来表现广告创意，表现形式多样，在不同的平台也可以有不同的表现形式。

（2）广告表现的交互性与参与性。新媒体的互动特征，使得新媒体广告有了进行交互设计的基础。例如，用户可以通过扫描二维码参与互动，对广告进行评论或转发等。

（3）广告传播的精准性和持续性。

第一，广告发布的实时性。新媒体广告不仅信息传播迅速及时，而且可以实现随时制作随时发布，同时广告发布者也能根据情况变化及时更新广告信息，非常有利于广告时机的精准把握。

第二，广告目标的精准性。大数据主导下的广告投放，基于海量的用户资料收集和强大的数据分析技术，可以实现广告目标的精准性。

第三，广告受众参与传播。新媒体背景下的广告传播活动包含着更深层的传播规律，受众不仅可以根据自身需要检索广告信息，而且可以参与广告互动，成为使用体验的分享者、广告信息的二次传播者。受众的参与性，使得新媒体广告的传播不是一次性行为，而是具有长效性。

（4）广告效果的可测性。

第一，访问数据的可测性。在新媒体中，既可以通过访客流量系统统计出相应网页的浏览量，还可以通过点击率、转发率、评论数等来精确计算消费者对广告的即时反应，同时点击者的地域分布、点击时间都清晰可辨，这些均可作为广告效果的重要测量指标。

第二，营销效果的可测性。新媒体广告与营销效果之间关系密切。广告通过超链接与营销平台进行关联，在电脑或手机上看到一则广告，如果对广告产品或服务感兴趣，即可方便快捷地实时完成产品购买。尤其是电子商务网站上的广告，销售效果更是广告效果的精确测量指标，而这些都是传统媒体无法实现的。

2．新媒体广告的分类

新媒体广告形式多样，广告发布平台多元化，对新媒体广告的分类角度比较多，没有完全一致的标准。按照新媒体广告终端载体的角度进行分类，可以分为网络媒体广告、手机媒体广告、电视新媒体广告三类。

（1）网络媒体广告。网络媒体广告，通常也称为网络广告、互联网广告。广义上的网络广告泛指通过互联网、移动通信网、广播电视网等网络技术进行传播的所有广告形态。狭义上的网络广告特指基于互联网技术，通过 PC 机、笔记本电脑等终端进行传播的广告。

（2）手机媒体广告。手机媒体广告，通常也称手机广告、移动通信广告、无线广告，指以手机媒体为终端载体进行传播的新媒体广告形式。

（3）电视新媒体广告。电视新媒体广告，也称互动性电视广告，是指利用数字技术，以具有互动性功能的电视或智能电视为终端，通过广播电视网或互联网等网络进行传播的广告形态。

实质上，在"三网合一、多屏融通"的趋势下，不同终端所承载的内容间的界线越来越模糊，电脑终端可以拨打电话、手机可以上网、电视可以承载各类网络应用，很难分清界限。

12.1.3 新媒体广告传播的特点

1. 网络在线的链接性

新媒体广告，更多的是由目标受众有目的、有意识地进行检索获得，从而导向新媒体广告中品牌信息、商品信息的提供与服务的发生。但人们有意识地搜索获取信息，一般来说，是在某个具体契机通过某个端口进行，而后沿着该信息端口、依次进行信息的深度搜索与获取。为了目标受众信息深度搜索与获取成为可能，新媒体广告业就首先需具备网络在线的链接性。

消费者通过网络在线终端来进行信息搜索，非线性地获得某品牌广告主的网页信息、网上商店、网络电视的产品信息或品牌信息，进而可链接到该品牌网站主页及品牌的互动平台，通过浏览该品牌的各项深度信息而有针对性地进行互动咨询，从而在网络在线的互动渠道上获得对话交流。显然，在新媒体环境下，要满足消费者的信息需求，新媒体广告首先就需要具备网络在线的链接性，如此才可能互动性地进行广告信息的深度服务。

2. 受众导向的互动性

作为强调双向互动沟通的新媒体广告，不再是由广告主、代理广告主利益的广告公司、广告媒体为主导方，而是让位于兼为潜在消费者的受众来主导。其产品开发的目标市场调查、针对消费需求的产品开发、品牌市场定位与个性、品牌即产品信息发布、企业文化的深层建构、满足受众信息需求的咨询答疑等企业传播行为，无一不彰显消费者及受众的主导性，而强调互动沟通的"新媒体广告"，也必然地体现出鲜明的受众导向的互动性。

3. 品牌信息的聚合性

新媒体广告的品牌信息聚合既包括阶段性的、以营销目标实现为主的整合营销传播所涉及的各类信息，更包括相对稳定、战略性的品牌信息，如品牌历史、品牌实力、品牌理念、品牌信誉、品牌的产品线、品牌动态、品牌服务等。从而使得新媒体广告既具有眼前的广告促销功效，又具有从长远着眼的品牌形象建树之意义。

单一的消费者或客户所接触到的品牌信息，总是品牌主或广告主通过广告、公共关系、营销、新闻等企业行为所派生出的内容、继而通过各种媒体终端的物质形式，而达成耦合。在双向互动中，客户可以通过新媒体的终端链接，迅速进行品牌主页的访问，深入认识品牌。此时，品牌最真实的体现已经不是品牌总部，也不是品牌标志，而是其品牌网上社区，以至于在客户心目中形成这样的认识：品牌主页就是品牌，品牌最权威、最集中的体现即其品牌官网主页。

4. 信息管理的即时性

新媒体不再仅仅是静态的品牌或商品信息作品方式的存在，而是互动的、由消费者可以主动掌控的品牌或商品信息的获得。根据具体受众、而不是泛泛的大众的具体需要，进行相应的信息供给，以满足一个又一个受众的信息需要。个性化的信息供给，不但需要各类深度信息的聚合传播，还需要进行即时性的信息沟通管理。这种即时性的信息沟通管理主要体现为：

（1）个体咨询答疑。对个体消费者接触品牌主的新媒体广告信息之后，以帖文、邮件、电话、短信等方式发来的有关咨询，进行即时、真实、坦诚的沟通答疑。

（2）受众投诉处理。倘若有受众通过新媒体广告的沟通渠道进行投诉，则需要思考两个方面的问题：其一，该投诉的受众要么是对本品牌商品进行了消费，要么是对本品牌的信息进行了深度的关注，且结合自身需求与利益，产生负面的影响，故就此具体问题或信息提出投诉；其二，该投诉的受众依然对品牌抱有信心与希望，他期待着该品牌针对投诉进行相应的改进与完善。基于这两个方面的思考，那么就需要品牌传播管理员即时性地与投诉者沟通，获取详情，采取对策，并将对策落实过程与结果反馈投诉者，从而获得良好的新媒体广告口碑效果。

（3）受众发帖管理。这里的受众发帖，一是指受众在品牌自身网站的论坛上发帖；二是指受众在相关网站的社区及论坛上发帖；三是指受众通过微博给予评论。任何发帖，均存在对新媒体广告品牌或产品正面或负面的传播效应。对于真实、客观的帖文信息，品牌传播管理员很乐意采纳；即使存在激愤性的负面信息，也需冷静对待，在采集其中有益成分后，再以品牌责任承担者的身份进入论坛进行相应的安抚与沟通；倘若在帖文信息中发现有关品牌危机的信号，则需按照危机管理预案进入危机处理程序。

（4）品牌危机公关。新媒体本身，一方面为新媒体广告提供了便利，另一方面为可能酿成危机事件的信息传播提供了渠道，也为及时展开品牌危机公关提炼最为迅捷的媒体工具。

新媒体广告所具有的信息管理即时性，让广告主或品牌主获得了前所未有的主动权，但挑战了其信息管理的理念与水平。如对各种信息沟通管理不仅需要秉承公开、透明、公正、坦诚等原则，还需因事而异、因时而异地采取具体对策，同时有一个基本的特性是需要坚守的，那就是"即时性"。因为新媒体广告所依赖的新媒体本身，是一个可以迅速放大信息，既可造成负面影响，也可形成正面效应的"即时通"的媒体网络。在信息管理中遵循即时性无疑为新媒体广告的品牌传播带来主动。

12.2 新媒体广告传播模式

广告传播是以消费者为核心的信息传播。新媒体广告传播更加体现了以消费者为核心的信息传播，例如关键词搜索是为受众需求设定的，企业微博想黏住受众的同时实现营销沟通，微电影总是希望受众点击感兴趣以后才有广告主的信息植入。因此，新媒体广告传播模式的揭示就需要从受众对广告信息传播的接受探索开始。

12.2.1 广告信息传播接受规律

1. 实物呈现的现场性接受

实物呈现是交换推销商品的一种最原始、也是最具有生命力的商品传播方式。配合实物呈现与现场交流，辅助性的品牌广告也就应运而生。招幌广告又叫招牌广告，是由实物广告演变而来的，是招牌及幌子的统称，它是广告初始时期另一种户外广告形式，比口头广告更进一步，表现在时间和空间上的延展性，可以常年悬挂在店门口、街头，成为商市的一道独特风景。

围绕实物呈现，买卖双方的现场性交流是商品及原始传播最主要的方式，即当时的人们信息交流多是通过语言来实现的，并逐渐演变为口头广告的形式。

实物呈现与现场性交流，对品牌传播来说，不仅最为原始，也最为本质。如今的商场、商店、市场，以及各种展销会、订货会，其实与古代的商贸别无二致，依然是以"实物呈现""现场交流"为本质特征的。

2．信息告知的说服性接受

随着社会与生产力发展，品牌经营走向规模化，其市场的开拓与品牌信息的告知也相应地需要走出实物呈现与现场交流的限制，于是借助媒体、符号的品牌应运而生。其典型的方式就是报纸广告。以报纸广告为核心，各种利用大众媒体进行商品与品牌信息告知的广告形式越来越多样化，如杂志广告、路牌广告、灯箱广告、广播广告、电视广告等，并使广告行业得以独立发展。

可以说，整个现代广告就是随着大众传媒的发展而发展的。在整个 20 世纪，广告人从不同方面进行了广告要义的强调，如"印在纸上的推销术""独特的销售主张""定位论"等，但其强调的都是广告"说什么"的问题。提供"说什么"的广告，其本质是借助单向度的媒体向消费者与大众告知商品信息，并进行相应的说服。

在广告信息告知性说服中，最负盛名的是达彼思广告公司董事长 R.瑞夫斯。他重要的贡献是提出了"广告要有先于他人的一个明确的销售主张"之 USP 广告观。"总督牌香烟有 2 万个滤泡""棕榄香皂使肌肤更美好""神奇洗衣粉没有臭味的清洁剂""奇妙面包有丰富的矿物质""高露洁牙膏：清洁牙齿，口气清新"等产品卖点创意，就是他实践 USP 理论的结果。USP 理论依然是以生产者为中心、以产品为中心、以传者为中心的，没有从消费者出发。

对以媒体广告为主导的信息告知并予以说服，其本质就是：广告首先告知消费者有某种产品提供消费的信息，因为是告知，则必然包含着说服消费者进行消费的目的与导向。但消费者通过大众媒体广告获得产品信息，并产生一定说服接受，其具有极大不确定性，效果模糊，难以测量。

3．信息需求的搜索性接受

以广告为主的商品信息传播，不断地向消费者告知信息，不断地进行着说服。但并不能解决厂商与消费者之间存在着不对称的信息。作为厂商，对于自身的产品可以说了如指掌；但作为消费者，他们需要购买的商品种类很多，对每种商品可能有大致的了解，因为他们把知识、时间和精力分散在无数的消费品市场上。

在信息不充分的情况下，消费者在商品购买中就需要进行相应的商品搜寻。但同质商品在不同的生产和出售地点价格可能相差很大，不同质量的商品之间价格差异与质量差异也可能完全不相对应。可以说，消费者是不可能掌握商品质量与价格全部信息的。消费者总是在寻找价格低、质量高的商品及其出售点，直至形成一个可以达成相对满意的消费，其过程即"消费者搜寻"。

随着各种大众媒体的广告铺天盖地般地向消费者袭来，随着媒体碎片化及传播的过剩，以广告来进行消费者的信息搜寻满足已经无法实现。由于受众对于媒体接触的碎片化，其接收的信息也纷繁杂乱。

消费者为了克服信息劣势给自己带来的不利状况，消除或减少商品不确定性带来的消费风险，并使自己的搜寻成本支出控制在一个效益递增的理想界点上，往往在搜寻上会采取一些相应措施，主要有以下三种。

（1）搜索备选品牌的信息。消费者启动一次新的消费，一般首先从过去长期积累的消费经验中搜寻信息，如果经验不足无法做出消费决策，则会从事外部信息收集活动。消费者获取信息的来源或渠道多种多样，主要为：亲朋、同事等个人来源；大众媒体、政府机构、消费者组织等公共来源；广告、推销员等商业来源；以及经验来源。一般来说，消费者经由商业来源获得的信息最多，其次是公共来源和个人来源，最后是经验来源。

（2）购买高价品牌产品。价格常被消费者作为产品质量的指示指标，当购买风险比较高、消费者对所购买产品的商标不太熟悉时，消费者倾向于用价格作为质量判断的线索，寻求商家保证。

（3）感知品牌指示符号。由于商品的极大丰富、品类繁多，普通消费者往往无法具备判断、评价产品内在质量的技能和知识。当消费者缺乏消费经验和对产品的内在质量不了解时，会进行信息收集。消费者常用来判断产品质量的替代指标有厂商的声望、品牌知名度、价格、产地、保证等。另外，包装、色彩、样式也会影响消费者对质量的知觉。

▶▶ 12.2.2 新媒体广告的沟通原则

1．信息真实性原则

新媒体广告作为品牌传播的重要方式，离不开包含沟通内涵的传播；任何品牌传播，却均离不开信息的真实。实际上，品牌传播所依凭的营销、口碑、广告、公关、新闻等手段，其实均在各自的理论上强调信息的真实性，新媒体广告则由于其信息来源的开放性与信息本身的高监督性，更需遵循信息真实性的原则。

2．全面坦露性原则

任何局部的、特定形态的信息真实性传播，往往都经过选择加工，乃是局部的、艺术化的真实。这也是每每有广告做得响亮，新闻报道得勤的企业，其产品或服务却暴露出问题的原因。进入新媒体广告传播层面，我们考虑的就不仅是局部的真实，而是需要对品牌涉及的方方面面进行全面的传播，以期获得受众在品质、真实、信誉上由衷的信赖。

3．多元旁证性原则

如果说有谁在看了一则广告、读了一则新闻、旁观了一次路演活动，就认准某品牌进行消费，并成为该品牌的粉丝，恐怕谁也不会相信。事实上，包含我们每个人在内的消费者对任何产品的消费、任何品牌的信任，均是通过多种不同渠道，获取不同的信息，并多次正面验证之后，才逐渐形成的。

成功的品牌传播，不可能依凭广告或公关一招致效，而是需要多方面信息共同对消费者的心理起作用，在新媒体广告传播的视野与实务中，完全可以通过新媒体的彼此链接得以实现，这就更需要遵循多元旁证的原则。

4．即时沟通性原则

在产品营销中，购销双方面对面的即时性沟通是实现营销的必要环节。达成销售的人际传播实际是销售员和消费者之间的双向交流沟通。这种营销的即时性沟通在商店的终端中体现最为典型，如有学者提出终端服务一般有八个步骤：迎接顾客—推荐商品—有文应答—迅速拿取—巧当参谋—唱付收款—递送商品—谢别顾客。显然，这些步骤，都是建立在实现销售的具体环境内购销双方的即时沟通基础之上的。

由于面对面的即时性沟通受到空间与时间的限制，借助媒体来进行沟通的延伸就成了双方必然的选择。特别是新媒体得到广泛应用之后，跨空间的即时性沟通变得触手可及，其典型体现就是网络购物对话。这种无法近距离面对面沟通，却还要实现网络上的购销，为了彼此取得信任，"淘宝体"便应运而生。淘宝体是说话的一种方式，最初见于淘宝网卖家对商品的描述。

由于"淘宝体"是网店以消费者主导，以消费者的满意与评分评价作为最具有说服力的传播资源，并因此获得生存的，因此"淘宝体"的本身就是珍惜网购中即时沟通互动的机会，以一言一句的羽毛效应，为自己累积着信任与信誉，打造着自己的网店品牌。这种网店品牌信誉的累积，可以说完全是按一种"马太效应"来演绎的，即你的产品越好，你运用"淘宝体"沟通得越好，你的消费者越满意，也越给你高分好评，高分好评又使得你的生意越好。

营销终端的对话服务与网络购物的"淘宝体"沟通，最典型地演绎了新媒体广告传播其实是双向沟通才能达到最佳效果，也由此验证了新媒体广告传播需遵循即时沟通的原则。

▶▶ 12.2.3　新媒体广告传播的基本模式

1. 信息邂逅的广告模式

整个现代广告是随着大众传媒的发展而发展的，而基于大众媒体环境下的广告模式是以"信息邂逅"的提示与告知为本质的。因为在大众传媒环境下，广告主对广告受众的媒体接触判断是模糊的，单向度的广告信息发布本身追求的也只是信息邂逅的高概率，即希望目标消费者能高概率地接触本广告信息，或者希望所发表的广告信息能高概率地引发媒体接触者关注。

在"信息邂逅"广告传播模式中，相对于广告主的刻意传播，消费者邂逅广告信息无疑是被动的，是无意识的偶然相遇。如此，又导致消费者与广告信息邂逅之后的两个层面的接受。

一个层面是广告信息的无意识接受。让消费者无意识地多次邂逅广告信息，从而在大脑皮层留下印记、产生对广告信息的记忆与好感。

另一个层面是无意识过程中意识乍然唤醒后的接受。当今社会是一个传播过度的社会，广告人需要考虑广告是否完成告知、劝服和提示这些基本任务，创意在其中起着重要作用。在传统的信息邂逅广告模式中，广告创意就成为广告信息无意识向有意识接受转化最关键的因素。即便如此，人们可能都在纷纷讨论一则有轰动效果的新广告：客户可能喜上眉梢，广告代理洋洋自得。但是，这条广告或许是个美丽而空泛的外壳。事实上，它甚至正在赶走顾客。因为，广告创意艺术上轰动性的审美接受与其刺激消费的功能性说服接受，往往会彼此消解，消费者的理解中会因为创意艺术的杰出而使其意识上邂逅的是审美的愉悦信息。

因此，在信息邂逅广告模式中，一方面由于大众媒体对于消费者信息邂逅的重复而给广告带来强大的效能，另一方面由于媒体信息的庞杂与消费者主体意识参与不足而使得"信息邂逅"广告传播模式效率相对低下。

2. 搜索需求的品牌传播模式

随着以网络为代表的新媒体迅速发展，虽然传统的大众媒体依然是主流性的存在，但数字化新媒体强势崛起势不可当。基于新媒体的新广告模式，技术的转变已经威胁到广告业对于媒介和受众的控制力。广告从简单的传播工具，向集多种交流渠道和多类交流方式于一体的沟通平台演化。平台的搭建对于捕捉分散与聚合的需求和市场意义非凡，多媒体和泛媒体潮流为广告传播的平台化提供了必要的条件，平台可以凭借其定向、精准、互动等特征，向消费者和企业充分传递各自所需的有效信息，从而填平企业与消费者的信息鸿沟，消除二者之间的信息不对称。

在此背景下，一直处于被动地位的消费者受众从"信息邂逅"广告模式中觉醒。消费者拒绝传统广告，可以在新媒体环境中选择想观看的广告类型、品牌信息。但这会有一个问题产生："在信息泛滥的今天，怎样才能吸引消费者主动出击去搜索并分享广告信息？"比较好的选择是广告传播平台化，以网络技术和数据库技术为内核，将原来对于消费者的"轰炸式"的传播方法演化为"尊重本体需求下的吸引"模式。简言之，即"搜索满足"广告模式。由于这种向消费者主动供给包含新闻、网上产品展销、专家推荐等多种形态信息，已经超越了传统的广告内涵，因此应该称为"搜索满足"的品牌传播模式。

"搜索满足"品牌传播模式的出发点，是视受众为主动，即消费者受众出于消费信息的需要，不再只是被动地且主要依凭无意识接受来获得广告信息，而是主动进行搜索，且在搜索中不断比较、求证各类品牌信息，以满足消费决策最基本信息的需求。

"搜索满足"品牌传播模式中搜索的"品牌信息"不是"信息邂逅"中具体特指的广告作品所包含的信息，而是一个信息由少到多，又由多到简、由泛到专的动态的信息结构。要使具有如此内涵的"品牌信息"实现消费者的"搜索满足"，其途径主要有如下两种。

（1）全面、客观、互联的数据库平台。该平台是一个由行业数据、品牌数据、产品数据、消费数据等构成的庞大社会化数据库平台；其直面消费者的终端体现形式为：电脑终端、家庭数字电视、智能手机、移动设备。其背后则是一个庞大的商业内容行业，包括品牌网站及虚拟商店、行业网站、专业商场网站、网上消费者社区、数字电视广告频道等。当广告或品牌信息的数据库足够庞大且分类清晰、实时更新、链接快捷，消费者所需要的品牌信息应有尽有，等待消费者点击、遥控、浏览的各类品牌信息，显然就是他们"不仅愿意容忍而且乐于获得的东西"了。

（2）即时、具体、人性化的互动平台。该平台是由品牌网站或虚拟商店的咨询员、行业网站值班专家、商场网上导购员、网络社区专业领袖、有消费经验的热心人、数字电视广告频道主持人等操作，能即时、有针对性地回答消费者的具体咨询，且程序互动、充满人性化的服务平台。在这个平台上，广告已"由劝服、诱导向告知与沟通的功能回归"，回归于能即时互动沟通的品牌信息。

"数据库平台"是对消费者品牌信息搜索"量"的满足，"人性化互动"则是信息搜索"质"的满足。正是新媒体技术实现的这种量与质的信息满足服务，新型的品牌传播模式核心"搜索满足"才得到了确定。

3. 两种模式融合的新媒体广告传播操作

以上两种广告传播模式差异明显，具体如表 12-1 所示。

表 12-1　两种品牌传播模式差异对比

对比项	"信息邂逅"模式	"搜索满足"模式
出发点	消费者是被动的	消费者是主动的
媒体特征	单向的	双向的
代表性媒体	报纸	网络
广告代表形态	平面、电视短片	关键词+品牌网站
广告形态特征	相遇告知	邀请引导的
信息含量	有限而模糊的	丰富而清晰的
接受行为	邂逅、注意	搜索、点击
接受反应	好感记忆	实时互动
作用于消费	好感记忆唤醒	理性比较、求证
广告重点	广告的创意高下	品牌信息数字路径
广告策略核心	个性化信息告知	整合性信息满足

两种广告传播模式互有长短，并行不悖。一方面新媒体强劲崛起，另一方面传统媒体活力依然。立足于新旧媒体上的两种品牌传播模式虽然演绎着此消彼长的历史变革，却将长期并存，需要广告人由此进行如下两方面的实践。

（1）在"搜索满足"的新媒体广告传播模式中寻求创新。我国《广播电视有线数字付费频道业务管理暂行办法（试行）》规定：付费频道不得播出除推销付费频道广告外的商业广告，但经批准的专门播出广告或广告信息类服务的频道除外。显然，其传递的明确信息是：付费频道不得播出除推销付费频道自身广告外的商业广告；"专门播出广告或广告信息类服务的频道"可以播出商业广告。也就是说，数字电视普及导致了电视这一最具影响力的传统媒体蜕变为新媒体，其一直沿用的"信息邂逅"广告模式也将被"搜索满足"品牌传播模式所取代。数字电视的收费固然成为电视媒体稳定的收入源，但更具市场潜力的品牌信息"搜索满足"的传播服务，需要遵循模式规律的创新。随着"搜索满足"导向的品牌传播模式渐成主流，对应消费者的品牌信息需求，以及广告主所提供的信息搜索满足服务，整个广告及品牌传播产业进行创新探索，开发新颖的品牌信息搜索满足服务形式，已是当下品牌传播业的重心所在。

（2）在媒体融合中寻求广告传播模式整合。"媒体融合"（Media Convergence）是由美国麻省理工学院媒体实验室创始人尼葛洛庞帝提出的。在这种媒体融合的趋势中，传统媒体不仅获得了新质，如"报网互动"中报纸版面的网络呈现，而且还在人们生活空间依然扮演着不可或缺的"信息邂逅"模式的主体角色。因为在全新的"搜索满足"品牌传播模式中，其实还隐匿着一个前提：消费者进行的是有目的、有对象的搜索。消费者品牌搜索目的，尤其是搜索对象的确定，往往就有着传统媒体"信息邂逅"服务的功劳，如路牌广告、报刊广告对于品牌形象的树立与品牌网站的告知。也就是说，在新旧媒体并存的社会，消费者对于品牌及产品信息的搜索满足，往往依循的是两步接受规程：邂逅品牌及产品门类的基本信息，以及根据消费需要进行相应品牌信息的搜索满足，如图 12-1 所示。

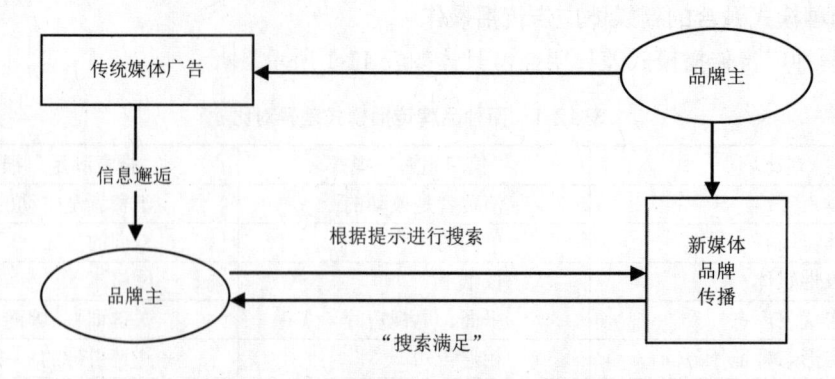

图 12-1　消费者接受中两种模式的融合

如此,"信息邂逅"与"搜索满足"两种广告传播模式构成具有互补性的"两程传播",由此得到融合,并因此一方面达成合作,另一方面各自焕发出无限的生机。

12.3　新媒体广告的形式与特点

12.3.1　新媒体广告形态的分类

新媒体广告表现形态千变万化,但根据广告呈现方式的不同,大体上将各类新媒体广告划分为如下几个类型:展示类广告、内容服务类广告、植入类广告、推送直投类广告等。

1. 展示类广告

展示类广告是指广告以图、文、影像等方式直接在载体中展示,只要打开相应页面或相应载体就可以看到的一种广告形式,包括图形展示广告、视频展示广告、富媒体广告。

2. 内容服务类广告

内容服务类广告是应新媒体信息爆炸的特点而生的一种新型广告方式,广告与受众关注的内容紧密结合,通过计算机技术和大数据,将受众当前最想看到的内容呈现在他们面前,同时实现为商家宣传的目的。内容服务广告最典型的应用是关键字搜索广告。此外,分类广告及文字链接广告也可以归入内容服务类广告。

3. 植入类广告

植入类广告是将产品或品牌信息以各种方式植入视频、游戏等媒介应用中,以潜移默化的方式影响受众态度的一种广告形式。

4. 推送直投类广告

推送直投类广告与传统的直投广告类似,传统的直投广告是指将广告信息直接投递到受众的工作单位、住所等地。新媒体环境下的直投广告是指将广告信息直接以数字化形态发送到与受众相关联的应用媒介中。

12.3.2　网络广告

1. 图形展示广告

(1) 旗帜广告(Banner)。旗帜广告也称横幅广告或网幅广告,是最早的网络广告表现形态。旗帜广告的尺寸大到 468 像素×60 像素，小到 100 像素×30 像素，其主要以 GIF、JPG、SWF 等格式建立图像文件，定位在网页中来展示广告内容，同时使用 Java 等语言使其产生交互性。旗帜广告经常出现在网站主页上方的首要位置或底部，多用来作为提示性广告，浏览者也可以点击进入了解更多信息。

（2）按钮广告（Button）。按钮广告也称为图标式广告，是从旗帜广告演变过来的一种广告表现形态，尺寸较旗帜广告小。

由于按钮广告尺寸小，表现手法较简单，可以被灵活地放置在网页的任何位置，适用于成熟期的品牌，唤起受众对品牌的记忆。但是按钮广告对设计要求很高，要求在有限的尺寸中设计精良，抓住受众的眼球，从而达到最佳的广告效果。

（3）移动图标广告。移动图标广告是能在页面上进行上下或左右自由移动，点击后可链接至指定的广告页面的广告表现形态。尺寸通常是 80 像素×80 像素或 60 像素×60 像素，一般使用 GIF、JPG 或 Flash 格式的图像文件。

移动图标广告较其他广告不同处在于，其可以根据广告主的要求设定广告的运动轨迹，从而增加广告的曝光度。

（4）通栏广告。通栏广告也是旗帜广告演变而来的一种广告形式，一般以横贯页面的形式出现。通栏广告相对于旗帜广告和按钮广告而言，尺寸更大，视觉冲击力更强。

（5）摩天楼广告。摩天楼广告一般出现在页面的右侧，主要占据的是竖向空间，宽度相对固定，但高度可以很高，尺寸比较灵活。相对于旗帜广告来说，摩天楼广告占据的版面更大，发挥的空间也更大。摩天楼广告因其占用网页面积较大，视觉冲击力强，非常引人注目。

（6）对联式广告。对联式广告也称擎天柱广告。在网页的两侧各放置一个纵巨幅广告，内容相互呼应，当鼠标划过或点击时，即弹出一通栏广告，非常抢眼。一般使用 GIF 或 Flash 格式的图像文件。对联式广告创意灵活，容易吸引眼球，受到信奉首页原则的广告主的喜爱。

（7）全屏广告。当用户打开某页面后，全屏式出现广告 3~5 秒，随后逐渐缩成普通 Banner 尺寸至完全消失。一般使用 GIF 或 Flash 格式的图像文件。全屏广告在短时间内迅速到达页面，使受众能够看到广告信息，很容易给人以强烈的视觉冲击，在很大程度上是强制性的，但因时间过短、画面精美，受众的反感度较低。

（8）画中画广告。画中画广告是将广告安插在各类新闻的最终页面中，与文字进行合理安排，自成独立小画面，在各大新闻页面中经常出现。一般使用 GIF 或 Flash 格式的图像文件。画中画广告主要出现在新闻页面中，使得受众在浏览感兴趣的内容的同时关注广告内容，接受广告信息。

（9）页面弹出广告。页面弹出广告又称为插页式广告，是在网页下载过程中，插入一个新窗口展示广告，广告可以使用 GIF、JPG 或 Flash 等格式。弹出式广告在广告页面上，将会出现广告主的有关信息，如果广告内容有足够的吸引力，就很有可能将用户引到它的网站上去，从而达到预期的广告效果。但其方式类似电视广告，都是打断正常节目的播放，强迫观看，如果广告不足够新颖，很容易引起用户反感。

（10）背投广告。背投广告是指用户打开一个页面时，随着用户的点击，在当前页面的背后弹出的一个窗口广告。与页面自动弹出广告不同的是，背投广告不会影响用户正常浏览页面，也不会被用户及时关闭。当用户关闭所有页面时，背投广告仍然在桌面上存放，不会随着页面被一起关闭。

2．视频展示广告

（1）视频贴片广告。视频贴片广告是指在网络视频节目播放前、播放过程中或播放完后插播的广告，相应地也称为前贴片广告、后贴片广告等。视频贴片广告是借鉴传统电视广告的模式而产生的，在用户观看节目的过程中进行强制性播放。

（2）富媒体视窗广告。富媒体视窗广告是利用富媒体技术进行传播的一种视频广告形式，通常应用于门户网站等综合性网站中，出现在网页的右下角，当用户打开页面时，出来一个类似于普通视频播放器的播放窗口，通过其播放视频广告。用户可以进行暂停、播放、转发、下载等操作，其主要表现形式有标准的视频形式、画中画形式、焦点视频形式等。相对于视频贴片广告而言，富媒体视窗广告表现力更强，并具有一定的互动性。

3．内容服务广告

内容服务广告主要是利用用户渴望获取信息的心理而开发出的广告表现形态，广告与内容紧密相关。网络广告中的服务类广告主要有搜索广告、分类广告、文字链接广告。

（1）搜索广告。搜索广告是利用用户主动搜寻信息的行为，帮助广告主进行推广的一种广告形式。搜索广告的表现形态主要有两种：关键字广告和关键字竞价排名广告。

第一，关键字广告。关键字广告是基于用户在互联网上的搜索行为来开展的一种广告活动，当用户搜索一些关键字的时候，与该关键字相应的推广广告就会出现在结果页面上。链接的关键字既可以是关键词，也可以是语句。关键字广告与用户的关联度高，点击率远远超过品牌图形广告。由于其按点击付费，价格低廉，所有的关键字广告几乎是实时完成的，关键字和链接地址都是自行设定的，是一种高效的广告投放方式。

第二，关键字竞价排名广告。关键字竞价排名广告是指按照广告主付费的多少来确定广告信息在搜索结果中的位置，即付费最多者广告信息排名最靠前的广告发布方法。它与关键字广告的最大区别在于对搜索后的广告显示内容采取拍卖竞价排列广告顺序的机制。

（2）分类广告。分类广告是指将各类短小的广告信息按照一定方法进行分门别类，以便用户快速检索，一般集合放置于页面固定位置。

分类广告发布快捷、形式简单、价格低廉、容易更新，便于消费者集中比较，具有很强的针对性。企业和个人用户通常会在需要时主动查询，广告不带有强制性，因而容易被受众所接受。

（3）文字链接广告。文字链接广告是以一排文字作为一个广告，点击进入相应的广告页面，主要投放文件格式为纯文字的广告。文字链接广告是对浏览者干扰最少，却最有效果的网络广告形式。文字链接广告的安排位置灵活，它可以出现在页面的任何位置，可以竖排也可以横排，每行就是一个广告，点击每行就可以进入相应的广告页面。

4．植入式广告

（1）视频植入广告。从植入方法来看，视频植入广告主要有场景植入、道具植入、台词植入、音效植入、剧情植入、文化植入等方式。

第一，场景植入。场景植入是指将产品（品牌）或服务信息植入视频中的人物活动场景中，一般表现为频繁出现同一场景，比如主人公用餐的饭店、购买服装的商店等。

第二，道具植入。道具植入是指将产品作为影片中的道具来使用，比如人物使用的手机、喝的饮料、穿的服装等。

第三，台词植入。台词植入是将与产品或品牌相关的信息巧妙地穿插到主人公之间的对话中，以达到宣传的效果。

第四，音效植入。音效植入是指通过旋律、歌词及画外音、电视广告等的暗示，引导受众联想到特定的品牌。

第五，剧情植入。剧情植入是指在剧中设计与产品或品牌紧密相关的桥段，来达到宣传目的的方式。

第六，文化植入。文化植入是指在影视剧中传播一种文化，通过文化的渗透来达到宣传这种文化背景下的产品的目的，这是一种更高层次的广告植入方式。

（2）游戏植入广告。游戏植入广告是指依托游戏的娱乐性带来的用户黏性和互动性，将广告信息植入游戏情境中或成为游戏环节的一部分，使用户在玩游戏的过程中潜移默化地切身体验产品特性，强化品牌印象，最终成为企业的忠诚消费者、追随者和传播者。从植入方式上来看，游戏植入广告除了有视频植入广告类似的场景植入、道具植入、音效植入、文化植入等植入手段，用得较多的植入方式还有主题植入，即以某品牌、产品、服务信息直接作为游戏的主题，广告即游戏，游戏即广告。

（3）社交媒体植入广告。社交媒体植入广告是指在社交媒体中出现的隐性广告传播活动，一般来说，表现为社交媒体上的舆论领袖或具有一定号召力的公众平台，依托自身的影响力，在自有媒体平台上隐晦地提及产品或服务信息，以达到影响其粉丝或关注者的效果。

社交媒体植入广告的形式多样，表现方式灵活。比较常见的形式有如下几种：

第一，内容植入。在自有媒体平台上发布的内容中植入与产品相关的信息，内容与产品信息紧密结合。

第二，生活信息植入。通常将产品或服务信息与名人的私生活相关联，例如，某某明星早上都要用某某产品洗脸，然后清清爽爽地开工，看上去是与艺人私生活相关的信息，实则是植入广告。

第三，环境植入。环境植入类似于视频植入广告中的场景植入，例如，在自有媒体平台上发布有自己产品背景的环境图片等。

第四，话题植入。话题植入是将产品或服务信息植入能引起受众广泛关注或共鸣的话题，从而起到广泛传播的作用。

5. 直投广告

（1）电子邮件广告。电子邮件广告是直投广告的典型表现形态，是指通过网络将产品或服务信息直接发到用户电子邮箱的广告形态，其针对性强，传播面广，信息量大，形式类似于传统的直邮广告。

电子邮件广告可以直接发送，但有时也使用搭载发送的形式，比如通过用户订阅的电子刊物、新闻邮件、免费软件及软件升级等其他资料一起附带发送。也有的网站使用注册会员制，收集忠实读者群，将客户广告连同网站提供的每日更新信息一起，准确送到该网站注册会员的电子邮箱中。这种形式的邮件广告容易被接受，具有直接的宣传效应。

（2）即时通信软件推送广告。即时通信软件推送广告是指当网络用户通过自己的账号、密码登录即时通信软件时，系统自动弹出的广告。一般来说。该广告附有明确的用户指向性，并在用户登录时弹出，因此也可以看作直投广告的一种。

12.3.3 手机广告

1. 展示类广告

手机媒体中的展示类广告主要依托手机 App 和 WAP 页面展现，其广告表现形态与网络媒体有一定的共性。

（1）手机广告条。手机广告条也叫横幅广告或横幅广告条，一般内嵌在手机 App 中，以横贯页面的形式出现在 App 的顶部或底部，点击广告后的效果有下载手机应用、跳转到手机网页、播放富媒体、拨打电话及发送短信等形式。

（2）插屏广告。插屏广告一般出现在手机 App 应用中，是在特定的时机以弹窗的形式展现的广告，用户可以选择点击或关闭广告画面。插屏广告与手机广告条相比具有更大的画面表现空间，出现在手机应用的间歇时段，且用户有选择关闭的权利，不占用界面空间。目前，应用比较多的是游戏类插屏广告、阅读类插屏广告、视频类插屏广告。

（3）开屏广告。开屏广告是指在启动手机应用时，在开机画面后以全屏图片的形式展示的广告。一般来说，开屏广告展示完毕后自动关闭并进入应用主页面。由于开屏广告是在用户进入移动应用的第一时间进行展示，展示时间一般为 3 秒，因此常常被人称为"黄金3秒"。

（4）退屏广告。退屏广告与开屏广告类似，其不同之处在于，退屏广告是出现在用户退出 App 程序的瞬间。

（5）手机视频广告。手机视频广告与网络视频广告类似，一般出现于手机观看影片之前或观看过程中，是以视频贴片的形式出现的广告。手机视频广告视听体验兼备，品牌传播效果较好，但由于在移动端观看视频广告时流量耗费较大，因此更容易遭到用户排斥。

2. 手机直投广告

手机直投广告是指将广告信息直接发送到用户手机的一种广告形式。

（1）基于移动通信平台的短信、彩信、语音广告。基于移动通信技术的直投广告，过去常称为 Push 类广告，可以说是伴随着手机的产生一同诞生的，是使用非常广泛的一种广告形式，具体表现为短信、彩信、语音广告三种形式。短信或彩信广告一般通过短信或彩信群发服务向三大运营商的手机用户进行定向发送。

这类手机广告形式简单，信息简洁直观，且成本低廉，因此极受广告主的欢迎，使用范围也最为广泛。商家可以根据其掌握的用户资料，进行有针对性的传播，让目标顾客群无论身处何处，都能在第一时间收到广告信息。

（2）基于移动互联网的消息推送广告。基于移动互联网的消息推送广告一般表现为将广告信息植入 App 中，当用户使用 App 程序时，该应用程序以通知栏消息推送的形式，根据一定的人群细分标准向用户手机进行定向推送，用户可以进行查看、下载、转发等操作。但是由于消息推送广告具有较大的强迫性，一旦使用过多容易引起用户反感。

3．互动类广告

互动类广告是充分利用手机媒体的互动功能而开发的广告形式，目前比较常见的有积分墙广告、推荐墙广告、手机二维码广告等形式。

（1）积分墙广告。积分墙广告是在手机应用内展示各种广告任务以供受众完成任务获得虚拟币的页面。广告任务包括安装试用优质应用、注册、填表等，用户完成任务获得虚拟币的同时，应用的开发者也能获得收入。积分墙广告为应用软件提供了展示推广机会，受到广告主与应用开发者的青睐。

（2）推荐墙广告。推荐墙广告是指在手机应用内展示精选推荐应用的广告形式，应用内置推荐墙，用户通过推荐墙页面，即可下载推荐的应用。推荐墙没有积分驱动，带来的转化更加真实有效，拥有多个 App 的开发者还可以借助推荐墙推广自己的其他应用。

推荐墙广告与积分墙广告相比具有流量真实、传播方便、用户质量高等优点，可以满足游戏或应用获取优质用户、优质 App Store 榜单、提升搜索排名等推广需求。

（3）手机二维码广告。手机二维码广告是基于原有手机 WAP 平台的一种新的广告形式，这种广告形式通过手机二维码将普通平面、户外等媒体广告与 WAP 平台实现有效嫁接，从而为广告主寻找到一种新的广告整合手段，是一条信息链接的快速通道，对手机广告的进一步发展起到了积极的推动作用。

4．内容服务广告

手机媒体中的内容服务广告与网络媒体中的较为类似，主要表现形态是手机搜索和生活信息服务广告。作为互联网搜索技术与移动通信技术相结合的产物，移动搜索技术日渐成熟，随之产生的手机搜索广告成为无线网络时代最具潜力的广告模式。

手机搜索广告比网络搜索广告具有更强的互动优势，用户在获得搜索结果后，可以进行下一步的即时互动，如给商家发送信息、拨打电话、获取地理位置等导航信息，甚至可以直接完成交易行为。

5．手机植入广告

基于手机的植入广告除了有与网络植入广告类似的视频植入、游戏植入、社交媒体植入等形态，还有两种特有的植入方式。

（1）手机厂商植入广告。手机厂商植入广告是指手机生产企业在手机出厂以前，就已经将产品或品牌信息以图片、屏保、铃声和游戏等形式植入智能手机中。

（2）App 植入广告。App 植入广告是指将广告信息以隐性的方式与 App 内容相结合，以达到影响 App 使用者的目的。由于 App 植入广告的宣传属性不明显，用户不容易引起反感，容易带来口碑传播。

▶▶ 12.3.4 电视新媒体广告

1．开机画面广告

开机画面即机顶盒启动时显示的界面，播放的广告一般使用 JPG、GIF、Flash 或视频的文件格式。为了不影响受众的观看质量，开机画面广告一般时长为 5 秒左右。

2．主菜单广告

互动性电视媒体系统都带有一个主菜单画面，作为受众选择相关服务时的主选单，是整个电视平台的门户。电视门户是指受众打开机顶盒，电视机所出现的第一个画面。电视门户页面主要包括电视节目指南，以及方便受众选择服务导航的内容。

3．导航条广告

受众在电视直播状态下，操纵遥控器切换频道时，通常会有当前频道的信息出现在屏幕下方，内容一般包括日期、时间、节目进度及预告等，在选台后停留在屏幕下方 3~5 秒，然后消失。

4．分类广告

互动性电视媒体的分类广告可以让受众选择自己感兴趣的信息，按照类别搜索所需要的信息，对感兴趣的信息进行归类等。这类广告方式因受众的主动性，广告效果非常明显。

5．互动性广告

互动性广告与传统电视广告表面上类似，一样的图像与冲击力，区别在于加入了让受众选择的"链接"按钮，受众用遥控器选择后将跳转到另一个页面，专有页面内会有关于企业、品牌、产品等的详细信息。

6．VOD 视频点播广告

视频点播是互动性电视媒体一项非常重要的服务内容。打开 VOD 画面之后，会提供给用户一个典型的 EPG 画面进行节目选择。视频点播一般分为准视频点播、真视频电视、订阅视频点播三种形式。

准视频点播并不能实现真正按需点播，它是电视运营商利用几个频道资源按照一定时间间隔轮播节目，因此受众的每次请求都会有时间延迟，利用延迟间隔插播广告。受众并不能对其进行暂停、快进、快退控制。

真视频电视实现了对每位受众都定制一个频道，所有受众可以实现对节目的完全控制。受众通过在机顶盒插入已获得授权的智能卡按次收费观看，除非流量限制。真视频电视没有点播时间延迟，广告与传统的电视广告相类似，均是强行插入。

订阅视频点播是指基于订阅的视频点播服务，与真视频电视的区别在于，受众的付费方式是订阅的，一般情况为包月付费。

12.4 新媒体广告传播的管理

12.4.1 新媒体广告管理概述

1．新媒体广告管理的概念

所谓新媒体广告管理，就是我国各级广告管理机关会同相关行业协会和社会监督组织，依照一定的广告管理法律、法规和有关政策规定，对新媒体广告行业和广告活动实施的指导、监督、控制和查处，以达到保护合法经营，取缔非法经营，查处违法广告，维护新媒体广告行业正常运行的目的，促使我国广告行业朝着健康、有序的方向发展。

我国新媒体广告管理主要是政府监督、行业自律、社会监督融合在一起，三者既分工明确、职责清晰、运作独立，又相互配合、补充协调。

然而，由于新媒体广告出现较晚，因而对它的管理，不论是在立法方面，还是在内容监管方面，抑或是在对新媒体广告主体的界定、新媒体广告发布主体的管辖和对违法、违规新媒体广告的处罚等方面，都处于起步阶段，属于广告管理中最薄弱的环节，亟待改善和解决的问题还非常多，面临的难题更是难以计数。

2. 新媒体广告存在的问题

（1）广告内容鱼龙混杂。互联网和手机短信广告中充斥着大量内容粗俗、不堪入目的广告内容。一些新媒体广告经营者和发布者为了吸引用户眼球，以挑逗性的标题和含有性暗示的视频或图片，诱导用户查看链接信息，以达到宣传自己生产经营的产品和服务的目的，严重影响了人的身心健康。受经济利益驱使，新媒体成为不法商家发布违法广告的重要阵地，屡禁不止，在医药广告领域尤为突出。这些广告严重扰乱了正常的广告市场秩序。

（2）广告表现良莠不齐。由于新媒体广告发布的便利性，以及市场准入、行为规范、责任追究等方面的缺乏，一些商家和个人为了谋取经济利益或其他需要，将广告信息未加工即进行发布，使得大量表现拙劣的广告信息弥漫于新媒体广告平台中，严重影响了用户体验，也不利于广告市场的良性发展。

（3）强制传播现象严重。用户在浏览网页或下载文件时，一些"弹出式"广告和"浮动式"广告在屏幕上不断盘旋或随着鼠标的移动而移动，有些广告甚至带着声音或不间断的闪烁画面，且画面上没有明显的关闭按钮，这种强制性的广告传播形式不仅影响了用户正常浏览网页，更是剥夺了用户的自主选择权。此外，一些商家未经用户许可，采取批量发送的方式，将垃圾邮件和信息擅自发送到用户的邮箱和手机上，也给用户的正常生活带来严重困扰。

（4）虚假违法广告现象突出。新媒体广告发布门槛低，这使得任何人和企业都可以在几乎没有任何约束的情况下开展广告宣传活动。由于新媒体广告目前仍处于法律监管的灰色地带，主要通过广告主和广告经营者的自律进行管理，而广告经营者由于利益的驱使往往对虚假违法广告视若无睹，这使得目前新媒体领域中的虚假广告泛滥。

3. 新媒体广告管理面临的难题

新媒体具有开放性、自由性、迅捷性、无国界性和交互性等特征，要有效管理新媒体广告，应首先厘清几个问题：谁来管理？管理谁？如何管理？也就是说，应有明确的监管主体、明确的管理对象、明确的管理过程和手段。在实际操作中，上述三个方面均存在难以解决的问题，从而导致我国新媒体广告管理困难重重。具体来说，我国在新媒体广告管理上面临如下几个难题。

（1）新媒体广告主体未限制。传统媒体发布广告按照规定需要办理广告经营许可证，据此工商部门能够准确地掌握广告发布主体的情况。但是，根据我国现行的《广告经营许可证管理办法》的规定，新媒体经营者无须领取广告经营许可证，只需按照《中华人民共和国公司法》或其他法律法规的规定，取得主体经营资格、《中华人民共和国电信与信息服务业务经营许可证》（ICP许可证）、《第二类增值电信业务经营许可证》（SP证）后，就可通过互联网、无线通信网、移动电视等新媒体发布广告。新媒体广告经营主体不受限制，使得广告主体泛化，广告监管部门管理效率低下。

（2）新媒体广告审查手段落后。传统媒体发布广告后，要求向工商部门报送广告样本，工商部门对这些样本进行审查并留存。新媒体广告发布后，无须报送广告样本，工商部门没有办法及时对其发布的广告内容进行审查并留存样本。此外，工商部门没有设立专门查处新媒体广告的机构，一些市、县（区）工商局已配备电脑和网络等硬件设施，但是监管技术手段落后于新媒体广告的发展。

（3）新媒体广告违法取证方式单一。目前，工商部门还没有形成一套对新媒体广告进行全程监控的体系。由于网络具有虚拟性、无地界、跨国界等特点，工商部门没有新媒体广告发布者的档案，不能掌握新媒体广告发布的内容，没有留存的样本，加之网络或手机上发布的广告内容更新快，工商部门没有足够的手段将已删除的网络广告或手机广告内容进行恢复，这给日后查处违法广告带来了困难。新媒体广告内容改动的随意性很大，在监管执法中主要采取对静态的虚假广告网页进行打印、拍照等方式，固化虚假信息，取得证据，这样单一性的手段使新媒体广告违法证据很难全面获取，因此，监管效果不甚理想。

（4）新媒体广告行政处罚责任界定模糊。根据《中华人民共和国广告法》规定，广告经营主体分为广告主、广告经营者、广告发布者等。传统的广告很容易将三者区分，而对于新媒体广告，由于其制作、经营、发布广告变得极为简单，常常使广告主、广告经营者、广告发布者之间的界限模糊，因此对发布新媒体违法广告主体的法律责任难以确定。例如，许多网络运营商在收取广告主费用后发布广告，并未审核其内容。一旦发布违法广告，工商部门只能对广告主进行处罚，难以对网络运营商进行限制。

（5）新媒体广告监管部门协作困难。我国实行的是以国家的法律和行政监管为主，自律和社会监督为辅的广告监管模式。在广告监管实践中，由于行业及商品类别的复杂性，商业广告的监管涉及不同的政府部门，往往形成"各部门齐抓共管"现象。由于各部门的利益不同，在监管过程中又出现"条块分割""责任不清""问责制度不健全"等问题，在一些领域常常出现监管"空白"。近年来，由各部门联合开展"运动式"集中清理，如对化妆品、医疗广告的整治，这种非常态的、非常效的监管手段，暴露了政府部门监管过程中的不足。另外，由于一些地方政府缺乏对本地区广告业发展的统一规划，特别是对广告活动规律缺乏正确的认识，未依据法律法规规划广告市场，在伤害了广告业的同时，也降低了政府的公信力。这些监管问题同样在新媒体广告管理中出现。

12.4.2 新媒体广告的法律监督

1. 新媒体广告法规建设的国内外研究现状

从目前国外理论界的研究水平看，基于现实实践的发展，对新媒体广告监管的研究较为发达的是美国。从政府层面看，负责网络广告的法律法规指导和执行的主要是美国联邦贸易委员会，他们制定了《网民保护法》《电话消费者保护法》《电子信箱保护法》等相关的法律文件，通过法案、消费者检举和判例法等来判决广告是否违法，其中涉及诸多关于新媒体广告监管，特别是网络广告监管方面的内容。

在国内，从目前理论界研究看，许多学者分析了新媒体广告的发展现状、新媒体广告监管的必要性，以及新媒体广告监管的不足之处等，提出了许多完善和健全新媒体广告监管体制的有价值的建议。

总之，媒介融合和众多新出现的新媒体样式消解了广告业原有的界限。广告运作日益复杂的同时，监管问题也日益凸显，并不断挑战学者们的知识结构和研究视野。正如赫伯特和查尔斯所言，新媒体广告监管的研究具有"跨学科、泛学科、多学科"的特征；那么新媒体监管的立法，也需进行多学科的系统推进。

2. 遵守并完善有关互联网的各项法规条例，建立新媒体新秩序

针对近年来利用信息网络实施的各类违法犯罪活动日渐增多，特别是利用互联网等信息网络进行造谣诽谤的违法犯罪现象，国家相继出台了一系列法律法规和规章，如《规范互联网信息服务市场秩序若干规定》《电信和互联网用户个人信息保护规定》《关于加强移动智能终端管理的通知》《关于进一步联合开展短信群发设备专项整治行动的通知》《关于实施宽带中国 2013 专项行动的意见》等。尤其是 2013 年 9 月 9 日，最高人民法院、最高人民检察院针对由于互联网等信息网络具有公共性、匿名性、便捷性等特点，一些不法分子将信息网络作为新的犯罪平台，恣意实施诽谤、寻衅滋事、敲诈勒索、非法经营等犯罪，联合发布了《关于办理利用信息网络实施诽谤等刑事案件适用法律若干问题的解释》。

但以网络为代表的新媒体正方兴未艾，各种新媒体传播技术与现象层出不穷，这就导致了现有的新媒体法规总是滞后的，总有着不断优化的空间。因此，建立并完善新媒体法规，建立新媒体运用的新秩序永远是进行时。

3. 修缮涵盖新媒体广告的《广告法》，建立法律法规联动体系

我国现行的《广告法》自 1995 年以来，对广告监管与管理发挥了重要作用。但随着改革开放的不断深入，国内政治、经济、社会、技术环境已发生翻天覆地的变化，广告环境也发生了翻天覆地的改变。广告市场日益庞大，新媒体广告规模已见成效，其对社会的影响力日益强烈。现行的《广告法》已经不能适应规范广告活动、维护市场秩序、保护消费者权益的要求，完善立法迫在眉睫。对此，对新媒体广告的监管方面，以及对"广告法"的修缮方面需要对新媒体广告主体认定、新媒体广告隐私权保护、新媒体广告可识别性、新媒体广告监管手段等进行思考。建议《广告法》中明确对违法违规广告法律责任的追究；建议建成新媒体广告法律法规统一、协调、联动体系。

12.4.3 新媒体广告管理体系

1. 新媒体广告的行政管理

我国广告监管的行政执法体系是"工商为主、齐抓共管"的监管体制。各级工商行政管理机关的职责权限是：起草各种广告法律法规草案和文件；监管集体的广告发布活动和经营活动；查处相关违法违规广告；指导整个行业或者具体地区行业的发展等。

（1）对新媒体广告经营主体资格的审批登记管理。审批登记是广告管理机关代表国家对广告经营者、发布者合法经营、发布广告资格的确认。

目前，新媒体广告经营主体资格的管理主要表现在广告主体地位不明确，市场准入资格过于宽松。在新媒体中，任何主体既可以是信息的接收者，又可以是信息的发送者。由于目前对新媒体上发布的信息缺乏全面的资格审查和许可，极大地降低了在新媒体上发布信息的资格要求，因此就出现了广告主、广告经营者和广告发布者身份重合的现象。因此，在新媒体广告管理的现实中，对新媒体广告经营主体资格的审批登记管理比较困难。由于新媒体广告经营主体不受限制，广告监管部门无法掌握广告经营主体的情况。对新媒体广告经营者进行资质审查登记管理，根据我国现行的《广告经营许可证管理办法》的规定，不用领取广告经营许可证，只要按照《公司法》或其他法律法规的规定，取得主体经营资格，核发网络广告经营许可证、电信网络广告经营许可证、移动电视广告经营许可证，即可通过互联网、无线通信网、移动电视等新媒体发布广告，这就给工商机关的广告监管工作带来很大困难。

因此，我国应该对新媒体广告经营主体资格实行严格的审批登记管理，进一步加强市场准入登记管理。相关的广告监督管理部门应该加强与域名登记管理部门、互联网信息管理部门等相关机构联动，多方机构协同管理，及时掌握自有媒体的情况，定期对自有媒体上的宣传内容进行查阅，发现问题及时处理。对没有取得经营主体资格的，域名登记管理部门一般不予受理域名申请；对准予域名登记的，域名登记管理部门将有关登记信息抄告工商部门，以便实现有效监管。

（2）对新媒体广告内容的管理。新媒体广告内容管理是指对新媒体广告内容及其相关新媒体广告的管理，它是新媒体广告管理的一项重要内容。其根本目的是保障消费者的利益，防止误导，查处欺骗，净化新媒体空间。它的基本原则是维护新媒体广告内容的真实性、合法性。

新媒体广告的内容主要包括三类：第一类是广告专营公司、网络经营者、媒介单位、电信运营商发布的商业广告；第二类是企事业法人、其他组织或个人通过自己的网站及网络链接对自身生产、经营的产品或提供的服务所做的各类宣传；第三类是各类市场主体通过网络、手机、移动电视发布的公益广告、通知广告等。

目前，我国没有专门对新媒体广告内容管理的全国性法规，因此，对新媒体广告内容的管理及管理流程基本采取与对传统广告管理一样的办法。

（3）加强新媒体广告行政管理的举措。

第一，设立新媒体广告监测中心，人工监管和智能监管双管齐下。各地工商行政管理机关设立广告监管中心，让人工监管转变为智能监管，让抽样监管转变为系统监管。依托统一的新媒体广告监测软件，运用高科技，对网络广告、手机广告进行全面监管。将过去的人工操作、个别查处转变为掌握整体发布动态、快速做出监管行为。

第二，多种制度并用，不断提升新媒体广告监管效能。广告监测制度，广告管理部门通过日常的监管，分析违法广告的内容、性质、趋势和走向。违法广告公告制度，包括部门联合公告、广告监督管理机关公告和广告审查机关公告。违法广告案情通报制度，它是针对跨地域违法广告案件和存在多个主体的违法广告案件等复杂案件而制定的，有利于使所有涉案的主要人和事都受到惩罚。非强制调解制度，我国广告监管大体上属于事后监管，着力点在于责任的认定和追究，对消费者权益的保护较少关注。在新媒体违法广告案件中，消费者权益保护常常力有不逮，诉讼的成本太大，效率较低。以上四种广告监管制度的范围不应局限在传统媒体广告上，应随着时代环境的变化而有变化，将其范围拓展至新媒体广告监管范畴。

第三，新媒体时代加强广告监管机关自身建设。针对网络快速发展的现状，工商机关应通过多种形式和渠道，对网络经营者、电信运营商、各类自有媒体的经营者定期进行广告法律法规培训，使其增强广告法律意识，降低新媒体广告的违法率。

2. 新媒体广告行业自律

（1）新媒体广告行业自律的概念。新媒体广告行业自律就是一种内在约束性制度，也是新媒体广告行业进行自我管理的一种职业道德规范，主要指广告主、广告经营者和广告发布者自发成立的民间性行业组织，通过自行制定的一些新媒体广告自律章程、公约和会员守则等，对自身从事的新媒体广告活动进行自我约束、自我限制、自我协调和自我管理，使之符合国家的法律、法规和职业道德、社会公德要求。

（2）新媒体广告行业自律组织及规则。在我国，新媒体广告行业自律组织主要有广告协会互动网络委员会和中国互联网协会。

1）中国广告协会互动网络委员会。2007年6月13日，中国广告协会互动网络委员会正式成立，该组织经国家工商行政管理总局和国家民政部的批准成立，旨在推动基于互联网、手机等媒体之间的互动营销，研究并规范互联网广告营销模式。其隶属于中国广告协会，在成立大会上，中国广告协会互动网络委员会就发布了《中国互动网络广告行业自律守则》，这是中国互联网广告界第一部自律守则，旨在促进广告行业的自我约束，维护广告市场的秩序和互联网用户的合法权益，促进我国互联网广告行业健康和谐发展。

2）中国互联网协会。2001年5月，中国互联网协会成立。它是互联网有关单位自愿参加的非营利性、全国性社团组织，协会的业务主管单位是工业和信息化部。2002年3月，中国互联网协会公布《中国互联网行业自律公约》。2005年12月9日，正式成立了中国第一个在行业内最具代表性的反垃圾邮件组织——中国互联网协会反垃圾邮件工作委员会。2009年3月，中国互联网协会和6家企业（百度、腾讯、新浪、搜狐、网易、凤凰网）共同签署了"中国互联网协会网络诚信推进联盟发起倡议书"，宣告联盟正式成立，以"建立和完善网络诚信长效机制，推动和建设网络诚信体系，督促和引导互联网企业诚信经营，营造和维护安全可信、规范和谐、文明健康的互联网环境"为宗旨，积极开展各项有利于行业诚信建设和推广的活动。

（3）加强新媒体广告行业自律的方式。

第一，建立自律惩戒机制，消除负面影响。加快建立广告行业内部和各个企业内部对违法违规广告行为的惩戒机制。遇到违法违规广告，及时查处，严重的报送上级部门，自我规范自身的行为，积极促使广告主更正广告，消除负面影响。

第二，加强新媒体服务商的自律意识。新媒体服务商特别要加强ISP（互联网服务提供商）和ICP（互联网信息业务和增值服务的电信运营商）的自律意识，即要求新媒体服务商提高法律法规意识，遵守相关法律法规，自觉抵制虚假、违法广告，自觉检查网站，一旦发现有上述广告，要求进行内部的自我约束，及时撤除违法违规广告。

第三，建立第三方权威监管机构。对广告主来说，第三方权威监管机构可以通过统一的广告管理系统准确测定广告的投放效果；对广告监管者来说，第三方权威监管机构可以通过中央服务器加强对新媒体广告的监管。建立第三方权威监管机构，可以有效地帮助工商行政部门建立一个规范有序的新媒体广告服务市场，有利于帮助新媒体广告业由无序的状态向有序的方向发展，形成一定的行业规范。

第四，新媒体广告发布实行实名制。没有真实的身份，规则的约束就缺少力量。实名制应该是加强新媒体广告监管的途径之一。新媒体广告发布实行实名制之后，由于有了各个广告经营主体、广告行业组织及广大用户的监督，新媒体广告发布者会自觉做好新媒体广告的审查，对发布广告的标准做出种种规定，并在实际运作中严格执行，以保持新媒体广告的真实性和合法性。

3. 新媒体广告社会监督

广告社会监督又称广告消费者监督或广告舆论监督，它主要通过广大消费者自发成立的消费者组织，依照国家广告管理的法律、法规对广告进行日常监督，对违法广告和虚假广告向政府广告管理机关进行举报与投诉，并向政府立法机关提出立法请求与建议。

目前，通过社会团体、社会公众的社会舆论对新媒体广告活动进行的社会监督也是新媒体广告管理的一个重要方面。特别是在国家有关新媒体的法律法规还未制定的情况下，通过社会监督来保护公平竞争和健康发展就显得愈发重要。

为了完善新媒体广告的社会监督机制，发挥社会监督的重要力量，可以从以下几个方面进行新媒体广告的社会监督。

第一，对违法违规新媒体广告进行曝光。发挥新闻媒体的监督作用，曝光新媒体重大违法广告，特别是虚假广告，及时警示消费者。加大对违法违规新媒体广告的曝光率，接受社会大众的舆论监督。

第二，提高消费者自我保护意识和维权意识。消费者是广告社会监督的主体和重要力量。鼓励广大消费者及消费者权益组织，抵制和检举违法网络广告等新媒体广告，辅助解决行政执法力量不足的问题。加强广告受众接受真实广告信息权利的教育，增强他们的自我保护意识，是广大受众对各类广告进行全方位监督的前提。

第三，倡导新媒体绿色广告传播。1993年，针对当时广告发展的状况，傅汉章教授提出了"绿色广告"的概念。绿色广告从关心全人类的未来出发，明确阐述企业的营销宗旨，并以此打动消费者。

第四，建立有奖举报监督，引导群众参与监督管理。公民、法人和其他组织有权向工商行政管理机关举报损害国家和社会公共利益的广告，损害公民、法人和其他组织合法权益的广告，不符合社会主义精神文明建设要求的广告，内容虚假的广告，以及其他违反国家法律、法规及有关规定的广告。举报制度是一种鼓励群众参与监督管理的有效途径，而有奖举报可以调动人们监督违法违规行为的积极性。

第五，建设新媒体广告道德文化。建设新媒体广告的道德文化精神家园，需要全社会共同关注，引导新媒体文化形成新风尚。

第六，对广告总量监测及其质量评价实现网络化管理。综合运用法律、行政、经济、文化和道德的手段，通过对广告传播活动的各个主体——广告主、广告经营者、广告媒体的综合管控，形成快速反应的广告预警和联动执法体系，逐步实现对广告传播过程的整体控制。

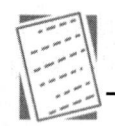

本章小结

- 新媒体指的是以在线网络的数字传输为基础、可实现信息即时互动的媒体形式，其终端显现为网络连接的电脑、手机、电视等多媒体视频。新媒体广告，顾名思义，是以新媒体为载体的广告。
- 新媒体广告的特点，从内容上看具有丰富性和多样性；从传播方式上看具有精准性和持续性；从广告效果来看，其效果具有可测性。
- 新媒体广告传播具有网络在线的链接性、受众导向的互动性、品牌信息的聚合性、信息管理的即时性等特性。
- 新媒体广告传播模式主要有"信息邂逅"模式和搜索满足的品牌传播模式，以及两者相结合的模式。
- 新媒体广告表现形态千变万化，但根据广告呈现方式的不同，大体上将各类新媒体广告划分为如下几个类型：展示类广告、内容服务类广告、植入类广告、推送直投类广告等。从传播的终端载体来看，新媒体广告可分为网络广告、手机广告、电视新媒体广告。
- 媒体广告管理，就是我国各级广告管理机关会同相关行业协会和社会监督组织，依照一定的广告管理法律、法规和有关政策规定，对新媒体广告行业和广告活动实施的指导、监督、控制和查处，以达到保护合法经营，取缔非法经营，查处违法广告，维护新媒体广告行业正常运行的目的，促使我国广告行业朝着健康、有序的方向发展。我国新媒体广告管理主要是政府监督、行业自律、社会监督融合在一起，三者既分工明确、职责清晰、运作独立，又相互配合、补充协调。

专论12

大数据时代的精准广告及其传播策略
——基于场域理论视角

新媒体场域是指在信息和网络技术飞速发展的传播环境下，以互联网、移动互联网为载体，由具有内容属性的多种数字化媒体网络和移动应用产品、这些网络和应用所服务的用户、具有营销目标的广告主和广告服务机构三类主体构成，以信息传播和互动沟通为目标，具有竞争和力量对比的各种关系总和。在整个新媒体场域中，媒体、用户、广告主基于互联网和移动互联网平台构建起多元交互关系。

1. 新媒体场域的特征分析

（1）场域主体的数据属性。随着互联网、移动互联网、物联网、社交网络、电子商务等信息技术的普及和应用，人们生活在"全方位""无缝式"的数字新媒体空间内，由数字网络构建的"虚拟"空间和人类的"真实"生活不断交融，人们在不断接受和消费各类信息数据的同时，本身也以数据的形式留存于新媒体空间内。

以海量、非结构化为特征的用户及其行为轨迹的数据，构建了全新的传播环境，并成为新媒体场域中拥有巨大广告价值的特殊"资本"。场域内存在力量和竞争，而决定竞争的逻辑就是"资本"的逻辑。无论是广告主还是媒体，都可以通过数据平台，找到最适合自己的目标用户群。

（2）基于大数据技术的"惯习"（用户行为）研究。数据的价值在于分析。大数据是信息社会特有的技术、方法和工具，它"通过对海量数据进行分析，获得有巨大价值的产品和服务，或者深刻的洞见"。基于大数据技术，可以对新媒体场域中"惯习"，即用户的网络消费习惯和行为模式进行深入研究。

互联网站利用 Cookie 技术捕捉和定位用户 ID，同时锁定该 ID，追踪它在其他类型的网站（包括新闻信息类、电子商务类、生活服务类等）的行为轨迹。通过跨平台、跨设备、跨应用的海量用户及其行为数据的整合，通过精准定位、动态追踪和关联分析，最终真实、准确、完整、实时地描绘出用户的自然属性（人口统计学特征、时间、地点）、社会属性（兴趣喜好、消费习惯、人际关系等），以及短期与长期行为图谱。

由此，大数据技术实现了对用户属性和用户行为模式的精准判断，使广告精准投放有了清晰的目标和实现的基础。

（3）新媒体场域的"关系"和"圈子"。在新媒体场域中，用户、媒体、广告主间存在着竞争和共生的多元互动关系。首先，广告主和媒体都在直接争夺用户。在新媒体场域中，用户资源是广告主、媒体竞争的核心资源，即"资本"。广告主既可以通过传统广告的投放方式，即借助媒体来获取用户关注，也可以借助社交平台，以"自媒体"的方式直接生产信息和用户直接互动，为用户提供"媒体化"的信息服务体验，还可以通过"在线广告交易平台"直接购买用户。

其次，媒体与用户的关系也不再是传统的"自上而下""一对多"的线性关系，而建立了个体和个体间的"一对一"互动。比如，微博、微信平台上的媒体账号，都和个体用户实现直接、实时的互动。用户可以主动选择关注的媒体账号，获取信息和服务，直接发起私信对话和回复评论。社交平台为媒体和用户搭建了平等、交互的传播关系。

最后，社交网络平台（SNS）为海量用户构建了不同的"关系"和"圈子"，让具有不同地域属性、身份属性、兴趣爱好、生活方式的用户群，自主建立起不同的交互关系。社交网络不仅是线下社交的线上延伸，还实现了各种专业化（如 Facebook 的照片分享）、专题化（如豆瓣上的各种兴趣组）、工具化（如街旁网等各种签到应用）、服务化（如大众点评网等位置和商家服务）的特色圈子。对广告主来说，需把握新媒体场域中的用户关系，善于利用用户所在的"关系"网和"圈子"进行广告传播，这是对用户的更深层次的精准把握。

2. 大数据驱动下新媒体广告的精准投放

大数据技术是精准投放的实现基础。其实现原理主要通过目标消费者的精准定位、消费需求的精准预测、广告投放过程的精准可控、广告效果的精准评估四个方面来实现。

（1）目标消费者的精准定位。在互联网、移动互联网平台应用大数据技术，能对目标消费者及其行为轨迹进行全面记录和动态追踪，再通过数据挖掘和关联分析，对目标消费者进行精准定位，即"能准确地找到消费者"。既能准确获取某个（或某类）消费者，获知该消费者的性别、年龄、地域、身份等人口统计学属性，还能通过他们的浏览记录、搜索行为、电商购物、评论推荐、社交分享等获知其兴趣爱好、消费习惯、人际关系等社会属性。而且，借助移动互联网技术和用户的移动终端使用行为，进而精准获取其时间和位置数据。从"找对人"（获知其自然属性和社会属性）进而"找到人"（获知其时间和地点），大数据使互联网广告投放具有极强的针对性和精确性。

大数据技术除了能精准地找到消费者，还能精准判断其在特定时间的消费情境。消费情境是指消费行为发生时的环境因素，主要包括时间环境、地理环境、社会影响、购买目的、购买前的情绪或状态等，是实现从消费需求到消费行动的最终步骤。通过移动设备定位服务和"签到"应用，能获知目标消费者所处的地理位置；通过目标消费者在社交网站上与他人的互动，能获知其人际关系；通过目标消费者搜索的关键词，能获知其购买目的；通过目标消费者的微博表达，能获知其情绪状态；等等。

基于目标消费者及其消费情境的精准定位，可以实现适时、适地、按需推送，收到更具有针对性和匹配度的广告效果，即"找对人""找对时间""找对地方""找对需求"。

（2）消费需求的精准预测。大数据的预测功能源自海量数据的集成处理和关联分析。具体到广告传播上，大数据根据消费者的"行为轨迹"，分析其消费需求，能够进一步判断其关联需求，挖掘其潜在需求，对其消费需求进行预测；再通过具有针对性的关联推荐，促成有效购买和消费。电商网站更擅长消费需求的挖掘和预测，进行精准推送和关联推荐。

（3）广告投放过程的精准可控。如上所述，大数据实现的目标消费者及其消费情境的精准定位、对消费需求的挖掘和预测，都是在广告投放前对消费者进行洞察和研究。在广告投放过程中，大数据技术还能进一步提升广告交易操作的精准性和精确性。搜索引擎广告、重定向广告、新一代展示广告三种领先的广告技术，就是其典型应用。

搜索引擎广告是指广告主根据自己的产品或服务设定关键词，自主定价投放广告，当用户搜索到该关键词时，根据竞价排名原则展示相应广告，并在用户点击广告后收费。搜索引擎广告是根据用户对搜索引擎的依赖和使用习惯，在用户主动搜索信息时尽可能地将营销信息传递给用户。在越来越追求个性化消费的时代，用户越来越多地通过搜索行为主动表达其个性化需求，广告主对关键词进行定位和关联，就可以精准捕捉其消费需求，优化关键词策略，拟定创意广告语，提升广告效果。另外，广告主通过自由竞价和按点击付费的机制，可以灵活掌握和支配广告预算，在投放过程中，根据点击效果优化关键词策略，根据预算调整广告投放量，提升每笔广告预算的投资回报率。

重定向广告（Retargeting）是对网络广告定向技术的提升，依据某用户之前的网页浏览行为（用Cookie记录和定位），把特定的广告在该用户浏览其他页面时重新推送到该用户面前。重定向广告主要应用于电商广告，将某用户浏览但没有购买的商品广告，通过定位技术，二次推送至用户，促成其购买。重定向广告不仅能精准定位用户，并且针对该用户展开后续推广，对其浏览但未成交的产品广告进行改良，对其曾经购买过的同类商品进行重复推广，从而显著提升广告从点击到购买的转化率，提升每笔广告预算的投资回报率。

无论是搜索引擎广告的按点击收费、重定向广告的二次推送，还是在线广告交易平台的有效展示实时竞价，都大幅提升了广告投放过程的精准性和可控性。通过对广告展示位置的控制、特定用户的一对一获取、广告投放费用的点对点核算，广告主实现了对整个广告投放过程的精准可控。

（4）广告效果的精准评估。大数据将广告传播效果和销售效果的量化评估提升到前所未有的高度。广告业界对互联网广告效果的评价指标主要是"点击率"和"转化率"。点击率是衡量广告是否有吸引力和说服力的基本指标，聚焦于广告的传播效果，是广告传播对消费者认知和心理层面产生效果的直接体现；转化率是指受广告影响而形成的用户购买、注册或信息需求（如询问或搜索），转化率已经相当接近广告的销售效果。大数据能够量化从广告展示到用户点击再到下单购买的数据转化，精准核算出广告投入总量的效果转化率，从而帮助广告主优化广告传播策略，降低广告预算的无效损耗，提升投资回报率。

此外，大数据还能记录和分析某个（某类）用户在不同时间、不同地点，接触的不同媒介渠道、不同广告形式和广告内容等行为轨迹。通过大数据技术，将用户接触媒介和接触广告的行为进行全面收集和系统分解，再和产品的终端销售数据进行比对，从而计算出不同媒介渠道和不同广告内容的广告效果贡献率。

综上分析，大数据技术影响下的新媒体广告，从目标消费者的精准定位、消费需求的精准预测、投放过程的精准可控、广告效果的精准评估四个方面，全面实现了精准传播。

3. 精准广告的核心逻辑和传播策略

（1）核心逻辑："以消费者为中心"。基于大数据的精准广告，实现了媒体价值到消费者价值的彻底转变，其核心逻辑就是"以消费者为中心"。广告主或广告公司都可以直接围绕以数据追踪和标注的"个体消费者"本身展开。基于互联网、移动互联网聚合的用户及其行为数据，针对个体消费者进行动态追踪和精准定位，针对其消费情境和消费需求展开分析，进行最具有针对性和匹配度的广告推送并精准分配和使用每笔广告预算，提升广告效果。再根据广告效果的精准评估实时调整广告策略。大数据技术让广告传播形成了一个精准、实时、可控、反馈的"闭环"模式。在这个模式中，媒体是谁已不重要，媒体只是用户行为留存和记录的渠道和载体，用户才是最重要的资源。

（2）广告目标：重视效果营销。传统的广告传播通过在传统媒体上增加广告品牌的曝光规模和频次来提升品牌知名度和美誉度，其核心是面向大众化的品牌营销理念。在大众传播时代，品牌营销更适合实力雄厚的大企业和强势品牌，保持规模性和持续性的广告投放，才能保持住品牌的关注度和影响力。

基于大数据的精准广告，通过技术手段精准捕捉和定位个体用户，进行精准化、实时化、个性化的广告投放，向特定的个体用户传播极具针对性的广告，提升广告传播效果，从而推动"品牌营销"到"效果营销"的转型。而且，精准广告在提升广告效果的同时，通过和电子商务的购买支付体系关联，可以直接促成广告点击和消费购买，形成"广告—用户—销售"的营销闭环，从而提升广告投放的效果转化能力和投资回报率。效果营销，降低了广告主的预算门槛，也更适合中小型企业的广告传播。

（3）广告体验与广告投放：重视技术驱动。传统广告的运作是"创意驱动"模式。广告创意是提升广告体验的核心环节，用创意打动消费者，提升广告体验，传达品牌内涵和产品功能，并力图以创意水平带动广告传播效果和销售效果。

大数据时代的互联网广告更加注重技术的运用和价值，是"技术驱动"模式。技术因素在广告运作过程中的价值和地位，得到前所未有的提升。其核心是运用数据收集和数据挖掘，精准获取目标消费者，实现针对目标消费者时间、地点、需求的精准广告投放，即用技术而非创意实现针对性投放。从人群定向、实时追踪、关联分析到精准推送、点对点购买，再到数据监测、效果测算，都需要一系列的机器识别、复杂网络、推荐算法等技术手段的支撑。此外，互联网、移动互联网广告的创意展示，也需要多媒体技术、HTML5 网页嵌入、实时交互等技术手段的支撑，以提升创意水平和广告体验。

"技术因素不能决定一切，但如果无视新技术带来的影响，固守传统媒体的思维与工作方式，那么在新技术浪潮的冲击下，终将变得越来越被动。"无论是广告主、广告公司还是承载广告发布的媒体方，都要善于利用大数据和多媒体交互技术，全方位提升广告推送的精准度、广告创意的创新度，以求不断优化广告投放，提升广告体验和广告效果。

（4）营销方式：重视内容营销、关系营销。

第一，内容营销，让广告成为内容。大数据时代的精准广告，实现了"找对人""找对时间""找对地点""说对话"，广告真正实现了按需推送，对每个消费者都是个性化的信息提供，更适时、适地、适度，更艺术化地满足目标消费者的需求。因此，广告变成了有价值的内容，广告和内容的边界开始交融，呈现广告内容化、广告信息化的趋势。

新媒体广告越来越重视内容营销，与其推送广告，不如推送内容。越来越多的广告主借助社交平台和"自媒体"方式，直接生产内容，和用户直接互动。越来越多的广告主自主开发 App 应用，开设微博、微信账号，利用社交媒体发起话题，进行各种形式的内容营销。

第二，关系营销，让用户传播广告。社交分享已经成为互联网、移动互联网平台的"标配"功能。如本文第一部分对新媒体场域的分析，人们在社交网络上构建了不同的"关系"和"圈子"，具有不同地域属性、身份特征、兴趣爱好、生活方式的用户，自主建立起不同的交互关系。关系营销就是善于利用用户所在的"关系"网和"圈子"，让用户通过分享，自主进行广告的扩散式传播。让用户接受广告，并影响他的朋友，将新媒体广告传播的效果提升到前所未有的程度。

（资料来源：倪宁，金韶. 大数据时代的精准广告及其传播策略[J]. 现代传播，2014 年第 2 期（总第 211 期）. 有删减）

问题理解

1. 新媒体广告传播模式有哪几种？区别是什么？
2. 新媒体广告的传播特点有哪些？
3. 新媒体广告传播管理主要涉及哪些方面？
4. 常见的网络广告形式有哪些？
5. 新媒体营销更重视内容营销和关系营销，谈谈你的理解。
6. 阅读专论 12，针对文中所涉及的相关理论进行探究性学习。

案例分析

700Bike 由原久邦数码创始人张向东（朝西）联合创办。通过对其产品、官网、微信、微博等社交媒体及线上线下活动的研究，我们看到：700Bike 不仅是个自行车品牌，更是以自行车连接生活的社群。

用户可以在 700Bike 的官网或微信里发现：最潮流的自行车资讯；最有趣的自行车故事；别具一格的生活方式等内容。这些"内容营销"源自自行车，又不限于自行车。它们让用户把购买自行车作为和 700Bike 互动的一个起点；之后，通过内容的持续性浸染，700Bike 已内化为用户的一种生活态度和方式。用户对 700Bike 产生了长期关注的动力。

700Bike 的官网是一个内容、线下活动推广、购买渠道与社区的聚合体。用户能在官网中了解产品的样式、功能并选择购买。最有特色的是：他们还能在官网上看到和自行车相关的故事及生活方式，也能在社区中分享自己的骑行故事和生活感想。从早期开始，700Bike 微信发布的内容就以酷车、装备、Lifestyle、新鲜事、图集、逛店铺、Bike Girl、推广等主题为划分，成功地把车店、爱车者、资讯、骑行故事和生活方式等内容结合起来。通过形式多样的内容将车与人连接到了一起，并以此打造自行车生活方式，让越来越多的人了解骑行，爱上骑行。

思考题：
1. 700Bike 新媒体营销的特点是什么？
2. 内容营销的核心是什么？

调查研究

1．实训内容：不同类型新媒体广告对比分析

2．实训要求：选取新媒体广告对比要素，确定比对的新媒体广告类型，确定具体对比的实例。通过讨论和网络收集信息，整理完成交流PPT。

3．实训组织方法及步骤：

（1）将班级学生分组；

（2）各组用一周的时间进行资料收集，并整理成PPT；

（3）各小组委派代表在班级进行交流；

（4）教师进行点评，对本次实训进行总结。

参考文献

[1] 倪宁. 广告学教程(第4版)[M]. 北京：中国人民大学出版社，2014.
[2] 苗杰. 现代广告学[M]. 北京：中国人民大学出版社，2015.
[3] 陈培爱. 广告学概论[M]. 北京：高等教育出版社，2014.
[4] 何修猛. 现代广告学（第7版）[M]. 上海：复旦大学出版社，2012.
[5] 张金海，余晓莉. 现代广告学教程[M]. 北京：高等教育出版社，2010.
[6] 陈刚. 网络广告[M]. 北京：高等教育出版社，2010.
[7] 吴柏林. 广告策划实务与案例[M]. 北京：机械工业出版社，2010.
[8] 舒咏平. 新媒体广告传播[M]. 上海：上海交通大学出版社，2016.
[9] 田明华. 广告学[M]. 北京：清华大学出版社，北京交通大学出版社，2013.
[10] 崔银河，崔燕. 中国文化与广告[M]. 北京：中国传媒大学出版社，2012.
[11] 陈正辉. 广告伦理学[M]. 上海：复旦大学出版社，2008.
[12] 马谋超. 广告心理学[M]. 北京：中国市场出版社，2008.
[13] 黄合水. 广告心理学[M]. 北京：高等教育出版社，2007.
[14] 魏炬. 世界广告巨擘[M]. 北京：中国人民大学出版社，2006.
[15] 秦臻. 中外广告简史[M]. 重庆：重庆大学出版社，2009.
[16] 斯科特·阿姆斯特朗. 广告说服力[M]. 吴国华，等，译. 北京：商务印书馆，2016.
[17] 威廉·阿伦斯，戴维·谢弗，迈克尔·魏戈尔德. 广告学[M]. 丁俊杰，等，译. 北京：中国人民大学出版社，2014.
[18] 卫军英，顾杨丽. 现代广告策划[M]. 北京：首都经济贸易大学出版社，2017.
[19] 大卫·奥格威. 一个广告人的自白[M]. 王宇田，译. 北京：中国物价出版社，2003.
[20] 纪宝成. 市场营销学教程[M]. 北京：中国人民大学出版社，2012.
[21] 滕红琴. 广告策划一本通[M]. 广州：广东旅游出版社，2016.
[22] 李志恒，胡正起. 中国广告大未来[M]. 北京：中信出版社，2012
[23] 丁俊杰，李西沙，黄升民.IAI 广告作品年鉴·2016[M]. 北京：中国传媒大学出版社，2016.
[24] 吴予敏. 广告学研究专题导引[M]. 北京：高等教育出版社，2015.
[25] 公众号：毕导、李奥·贝纳、IAI 国际广告奖、广告文案圈、央广广告
[26] http://a.xcar.com.cn
[27] http://www.wenku.baidu.com
[28] http://www.a.com.cn
[29] http://1118.cctv.com

[30] http://www.199it.com
[31] http://www.sohu.com
[32] http://www.docin.com
[33] http://www.doc88.com

反侵权盗版声明

  电子工业出版社依法对本作品享有专有出版权。任何未经权利人书面许可，复制、销售或通过信息网络传播本作品的行为；歪曲、篡改、剽窃本作品的行为，均违反《中华人民共和国著作权法》，其行为人应承担相应的民事责任和行政责任，构成犯罪的，将被依法追究刑事责任。

  为了维护市场秩序，保护权利人的合法权益，我社将依法查处和打击侵权盗版的单位和个人。欢迎社会各界人士积极举报侵权盗版行为，本社将奖励举报有功人员，并保证举报人的信息不被泄露。

举报电话：（010）88254396；（010）88258888
传　　真：（010）88254397
E-mail：　dbqq@phei.com.cn
通信地址：北京市万寿路 173 信箱
　　　　　电子工业出版社总编办公室
邮　　编：100036